語り継ぐ ヒロシマ・ナガサキの心 上巻

京都「被爆2世・3世の会」●編

原爆投下時の広島

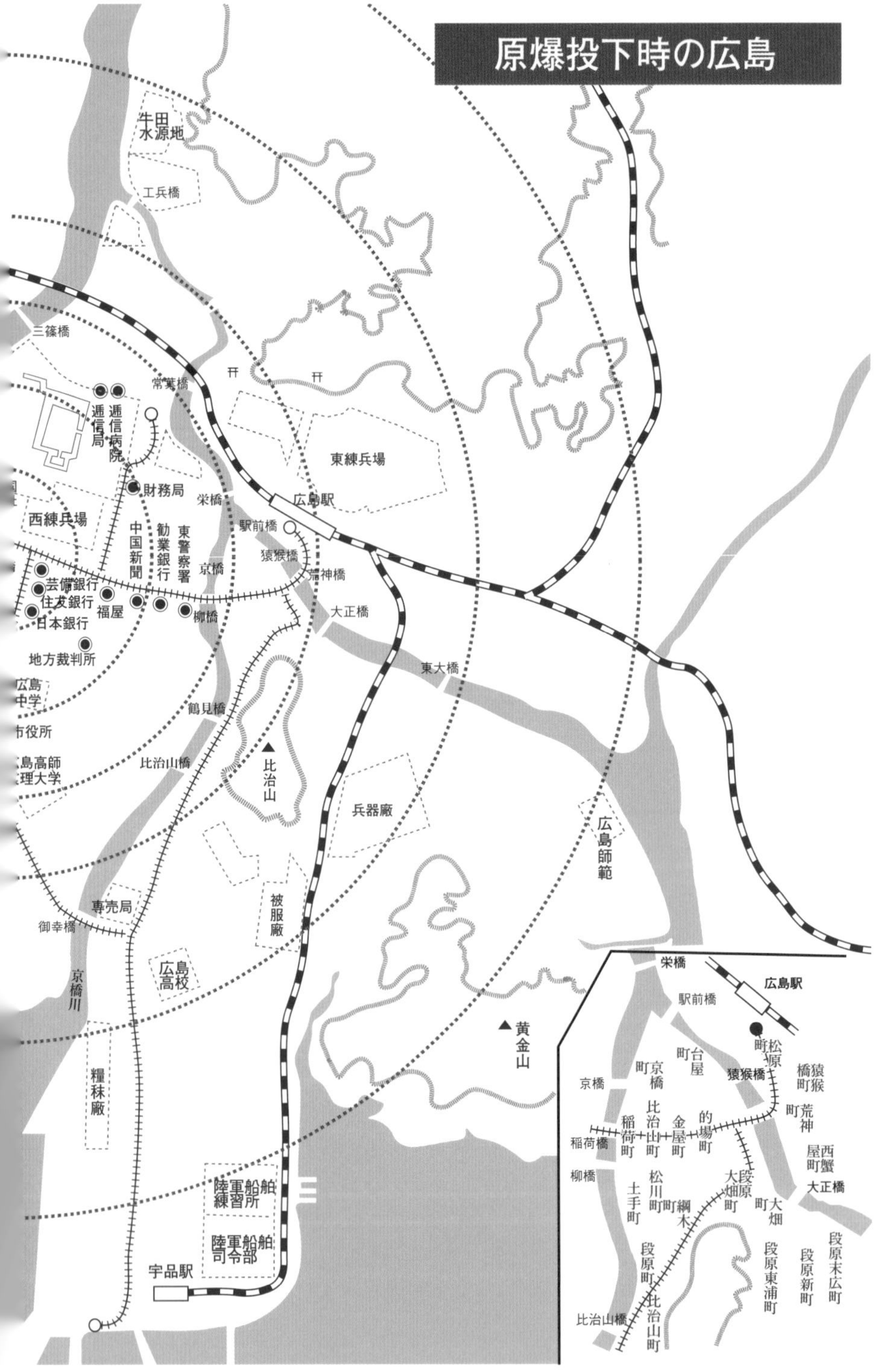
牛田水源地
工兵橋
三篠橋
常葉橋
通信局
通信病院
財務局
西練兵場
中国新聞
勧業銀行
東警察署
栄橋
駅前橋
猿猴橋
京橋
荒神橋
芸備銀行
住友銀行
日本銀行
福屋
柳橋
大正橋
地方裁判所
東大橋
広島中学
市役所
鶴見橋
広島高師
文理大学
比治山橋
比治山
東練兵場
広島駅
兵器廠
広島師範
被服廠
専売局
御幸橋
広島高校
京橋川
黄金山
糧秣廠
陸軍船舶練習所
陸軍船舶司令部
宇品駅
栄橋
広島駅
駅前橋
松原町
京橋町
台屋町
猿猴橋
猿猴橋町
京橋
荒神町
稲荷町
比治山町
金屋町
的場町
稲荷橋
西蟹屋町
柳橋
土手町
松川町
綱木町
段原大畑町
大畑町
大正橋
段原町
比治山町
段原東浦町
段原新町
段原末広町
比治山橋

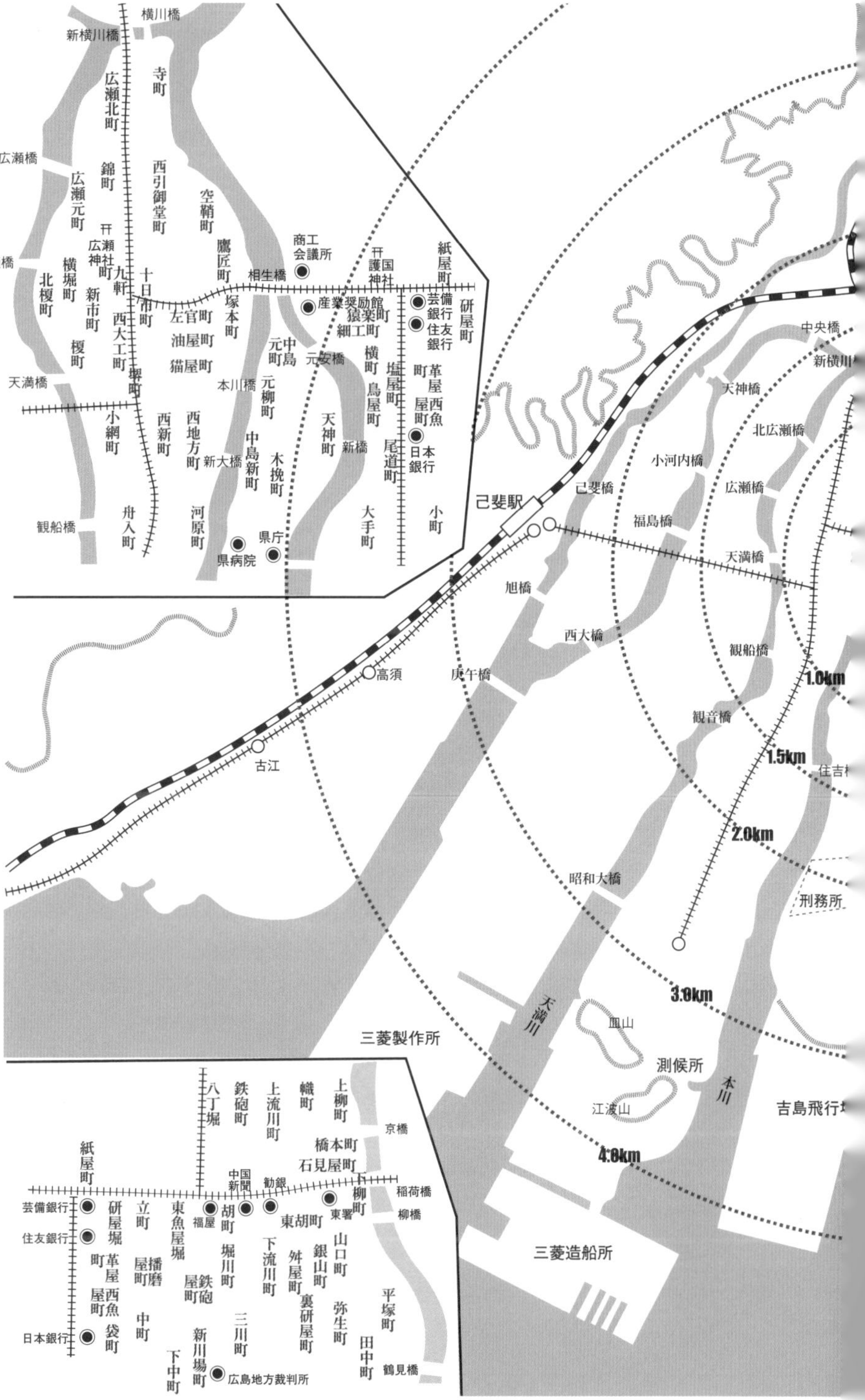
横川橋
新横川橋
寺町
広瀬北町
北広瀬橋
錦町
西引御堂町
広瀬元町
空鞘町
広瀬神社
広瀬橋
横堀町
九軒町
十日市町
鷹匠町
商工会議所
護国神社
紙屋町
相生橋
北榎町
新市町
西大工町
左官町
塚本町
産業奨励館
猿楽町
芸備銀行
住友銀行
研屋町
細工町
油屋町
中島元町
元安橋
横町
革屋町
榎町
猫屋町
元柳町
塩屋町
西魚屋町
天満橋
堺町
本川橋
鳥屋町
小網町
西新町
西地方町
天神町
新橋
尾道町
日本銀行
中島新町
木挽町
新大橋
舟入町
河原町
大手町
小町
観船橋
県庁
県病院
己斐駅
己斐橋
中央橋
新横川
天神橋
北広瀬橋
小河内橋
広瀬橋
福島橋
天満橋
旭橋
西大橋
高須
庚午橋
観船橋
1.0km
観音橋
1.5km
古江
住吉
2.0km
昭和大橋
刑務所
3.0km
天満川
皿山
測候所
本川
江波山
吉島飛行
三菱製作所
4.0km
三菱造船所
八丁堀
鉄砲町
上流川町
幟町
上柳町
京橋
橋本町
石見屋町
紙屋町
中国新聞
勧銀
下柳町
稲荷橋
芸備銀行
研屋町
立町
東魚屋町
福屋
胡町
東胡町
東署
柳橋
住友銀行
堀川町
下流川町
舛屋町
銀山町
山口町
革屋町
播磨屋町
鉄砲屋町
西魚屋町
裏研屋町
弥生町
平塚町
三川町
日本銀行
袋町
中町
新川場町
田中町
下中町
広島地方裁判所
鶴見橋

原爆投下時の長崎

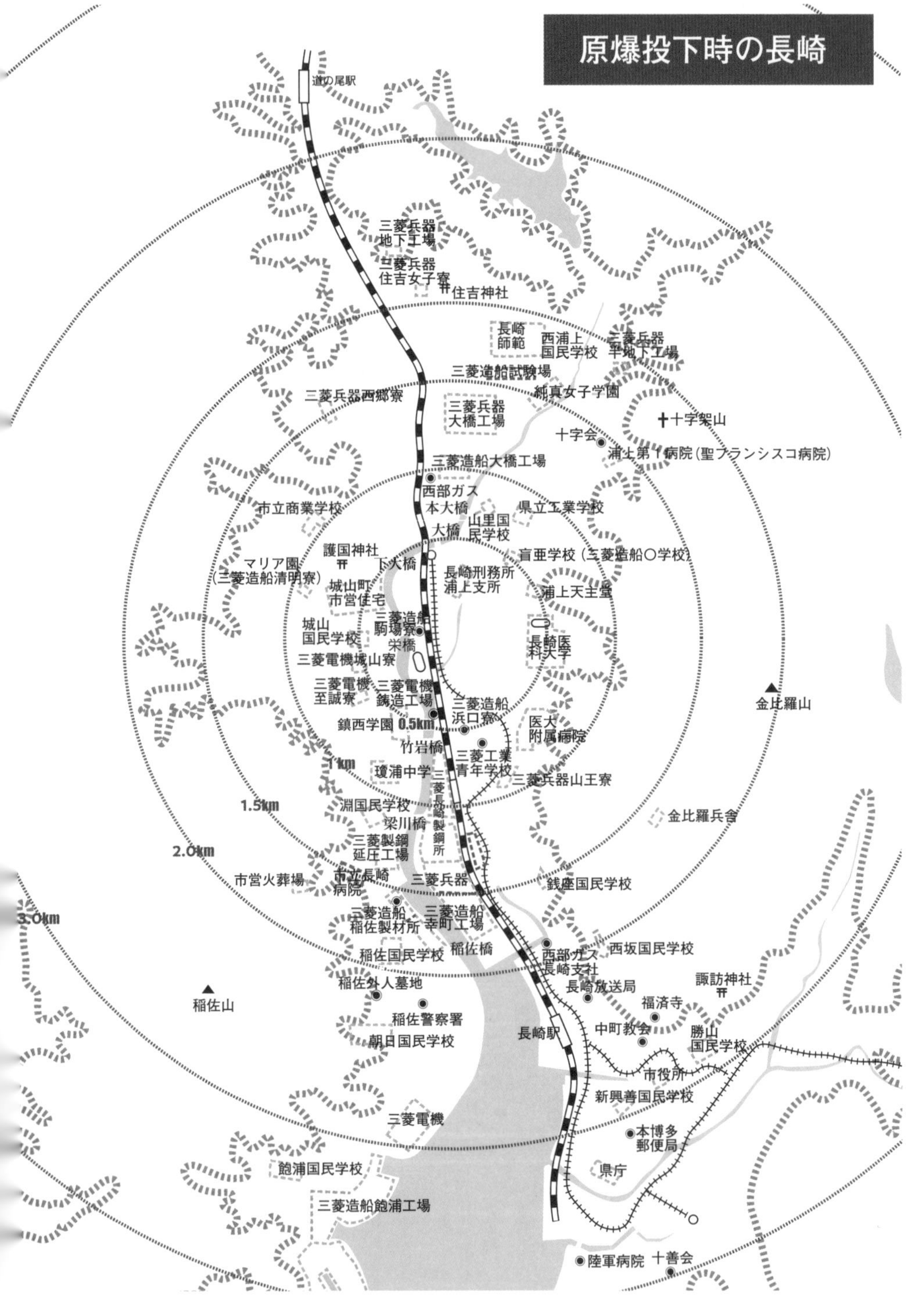
道の尾駅
三菱兵器
地下工場
三菱兵器
住吉女子寮
住吉神社
長崎
師範
西浦上
国民学校
三菱兵器
平地下工場
三菱造船試験場
三菱兵器西郷寮
純真女子学園
三菱兵器
大橋工場
十字架山
十字会
浦上第１病院（聖フランシスコ病院）
三菱造船大橋工場
西部ガス
本大橋
県立工業学校
市立商業学校
大橋
山里国
民学校
護国神社
盲亜学校（三菱造船○学校）
マリア園
（三菱造船清明寮）
下大橋
長崎刑務所
浦上支所
城山町
市営住宅
浦上天主堂
城山
国民学校
三菱造船
駒場寮
栄橋
長崎医
科大学
三菱電機城山寮
三菱電機
至誠寮
三菱電機
鋳造工場
三菱造船
浜口寮
金比羅山
鎮西学園
0.5km
医大
附属病院
竹岩橋
三菱工業
青年学校
1km
瓊浦中学
三菱長崎製鋼所
三菱兵器山王寮
1.5km
淵国民学校
金比羅兵舎
梁川橋
三菱製鋼
延圧工場
2.0km
市営火葬場
市立長崎
病院
三菱兵器
銭座国民学校
3.0km
三菱造船
稲佐製材所
三菱造船
幸町工場
稲佐橋
西部ガス
長崎支社
西坂国民学校
稲佐国民学校
諏訪神社
稲佐外人墓地
長崎放送局
稲佐山
福済寺
稲佐警察署
長崎駅
中町教会
勝山
国民学校
朝日国民学校
市役所
新興善国民学校
三菱電機
本博多
郵便局
飽浦国民学校
県庁
三菱造船飽浦工場
陸軍病院
十善会

はじめに

京都「被爆2世・3世の会」は2012年10月20日に誕生しました。誕生に至る過程での2世・3世の思いは様々でした。被爆者の積み重ねてきた被爆者救済運動、核兵器廃絶運動の後継を、被爆者は2世・3世に託したいと考え、私たちもそれを受け継がなければと思ってきました。被爆2世・3世が自ら抱える健康問題、不安をなんとかしたいという思いも切実なものでした。そして、前年の2011年に発生した東京電力福島第一原発事故による放射能被害は、私たちも何かしなければと行動に駆り立て、「2世・3世の会」を生み出す一つのきっかけにもなりました。以来8年余、被爆2世・3世の健康問題への対策と世界から核廃絶めざすとりくみを中心としながら、試行錯誤を繰り返しつつ今日に至っています。

核廃絶運動の原点は被爆者の被爆体験を知ることにあることも学んできました。そこから、京都「被爆2世・3世の会」の被爆体験継承のとりくみは始まりました。被爆体験を直接お聞きし、記録に残し、社会に広めていくとりくみで、証言いただいた被爆者は2013年からこれまでに80人になります（2020年4月1日現在）。証言いただいた方たちは、一つは京都「被爆2世・3世の会」の会員の親（被爆者）とそれを身近に接してきた会員自身の思いです。一つは京都府下在住の被爆者のみなさんの体験です。そしてもう一つは原爆症認定訴訟で原告となり被爆者救済のために尽くされてきた方たちからもお聞きしてきました。

被爆体験を証言していただいた方の内、取材順に前半の50人の方の体験を本書上巻として出版させていただくことにしました。取材後半のみなさんは下巻として出版させていただく予定で、被爆体験の証言は少なくとも100人になることを目標にしています。

私たちが被爆体験を取材し継承する上で特に重視してきたことがあります。それは、被爆の体験を8月6日、9日当日のことだけに限定せず、生き延びることのできたその後の人生すべてを語っていただき、それも含めて被爆体験であると受け止めようとしたことです。被爆者の被害は、いのち、からだ、くらし、そして人々との絆にまで及ぶと語られてきました。命を奪われ、健康を損ない、苦難の生活を強いられ、人々とのつながりさえ絶たれることまであったのです。そして、そうした困難に負けることなく立ち向かって今日まで生きてこられた有様を聞かせていただき、そこからも私たちは学ぼうとしました。

幼くして両親、家族を失い孤児同然の身で戦後を生きてきた被爆体験者があります。辛い生活から何度も命を絶とうとしながら我が子のために生き抜いてきた人もあります。様々な病気に見舞われ続け終生が闘病生活であった人もあります。戦後の長い道のりを経てやっと被爆者健康手帳を手にすることのできた人は少なくありません。世間にも、結婚した相手にさえ被爆者であることを隠して生きざるを得なかった人たちであり、また被爆者に対する国の政策がいかに消極的で、棄民扱いに近いものであったかの証でもあります。

多くの被爆者が自らの体験に基づいて、核兵器の廃絶を訴え、平和を願い、そして被爆者の権利と救済を求めてきた事実も語られています。原爆症認定集団訴訟もその一つです。原告となって主張し、敢然と国の過ちを正す姿勢からは〝決して原爆には負けない〟という強い思いが読む人に迫ってきます。

上巻に掲載させていただいた50人の被爆者みなさんのそれぞれの体験から、原爆投下がどれほど残虐で非人間的なものであったかを知って欲しいと思います。そしてそのような悲惨な体験をしながらもそれを乗り越えて力強く生きてこられた姿からも多く学び、これからの未来を担う私たちの励みにもしていただきたいと願います。本書出版にあたりタイトルを『語り継ぐヒロシマ・ナガサキの心』といたしました。これは、被爆者のみなさんが語った体験を紹介するだけに留まらず、私たち被爆2世・3世が被爆者の体験を広く社会に、そして後世に主体者となって語り継いでいこう、そういう姿勢を明示しようという趣旨でつけたものです。

今年は原爆投下75年の年です。全国の被爆者は15万人以下となり、京都府下の被爆者数も900人を下回るようになりました。被爆者のみなさんに体験を語っていただく機会は少なくなっていきます。私たちは一人でも多くの被爆者の方々に体験と思いを証言していただき、それを貴重な遺産として記録し、世界の平和のために社会と後世に広め語りつないでいきたいと考えています。本書の発行目的はその一つです。是非多くのみなさんと思いを共有できることを願っています。

本書に掲載した50人の方の内、11人の方が被爆体験の証言の後他界されました。生前にいただいたご協力に感謝しますと共にあらためてお悔やみ申し上げます。そして本書の上梓をご霊前に報告させていただきます。同時に被爆体験の継承、証言にご協力いただきましたすべての皆様に心からお礼を申し上げます。これからも健康に留意してご健在であられますことを祈念いたします。そして核兵器廃絶と世界の平和、被爆者の完全救済が実現する日を見届けていただくよう願うものです。

2020年5月1日

京都「被爆2世・3世の会」世話人代表　平　信行

『語り継ぐヒロシマ・ナガサキの心』出版に寄せて

京都原水爆被災者懇談会世話人代表　**花垣　ルミ**

「皐月晴れ　薫風まといて　嵐山」

とはいかなかった今年令和二年。さくら満開真っ最中に世界中が見舞われた「新型コロナ」ウイルス戦争！こんな中で昨年から予定されていた念願の被爆者証言集『語り継ぐヒロシマ・ナガサキの心』（上巻）が京都「被爆2世・3世の会」から出版されることになりました。

多種多様、様々に生きづらさを抱えながら生きてきた「被爆者」を50年間にわたり抱きしめるように暖かく深く関わって下さり、この出版を心から喜んで頂いている京都原水爆被災者懇談会事務局の田渕啓子さんに感謝と敬意を捧げます。

そして京都「被爆2世・3世の会」世話人代表の平信行さんには、京都の被爆者としてこの出版はとても頼もしく誇らしく思います。安心して「未来」を託したいと思いますが、二世は被爆者と歳も近く健康が不安です。京都での最後の被爆者を田渕さんと一緒に看取って欲しいなどと想ったりしています。

核兵器が人類に、動植物に、何をもたらしたのかを証言されている被爆者。そうして生きなければならなかった方々の慟哭の声をどうぞお聞き下さい。

「祈れども　祈れども　還らぬ御霊偲びつつ　いまある生命《せい》を　慈しみ」

語り継ぐ　ヒロシマ・ナガサキの心《上巻》

ヒロシマ編

ナガサキ編

ヒロシマ編

1 小野 忠熙《ただひろ》

日赤勤務の妹はガラスの破片が刺さった身体で看護にあたっていた

お話＝2013年3月26日

生い立ち

私は、大正9年（1920年）1月1日生まれ、今年93歳になる広島での入市被爆者です。香川県の生まれですが、大正末期の経済不況で父の事業が傾き、坂出《さかいで》の田畑や家屋敷などを売り、5歳の時、父の恩師の紹介で祖母と両親や妹と、広島県世羅《せら》郡の東村（現在は世羅郡世羅町）に移り住みました。絵を描くのが好きな身体の弱い少年でした。「絵描きになりたい」と美術学校の受験をめざしていた頃、結核を発症しました。東京の武蔵野美術学校に合格しましたが、将来の生活を心配した家族らの反対で入学を断念、一時は人生に絶望し、心を病むほどに悩みました。入退院を繰り返しながら、療養生活を続けていた頃、主治医の紹介で甲山キリスト教会に赴任してきた中八郎牧師との出会いが人生の大きな転機となりました。

自分が悠久無限の大きな自然力に生かされていること、「今」やるべきことに全力をそそぐことの大切さに気づき、健康になることに専念しているうちに、「地理と歴史」の教師になろうと思うようになり、奈落のどん底から這い上がることができました。

戦争末期

京都の立命館大学に在学中に、身体が弱かった私にも赤紙（召集令状）が来ました。昭和19年3月、丙種合格の私も陸軍二等兵として、郷里香川の丸亀陸軍歩兵連隊に入営しました。

その頃、身体の弱い者から戦線に送られていましたので、絶対に生きては帰れないと覚悟していました。生きて帰ることをあきらめ、率先して訓練を受けるうちに身体が幾分丈夫になり、熱も出なくなりました。

3ヵ月間いて一時帰郷となり、1週間後に再召集されるとのことでしたので、毎日、明日来るか、明日来るかと待ちながら暮らしていました。その頃、県立世羅中学校の恩師から故郷の中学校の非常勤講師になってほしいと要請され、世羅へ帰って来ました。戦争末期、25歳の時でした。世羅中学校では、先輩の先生方は学徒動員の上級生を引率して、呉の海軍工廠や尾道の造船所に泊まり込んでいました。私たち若い教員は、下級生を連れて出征軍人の家など、農家の勤労奉仕に明け暮れていました。学校では、毎朝、授業前に職員会議が行われていました。

8月6日

昭和20年（1945年）、8月6日の朝、職員会議をしていた時、「ドーン」という音と振動が校内に走り、身体が揺れました。近くの石切場の発破音だろうと思いました。会議はいったんストップしましたが、その後、続けられたことを覚えています。よく晴れた日でした。

夕方、生徒たちの寄宿舎として寄託していた修善院というお寺に帰ると、知り合いの娘さんが広島市内から血みどろになって帰ってきました。広島に爆弾が落ちた、ひどいことが起こったらしいという噂が広がりました。

その日かあくる日のうちに、消防団、在郷軍人会、青年団の人たちが、各戸から梅干しやいろんな物資を集めて、広島市内にトラックで救援に向かいました。

1日、2日して救援から帰ってくる人のなかには、身体の調子が悪いと不可解な症状を訴える人もいました。当時、爆弾の名前を知りませんでしたが、みんな、ピカドンとか特殊爆弾とか言っていました。

焼け跡の広島市内へ

知人から父に「あなたのところの娘さんが日赤病院にいる」という電話連絡があり、父が私に妹の智恵子を助けに行けと言いました。妹は従軍看護研修生として広島市内の日赤病院に勤務していました。

8月8日、国民服を着て、ゲートルを巻き、鉄かぶとを背中に負い、世羅中学の教え子から託されたゆで卵と母がつくったたくさんの焼きむすびを入れた雑嚢《ざつのう》を腰につけ、出かけました。

三川駅まで自転車で行き、福塩線《ふくえん》でいったん北にあがり、三次駅《みよし》で乗り換え、芸備線《げいび》で広島に入りました。

列車の窓から見える民家では、昼日なかから蚊帳をつっているのが見えました。身体を動かせない被爆者にハエがたかり、ウジがわくのを防いでいたのだということを後になって知りました。道路には、竹や棒切れをささえに、疲れ切って三次方面に向かってふらふらと歩いていく婦人や中学生、女の子など被災者の姿が見えました。広島駅に入る前、車窓から、ビール工場のある低地帯の池に蓮の葉がしげっていて、爆弾の影響でしょうか、褐色の斑点がいっぱいついているのが見えました。

広島駅は構内の天井の壁も落ちていて、駅の玄関から広島湾に浮かぶ三角形の似島《にのしま》が見えました。焼け跡は一面瓦礫の原で、電信柱が炎をあげて燃えていました。ところどころに鉄筋コンクリートの広島文理科大学や福屋百貨店などのビルの残骸、橋が見えるだけでした。

負傷した人をのせた担架が行き来していました。皮膚が焼けて垂れ下がり、衣服が溶け落ちた人々が、苦しそうにうずくまっているところもありました。だれも声を出さず、何も音がしない、バリバリと電信柱の燃える音が聞こえました。

道路には燃え焦げた電線が落下していて歩きにくいため、家の焼けた跡の瓦や土、灰のあるところを歩きました。視野も広く、駅から日赤まで最短距離で行けました。死体にトタンをかけたのがころがっていました。いたるところに死んだ人をとりのぞいた跡の土が黄黒く、点々と残っていました。

妹

やっとたどりついた日赤病院の前の広場には、避難してきた市民や兵隊がいました。上半身がどろどろの背中にはウジが動いていました。頭や顔にウジがいるのにそれを取ろうともせず、うずくまっている人もいました。廊下は手当を待っている人で足の踏み場もない状態でした。私は人を踏まないように進みました。病院の2階の病室で妹に会えました。

妹は、木造の寄宿舎がつぶれて、落ちた天井裏から這い出して助かったそうです。ガラスの破片が身体中に刺さっていました。かかっていた赤痢が治ったばかりでしたが、動ける者はみんな介護せよとのことで、看護にあたっていました。持って来たゆで卵と焼きにぎりをみなさんに配ると大変喜んでくれました。妹にはかわいそうでしたが、「頑張ってやれ」と言うのが精一杯で、連れて帰ることはできませんでした。

その帰り道、日赤から電車道を紙屋町に向けて歩きました。紙屋町の交叉点に行く途中、鉄筋コンクリート造りの銀行があり、玄関付近の石壁に人の影が残っていました。焼けた市街地の水道の蛇口から水がふいていて、そこへ死体が集まっていました。赤ん坊や白骨の死体があり、半焼けになった小さい子どもがころがっていました。

床が焼け落ちた路面電車は、骨組みだけになっていて、床下には焼けた乗客の灰と灰白色の骨が集まって、低い小山のようになっていました。このあたりにも人間の大きさの黄黒い脂の跡がそこかしこにありました。板きれに焼けて炭になった木ぎれで、住所と氏名を書いた急作りの伝言板があちこちにありました。崩れたお寺の壁にも書かれていました。死臭や茶毘《だび》に付す異様な臭いが風向きによって漂ってきました。茶毘の煙が立ちのぼる、あの被爆後の夕方の広島の光景は、今でもはっきりと脳裏に焼きついています。

8月25日、日赤の引き締めがとれ、妹を迎えに行きました。妹の話では尾道廻りだったそうですが、私にはこの日の記憶がまったく欠落しています。帰りは夜になってしまい、尾道の駅前のポストのそばで野宿したそうです。妹は取り残りのガラスの破片が刺さったまま、シラミがいっぱいの身体で帰って来たようです。

結婚

私は立命館大学卒業後、広島県立世羅中学（後に世羅高等学校）の教諭となり、昭和21年（1946年）5月に井上貞子と結婚しました。妻は大阪生まれの大阪育ちです。

昭和20年3月11日の大阪大空襲の最中、最終の疎開列車に乗り、その夜、父の故郷である私の隣村の西大田に疎開して来ていました。大阪での激しい大空襲を体験したことから、非人道的で悲惨な戦争が心の底に刻み込まれ、このことが今日も続く妻の平和運動の原点になったのだと思います。

被爆者手帳

それから随分後のことです。山口大学で、弥生時代の「高地性集落」の遺跡の分布や立地と発掘調査など「考古地理学」という新しい分野の研究にとりくんでいた頃のことです。妹の智恵子から「兄さんは、私のために入市被爆したんだから、被爆者手帳をもらってください」という電話がありました。

昭和37年（1962年）、妹が三人の証人をそろえ、妻が山口市役所に手続きに出かけたのですが、「今頃になってなんで被爆者手帳が必要なのか。大学の先生ともあろうものが……」と突き返されました。

長男は栄養失調で生後10日で亡くしていましたが、子どもたちは、当時、中学1年生、小学4年生と幼稚園児になっていました。出直して「父親が被爆者だということを、子どもたちが理解できるようになるまで待っていた」と言うとようやく受理してもらえました。

（注）被爆者手帳の交付が始まったのは1957年、戦後12年経ってからのことです。

山口と広島で

山口には原爆で負傷した人たちがどんどん送り込まれました。被爆者の人口比が広島、長崎に次いで多いのが山口県です。山口市宮野に大学の宿舎がありましたが、そこは元山口陸軍病院だった所で、毎日次々に亡くなる被爆者を隣の丘で焼いて埋めたそうです。そこにはその後、鎮魂碑が建てられました。

山口県での被爆者支援の活動は、山口県原爆被爆者支援センター「ゆだ苑」が推進力になって取り組んでいましたが、一般の人たちの関心は薄くて冷たく、近所に分からないよう封筒も二重にしてくれというようなこともあったほど、被爆者であることを隠す人もいました。

昭和49年（1974年）NHK広島放送局が公募した「市民が描いた原爆の絵」に3枚の絵を出品し、その後、「ゆだ苑」にも油絵

小野忠熈さん・貞子さんご夫妻

をあわせて10数点を寄贈しました

昭和53年（1978年）広島大学に転勤しました。妻は広島市での最初のダイイン（倒れ込み）や今の「語り部」運動のきっかけにもなった、原爆孤老を訪問する活動などに積極的にたずさわりました。

絵の道と京都、身体のこと

昭和58年（1983年）広島大学を退官、「いつか絵描きになりたい」という幼い頃からの願いを実現するため、京都と大阪や奈良へ行くのに近く、画業に便利な京都府綴喜郡田辺町（現在の京田辺市）に転居して来ました。

時間と空間を超えた宇宙から自由な画境で描くことが私の絵画観の一つですが、平成15年（2003年）ルーブル美術館で開催された、「フランス・パリ・美の革命展 in ルーブル」ではグランプリを、同じ作品に日仏協会からはトリコロール芸術平和賞をいただきました。

立命館大学国際平和ミュージアムにも油彩画を20点ほど寄贈しています。その披露として、平成18年（2006年）に「平和を築く小野今絵画展」が春季特別展として開かれました。京都原水爆被災者懇談会の機関紙「こんだんかい」の表紙づくりにも絵と短文で関わったことがあります。

京都原水爆被災者懇談会の会報『こんだんかい』の表紙を飾った小野先生の絵と短文（2009年4月1日/No.164）

“ゼッケンに反戦の願い”
2005年9月21日「毎日新聞」

現役時代にはあまり身体に異変を感じたことはありませんでしたが、定年の頃から、虚血性心不全、続いて白血球減少症を発症しました。今は、造血機能障害や脊椎の多発性圧迫骨折と再発した慢性心不全の治療などをしながら、毎朝、保健のために私独特の体操をゆっくり1時間半かけてしています。被爆者の中には60歳前後から発症する人があることを、多くの人に知ってもらいたいと思います。

核兵器のない世界へ

私は、「すべての国の核兵器を捨てよう」「この世の地獄の戦争をとめよう」という手書きのゼッケンをつけて外出することがあります。国民平和行進が京田辺市を通る時には、いつも歓迎のメッセージを送っています。あの凄惨な現場を見た者の責務として、この世の地獄である戦争を阻止し、人類の至宝であり、この国の宝である日本国憲法、とりわけ9条は万策を尽くして守り抜かねばならぬと考えています。

被爆二世・三世のみなさんがこうして私の話を聞いて下さることは、ほんとうに力強く、感謝の気持ちでいっぱいです。私たちは息子らが被爆二世であることをどう受けとめるかは、彼らにまかせてきましたが、「俺は定年退職したらやるぞ」と言っている子もおり、嬉しく思っています。

2

永原　誠

15年戦争の果てに、父、母、二人の妹を奪った原子爆弾

お話＝２０１２年11月８日

１９４５年頃の暮らし、高校生活

私と家族の話をする前に、前提としてこれだけは、今では想像もつかないことだと思うけれど、申し上げておきたいんだけどね。原爆投下、終戦は１９４５年やけど、１９３１年に日本軍が勝手気ままに中国の東北部、満州に軍隊入れて、これが日本がやった最後の15年戦争の始まりになるわけやね。15年のうちにいきなり変わったわけではない。戦争というのはじわじわじわじわと普通の人間の暮らしが変わっていくんやね。一口に言えば軍部独裁が強まっていくということやね。軍隊が指図するんであって、現代のようにまがりなりにも総理大臣がいて、議会があって国の政治が決められているわけではない。そもそも議会は解散してしまい、あるのは軍隊だけなんですよ。

１９４５年になると、おそらくこれは私の推定だけど日本の国家予算の８割、ひょっとして９割が軍事費。残り１割で民政なんてできるわけがないでしょう。本当に私たちの暮らし、何から何まで物はなくなったですわ。あれはしてはいけない、これもしてはいけないだらけで、そのしてはいけないのは軍隊が決めるんですね。そんな時代になっていたわけやね。

１９４５年、僕は17歳、今の広島大付属高校、旧制の広島高等学校２年生だったんです。旧制高校２年生だけど、前の年、1944年4月に入学して、1年半経っていたわけやわな。その1年半の間に授業があったのは2ヵ月半かな。何もかもなくなった中には、授業すらもなくなっていた。例外が一つだけあってね、工場動員の合間に軍事教練という科目、兵隊の真似ごと、お稽古だけはあったけど。授業がなくなってからは工場に動員されて、工場でなければ農村に動員されて、稲刈りの手伝いをやったり、というようなことだったから、学生とはいっても生活は工場労働者と農業労働者を兼ねたような状態やったね。17歳、高校2年生といっても、本当に名前だけみたいなものでしたね。

1944年の秋から45年の春まで半年、泊まり込みで播州赤穂にあった川西航空機の工場に動員されて行ったこともあった。ゼロ式戦闘機のエンジンの部品づくりということだったが、もう資材も何もなくなっていて、ほとんど作業らしい作業もなかったですわ。当時日本は、男子は国民皆兵、徴兵制で、もともと徴兵は20歳からだったが、1944年からは17歳から徴兵検査を受けるようになっていた。学生の人数も減っていました。高等学校、大学に入っていたら徴兵は猶予だったんだが、これもなくなっていた。僕のクラスなんて半分ぐらい、1年生の時には30数名いたのが、2年生の時には17名になっていた。

1944年、45年になると、日本は船自体がなくなっていたんですよ、撃沈されたりしてね。外国に兵を送ろうにも送れない状態になっていた。だから広島の街には兵隊が溢れるようになっていたのではないかな。暮らしといったら、国家予算のせいぜいのところ2割ぐらいの暮らしを強いられていた。衣、食、住どれをとっても、ひどいものでしたよ。今の日本では想像もつかないような。

僕たちの住んでいた家はどんな家かというとね、1944年の5月頃から、天井がない。畳もないんですわ、寝るところと食べるところと、これを残して、天井を全部はずせ、畳は全部あげろ、床板も全部はずせ、というような命令が出ていました。殺風景なものでしたよ。寝るところ、食べるところ4畳半にだけ畳を敷いていて、たとえばトイレに行くのに、部屋と部屋との間に渡した板の上を綱渡りのようにして行くんですよ。みんな空襲による延焼をできるだけ少なくするための命令ですからね。電気は軍と軍需産業優先で、いつも電圧は下がりっぱなしで、夜になると暗いものでした。

8月6日のその時

原爆投下の時、僕の家は七人家族でした。父親、母親、僕、弟、三人の妹。一番小さい妹、道子は五つでしたが、5歳で遠縁の農村（志和村）にお金を出して預けられていて、家にはいませんでした。上から二番目の妹、珠子は小学校の4年生だったが、学校疎開というのがあって、学校ごと、クラスごとに田舎のお寺などに受け入れさせて、4月から送られていて、これもいませんでした。だから七人のうち五人しかいなかったですわ。

父親は広島文理大学の教授だったんですよ。当時、広島文理大には、東南アジアのマレーシアとか、タイとか、インドネシアとかの国々から軍が選んで招いてね、親日分子に育て上げようとする留学生が広島文理大学にも20人ほどいて、彼等の住む寮の寮監を命じられていてね、毎日泊まり込みで、自宅に戻ることはほとんどなかった。

僕の家は、鉄砲町というところにあって、当時広島女学院というのがあってね、その広島女学院の西側のちょうど真ん中の向かいにわが家があったのよ。ここから高等学校に電車で通っていたんですよ。

原爆の当日、僕は、電車はものすごく混むので、40分くらい早く家を出た。弟や妹も7時台に家を出ていて、いずれも学校に着いていた時刻でしたね。馬鹿に天気の良い、暑い日だったけどね。雲ひとつないような。

僕は御幸橋の東の橋のたもとからちょっと離れたところにある広島高等学校の校庭にいた。8時からの朝礼が始まりかけたところでした。授業はもうされていなかったわけですわ。僕は高等学校の文科でしたけどね、高等学校も戦力になるのは理科だと、科学知識が急いで必要とされ、5クラス、200人くらいの生徒がいたけどね。理科は徴兵免除になってました。でも、理科の学生は呉の海軍工廠に泊まり込みで動員されていてね。これはこれで連日の空襲でひどい目に遭っていたけどね。先生も一緒に。

僕は文科で人数が少なく1クラスだけ、あの日は、生徒17名と先生3名だけの朝礼だった。正門入ってすぐのところの古い木造の2階建ての本館のそばに芝生があって、そこで横一列に並んで、中原先生が点呼、出欠確認していたですよ。静かだったよ。先生の名前を呼ぶ声だけがしていて。

Ｂ29は当時最新鋭爆撃機で、4機が編隊で、東から広島の上空に侵入してきたんですわ。1機が原爆を積んだエノラゲイ、1機は写真撮影機、後の2機は原爆投下効果を確かめるための観測機。そのうちの3機は早くから広島上空周辺を旋回していたらしい。当時日本が持っていたという最高の高射砲も届かない高度だったのと、4機は散らばって飛んでいたので音がよく聞こえなかった。

原爆投下の直前、Ｂ29が急旋回してエンジンをフル回転する異様な音を、遠いところでかすかに聞いたようなことは覚えているんです。エノラゲイが目標（相生橋）を把握して、原爆投下のボタンを押して、90度北に旋回して逃げたその時の音だと後になって思った。

原爆投下の目標地点は相生橋のT字形になっている所で、Ｂ29は何度も投下訓練に来ているんですよ。原子爆弾は、ボタンを押して1分後に爆発するような仕組みになっていたんですよ。ボタンが押されて、15秒後にエノラゲイから放たれ、45秒かけて落下、爆発したんやね。目標から２００メートルほどずれた所で爆発したわけやね。私たちは爆心から2・5キロの距離にいたんですね。

広島大学付属中学・高校（旧広島高校）正門前の原爆碑。写真は破壊された本館建物。

〝ピカドン〟というのはかなり離れた所で見た人の形容ですよ。実際はいきなり光った、というのではないね。僕の眼に映る、空、学校の樹木、他の教室の建物群、爆発した瞬間、物の影に隠れていないすべてのものが、色で染まったですわ。ピカッというのは光ではないね。色が変わった。今まで見たことのない色、桃色、青色、紅色、黄色、緑色、混ぜくり合ったような、形容のしようのない色が、空まで含めて染めました。静かな中で、爆発の閃光《せんこう》が届いたすべての物の色が変わった感じでね。

何が起こったのか分からない。みんな、思わず3〜4歩後退した。次の瞬間、足をすくうような圧力が来た。爆風とか、風とかいうようなものではないですわ。普段の訓練から「伏せろ」と言われていたので、その自分の意思と、圧力とで、芝生の上に倒れたんですわ。途端に真っ暗になったですわ。

「空襲で爆発に遭った時は4本の指で目を押さえろ、親指は固く耳を押さえろ」と教えられている。口は思い切りあけておけ、内臓が飛び出さないように、体は思い切り地面に押しつけて内臓破裂しないように、とも教えられていて、その通りにしてたら、僕らのすぐ後ろにあった2階建て木造本館が物凄い音を立てながら、壊れていく音が聞こえたですわ。木造本館が壊れていくのだけは分かったが、後は何が起こっているのか、さっぱり分からない。壁は吹っ飛び、屋根も抜けるわでね。

その物凄い音の間を縫って、聞いたこともないような音が遠くからだんだん近づいてきたんですわ。キーンという金属ノコで金属を切るような音。2回目のキーンという音の後、またしーんとした静寂が訪れたんですわ。

爆発後14〜15秒は経っていただろうか。そっと片目を開けてみると、5〜10センチぐらいの目の前で芝草がかすかに見えるだけで、それ以外は何も見えない真っ暗闇状態。やがて10メートルほど先は見えるようになってきてね、そして200メートルほど離れていた防空壕に逃げていく友達の姿が見えてね。それからだんだんと暗闇は薄らいでいったね。僕も防空壕に飛び込んだね。

防空壕で10分ほど過ごしてから、あまりに静かなのでおそるおそる防空壕を出てみると、空は嘘みたいな青空になっていた。夏の太陽が燦々《さんさん》と照っている。

防空壕はグラウンドの真ん中にあったからね、学校全体の様子がよく見えるんだね。屋根が飛んでいる校舎もある、完全に倒れている教室棟もあってね。

「あれ見てみろー」と誰かが言ってね、目を上げてみるとね、北の方一帯に、原子雲が崩れつつあったですわ。横に拡散しながら広がっていた。白かった。入道雲との違いは、こぶがぼこぼこできて成長しているというか、動いているような形なんやね。もう一つの違いは、チカッ、チカッといろんな色が光るんです。一番最初に見たあの色なんですわ。但し、今度はもっとハッキリと色が分かれていて、緑、赤、桃色の色が光っていましたよ。原子が燃えていた色だったんですよ。

原子爆弾リトルボーイ

原子爆弾のリトルボーイというのは重さ5トンと言われているけどね、そのうちウラニウムは30キログラムぐらいだったんだね。そのウラニウム30キログラム全部が連鎖反応を起こしてから爆発したんではないんだね。ほんの一部なんですわ分裂反応をしたのは。

機体を離れて45秒後から連鎖反応が起こるんだけど、ほんの一部が放射線をまき散らしたんだね。中性子線とガンマ線だね。同時に核分裂反応は強烈な熱を発するんでね、5トンの重さのリトルボーイはたちまち200数十万度まであがって、爆弾が持たなくなってね、それでうわーっと爆発するわけやね。それが原子爆弾なんですわ。5トンの爆弾の中に含まれていたウラニウムを含むすべての物質、他の金属も含めてまき散らしたわけやね。高熱を発した原子核のかたまりみたいなものが高熱を帯びると燃えるから、色がついて光るのだそうだ。

5トンのうちの50キログラムあまりのやつが高い空の水蒸気と一緒になって黒い雨になり、雨にならなかった大半の放射性物質が黒い塵、微粒子となって降下し、街を、大地を、人間を汚染したわけやね。

たとえ話として僕はよく言うんだが、600メートルの上空に、100万分の1秒という瞬間に、直径200メートルほどの小さな太陽ができたんだと思って下さいと。異様な色を見せ、200数十万度の超高熱を四方に発し、秒速400メートルの風圧に押されて爆風は衝撃波となった。キーンという音は衝撃波の音だったんですわ。

僕たちは茫然と見ていた。何が何だか分からなかった。爆撃だとも思わなかったよ。異様といえばこれほど異様な体験はなかったですね。これが僕の爆発後10分余りの体験ですわ。

学校の講堂は鉄筋コンクリートで残った。僕たちは校舎の影になっていて直射は免れたわけ。おまけに爆心に対して背中を向ける方向にも向いていたわけですわ。ドーンという音は聞いていない。その前に衝撃波が音より早く届き、建物が壊れる音に紛れていたんでしょうなあ。

8月6日は何のために学校へ行っていたかというと、播州赤穂から帰ってきた頃、学生はもうほとんどおらず、がらんどうで、「学校防衛」などという任務が与えられていたんですよ。広島高等学校の建物の窓という窓のガラスに新聞紙をテープのように切って貼って、爆風で細かく飛ばないようにすることで、朝から夕方までそんなことをやらされていた。8月6日もその予定だった。建物は壊れてしまい、窓枠ごと吹っ飛んで穴が開いているわいな。これまで何をしていたんだ、と思ってしまったね。

無言の列

原爆は、核分裂反応を起こし、100万分の数秒ほど小さな太陽が出現し、熱線、放射線が前後して届き、衝撃波ですべてのものがなぎ倒されていく。こういう形で広島の街は破壊されていくわけだけど、それによって2キロ以内では火災を起こすわけですね。一斉炎上という大火災を起こすんでね。燃えるものはすべて燃やしつくしてしまう、綺麗さっぱりね。

爆心から2・5キロの高等学校までは一斉炎上は起きなかった。学校では、学園の外に出ることを禁止する措置がとられていてね。何もすることなく手持無沙汰だった。その後、学校の正門から外を眺めていると、近くにあったたぶん市立の病院めざして、火傷したり、怪我した住民たちが歩いているんですよ。その列を見たわけですよ。

果てしもなく続く人の列でして、どの人も普通の服ではないんですわ。破れたり、ちぎれたりした服、汚れた姿。一見火傷や怪我のない人、一見しただけで火傷、怪我している人、とにかく絶え間なく続くんですわ。特徴はね、一つはほとんどが女の人、子ども、年寄り。若い男子はいない。みんな軍隊行きでいない。もう一つはね、沈黙。わめきもしない、おしゃべりもしない、泣きもしない、会話もしない、シーンとした、茫然とした人の列だったね。それが切りもなく続くわけ。それを見てね、何が起こったんだろうと思ってね、本当に茫然としたんですよ。

昼飯時になってね。僕らの飯ってどんなものだったと思う? 配給の草団子、一人2個だけ。米の配給はもう1ヵ月止まっていたね。水筒だけは絶えず携行するように言われていたが、空腹を超えた状態が慢性化していた。

御幸橋西詰南側の原爆碑。投下3時間後にこの地で撮影された惨状写真が表示されている。

一斉炎上に追われて

12時過ぎてから、広島市内に家のある者は帰ってよろしいという指示が出た。一斉炎上も12時過ぎると山を越えていたが、でもまだ燃えていました。僕は御幸橋を渡って帰ろうとしたが、橋を渡った西詰は綱が張ってあって憲兵がいて通行止めとなっていた。それで京橋川沿いに歩いて広島駅方向に向かうことにした。数十条の一斉炎上の黒い煙が真っ直ぐに立ち昇っていたのを覚えていますよ。

広島駅北側の東練兵場に入った途端に様相が一変しましてね。広い草原に、負傷した人々がとにかく逃げこんだんやね。埋め尽くされていた。その規模数千人、すさまじい阿鼻叫喚《あびきょうかん》の渦だったんですわ。

これはもうわが家には近寄れない、と思っていたら、バッタリ、近所の床屋さんに出会った。「ぼっちゃん、お母さんが、あっちの川岸におられましたよ」と教えてくれたんだわ。それで、二葉の里地区の鶴羽根神社を過ぎたあたりまで歩いて行ったら、砂だまりで母親は茫然として立っていましたわ。ようやく神田橋を渡って母と会うことができたんです。

原爆が落とされた時、母は台所の外を掃除していた。建物崩壊の三角型の空間にいて、偶然怪我はなかった。周囲は一面瓦の海やったと言っていた。すぐに一斉炎上が始まって、瓦の海を渡って神田橋の端までたどりついていたんだそうだ。母と会った直後、黒い雨に遭った。ポトーン、ポトーンと雨が落ちてきて、川洲の砂の上に黒いシミがひろがったのを覚えていますよ。

母と二人で横川駅の近くを通って、緑井の国民学校をめざして歩いて行った。僕たちのいた町内の避難場所として定められていた所だったんだね。横川駅周辺では、兵隊の生き残りがみんなこのあたりに逃げて来ていて、太田川の土手に何百人も横たわり、「学生さーん、お願いですから水下さーい」と声をかけてきたことも覚えていますよ。

緑井国民学校で愛国婦人会からの差し入れがあり、やっと握り飯1個を食べて、母は初めて食べものらしい食べ物を食べることができましたよ。その夜は、学校の中の倉庫で、稲束を枕に寝たけど。蚊も多くて、寝るに寝れなかったけれどね。

翌日は、まだ市内の火災は収まっていないという話を聞いて、誤報だったけど、母と二人で当座の仮住まい探しをした。そして、さらに翌日になってわが家の後を見に行った。わが家は瓦の海の一部になり果てていた。家財などはすべて焼けちゃってね。大切な衣類や家財で大事だと思われるものは田舎に疎開させる人が多かったけど、私の親父は何故かそれを嫌ってね、そのため財産らしいものは綺麗さっぱりなくしたけどね。ただ、唯一、英語の辞書と本を詰めたミカン箱一つだけが残っていたけどね。母親はその後も、家族を捜しに僕と一緒にあちこち歩き回ったため、心労を深くしたようだった。

親父の最期

爆心から一番近くにいたのは父親だった。

親父は留学生の寮の学監を勤めていたけどね、寮は元安橋のすぐ近くにあったんですわ。本当に爆心です。ほとんどの寮生たちは朝早くから登校していて助かったが。一人だけ遅れて登校する留学生と一緒に親父も学校に向かってたんだわ。その日の朝は1時間目が授業がなかったもんでね。原爆が落ちた時は学校に行く途中だったんです。もう至近距離でね。

正確な場所は確認できないが、二人とも至近距離で被爆したはずなんだね。爆心から数百メートル、衝撃波に吹っ飛ばされて、何かに激突したのではないかと思うがね。一緒にいた留学生も血まみれになって、二人で肩を寄せ合ってよろよろと歩いていた。

まだ一斉炎上が起こる前の時間に、学校から寮の様子を見に来る人と出

父親が学監を勤めていた興南寮の跡地碑。
広島市中区大手町・元安川東側河畔。

会っているんですよ。明治橋をめざして、それを渡って己斐《こい》駅方向をめざしていたらしいんだけど、明治橋までたどりついたところで力尽き、倒れたままとなって、一斉炎上の中で焼け死ぬんですわ。

留学生の方は生きぬいて、己斐駅までたどりつき、さらに五日市まで行って力尽き、2日後に死んでいる。近くのお寺の住職が憐れんで墓を建ててくれたというけどね。

親父は真っ黒焦げになって見つかったですわ。一斉炎上というのは普通の火事とは質的に違うんやわ。熱度から何から何まで。両手は腕の付け根からない。両足も付け根からない。手や足は灰になったんだと思う。目は二つの穴が開いていた。口は開けて死んでいた。焼けぼっくいのようなもんやね。見つかっただけよかったようなものです。

父親・永原敏夫の遺品。ベルトの留め金。（立命館大学国際平和ミュージアム所蔵）

こんな焼死体見ても誰だか分からないのに、どうして親父と分かったかというとね、原爆投下の翌日、学校は教職員の捜索隊を出していたんだわ。死体の山の中にうつ伏せになって死んでいたのを見つけてくれたんだそうだ。有り難いことだと思うが、丁寧に探してくれたんだね。死体に一つだけ残っているものがあった。それがベルトの留め金。僕の父親の留め金と認識できる職員がいて、「これ永原先生や」と分かったんだそうですわ。

8日になって、母親と一緒に学校に行って、焼け残った建物の中にあった黒焦げの親父と対面したわけやけどね。葬儀は学校で明くる日、他の亡くなった教職員とまとめて行われたけどね。

17歳という年齢は頼りないものでね。その時、親がどこの銀行にどれだけ預金していたのかも知らんのですわ。預金なんかも何も回収できないんやね。ついでに言うと、その後、大阪に移る時も、引っ越し先の住所を大学に連絡することが頭に浮かびすらしなかった。親父は「遺族は消息不明」の扱いにされてしまっていた。6〜7年経ってからだが、退職金も支払われず、文部省に問い合わせると、国庫に返納してしまったとのことだった。

妹 信子のこと

被爆した家族を爆心から近い順序に言うと、次が妹の信子なんですよ。信子というのは女学校の1年生で12歳でした。女性は中学に入れない時代だったんですよ。1年生はまだ授業があったんですよ。

ところがね、1945年8月6日は月曜日。この月曜日から1週間は広島市内の全中学、女学校は建物疎開作業に出る軍命令が出されていたんですよ。彼女の女学校の割り当てられた場所は、市役所の近く、爆心から900メートルの距離で、8時から作業を始めていたようです。

建物疎開とは空襲による類焼を阻むために、建物を破壊し、道路を広げることなんだね。軍の強制接収でね。京都市内の今の広い通り、堀川通、御池通り、五条通も建物疎開で広げられた道路なんですわ。あそこにも人が住んでいたんですよ。広島でもその道を一本つくることになって、建物疎開が行われていたんだね。今の平和大通りはその跡なんですよ。壊した後の片付けを中学生、女学生にやらせようとしていたらしい。私の妹も瓦を積んで担いで所定の場所に運ぶ作業をしていたようです。歩き出した時に、ちょうど爆心方向を向いた瞬間、爆発し、衝撃波に吹き飛ばされてしまった。気がついて起き上がってみたら、友達はみんな川の方向に逃げていた。彼女も川（元安川）に向かって一生懸命逃げたと言っている。逃げた後から追いかけるように火事が始まって川に入ったと言っている。

一斉炎上の火災というのは、100メートルそこらの川幅があっても、ひょいと越えてしまうほどの炎、火勢を持っているんやね。一種の火の嵐やね。川に入って、首までつかっていたが、炎になめられそうになる。頭まで川の中にもぐり、時々口だけ出して息をするようにしながら、頑張ったそうや。

やがて火勢も少し弱くなって、やっと土手に上がったところを、救援しようとして川に入ってきた暁部隊の舟艇部隊に拾われて、広島沖合の似島《にのしま》の陸軍検疫所に収容された。原爆によって、広島市民は一切のコミュニケーションの手段も一切の連絡手段も失っていて、このため彼女の消息も分かるはずがなかったんやね。

広島という都市は、外国に軍隊を送りだす時の出発都市であり、帰還してきた兵隊の受け入れ都市でもあってね。特に帰還してきた兵隊のチェック、検疫所が必要で、それが似島にあったんだね。似島では数万の被爆者が収容され、庭に寝かされたりしたままで死んでいったんだね。後年、似島では数万の人骨が出たりしているんですわ。

親父の葬式が8月8日に終わってからあちこちと探したが、女学校も潰れちゃっていて、あてがなかったんだわ。8月9日もあてなく探していたんだが、「似島にもたくさんの人が収容されている」という噂を聞いて、宇品の港まで駆けつけてみたんだわ。宇品には貼り紙があって「似島に収容せる患者は以下の通り」と書かれていてね。信子の名前があるじゃないですか。すぐに船便に乗って似島に行った。窓口で「永原さんはいますよ、火傷はしているが元気ですよ」と言われた。

第一病棟と言われるところを覗いた時、ひどい火傷の妹がいたんだね。目はちゃんと見えていた。枕元に、皿1枚、握り飯1個が置いてあったけど。食欲がないらしい、一口だけかじった跡があったけど。「あ、おにいちゃん」と語りかけてきたんやね。意識はしっかりしていて、1時間ほど話すことができたんやね。

「お母さんを呼ばれたらどうですか」と、医者からも、隣に収容されている女学生のいち早くかけつけていた母親からも語られた。隣の女学生の母親は私の妹も時々見てくれていたようだ。

仮住所を書きとめたメモを渡しておいて、「明日、お母さんを連れてくるからね」と言ってその日は別れた。妹はじーっとこっちを見ていた。綺麗な目をしていたね。その日、母の待つ志和村に急いで帰った。母親はこの時、疲れもひどかったので末娘を預けていた志和村の遠縁に行っていたんですわ。

翌日早朝、母親を連れて志和村から広島へ来て、宇品から似島にハシケで渡ろうとすると新しい貼り紙が貼られていてね。「似島に収容せる患者は、再度の空襲の危険があるにつき、広島湾沿岸一帯の収容所に移送せしめたり、以後、似島への渡航は禁止する」というものだったんですわ。宇品の港で掛け合ったが、下士官は頑固で言うことを聞かない。どこに移送したのかも言わない。似島に渡ることは断念するしかなかったんだわ。

宇品港沖に浮かぶ似島

原爆投下の時の収容所とは、東北大震災の収容所などを想像してはならんですわ。被災者は板敷きに寝かされたまま、おびただしい数の蠅がウジ虫をわかせる中、医師一人、看護婦はいるかいないか、血にまみれた患者が横たわっていて、すさまじいものでしたね。母と二人で、呉の近くの天王から西は大竹まで、収容所というところをすべて歩きまわって捜したが、1週間探し回っても見つからなかってね。

8月17日か18日、親父の知り合いの伝手《つて》で仮の住まいにいる時、似島から言伝が届いたんですわ。割り箸を入れる紙をほぐしたものに、妹のそばにいてくれた奥さんから鉛筆で「昨日17日に亡くなられました。死ぬまで我慢強くしておられましたが、お母さんが来られるのを心ひそかに待ちわびておられました」と書かれていてね。遺髪を同封してもらっていた。

広島市内の中学校・女学校の1年生のうち30数名が、当日学校に行けなくて、生き延びたんやわ。広島市の調査では、6317人の中学生と女学生がこの日動員に出ていて、数ヵ月の後に全員が死んだ。こういうことも広島ではあったんですね。

信子のことは心に刺のようになって今も残っているんだね。母を連れて行けなかったことは自分の責任ではないが、どうしてあのような貼り紙が貼られ、渡航禁止されたのか。広島市内の収まりきれない被爆者を似島に連れて行って、すさまじい死者が出ていたんではないかな。妹も土葬にされたのではないかと思うね。

弟 裕の被爆

その後暫くしてから仮住まいを出て、段原にある遠縁の家の一部屋に移り住むことになるわけだ。段原は比治山で衝撃波がさえぎられたり、一斉炎上が和らいだりしたところだ。それでも屋根は吹き飛んだりしていたが。

爆心地から三番目に近いところいたのが弟の裕。弟はその日広島文理大付属中学で授業を受けていてね。2階建て木造校舎で爆心から1・4キロメートルの距離だね。建物は倒壊したが幸い助かって。今も生きています。

但し、原爆白内障を発症し、中年の頃、急性白内障で両目とも失明してます。彼は初期の急性症状も発症してますわ。下痢したりしてね。だから放射線を浴びているのは間違いない。

母をおくる

母親はね、9月に入って2日目にね、がっくり来たんやね。親父は死ぬし、信子は死んだりしてね。突然倒れて、高熱を発して、推定だけど40度を超えて、人事不省に陥ったんですわ。目を開けない、息はしているけど。何も食べないんでね、弟がネズミをつかまえて、肉を取り出して、スープを作って、近くの菜園からトマトを失敬して、ジュースにして食べさせようとしたが、全然受け付けない。医者に診せようとしたが医者もどこにいるのか分からない。

一番近くの被爆者収容所に行って往診を頼むが、一人の医者で400人も診ている状態で往診などできない、連れて来ないとどうにもならない、と言われてね。母親を連れて行くなどとても無理だったけどね。

ところが、9月2日頃だったかな、真夜中、午前2時頃、その収容所の医者が来てくれたんやね。母親の口をこじ開けて、内出血の斑点を診て、「原因が分からないんやけど、みんなこれでバタバタとやられているんやわ。私は、流行性の敗血症かもしれないと思うんやけど」と言いながら、ビタミンBの注射1本だけをして、「これだけしかない、勘弁してくれ」と言って医者は帰って行ったんだね。

4日まで同じ状態が続いたが、母親は何にも言わずにそのまま静かに息を引き取りましたわ。

死体の始末をどうするか、という問題があるんだね。葬儀屋があるわけではない、火葬場なんてどこにあるのかも分からない。しょうがないから、猿猴川のできるだけ下流の人気のない、誰も住んでいないところまで運んで、小川さんという布団屋さんに助けてもらって、火葬に付したけどね。

火葬と言ってもね、燃料などない、燃やすものもないんやね。土を掘って、草をかき集めて、秋雨の中、遺体はなかなか燃えなくて、辛うじて頭部の遺骨が取れるまで焼けた後は、土をかぶせて、ほとんど土葬に近い状態やね。

妹 道子の死

一番小さい妹の道子は5歳やったけど、9月17日に死んだんですわ。道子は原爆投下の日志和村にいて、原爆で死んだわけではないんですけどね。僕の父親は末っ子で、長男が本家で大阪に住んでいた。この叔父さんが来てくれて、一家引き連れて大阪に連れて行ってくれたんですわ。ところがこの叔父さん自身も大阪大空襲の被災者でね、この頃枚方に仮住まいしていたんだね。

叔父さんの長男も兵隊で、広島の第五師団にいて被爆してたんだね。叔父さんはその長男を連れて帰るつもりだったんだが、体が相当衰弱していたのでそのまま広島に残すことになったんだね。結局、叔父さんは僕と、弟の裕、次女の妹珠子、末の妹道子を連れて枚方に帰ったんですわ。枚方に移って1週間少しで道子は亡くなってしまった。妹は農村疎開の志和村にいた頃は割に食べ物は豊富にあったわけや。それが急に広島に連れ戻され、超満員の列車で大阪に連れて行かれ、被災者の生活の中で食べ物も急に悪くなり、親もいない中でね。着いて間もなく、10日過ぎになって、ちょうど疫痢《えきり》が流行ってたんですわ。9月の17日になって死んだ。僕の七人家族の四人が死んだ、というわけですわ。

15年戦争の果てに

最後にもう一言だけ。

広島の原爆というのは、1931年、日本が中国に、中国東北部に侵略したのが、そもそもの事の起こりで、そこからだんだんと完全な軍国主義に移っていって、そして一番最後に報いとして、原爆で15年続いた戦争は終わりを告げたわけやね。と言ってアメリカが免罪されることはないけどね。これだけ一般市民がいるところへ平然と原爆を落としたことは、免罪されるわけではないけどね。だが、もともとの出発点にあったのは、日本の軍部の責任ですよね。この戦争、これが最後になったわけで。

今、みなさんは戦争を知らない世代で、いろいろ苦労はあるやろうけど、戦時下のことを思うと豊かな、穏やかな暮らしがおくれてるわけやわね。前の戦争は原爆で終わったが、今度の戦争は、日本が巻き込まれることになったら、原水爆から事は始まり、それで事は終わるだろうね。

京都の「2世・3世の会」もできたけど、大変やと思うよ、二世、三世となると。被爆体験というと、どうしても昔話になるからね。大変なことだけど。でも、とても大切なことだから、頑張って下さいね。

3 小高美代子

胎内のわが子と共に被爆

お話＝２０１３年４月22日

原爆でね、何も分からないままね、つらい思いして、たくさんの人たちが亡くなっていったわけでしょ。泣くに泣けないままね。かわいそうだね、と思うのね。私はそのことを話してね、残していきたいのよ。そうでないと、あちらのね、仲間に入れないのよ。私はね、死んだらあちらの仲間に入ることになっているのよ。ちゃんと名前も言ってあるから。しっかり話しておかないと、あちらへ行った時、「あんた何も話してないじゃないの」と言われそうだから。だからね、命のある限り話していきたいのよね。本当のことをね。私の口が開く間はね、話していこうと思ってるんですよ。

8月6日広島の前日まで

私の一家は出身は山口県なんだけど、戦前朝鮮に渡って暮らしていてね、私は朝鮮の群山《くんさん》というところで、六人兄弟の末っ子として生まれたの。20歳で結婚するまでそこにいたの。昭和19年に軍人だった主人と結婚して、主人の配属されていた広島に行ったのよね。

広島で最初は大手町にあったお米屋さんの2階をお借りして住むことになっていたんだけど、私は子どもの時から自分の家を離れたことのない人間だから、他人の家の2階なんてなんとなく落ち着かないのよね。そこでね、市役所のそば、国泰寺町という所で小さいけど一軒家を借りてくれて、そこに2ヵ月ほどいたかな。

ところがね、ある時グラマン戦闘機が飛んできて爆弾落としたの。家の中のものみんなひっくりかえってね。それから近くの人が「(広島)一中がひどいことになっている」って言うの。行ってみると、運動場にこーんな大きな穴ができていてね。「危ないねえここも」ということになって、今度は比治山の近くに特別大きな家を借りてそちらに住むことになったの。そしたら今度は4月1日から主人が転属になってね。軍隊だから私にも知らされないどこかに赴任して行ったの。だから大きな家に住むのは私一人になっちゃって。

夜にね、警戒警報が鳴るの。そしてね空襲警報になるの。その都度、お風呂の中に水張ってお茶わんや、鍋や釜を入れてね。綿入れの着物を着て、暑いのに、じっとしているの一晩中。心細くてね。空襲警報が解除になったら、またお茶わんをお風呂からあげてね。そんなことが嫌になってきたの。いやだなあ、と思ってね。みんながね「今度の戦争は百年戦争だって」いうのよ。こんなことがね100年も続いたらとんでもないと思ってね。もう嫌になってきてね、荷物も何もかもほったらかしにしてね、家に鍵かけて、わが家はもともと山口県出身なので、その山口県の身内のいる所に行っちゃったのよ。誰にも言わずに。

山口県に帰ったらね、伯母さんが「よう来たねえ」と言って、「もう広島に帰りんさんなよ、ここだったら爆弾も落ちてこんからね」と言ってね、喜んでくれたけど。

そこでは毎日毎日遊んでいるようなものだったけど、これがまた退屈で退屈で。映画一つ見るにも柳井という町までバスに乗って行かなきゃならないほどのところなの。話し相手もろくにないからね。また嫌になってね。それでまた広島に帰ることにしたの。その頃にはお腹の子が5ヵ月になっていたのよ。8月1日に広島に帰ってきて、広島駅に着いて最初に、駅近くの猿猴橋《えんこうばし》町にあった遠縁の、瀬川さんという家に立ち寄ったのよ。山口からお土産を預っていたからね。とにかく8月1日だからね、わざわざ原爆に遭いに帰ったようなものよ。

それで瀬川のおばあちゃんのところに行ったら、「2階に来てみんさい」というので上がると、なんと私の荷物がいっぱいあるのよ。私がいつ帰ってくるかも分からないから、比治山で借家していた家の大家さんがどうしましょうと言うので、しようがないから、荷物はみんな猿猴橋の瀬川さんの家に運び込んでくれていたのよ。だから、8月1日のその晩からそこで、瀬川さんの2階で寝起きするようになってしまってね。

瀬川さんの家は金物屋をやってたんだけど、私の父親の従兄弟の梅木さんという人が婿養子に行ってた家なの。そういう縁でお世話になったのね。瀬川さんには60歳ぐらいのおばあちゃんがいて、そのもらい娘だけど一人娘の花子さんと梅木さんが結婚していたの。夫婦には三人子供がいて、一番上の利江《としえ》さんはあの時19歳、肺結核になっていて家で静養していたの。次のさとよさんが17歳ぐらいで広島女学院の生徒、三番目が当時4歳の紀伸《としのぶ》ちゃんだった。みんな一緒に住んでいて、私も含めると七人いたの。

その時の臨死体験

今でもはっきりと覚えてるけど、8月5日の夜、午後7時頃かな、警戒警報の発令が出て、その後空襲警報も発令されて、私ね「おばあちゃん、今度は来そうね」と言ったの。おばあちゃんは「あんた、嫌なこと言わないでよ」と言ってたけど、私は本当に空襲が来そうな気がしてしょうがなかったの。だから、お腹の子のためのおむつなんか、いろいろ必要なものをリュックに入れたりしたわ。主人が軍人だったので、軍刀とか、長靴など、管理しておかなきゃならないものなんかも一つにまとめたりしてね。

それで8月6日の朝8時頃になって、私は私だけのご飯を用意してたんだけど、2合ぐらいのお米を持ってきて洗おうと思って、土間の先にある流しでお米を研いでいたの。おばあちゃんが「美代子さん、あんたは苦労がないから何も知らんのやろけどねえ、今普通の人はお米もなくなっちゃって、買うにもだいぶかかるのよ。今お米一升20円もするよ」とか言っていた。「ああ、そうなの」って返事しながら、お米を研いでいたの。

その時突然ピカッと来たの。物凄い閃光《せんこう》！　とにかくカミナリとかイナヅマなんてものじゃない。

おばあちゃんは茶の間にいたんだけど、光った瞬間、「としのぶー！」と孫の名前を叫んだの。その声はいまだに頭の中に残っているのね。その後はね、全然なんにも分からんことになってね。どんなだったかと言うとね、こーんな大きな土管のようなもの、どこまでもずーっと続いていて、中は真っ暗なのね。その中を私が泣きながら歩いているの。「死にたくなーい、死にたくなーい」と言ってね。大きな声で泣いてね。そのうち、しばらくするとね、先の方にパァーッとすっごいオレンジ色の光がさしてきて、それを見た時、「ああっ助かった、私は生きとる！」と思ったね。あれは生死の境だったんだろうね。

私の母がね、息子が二人も戦地に行ってたので、よくお百度を踏んでいたのね。それを知っていたから、ああ、お母さんが私を助けてくれたんだなぁー、と思ってね。その時、「おかあさん有難う」と思ったわ。

それから気づいて立ち上がったらね。今、どこにいるんだろうと思ってね、よく見てみると、猿猴橋商店街の私がいた瀬川金物店の隣が薬局で、反対の隣が時計・眼鏡屋さんだったんだけど、その時計・眼鏡屋さんの3階の庭のような所に立っていたの。下駄を履いたまま、お米を研いでいた恰好のままで立ってたのよ。3階といっても建物はもう2階ぐらいの高さまで崩れていたけどね。「何があったんだろう」としばらくは茫然としていたのよ。

瀬川さんの家はもう完全に潰れてしまっていてね。この時、瀬川さんの家には、肺結核で寝たままの利江さんと、4歳の紀伸ちゃんと、おばあちゃんがいたの。みんな壊れた家の下敷きになっているのよ。おじさんは国鉄の勤めに出たままだったし、おばさんの花子さんもこの日は勤労奉仕で出かけていたし、次女のさとよさんも女学院に行って家にはいなかった。後で血まみれになって帰って来たけどね。

たとえ6日間でもね、私は世話になっていたんだから、私が何としてもみんなを助けなきゃいけないとその時思ったのね。「としのぶちゃーん、としのぶちゃーん」と呼んでたら、紀伸ちゃんがどこからかちょろちょろと出てきたの。「としのぶちゃーん、良かったねえ、今おばあちゃんたちを助けるから動かないでいてね」と言ってね。

それから「としえさーん、としえさーん」と呼んだら、「お姉さーん」という声が聞こえる。「利江さん、隙間の穴から手を入れるから、この手にすがりなさい」と言って、手をつないで引っ張ったら、利江さんも出てきたのね。

今度はおばあちゃん。おばあちゃんは大きな梁の下敷きになってて、「助けてー、助けてー」って呼んでるの。どこにいるんだろうと思って探してたら、こーんな大きな梁の下にいるのよ。これは私一人では助けられないだろうなあと思ってね。

この時、まさか原爆が落ちたなんて思ってないから、この家に爆弾が落ちたんだろうと思ってるから、家だけがやられてると思ってるから、外に出て「瀬川のおばあちゃんが下敷きで大変、誰か助けて下さーい」と言ったら誰かは助けてくれると思って、外へ飛び出してみたの。瀬川さんは古くから金物店をやってる老舗の店だから、みんなよく知ってて、誰かは助けてくれるはずと思ったのよ。

みんなを救出して中山村へ

それで外に出てみると、さあそしたら、大変なことが目に入ってきた。八丁堀の方面から大勢の人がどんどん歩いて来るのよ。みんな両手を前に突き出して歩いてくるの。手を降ろしたらくっついてしまうからね。顔はお地蔵さんみたいに腫れて、焼けただれて、一体誰なのか全然分からないほど。着るものはみんな焼けていて、大人から小さな子どもまでみんな同じようなことになってね。口もきけずに、声も出せなくてね、みんな黙ーって歩いてくるの。

「なんなのこれは」と思って、私それをじーっと見ていた。これが生き地獄でなくてなんだろう、と思ってね。

その時、比較的元気そうな兵隊さんが三人通りがかったのね。私は、「兵隊さーん、おばあちゃんが下敷きで大変なの、助けてーっ」と声をかけて、助けを求めた。そしたら「ばかやろー、広島中みんな大変なことになってるんだ。人を助けることなんてできるか！」と言って行ってしまった。この時は、他人はあてにできないねー、とつくづく思ったわ。

とにかくおばあちゃんを助けなきゃいけないので、どうしたらいいかと、あっち行ったり、こっち行ったりしていたのよ。そのうちにね、木でできた紀伸ちゃんのバスのおもちゃが倒れた柱の下になっているのを見つけてね、「そうか、下は土だ。この土を何かで掘れば、梁を動かさなくてもおばあちゃんは助けられるじゃないの」と思ったの。それからおばあちゃんの倒れている横のあたりの土を一生懸命手で掘り返したの。

私は手が小さいのかね、何度やっても出てこれない。「おばあちゃん我慢してね、もうちょっとだから頑張ってね」と言いながら掘り返したのよ。そうやってとうとう助け出すことができたの。

さあみんなで逃げようということになってね。その頃はね、田舎のお百姓さんとね、何かあった時は訪ねて助けてもらう約束なんかもしていたのね。瀬川さんの家は広島郊外の中山村にあるお百姓さんと約束していて、そこへ行くことになったの。

私は、逃げるといっても運んだり、持ち出さないといけないものがあるので、とりあえず、おばあちゃんたち三人は先に避難させて、私は自分の持ち物を捜して、後でみんなを追いかけて中山村に向かうことにしたの。

私は2階に住んでいたおかげで、2階のものは壊れずにちゃんと残ってた。1階は潰れてしまってたけどね。おむつの入ったリュックに、配給のたばこや糸や針なんかも入れて、それを背負って、水筒と双眼鏡も持って、中山村に向かったのよ。途中で水筒には壊れた水道管から出ている水を入れてね。

水筒持ってると、蟻がたかるように人が「水を下さい、水を下さい」と言って寄ってくるの。私は水をあげることは惜しくはないけど、あんな大怪我をしたり、火傷したりした人にお水を飲ましたりしたら、いっぺんに亡くなってしまう、と教えられていたから、あげることはできない。16歳ぐらいの女学生からも「水を下さい」とせがまれたけどね。「ごめんね」と言って、「いま水を飲んだら、あなたがダメになるよ。あなたもどこかで家族と待ち合わせているんでしょう。せめてお父さん、お母さんに会ってから、頑張ってからね」と言って、水をあげないできたのよ。今でも忘れることができないね、とても後悔してるのよ。「あれが私がお水を飲ましてあげられる最後の機会だったんじゃないだろうか」「あの子はあれから10分も生きることはできなかったんじゃないだろうか」と思ってね。本当に、大きな罪を作ったなあと今でも思っている。

中山村まで逃げる途中、細い農道を歩いてたの。そしたら黒い雨が降ってきてね。ちょうどその農道に雨宿りできる小屋があって、黒い雨を避けることができたの。コールタールを薄めたような雨で、30分くらいだったかなあ、降ったのは。後で聞いたんだけど、そんな所に小屋なんてないってみんな言うのよ。確かに小屋はあって雨宿りしたのに。だから私は神様、仏様に守られたのかなとも思ったわ。黒い雨にも打たれずにすんだからね。

中山村に着いたらね、農家の中に、広島から避難してきた人たちが大勢、みんなゴロゴロ寝ていて、横になってるのよ。もう死ぬ前の人もたくさんいたと思う。私も大変なことをして、大変な中を逃げてきたんだから、あちこち怪我もしているはずなのに、ああいう時は痛くもかゆくも感じていないのね。お勝手でね、農家の人たち二〜三人が救護のためにご飯を炊いているんだけど、それを手伝おうと思ってね、洋服をパッと脱いで、下着のシュミーズだけになったら、周りの人がみんな「奥さん大変、あんたの背中、上から下まで真っ赤になってるよ」というのよ。怪我をして、そこら中から血が出て、暑い時だから乾いてしまって、背中に張り付いていたらしいの。もう傷だらけだったらしい。

戦争が終わって5年ぐらい後まではね、体に触るとチクッと痛みが走ってね、ガラスがあちこち刺さったままになっていたんだと思う。瀬川のおばさんの花子さんはね、後で焼けただれて中山村まで帰って来たよ。帰って来たけどね、1週間も持たなかったね。

地獄の広島を抜けて五日市へ

瀬川さんの家族は、何かあった時には中山村の農家と約束されていたんだろうけど、私まで平気でお世話かけ続けるわけにもいかないしね。そのうち、主人が懇意にしていた東洋工業の重役さんから、「ぜひ五日市にある私の家に来なさい」と言われて、五日市に行くことにしたの。主人は広島にいる時、東洋工業の監督官をやってたのね。そういう関係で東洋工業の重役さんたちと知り合いになっていて、「私に何かあったら頼む」と言われていたらしいの。それで、東洋工業の重役さんから、五日市にある家に来るように言われたの。2日後の、8月8日だけど、中山村から帰って、広島の街を通って、五日市に行くことにしたの。

広島駅のあたりまでたどりつくと、6日に逃げた時と今度帰って来た時とでは街は一変していて、もう死体の山だったわ。あっちにもこっちにも死体が積んであってね。広島の街はもう死体の山で、あるのは死体だけ、それ以外何もない。広場みたいなところに200体ぐらいの死体の山があってね、それにガソリンをぶっかけて焼いているの。

私が歩いているそばには、それほど広くない道幅の両側にずーっと死体が並べられてるの。死体はきれいなままのものもあれば、もうどこがどこだか分からなくなってしまったものもあったわ。五つぐらいほど重ねて置かれている死体もあれば、中には頭だけ他人のお尻の下に突っ込んで死んでいる人もあった。助かりたい一心だったんだなあと思ったわ。死体の山を見て、はじめはウヮーって思ったけど、そのうちにね、平気で見ていられるようになるのね。人間って恐ろしいものだと思ったわ。自分で自分が本当に怖くなった。

広島駅のあたりから広島の街を見るとね、もうみんな焼けていてね、一望千里だったわ。建物で残っているのは福屋と中国新聞社だけぐらいかね。「あれが福屋よ」とか、「これは中国新聞かな」とか聞きながら歩いていたね。「何か分からんけれども、ややこしい爆弾が落ちた」と書いた紙が死体のそばにおいてあったりもしたね。乗り物なんて何もないからとにかく歩いて、己斐《こい》の駅まで向かったの。

広島の街には橋がたくさんあるのよ。その橋を、あっちに向いて歩く列、こっちに向かって歩いてくる列がすれ違いながら進んでいるの。その時にね、ウワーッとものすごい泣き声が橋の真ん中で起こったの。何なんだと思って後を振り返ったらね、向こうに向かって歩いている娘さんとね、あっちから歩いてきたお母さんとがね、ちょうど、橋の上の真ん中で出会ってね、抱き合っているの。「良かったねー、どんなに嬉しかっただろうね」と思ったね。

己斐《こい》の駅の近くに行くとね、歩いているみんなが立ち止まって見ているところがあったの。何なんだろうなあ、と思って見てみると、小学校6年ぐらいの男の子が一人でね、倒れかかった家を必死になって支えて、倒れないようにしようとしているのよ。支えようといったってもう限度があるのは分かっているのよ。みんなそれを見てるけど、今みたいに機械があるわけではないしね。「頑張れよ」と言うだけなのね。「頑張れよ」と言うだけで、助けたりしないで自分は電車に乗るのね、みんな。私もだったけどね。

そんな一つひとつがみんな罪を作ってきたような気がするのね。可哀想だなあと思うけど、そんなことがあっちこっちにあったんですよ。

己斐の駅からはやっと電車が動いていたので、それに乗って五日市に向かったの。たどりついた五日市の家は立派な家でね。建てたばかりの家のようだったけど。その五日市の家では6畳ぐらいの部屋を貸してもらってしばらく住むことにしたのよ。五日市にいる頃、被爆者には配給があるというので行ってみると娘さんがいて、女学校3年生ぐらいの娘さんかな、泣いてるの。「どうしたの?」と聞いてみると、「私、お母さんがいないんです」って言うのよ。いないから毎日広島の街まで行ってお母さんを捜しているんですって。原爆が落ちてもう数日も経っているから、死体もまともに触れないような大変な状態になってるんだけど、その死体を一つひとつ見て、ひっくりかえして見て、探しているんですと。これから燃やされそうな死体には、「火をつけるのを待って」と言って探しているのよ。それでもお母さんが見つからない、というのよ。可哀想だなあ、と思ってね。これから一番お母さんがほしい時なのにね。

死体を焼く臭いがね、10月半ば頃まで、五日市にいても毎日夕方になると臭ってきていたの。来る日も来る日も。電車の中でも臭っていたね。

それからね、この頃、ちょっと指を切っただけで血が出続ける、止まらないようになってね。おかしいなあと思っていると、今度は髪が抜けるのね。それが後になって原爆病、急性症状だったのだと知ったのね。それでも、若かったからでしょうね、そのうちだんだんと治っていったけど。

山口県で父母と再会、出産

そうこうしているうちにね、広島の人たちはボチボチ住む所を建て始めたりし出すのよね。ところが私には行くところがないのよ。主人もいないし、朝鮮に帰ることもできないしね。しばらく五日市でお世話になっていたけど、このままいてもしょうがないし、臨月も近づいてきてね。

それから戦争に負けてアメリカ人が来ることになって、アメリカ人が来るから婦女子は逃げて下さいって、お達しのようなものも来てね。しょうがないから10月も半ば頃山口県へ帰ることにしたの。

国鉄で柳井の駅まで着いて、そこからバスで田舎の佐賀村に向かったけど、峠のてっぺんでバスが止まってしまってね。「すいません、みなさんバスが動かなくなったのでみんなで押して下さい」って言うけど、私お腹が大きいから押せないじゃない。バスを降りて、歩いて行く人におばさんの家に伝言を頼んだの。そのまま峠で待ってたら、男の人が二人、迎えに来てくれたのね。上から三番目の兄と従兄弟だったわ。兄たちは道々「美代ちゃん、帰ったらびっくりするよ、嬉しいことが待ってるよ」と言いながら帰ったの。

佐賀村の家にたどりついてみると、思いもかけず、朝鮮にいたはずの母が待ってたの。お母さんは「美代子さーん」と言って力一杯抱きしめてくれたわ。お母さんはね、私はもう死んでるとばっかり思っていたのね。「広島は誰も生きとらん」と聞いていたからね。朝鮮でも「広島はひどいことになったらしい」と伝えられていて、母は私のことを心配していてね。着物かなんかもみんな持ってね、闇舟でね、対馬のあたりを渡って、瀬戸内海の佐賀村につけてもらって帰っていたのよ。

すぐに毒だみを飲め飲めと言われてね。お風呂では、おかあさんが一生懸命私の体を洗ってくれてね、「毒が早ようみんな下りればいいなあ」と言ってね。そうして年明けの1月8日に無事出産したの。

私の父はね、朝鮮でかなりの財産も作っていたために、すぐには帰れなかったらしいの。昭和20年の12月頃かな、父は帰ってきたの。あの日、広い庭の先に父を見つけた時、「あ、お父さんだ！」と言ったら、父は私の顔を見るなり、弁慶の仁王立ちになって、わあーっと泣いてね、「よう生きててくれたな」、「わしは財産を全部なくしたけど、お前が生きとってくれたらもう何も要らん」と言って泣いてたわ。有難かったね。

私は原爆の後、中山村に逃げて、その後五日市に行って、そして山口県に帰って、それから主人が帰ってきてから東京に行ったのね。東京には20年くらいいて、その後京都に引っ越してきたの。考えてみたら、広島からはずっーと逃げていて、原爆から遠くに行くように遠くに行くようにされていたのね。そのお陰で原爆の毒が抜けていったんじゃないかと思うの。

広島の人はみんな避難先から広島に帰ってくるじゃない。岡山だとか、倉敷だとかに避難した人も、広島の街の地下や土地の下に、家財や食器なんかを燃えないように埋めておいて、後で掘り返しに行っているのね。その時に土地に埋まっていたガスも一緒に出てきてたくさん吸ったりしてるのよ。それがたくさんの人に毒をまき散らしたりしているんだと思う。上から爆発してきた原爆もとんでもなかったけど、下から湧き上がってきた毒も大変なものだったんじゃないかと思うわ。

原爆症認定集団訴訟

もともとは私は健康で元気な方だったんだけど、でも、原爆に遭ってからはやっぱりおかしくなってね。倦怠感がひどくてね、原爆ぶらぶら病と言うんだそうだけど。京都に来た頃からは貧血もひどくなって、よく倒れることもあったの。平成８年（１９９６年）には慢性甲状腺炎による甲状腺機能低下症と診断されて、入院したりするようになったのよ。

平成14年（２００２年）に甲状腺機能低下症で原爆症認定を申請したけど、却下されてね、それで平成15年（２００３年）に裁判に訴えることになったのね。原爆症認定集団訴訟の最初の原告団の一人になって、たくさんの人に応援してもらって、大阪地裁でも（平成18年／２００６年）、高裁でも（平成20年／２００８年）裁判に勝ったのよ。

国を相手に何年にもわたった裁判は、平成15年が大阪地裁の判決だった。あの日、藤原弁護士、尾藤弁護士、徳岡弁護士、久米弁護士、大河原弁護士、有馬弁護士等々30人からの応援団の弁護士さんの前で、裁判長から９人の原告の一人ひとりに「却下（国の処分を取り消す＝原爆症を認定する）」という判決が言い渡されたの。一人ひとりの判決が言われる都度、弁護士さんの方が涙を流して喜んで下さった。

私はその姿を見た時、いつも電車に乗って走り回り、手弁当で私たちのために何年も頑張って下さったことを思い出し、一緒になって泣いたわ。今から思っても、私の89年の人生の大きな感謝、感動だったわ。

大阪地裁で勝った時ね、読売テレビでニュース番組に出て下さいと言われてね、テレビで「今日、裁判でお勝ちに

原爆症認定訴訟の頃のひとコマ

なられた小高さん、おめでとうございます。大変でしたね」と言われて、いろんなことを聞かれて話した時に、今でこそこんなふうにおおっぴらに話せるようになったけど、以前は自分の住んでいるところさえ、住民票の籍を移したりしてね、隠したりしていたこともあるんですよ、と言ったこともあったわ。

戦争の後ね、ずーっと、被爆者だと言うと偏見の目で見られると思って、何の得にもならないから、絶対に言わないで過ごしていたのね。今でこそ大っぴらにしゃべっているけど。本当にいろんなことがあったよね。お陰で今はなーんにも怖いものなくなってしまったけど。

最初の頃はねえ、原爆ってこれだけ大ごとになるとは思ってもいないもんねえ。戦争中爆弾で亡くなった人はたくさんいるんだけど、爆弾にあたった人は気の毒だなあ、私はあたらんでよかったなあ、と思っていた程度だもん。

うちの子が高校生の時ねえ、日赤の先生から、こんなに悪い細胞は知らないって言われてねえ。その時は、何で細胞が悪いんだろうねえ、と思ってね。原爆が原因だなんて思いもしなかった。でも、ちっとも良くならない、何かにつけて病気になる、弱い。それからですよ、初めて原爆ってものを知ったのは。ああそうだったのか、というようなものよ。後になってね、原爆が怖いもんだと知った。本当に知らされなかったんだもの。

私たちを最後の被爆者に

胎内被爆の澤井美千代さん
お話＝2013年4月22日

お母さんのお腹の中で、5ヵ月の時に被爆しているでしょ。栄養をいっぱい取らなきゃいけない時に、口を開けているところへいっぱい毒が入ってきたんだから、体が弱いのよねえ、どうしても。細胞をどんどんどんどん作っている時に（毒を）吸ったでしょ。だから。

目がね、網膜はく離じゃないけど、そこのところが、はがれちゃったら大変なんだけど、はがれる前に破けちゃったんですよ。それが破けて、ざぁーッと砂が飛んだように見えたんで、すぐに病院に走って、レーザーで手術してもらったんですよ。それからはね、どうしてもちゃんと見えないのよね。

今の医学ではどうしようもないのね。いつも雲がかかっているような、影がかかっているような感じでね。見にくくてね。そういうこともあってか、目から来るのかもしれないけど、小さい時から疲れやすくてね。

45歳の時に子宮頸ガンになって子宮取ったんですけど、その後もね、胸に影があるとかで京大病

澤井美千代さん（左）と小高美代子さん

院にずっと入院していたんですけど。肺にね、影、島が映るんだといってね。自覚症状はなかったけど、分からない分からないと言っているうちに、影は消えてしまったらしいんだけど。

私はね、麻酔にすごく弱いんですよね。効きすぎるというか。そんな体質もあります。白血球減少症という診断もされたことあるんですよ。今はね、一応正常の範囲なんだけど、正常範囲の一番少ない所でギリギリのところに来ているのね。もう少し下がると減少症になるところね。

だからちょっと無理するとがたっとくるんですよ、無理が効かないんですよ。疲れてきたら、車のガス欠ってあるでしょう、あんな感じになるのね。時々そうなるのね。だからそうなる前にセーブしないと駄目なんですよ。

この地球上で、私たちが被爆者と言われる最後の世代になってほしいと思っています。

4 高橋　正清

おやじを探し求めて歩き回った広島の街

お話＝2013年5月23日

おやじのこと、おかあさんのこと

僕が生まれて育ったのは広島の草津じゃった。昭和11年（1936年）の生まれ。二つ上の兄貴と一つ下の妹がおって、三人きょうだい、おやじとおかあさんの五人家族じゃった。

おやじは広島県の三次《みよし》の近くの吉舎《きさ》というところの出で、おやじのおやじ、わしのおじいさんは学校の校長をしとったらしい。おやじは生まれて3日目に母親が死んで、えらい苦労して育ったらしい。継子いじめされてな。

そんなことがあって、父親が教師だったこともあって、高師（高等師範学校）に行って、自分も教師になったらしい。ずーっと後になって見つかったおやじの日記にそう書いてあった。

おやじは初めは広島県山県郡の新庄というところにいたらしいが、新庄じゃ出世できんいうて、人に紹介してもろうて広島市に行かしてもろうたんよ。ちょっとでも上へ行こう思うて、草津の学校やら、古田の学校やら行って、最後は観音にあった二校の教師をしとった。

二校言うんは、観音にあって、国民学校の6年が済んだら後2年行く高等科だけの学校じゃった。

※二校：戦前の広島市第二高等小学校の通称。現在の広島市立観音中学校の前身。

おかあさんは可部《かべ》にあった西本願寺の西光寺《さいこうじ》という大きな寺の娘じゃった。大きな寺の出ということで頭の高い人じゃった。伯母さん（お母さんのお姉さん）が本願寺の開教使でアメリカに行っとって、それをたよってわしのおかあさんもアメリカに2年ほど行っとったことのある人じゃ。英語もしゃべっとったような人じゃった。だから、草津に来てもずーっと〝奥さん〟〝奥さん〟で通しとった。

おやじは子どもをよう可愛がってくれる人じゃったけど、おかあさんは子どもにも頭の高い人じゃった。なんであんな二人が一緒になったんか分からんかったな。今でも。

原爆の落ちたその日

8月6日、原爆が落ちた時、家には、兄貴、わし、妹、おかあさんの四人がおった。わしは小学校3年生、9つの時じゃった。

その日は暑い日やったんや。うちの前が学校やったんじゃけど、夏休みじゃけ学校行かんと、家で遊んどったんや。そしたらドスーンとものすごい音がして床が落ちたんや。そいで、いきなり天井がのうなって空が見えたんや。何が落ちてきたんかと思いながら、近くの田方《たかた》という所のお宮に避難したんや。広島の方角を見たら、なんかしらん真黒になっとった。そのうち真っ赤になって燃え出したのも覚えとる。

黒い雨も降ったなあ。なんも知らんから、黒い雨で顔も洗おうたし、足も洗おうたし、手も洗おたな。

そいで後で家に帰った頃、すごい人がいっぱい歩いてきたんや。顔が半分ない人や、もうオバケみたいな人がドォーッとな。

女学生のような人が、体全部ただれて、前が全部見えるような格好になって、ボロボロで何人も歩いて来たりもしたわ。そんな人をわしは助けたりもしたんよ。後になって、そんな女学生の親の人が「よう助けてくれた」いうてお礼に来たこともあったな。百姓の親は米を持ってきてくれたり、将校が親だった人からは果物をもらったりな。

学徒動員の生徒と一緒に消えたおやじ

原爆の落ちた時、おやじは二校に行っとったんじゃが、どこで原爆におうたか分からんのじゃ。あの頃は学徒動員いうのがあったんじゃ。あの日は生徒と一緒に学徒動員に行っとって、出ていったまんまじゃけえ、どこで生徒と一緒に死んだんか分からんのよ、いまだに。爆心地に近い所で作業しとったんかも分からんな、生徒と一緒にな。

おやじの行方が分からんので、その日中に己斐《こい》駅の近くまで探し行ったんじゃけど、火が燃え盛っとって、どうしてもそっから先は行けんかった。己斐駅のあたりも死んだり、被災した人がいっぱいでひどかったなあ。

2日後ぐらいに、おやじを探すのと、おばさんを可部の西光寺に送り届けるのも兼ねて、己斐から横川まで行って、それから三滝まで歩いて、三滝から電車で可部まで行った。途中の道路は、「おかあさーん、おかあさーん」言うて泣き叫んどるもんでいっぱいやった。「おとうさーん」言うもんはおらんかったな。

家じゃわしはのけもんにされとったんで、「しばらく西光寺に行っとけ」言われて、終戦の8月15日までは西光寺におった。

原爆におうた後、急性症状があったんかどうか、よう分からんな。熱も出した思うし、下痢もした思うけど、あの頃ろくなもんを食べとらんけえ、原爆のせいかどうかもよう分からん。頭の毛はきれいになくなって、坊主になったけどな。

僕はおとうさんっ子だったんで、8月15日になった後も、おやじをさがしてアチコチ歩いたよ。可部の街でも、草津に帰ってからも、学徒動員に出て行ったまんまだということだったけえ、今の平和公園になっとる中島本町のあたりも探したんや。けど、結局なんにも分からんかった。

新生学園

戦争が終わって、広島に新生学園言うんができたんじゃ。原爆孤児やら戦災孤児やら海外から引き揚げてきた孤児やらを収容して保護する学園やった。その新生学園が基町、広島城の横のあたりにあった頃、わしのおばさんがそこに住みこんで勤めておっての、わしもおばさんをたよってそこに寝泊まりしとった。

一年ぐらいは家には帰らんと、ここから草津の学校へ通っとった。なんせ、ここにおったらとにかく食うことは心配いらんかったからな。あの時代、食うことは一番いやしいことじゃったけど、一番大切なことやとも思うたなあ。

基町から草津言うたら相当距離もあって、学校行くのも大変やったけど、とにかく食べられるとなると、今とは違《ちご》おて、遠いことなんか平気やった。何でもなかった。

新生学園の子らは、兄弟愛がものすごう熱かったなあ。新生学園の子を一人いじめたりしたら、他の子がみんな集まってその子を守って、反対にいじめた方をやっつけに行くほどやったからな。

昭和40年代頃の基町にあった新生学園の様子（食堂での慰問の風景）〈広島新生学園ホームページより〉

新生学園（新生学園ホームページより）

・昭和20年10月　原爆孤児、戦災孤児、引揚孤児等の収容保護を目的として、広島市南区宇品長久陸軍暁部隊の兵舎の一部を借り、経営主体未定のまま事業開始。
・昭和20年12月　戦災援護会広島支部（現在の広島県同胞援護財団）の経営となる。
・昭和21年４月　広島市中区基町、旧陸軍野砲部隊跡に移転。
・昭和46年４月　広島市の都市計画により、現在地東広島市西条町に移転。
・昭和46年10月　広島県同胞援護財団より分離独立、社会福祉法人広島新生学園設立許可。
・昭和46年11月　新法人の経営となる。

戦争の終わった後

戦後、おやじがおらんようになって、家族のことをいろいろ心配してくれる人はあった。親戚から猿猴橋《えんこうばし》にあった薬局を貸すから商売したらどうやというような話なんかもあったけど、おかあさんは全部断った。おやじが死んでも、おかあさんはどうしても働かん人やったな。おやじの恩給だけの最低の生活じゃった。

おかあさんは、西光寺の娘やという頭がずーっとあって、死ぬまで最後まで〝奥さん〟で通しとった。

家の目の前の草津国民学校で、学校の講堂の中で死んだ人の解剖しとるのを見に行った記憶もある。ずーっとおやじを探しとったから、解剖されるのがおやじじゃないかいうのもあった。京都から偉い大学の先生が来て、解剖しとったということじゃ。講堂の外でしとったことも記憶にある。

先生らにトマトを差し入れしたこともあるのう。そしたら、わしが京都に住むようになって、そんな話をしとったら、「ああ あの時の坊主か、トマトのことはよう覚えとる」と言ってくれた元京大の先生がおったわ。

あの頃は、ひょっとしたら今でもそうかもしれんが、草津の学校の運動場掘ったら、人の骨が出てくるんじゃないか、と言われとった。

闘病

僕は18歳まで草津にいて、18の時に自衛隊に入ったんじゃ。兄貴も先に自衛隊に入っとって、そのおかげで入隊したんや。あの頃は不況で就職先もなかなかなかったわ。

昭和37年、26歳の時に自衛隊やめて、広島に帰って広島にあったバス会社に入った。それから万博の年、昭和45年、34歳の時じゃが、京都に出てきてタクシー会社に就職した。結婚したんが昭和47年。タクシー会社も転々として、その後32年間個人タクシーもやって、70歳で辞めた。

原爆の影響じゃとハッキリ思っとるが、よう病気をしたわ。肝臓が悪うなって3ヵ月入院したこともある。糖尿病になったし、心臓の大動脈の手術もした。今は肺気腫とも言われとる。胃のポリープ、腸のポリープも摘っとる。白血球もまだぎりぎり正常範囲じゃが、ずっーと下がってきとると言われとる。とにかく足腰が弱くなっとる。齢のせいだけとも思えん。まあ原爆におうとるんじゃけえしょうがないなあ思うとる。毎年1回人間ドックにも行っとるが、あんまりあてにはしとらん。

被爆者手帳は昭和59年（1984年）、京都で取った。何回も何回も山科の区役所行って、区役所ともケンカして、苦労した。

病理解剖の行われた草津国民学校の建物（『医師たちのヒロシマ』機関紙共同出版・1991年より、提供：荒木正哉）

はじめの頃は手帳持っていてもどこでも使えたわけじゃない。あんまり使えんかった。「これで診察してもらえますか?」と確認してから診察してもらっとった。高瀬卓郎先生のところにお世話になって、それからいろんな診察に使えるようになった。

僕の兄貴は平成18年（２００６年）に、はっきり原因が分からんまま広島の県立病院で亡くなった。被爆者じゃいうことで解剖させてくれという申し入れがあったが、兄嫁が「可哀そうだから絶対嫌だ」といって断ったけどな。

原爆ほどひどいものはこの世にない

僕は大きゅうなって自衛隊に入って、救助で水害や災害の現場にもいっぱい行ったし、自衛隊の大演習なんかも何回もやったが、原爆のことを思うたら、小さいもんやった。あんな原爆の地獄のようなことは他にはないな。あんな悲惨なことは二度とないわ。原爆のことを思えば。原爆のあんな悲惨さはないわ。

5
李《イ》　正道《ジョンド》

被爆と貧しさと民族差別を乗り越えて

お話＝2013年5月15日

韓国から岩国へ　学校にも行けなかった子どもの頃

私は今の韓国で生まれました。釜山《プサン》から汽車に乗って2時間、山奥の田舎で、貧しく、川の水や山の水ばかり飲んで育ちました。日本に行くと白いお米がお腹いっぱい食べられる、寝転んでいても柿を取って食べられる（韓国の柿は高いところにしか実をつけない）というので、私がたぶん7歳か8歳のころ、父母と三つ年上の兄と四人で山口県の岩国に来ました。

岩国では、田んぼの中にバラックみたいなのを建て、そこに韓国の人たちが五、六軒かたまって住んでいました。部落の中にしっかりした韓国の人がいて、「子どもたちは日本で学校にやらさないかん。そのためにはまず日本の言葉を覚えること、言葉を覚えるまでは学校には行けない」と言いました。

言葉を覚えている頃、私は当時流行っていたチビス（チフスのことをそう言っていた）という病気にかかって入院、そうこうしているうちに10歳になってしまい、年がいっているというので、兄も私も日本の学校には入れてもらえませんでした。二人とも学校というものには行っていません。

戦時下での玖波《くば》での暮らし

戦争の始まった頃は、広島県の大竹の近くの玖波《くば》という所（現在の広島県大竹市玖波）に住んでいました。後ろが山で、前が海でした。町の真ん中には住めず、ここでも海岸べりとか、田んぼの中とかに、七、八軒がかたまって暮らしていました。

空襲警報が鳴ったら、親に連れられ、山陽本線の大きな線路を渡って山の上まで逃げました。近くの防空壕では危ないと、三菱か何かの大きな会社の横を通って山まで行きました。大きな防空壕で山の両方から入るようになっていました。着いたらすぐに警報は解除されます。一日、何回も空襲警報が鳴り、逃げました。逃げないと怒られました。毎日、逃げるのが仕事でした。

灯火管制がしかれ、いつも小さな電球で暮らしていました。母は日本に来て、言葉が分からないから、私に何でもさせようとしました。私もするもんと思っていました。バケツリレーも一軒の家から必ず一人は出なくてはならず、

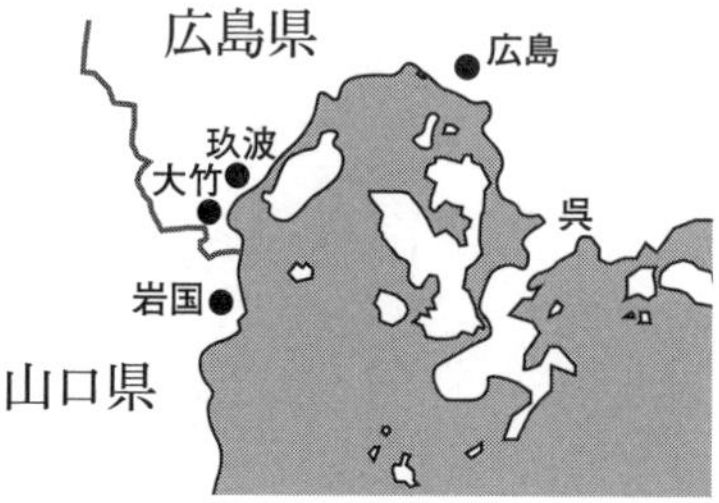

私が行きました。大竹の駅に戦死した人を出迎えに行くのも私でした。毎晩のように白い箱に入って帰って来る戦死者を駅の両脇に並んで出迎えました。いつも裸足で、履き物を履いた覚えがありません。配給に並んでも、子どもだからと馬鹿にされ、三角のお揚げが家族が多い家なら2枚なのに1枚だったり、タバコの配給は「もうない」と渡してもらえなかったり、虫のついたメリケン粉や芋の粉の団子を食べていました。石を投げられたこともあります。

B29もよく見ました。B29は高いところを飛んで爆弾は落とさないと聞いていましたが、小さい飛行機が三菱か何かの大きな会社にカラスみたいに爆弾を落とすのを見たことがあります。窓がバラバラになっていました。

海の横に潜水学校があって、生徒がいっぱいいました。軍艦などがあり、そこに爆弾がどんどん落とされるのですが、あたらなかったです。サイレンが鳴ると白い服を着た水兵さんがコンクリートに水が貯められたところに入ります。そこに入ると助かると聞いていました。兵隊さんが鉄砲や手旗信号の訓練をするのもよく見ました。監督している人が毎日、生徒をしばいていました。しばかれて体がよろけるとまたしばきました。教えるのではなくしばいてばかり、ほんとうにかわいそうでした。自分はいじめられたら逃げたけど、あの人らは逃げられない、子ども心に、こんなことしていたら日本は負けるなと思いました。

原爆投下、勤労奉仕先で消えた父を捜しに広島へ

1945年8月6日の朝、私が14歳の時です。当時、トイレは堤防のところに一つしかありませんでした。私がトイレから出た時、広島の空がピカッと光り、ドーンと爆弾が落ちる音を聞きました。みんな「なんやろ」「なんやろ」と騒いでいました。その日は一日中、空襲警報が鳴らず、今日はなんで空襲警報が鳴らないんだろうと思っていました。

大きな川の向こうにあった三菱石油の会社には3000人くらいの人がいましたが、全員、死んだそうです。石油が入っているタンクが燃え続け、空が見えませんでした。

そして、その翌日、前から母の知ってる人が連れて行ってあげると言っていた、岩国の近くの本郷という山の中(現在の山口県岩国市本郷)に、トラックに乗って疎開しました。父は勤労奉仕で広島市内に行ったままでしたので、母と子ども二人、行李一つでの疎開でした。

8月6日は、男の人は一軒に一人ずつ必ず勤労奉仕に来るようという命令が出ていました。韓国の人には特に厳しく、出ないと配給をくれなくなります。3日前に大竹の駅に集められ、大勢が広島市内に出かけていました。父も

その一人でした。勤労奉仕でどこに行ったか、場所は分かりません。2、3日しても父が帰って来ないので、母と兄と私は、父を捜しにトラックに乗って広島に向かいました。1週間たってからのことです。

焼け跡では、ドラム缶に油を入れ、死んだ人を放り込んでいました。1週間たっているのに、川には死体がどんどん流れていました。街の中をいろいろ訪ね歩きましたが、結局、父は捜せずじまいでした。広島の人でも捜せなかった時に、知識も手段ももたない私たち家族が父を捜すことなど、とうてい無理でした。原爆でその日のうちにみんな死んだんだと思います。韓国の人の集落では、あっちの家でも、こっちの家でもわんわん泣く声が聞こえました。広島から帰って来た人も1人いましたが、顔半分がひどいやけどで、すぐに亡くなりました。

終戦、母と兄と3人で大竹に

戦争が終わったことも知りませんでした。ラジオもなく、字も読めず、空襲警報が鳴らないなあと思っていました。大人も子どもも、何も知らん人間が集まって暮らしていました。

戦争が終わって、大竹のバラックがあったところの人たちが、「中野（実家の名字）のお母さんが子ども二人連れて来るから部屋を一つ空けてあげよう」と言ってくれ、大竹に住むようになりました。毎日、海で貝を取ったり、ヨモギやセリを摘んで食べたり…。食べるのがやっとこさでした。私は体も大きく、一緒に行った子よりたくさんとるので、子どもが六人も七人もいる家の子に分けてあげました。

進駐軍が二～三人グループになって、何もないバラックに入ってきたことがあります。「鶏の卵をくれ」と言いましたが、目も青いし背も高い、ほんとにこわかったです。

毎日が買い出しでした。手巻きのタバコを作って20本ずつにして、田舎に米と替えに行きました。駅で見つかると駅員につかまります。布につめてお腹にまいて帰りました。芋を掘った後のを拾って食べたこともあります。

結婚して宇品、そして京都へ　働きづめ、苦労しづめの人生

20歳過ぎたら結婚できんということで、17歳で結婚しました。主人は韓国から鳥取の飯場を経て宇品に来た人でした。酒飲みで、仕事もお金もなく、服の着替えもありません。家に帰りたかったですが、帰る道も分からず辛抱するしかありませんでした。私が入市被爆したことなど言っても応援してくれるような人ではなかったので、そのことは言いませんでした。

宇品の家の横に住んでいたおじいさんが、被爆した息子さんの背中のケロイドにウジ虫がわくのをピンセットで取っていました。傷口が固まらないからと息子さんをうつぶせにし、毎日、毎日ウジ虫を取るのですが、取っても取ってもわいてきました。おじいさんが居眠りしている間にウジ虫は大きくなるそうです。背中の骨まで見えていましたが、その息子さんも亡くなりました。

私は、自分の手で働き、子ども三人を育てました。土方仕事ばかりしました。河原の石積みの現場では、3階の足場までバケツで石を運びました。ほんとにつらかったですが、ほかの仕事は知りませんでした。戦争も戦争だけど、人生、苦労をいっぱいしました。

広島の中でも何ヵ所も引っ越しましたが、広島から京都に来たのは、主人があちこち廻りまわって京都に来たからです。ぼろぼろの家でしたが、家の中に水道があるだけましでした。

パネルの釘ぬきの仕事をしたり、桂川の友禅流しの仕事を10年間しました。桂川で男の人が反物を洗い、それを手でしぼる仕事で、雪の日などは反物が凍りました。昼も夜も子どもの顔も見ないくらい働きました。

清掃の仕事、乳ガンの手術　身にしみた人の親切

50歳になって身体がしんどくなり、四条烏丸にあった清掃会社で働くことにしました。そこで22年間働きました。

清掃の仕事は楽で、世の中にこんな楽な仕事があるのかと思いました。50歳になって初めてそういう仕事を知りました。給料は安かったけど、厚生年金、健康保険に加入できました。

会社の面接もいい人にあたりました。字を書けないことをずっと隠してきましたが、「学歴は広島の中学校を卒業したと書いておくから」と言ってくれ、それで一定の給料がもらえる仕事につけました。ほんとうにうれしかったです、いまだに忘れられません。

清掃会社から派遣されたビルの社長さんもほんとに親切にしてくれました。乳がんの手術で仕事を休むことになった時も、現場の主任さんがいい人で、「治ったらすぐ来るから」と頼むと、現場にほかの人を入れないでいてくれました。人の親切が身にしみました。

乳がんの手術をし、週1回、抗がん剤を点滴していたのですが、点滴の日はこんにゃくのようになって目もあけられません。仕事があるので、2回でやめました。でもリンパを切ったので手が上がらず、2年ほどはバスのつり革も持てませんでした。5年間飲まなければならない薬も1年でやめました。慢性の頭痛もちでいつも鎮痛剤を飲んでいました。放射能にあたったからいつも頭が痛いのかなあと思っていました。

被爆者手帳申請の時

被爆者手帳を申請したのは、ずっと後です。大竹の区長みたいな人が母に「おばあさん、被爆手帳もらったか?」と聞いてくれました。母は日本の人に好かれていました。

「なんかねえ」と言うと「ご主人を捜しに広島に行ったんなら被爆手帳を申請した方がいい」と教えてくれ、手続きをしてくれました。通知があったのかも知れませんが、回覧板も来ないところに住んでいました。

連絡をもらい私も母、兄といっしょに広島で申請しました。昭和59年、53歳の時でした。区長さんもやさしいし、広島の人はみんなやさしいです。

今は、子にも、孫にも、ひ孫にも恵まれて

主人は、30年以上前に亡くなりました。酒飲みで、日雇いに行くだけの人でした。母は96歳まで生きて、7~8年前、京都で亡くなりました。口数の少ない、優しい人でした。兄は、今も広島の大竹にいます。土方仕事ばかりしていたので、腰がまがってしまっています。(先日、肺がんの手術をしました)

京都の今の家に来て、やっと落ち着いた生活ができるようになりました。今は一人暮らしですが、子どもは三人、孫が九人、ひ孫が11人います。2年に1回くらい、大竹の母の墓参りに帰っています。82歳になった今が一番幸せです。

人の多い所は疲れるので、あまり外には出ません。3日、4日家の中にいることもあります。C型肝炎もしているので、月1回、肝硬変などの治療に病院に行きます。

私は、どこへ行っても字で不自由しました。長年苦労して、日本語の字は読むのはほとんど読めるようになりましたが、書けない字があります。被爆者懇談会からのニュースも何日もかけて読んでいます。よその国から来て、家もなく、教育も受けられず、きつい力仕事しかできなかった人生ですが、私が自慢にできることは、人に迷惑をかけなかったこと、母にイヤという言葉を使ったことがなかったことです。自分も苦労しましたが、母はもっと苦労しました。

この年になったら、人間はみんな同じ、校長さんであろうが社長さんであろうが、年を取ったらみんな同じです。

朝鮮人被爆者数(被爆者援護法裁判パンフレットより)

	全被爆者数		朝鮮人数				
	被爆者総数	爆死者数	被爆者数	爆死者数	生存者	帰国者	日本在留
広島	420,000	159,273	50,000	30,000	20,000	15,000	5,000
長崎	271,500	73,884	20,000	10,000	10,000	8,000	2,000
合計	691,500	233,167	70,000	40,000	30,000	23,000	7,000

韓国の被爆者の慰霊碑は、この間まで平和公園の外にありました。たくさんの人の要望や運動でやっと平和公園の中に設置されたのだそうです。同じ被爆者なのに……と思います。

碑に刻まれている慰霊碑の由来

第二次世界大戦の終わり頃、広島には約10万人の韓国人が軍人、軍属、徴用工、動員学徒、一般市民として存在していた。

1945年8月6日原爆投下により、2万余名の韓国人が一瞬にしてその尊い人命を奪われた。広島市民20万犠牲者の1割に及ぶ韓国人死没者は決して黙過できる数字ではない。

爆死したこれら犠牲者は誰からも供養を受けることなく、その魂は永くさまよい続けていたが、1970年4月10日、在日本大韓民国居留民団広島県本部によって悲惨を強いられた同胞の霊を安らげ、原爆の惨事を二度と繰り返さないことを希求しつつ平和の地、広島の一隅にこの碑が建立された。

望郷の念にかられつつ異国の地で爆死した霊を慰めることはもとより、今もなお理解されていない韓国人被爆者の現状に対しての関心を喚起し一日も早い良識ある支援が実現されることを念じる。

韓国人犠牲者慰霊祭は毎年8月5日この場所で挙行されている。

在日韓国青年商工人連合会及び有志一同

韓国人原爆犠牲者慰霊碑
（広島平和記念公園内）

＊ 韓国人原爆犠牲者慰霊碑は当初（1970年）、平和公園外の本川橋西詰めの川岸緑地にひっそりと建てられた。その後関係者、心ある多くの人々の要望と運動と募金が実って、1999年7月、現在の平和公園内移設が実現している。

6 佐々本秋雄

私と姉と兄、原爆と枕崎台風と二重の惨禍の中で

お話＝２０１３年12月３日

原爆、福山空襲、終戦

私は大正10年（１９２１年）９月20日の生まれで今年92歳になります。終戦の時は23歳でした。広島県東部の福山市から北方19キロにある府中町（現在は府中市）に生まれ育ち、終戦の時も府中町で合板の会社に勤めていました。

兄弟姉妹は八人いて私は次男坊でした。長女のよし子は大阪大学病院の外科で看護婦を10年経験し、その後結婚して福山へ嫁いでいました。長男の三郎は二度目の出征をしていて、原爆投下の時は広島の宇品に司令部のあった陸軍暁《あかつき》部隊に配属されていました。兄弟姉妹も多い大家族で、長女、長男が家にはいないわけですから、私の稼ぎも家族の暮らしの重要な支えになっていました。

府中は昔から木材、家具産業で有名なところでしたが、戦争中は合板の生産が特別盛んに行われていました。戦闘機や、特殊潜航艇などの材料として必要とされていたということでした。戦後も合板は生産の追いつかないほど需要が高まりましたが、今度は全国の都市の焼け跡に建つバラック需要のためだったと言われていました。

８月６日に広島に原爆が投下されましたが、私たちのところにはすぐには正確なことは伝わってきませんでした。

8月8日には福山市にアメリカ軍のB29による焼夷弾爆撃がありました。私のいた府中からもそのすさまじい様子は見えました。焼夷弾は初めに街の周囲にぐるりと投下され、どこにも逃げることのできないようにしておいて今度は街を十文字に切るように投下されたそうです。無差別爆撃の残忍さの際立ったものでした。

敗戦は8月15日のラジオ放送で知りました。その日は朝10時頃から、今日重大放送があるのでラジオを聞くようにと言われていました。昼、とにかくラジオを聞けということで、スイッチを入れた途端に天皇陛下さんが「敗戦のやむなきに至り」と語り、初めて天皇陛下の生の声を聞きました。「これはしかたないなあ」と思ったものです。

大野陸軍病院に収容されていた兄

敗戦の決まった直後になって広島に配属されていた兄の消息が入ってきました。「広島県西部の大野浦にある陸軍病院に大火傷をして収容されている、はよう行ってやってくれ」とのことでした。大野浦はちょうど、安芸の宮島の対岸となるあたりで瀬戸内海に面した村です。

8月16日、私の父と、兄の妻の父親と、そして私の姉のよし子の三人がとりあえず大野浦に駆けつけました。大野陸軍病院では被爆者患者を収容しきれないため、近くの大野西国民学校も臨時救護所にされていて、兄はそちらの学校の教室を使った救護所にいました。一部屋に15～16人の患者が押しこめるように寝かされていて、菰《こも》1枚分が一人分のスペース、付添者には満足に看病できるような場所もありませんでした。付添者には食べるものも与えられませんでした。

当時、広島の陸軍暁部隊に所属していた兄は、8月6日の朝、軍馬を連れて市内を歩いていました。突然の熱線

と爆風を浴び、右半身の頭から足先まで大変な火傷を負いました。熱風に襲われて身に着けていた軍服が燃え、近くの川に飛び込んで一命をとりとめたのでした。幸い救出され、大野浦にあった陸軍病院に搬送、収容されていました。

大野浦から府中への帰途、広島へ入市

私の父と兄の妻の父の二人は様子を見てすぐ府中に帰り、姉だけが兄の看病のため大野浦の陸軍病院に残りました。陸軍病院とは言ってもこの頃は既にまともな薬などもなく、包帯すら満足にない状態でした。火傷には赤チンを塗るぐらいのもので、キュウリの水やウリの水で火傷の傷口を洗ったり、熱さましをしたりするような有り様でした。このため府中で取り揃えられるものだけは急いで揃えて、8月17日、今度は私が一人で大野浦に向かいました。国鉄福塩線で福山まで出て、山陽線で広島駅を通過して大野浦駅に着きました。

着いたその日は私も病院に一泊し、兄と姉と私とで三人が一緒に1枚の莚に寝ました。救護や看病に必要なものを届けておいて、私は翌日には府中へ帰ることにしました。大野浦から国鉄宮島口駅に向かう山越えの途中、弁当に用意したおにぎりを食べようとして強烈な異臭に見舞われました。陸軍病院や臨時救護所ではたくさんの死体や汚物が積み上げられていて、それらが地下水にも染み込んでいて、その水を汲み上げて炊飯や調理をしており、時間が経つと食べものからもこの臭いが出てくるのではないかと思いました。

府中への帰途、広島駅で途中下車して廃墟の広島市内を歩きました。私の家の近所の女の子が女子挺身隊員に動員されていて、広島市内で原爆投下に遭って即死していました。また同じく私の家の近所の青年が広島市内の白島の警察学校に行っていました。その人たちの状況や様子を伺うことが主な目的でした。

広島駅から西方向に向かい、白島地域から八丁堀にかけての一帯を歩きました。広島の街はまったくの焼け野原でした。この頃にはもう道路だけは綺麗に片づけられていましたが、その道路に人通りがほとんどなかったのがとて

も強く印象に残っています。半焼けになった福屋百貨店、広島駅構内で横倒しになっている機関車なども記憶に残っています。警察学校に通っていた青年は生きて帰って来ることはできましたが、数年後、体のアチコチからたくさんのガラス片が出てきたりしました。また原爆ぶらぶら病と言われる症状に襲われて生涯苦しみ、まともな仕事ができない体になってしまいました。

陸軍病院の惨状

姉はその後も大野陸軍病院に残り、兄の看病を続けました。陸軍病院では毎日毎日たくさんの人が亡くなっていきました。病棟や救護所で亡くなった人は、救援に動員されていた大野浦の村の人たちによって運び出され、死体は便所の横に五～六体ずつ積み上げられていきました。

最早治癒の見込みのない人には死を早める注射もされていました。兄もその注射を打たれるところでしたが、たまたま看護婦経験があってカルテのドイツ語も読める姉がそれを見つけて、必死の思いで注射を止めるよう訴え、24時間つきっきりで看病して兄の命を救いました。大野陸軍病院では、進駐してきたアメリカ軍によって、被爆入院患者の肉片が切り取られたり、血液の採取などが行われていたことも、兄や姉の記憶に強く残っていました。原爆放射線の人体に与える影響のデータとして収集されていたことは明らかです。

壊滅の街を襲った枕崎台風

私が大野浦に兄を見舞ってから1ヵ月後の9月17日、西日本をとても大きな台風が襲いました。すべては後になって分かったことですが、戦後最大規模の台風で、鹿児島県の枕崎に上陸し、九州を横断、豊後水道を経由して、広島県西部、ちょうど大野浦あたりを直撃して北進し日本海に抜けた台風でした。後日、枕崎台風と名前がつけられました。この頃は学校再開によって国民学校の臨時救護所は閉鎖され、兄たちも、付添いの姉も陸軍病院本館の方に移されていました。

台風が広島県を襲ったのは9月17日の深夜、停電となって真っ暗闇の中でした。風も凄い強風でしたが、それ以上に集中豪雨が物凄くすさまじいものでした。台風によって陸軍病院背後の山々で多数の山津波が発生し、土石流が陸軍病院を襲い、建物はあっという間に壊滅、倒木や巨岩とともに瀬戸内海まで押し流されてしまいました。入院患者、医師、看護婦、多くの病院関係者等の150人以上の命が奪われ、大変な惨禍となりました。

私の姉は土石流に押し流されましたが、幸いにも途中の岸にひっかかって一命をとりとめました。兄の方は、まったく海まで押し流されてしまいましたが、自力で海岸まで泳いで戻ってきて、こちらも生き延びることができました。あの大火傷の傷がまだ癒えない体で生き延びることができたのは奇跡でした。

枕崎台風は広島県下全域に大きな被害をもたらし、広島県東部の府中町にも河川の氾濫、大洪水被害が発生して、多数の死者が出ました。私の兄の妻は胎児と共に、そしてその両親の三人も家屋ごと水害で流されて亡くなりました。

姉の生涯

大野陸軍病院が壊滅したため、生き残った患者たちは広島市内の陸軍病院宇品分院に移送されました。患者本人は宇品分院に収容されましたが、付添者までは最早一緒にいることが許されませんでした。姉はまるで病院から追い出されるような扱いで、付添いの時に身に着けていた白衣のままで、一銭の持ち合わせもないまま故郷府中をめざすことになりました。

宇品から船で尾道まで向かいましたが、同乗していた親切な人に助けられ、その人に尾道から府中までの国鉄の切符を買ってもらったり、僅かのお金もいただいたりして、なんとか故郷の町にたどりつくことができました。

姉は102歳まで生きて天寿を全うしましたが、宇品から府中までたどりついた時の、見ず知らずの人から受けた親切は、握られた手の温もりとともに生涯忘れることはありませんでした。

後年姉は、3号被爆（救護）者として被爆者手帳の交付を受けました。長寿ではありましたが、心臓を悪くし、10年間の入院、心臓ペースメーカー装着などの経験もした人生でした。

兄の闘病人生

宇品の陸軍病院宇品分院に収容された兄はその後、福山にあった陸軍病院に転院し、1年ほどの入院の後、やっと府中に帰ってくることができました。

被爆による火傷の傷は酷いものでした。右側頭部に残ったケロイドは散髪のバリカンが通らないほどでした。顔の右頬もつっぱったままでした。右腕、右手にもケロイドは残り、手の甲は骨が見えるほどでした。足は右ひざにも障害が残りました。肝臓がん発症を皮切りに、体内のアチコチにがん細胞は転移し、最後は多重がん状態に襲われ、闘病人生を72歳で終えました。

私の姉も兄も、一度も被爆体験を詳しく語ることなく逝ってしまいました。あの凄惨な体験は二度と思い出したくなかったのだと思います。

壊滅した大野陸軍病院（京都大学大学文書館所蔵）

私と姉と兄の被爆体験を語り続ける

私は昭和29年（１９５４年）、西陣関係の仕事に就くために京都に移りました。被爆者手帳の交付を受けたのは昭和53年（１９７８年）です。叔父さんからの紹介で被爆者手帳を取得できることを知り、京都で取得しました。2号被爆（入市）者です。

府中にいる頃には腹膜炎を、京都に来てからは胆嚢炎、胆管炎を発症し、入院も、手術もしました。それでもまだこうして元気に、私と姉と兄の被爆体験を語り続けています。

【枕崎台風】

アジア太平洋戦争の敗戦から1ヵ月後、１９４５年（昭和20年）9月17日に鹿児島県枕崎市に上陸して日本を縦断した台風。１９３４年（昭和9年）の室戸台風、１９５９年（昭和34年）の伊勢湾台風と共に昭和の三大台風に数えられている。

上陸時に観測された最低海面気圧は916・1ヘクトパスカル、枕崎での最大瞬間風速は毎秒62・7メートルが記録されている。枕崎に上陸した台風は九州を横断、豊後水道を経て広島県西部に再上陸、そのまま日本海に抜け、その後さらに奥羽地方を横断して太平洋に至るコースを辿った。

枕崎台風による全国の死者は２４７３人、行方不明者は１２８３人、負傷者は２４５２人という甚大な被害だった。このうち広島県の死者と行方不明者は２０１２人、負傷者は１０５４人、流失家屋は１３３０戸にのぼり、台風上陸地点の鹿児島県や九州地域よりもはるかに大きな被害を被った。

広島県呉市では多数の山津波、土石流の発生によって１１５６人の死者が出た。広島市と近郊では太田川が氾濫、広島市内の20に及ぶ橋が流失した。（原爆で破壊・焼失した橋は8だった）

広島県西部の大野村にあった陸軍病院は山津波、土石流の直撃を受け多くの施設、病棟が壊滅、被爆患者、医療関係者合わせて150人以上が犠牲となった。

大野陸軍病院を拠点に医療支援活動を行っていた京都帝国大学原爆災害総合研究調査班も11人の研究者の犠牲を出した。

終戦直後のため気象観測体制も十分ではなかったこと、そして気象情報が市民、国民に的確に届けられるような状態になかったことが、これだけの惨禍をもたらした原因となった。

日本は敗戦によって太平洋上の気象情報を満足に得ることができない状態になっていた。そのため台風上陸地点が台風情報を得る最前線の位置になっていた。

上陸地点の枕崎測候所では最大級の暴風雨データを観測してはいたが、戦禍による通信線途絶のためそのデータを中央気象台に送ることができなかった。このため中央気象台から全国の地方気象台に提供される情報は、中心部の重要データを欠いたままの、実際の台風とは勢力も速度もずれて異なるものだった。

広島地方気象台は正確な情報を得ることなく当日の夜を迎えざるを得なかった。仮に正確な情報が得られていたとしても、今度はそれを市民・県民に届ける手段もまた失われたままだった。

人々は、原爆による惨禍から立ち直るきっかけさえまだ見出すことのできない日々だった。その上に災害に対してまったく無防備な状態のところに枕崎台風は襲いかかり、広島市民に二重の惨禍をもたらすことになった。

台風そのものは自然現象だが、戦禍によって防災情報と防災機能を失い、それが原因となって招いた災害は愚かな人間のもたらした人災だ。

（柳田邦男『空白の天気図』2011年・文春文庫より）

京大原爆災害総合研究調査班遭難記念碑
（広島県旧大野町）

7 伊藤　恒美（仮名）

じわじわと体を蝕まれてきた私の被爆体験

お話＝２０１４年１月23日

8月6日のその時

私は昭和8年（１９３３年）11月24日の生まれです。去年80歳になりました。被爆したのが11歳の時、小学校（当時国民学校）6年生でした。家は広島の街の西部になる福島町にあってそこで被爆しました。爆心地からの距離は2キロメートル以内ですね。あの頃は広島市西部には己斐川《こい》（山手川）と福島川とが流れていて二つの川に挟まれた位置のところでした。二つの川は今は大改修されて太田川放水路一本になっていますけどね。

私の家族は父母と、長男の私と、姉が二人、妹が一人、弟三人の合計九人の大家族でしたんや。父親は出征していて、原爆が落ちた時は家族八人が一緒に生活していたんですわ。

原爆が落ちた時、私は福島町の沖町というところにおってね、その日友達と一緒にオート三輪で宇品まで連れて行ってもらうことになっていてね、車庫の中でオート三輪のエンジンの火を熾《おこ》している最中だったんですわ。当時は木炭車やからねえ。何気なしに車庫の外を見たらね、地面にジワジワっと白いものが湧いてきたんですわ。そしたら突然車庫の屋根がドスンと落ちてきたんです。屋根は三輪車の枠に当たって、私は直撃から免れてね。あれがなかったら私は死んでいたかもしれないんです。一緒にいた友達は顔に大怪我をして血を流していましたわ。「どうもないかあ」とお互いに言い合って、友達から「伊藤、早よう家に帰ったれや」と促されてね、家に向かったんですわ。

家に帰る途中の道々はもう散々なもんになってましたね。泣き叫んでいる人、怪我している人、そりゃもう大変でしたね。なんとか家にたどり着いてみると、幸い家族は全員大きな怪我をしたもんはおらんやったね。妹が顔にちょっと怪我した程度で。家もつぶれてはいなかったけど、2階の部屋の布団が焦げ出していてモクモク煙を出していてね。慌てて2階に駆け上がって布団の火を消し止めたんですわ。

黒い雨

母親が「こんな家の中にいたら危ない」と言うて、近くにあった畑に避難しようということで行こう思ったんやけど、途中から黒い雨が降り出してね。真っ黒い雨じゃ。こりゃ油まかれて、そこに焼夷弾落とされてみんな焼き殺されてしまうと思ってね、またみんな家に帰りました。あの真っ黒い雨はてっきり油や思うたなあ。家からようけの布団を持ち出して、その布団をかぶって雨をしのいだんですわ。

その頃から被災した人がいっぱい溢れだしてきてね、みんな体が焼けただれて、焼けた人はジャガイモの皮がむけたような、ひどいもんでね、むごいもんじゃった。「水をくれー、水をくれー」と言うてね。「火傷してる人に水飲ましたらすぐ死ぬからやったらあかん」と言われていたんでね、可哀そうやけど水をやらんかった。

そのうちに雨はあがってね。家は無茶苦茶になっとって、食べるもんもなく、しょうがないんでその日は宮島線の廿日市にあった親戚を頼ることにしたんですわ。その夜は一家全員親戚の家で泊まって、あくる日私とすぐ上の姉とで福島町の自宅に帰ってみたんやけどね、帰ってみてびっくりしたんは、目ぼしいものが何もかも盗まれていたんですわ。こんな時によくもこんなことができるもんだと驚いたね。

地獄の街

2、3日後には他の家族もみんな帰ってきて、近くの畑にバラック建てて仮住まいを始めたんですわ。八人もの家族なんでね、結構大きなバラックが必要で二軒ほど建てたんですわ。私らだけではどうしようもないんでね、近所の若い人らがよう助けてくれました。今から思うと不思議なほどなんやけど近所の人たちも大怪我した人はあんまりなくて、みんな割と元気な人が多かったですわ。

父親がおらんので、小学校6年生でも長男の私の負担は大きかったし大変でしたわ。それでもね、あの頃私は町内の少年警防団に入っとって役員もしとったんですわ。だからそれなりの訓練もいろいろしとってね、空襲警報やいうてサイレン鳴らしたことなんかもあるしね。自分で言うのもなんやけど才知みたいなのはあったんやと思います。

私の家は電車通りの近くにあったんでね、壊れた電車が赤茶けていてね、その中に死んだ人が真黒になってぶら下がったりしているのも見ましたわ。そりゃもうひどいもんでしたよ。

昭和29年(1954年)頃の己斐川(山手川)=左と福島川=右との合流地点

近くの己斐川と福島川にようけの人が水を求めて入って、そのまま折り重なって死んでいましたわ。引き潮の時で川が浅くなっとって、それで余計にようけの人が水をほしがって川に降りて行ったんです。潮の満ち引きで海に流されてしまった人も多いんじゃないかと思いますわ。あの時の光景を思い出したら、みじめ過ぎると言うか、何とも言いようがないですわ。ほんまに地獄もいいところじゃ。

市内の中心部はね、紙屋町やら3日ぐらいは燃え続けていたんじゃないかねえ。廿日市から帰ってきた日の夜は、空が真っ赤になって燃えとったのを覚えていますわ。

父親は大工でした。父親が出征した後はね、母親が一生懸命頑張って一家を支えてくれましたんや。かいしょもんの母親で、これだけの子どもを抱えてしっかりした母親でしたわ。自慢の母親でしたね。

父親は終戦前年の昭和19年にフィリピンのレイテ島で戦死してるんですわ。そのことを知ったのは戦争が終わってからですわ。遺骨の代わりに石ころ一つが還ってきましたわ。陸軍伍長だったんですけど、召集されたのは40歳を超えてですからね。40を超えた人間を召集するなんて戦争に勝てるわけがないわね。戦争で死んだ人はみんな犬死にですよ。可哀そうに。

京都での暮らしと被爆の影響

戦後になって、姉が結婚で京都に嫁いだんですわ。その関係で私も18歳の頃から姉のやっていた洋品雑貨の問屋の仕事を手伝うようになって、ちょくちょく京都に来るようになりましてね。昭和28年（1953年）20歳の時に完全に京都へ引っ越して京都で本格的に仕事をするようになったんですわ。そして、広島の自宅が立ち退きになったこともあって、家族全員が京都へ引っ越しすることになりましてね。それから私と二男、三男の兄弟三人で独立して、洋品雑貨を取り扱う仕事を立ち上げ、ずっと京都に住みついてやってきたわけです。

昭和31年（1956年）、22歳で結婚しました。そのすぐ後頃から歯がボロボロと抜けるようになってね、歯医者に行く度に歯を抜かれて、20歳代で上下全部の歯が抜けてしまったんですわ。今では原爆のせいやと言われてますけどね。当時はなんでなんか分からんかった。

34歳の時、昭和42年（1967年）ですが、右目が白内障になったんです。あの頃の白内障の手術は大変なものでしたんや。18日間も石枕で顔の両側を挟みこんだままにされてね。あの時、市立病院の院長先生が「(原因は) 原爆と違うかなあ」とつい漏らされた独り言は今も耳に残ってますわ。先生も確信は持てなかったようで、それ以上何もありませんでしたが。当時は「被爆のひの字」もなかったし、私らも原爆が影響するなど夢にも思ってませんでしたから。

右目の白内障は昭和57年（1982年）49歳の時に再発してね、手術はしたが結局失明してしまいました。その後左目も発症して出術してるんです。今はまだなんとか見えてますけど。

70歳の時、人間ドックで肺がんが見つかって、3・5センチほどの摘出手術をしたんですわ。今年で11年目になりますけどね、今は経過観察中というわけですわ。その頃にはもう肺がんは原爆の影響だとはっきり思ってましたから原爆症認定申請をして、認定もされてます。去年の11月には、突然倒れて緊急入院したんですわ。11日間入院してね、診断が肺炎だったんです。

原爆が落ちた時の急性症状というのは全然覚えていないんですが、被爆した後からは下痢をしやすい体になったんですよ。今でもしょっちゅうそうです。下痢が激しい時には、4～5キロ痩せたこともあるんです。今は他にも、三叉神経痛、高脂血症、慢性膵炎《すいえん》、慢性胃腸炎にもかかっとって、治療を続けてるんですわ。振り返ってみると、長い時間かけてじわじわじわじわ体を蝕《むしば》まれてきたような感じですわ。

被爆者健康手帳は結婚後に京都で取得したんですわ。最初はこんなもんあることも全然知らんでね。母親が再婚して義理の父親となった人が私らに親切でね、証人探しなんかいろいろ頑張ってくれてね、取ってくれたんですわ。一番上の姉はね、悪性リンパ腫で54歳の時に亡くなってるんです。その姉は被爆者手帳を取れずに亡くなっているんですわ。申請にいろいろ書類を揃えたり、たくさんのことも書かなければならないでしょう。それが大変で、とうとう申請できないままに亡くなっているんです。もう一人、一番下の弟も34歳の時、胃がんで亡くなってるんです。

「被爆2世・3世の会」の頑張りに応えて

娘が二人おるんですけどね、一人の方の娘が結婚する時、興信所から調べられたことがあるんですわ。親が被爆してるのかどうかとかね。そんなこともあって娘たちは原爆の話を聞くのを嫌がってね。こっちも話したくない。本当は私は原爆のこと思い出すのも嫌なんや。ずっと話したくなかったんですわ。でも「2世・3世の会」ができて、みなさん熱心やから、一生懸命やっておられるんで、話すことにしたんですわ。できるだけの協力はしようと思ってね。だから私の被爆体験は娘より「2世・3世の会」の人の方がよっぽどよう知ってることになります。京都原水爆被災者懇談会とは母親の代からの付き合いやね。だから懇談会ができた頃からずっとではないですかね。三千院や宇治の黄檗《おうばく》なんかにみんなで行って会議やレクリエーションしたことなども思い出します。

福島の原発事故、あれはダメですわ。あんなひどいことはない。人間が住もうと思っても住めないようになってしまってるじゃないですか。東京電力かなんかしらんけど誤魔化しばっかり言うて、嘘ばかりついてるじゃないですか。

広島カープの思い出

私がまだ広島にいる頃の思い出の一つにね、広島カープのことがありますよ。カープは昭和24年（1949年）にできたんですが、まだ広島市民球場ができる前の頃でね、試合は広島総合球場で、観客席はロープで仕切っとるようなところでやっとって、それでもいつも満員でしたわ。

私らも熱心なファンやった。白石、銭村兄弟、長持、門前、長谷川らが活躍していてね。カープが経営危機になった時、樽募金がとりくまれて、私らも一生懸命手伝ったもんですわ。京都に来たずっと後になって広島市民球場ができた（昭和32＝1957年）ことを聞きましたわ。あの頃は100％カープファンやったけどね、今は80％ぐらいのファンかな。でもとにかく懐かしい。

8 玉置　孝子

68年目の被爆者手帳

お話＝2014年3月7日

小学3年生の時の原爆投下

私が原子爆弾にあったのは小学校3年生、8歳の時だったんです。住んでたのは広島市から北方向の安佐郡古市町でした。今は平成の市町村合併で広島市の一部になって、広島市安佐南区古市になってますけど。両親と9歳上の姉と私、4歳下の妹の五人家族でした。私の通ってた学校は当時嚶鳴《おうめい》小学校と言って、今もあの頃と同じ場所に学校名を古市小学校と変えてあります。

8月6日のあの朝、私は学校校舎の2階の教室で本を読んでました。突然ピカッと閃光《せんこう》が走って、窓側にいた人たちが「熱いっ！」と言ったのを覚えています。私は教室の廊下側にいました。ドカンとすごい音もしました。急いで階段を駆け下りて校舎の外に出ました。爆風で窓ガラスがほとんど割れてて、その落ちたガラスで怪我をした人もたくさんいました。

学校の先生から自宅に帰るように言われて、学校のすぐ近くにあったわが家に帰りました。家は窓ガラスなんか全部割れてて、中はぐちゃぐちゃになってました。家にいるはずの母と妹がいなくてとても不安だったことを憶えてます。

本川小学校校庭と思われる遺体の火葬場
（川本俊雄氏撮影、川本祥雄氏提供、広島平和記念資料館）

父親はその時、勤労奉仕で広島市内に出掛けていて帰宅途中だったんです。母親と妹はその父親を途中まで迎えに行ってて、国鉄の古市橋駅付近で出会っていました。そこで三人一緒に原爆にあったんです。幼い妹は母親と手を繋いでいたのに、物凄い爆風で吹き飛ばされてしまったんだそうです。やがて三人とも無事に家に帰ってきて、私もやっとほっとしたことを憶えてます。

その日しばらくして、私は学校にかばんを忘れていたのを思い出し取りに行きました。その頃にはもう学校の中は校庭も校舎の中も被爆して避難してきた人たちでいっぱいになってました。そのためかばんを持ち帰ることもできませんでした。

その夜は空襲警報が発令されて、近所の人たちと一緒に近くの古川という川の河原に行って、そこで一晩を過ごしました。広島市内の方向は真っ赤に燃えてて、とても怖かったのを憶えてます。

親に連れられて広島市街地へ入市

2～3日経ってから、広島市内で焼け出された父親の知り合い夫婦を私の家に泊めることになったんです。その夫婦はそれまで避難生活してた寺町付近の防空壕に保存食を置いてたので、私の家族五人とその夫婦の合計七人で、一緒に大八車を牽いて保存食を取りに行ったんです。

古市から大きな通りを南方向へ歩いて横川駅まで行き、横川駅からもっと歩いて橋を渡って寺町の防空壕にたどりつきました。爆心地から1キロぐらいのところになります。片道で3キロ以上、時間にして2時間以上歩いたと思います。火傷を負った人や、怪我している人たちがたくさん街中に溢れてたのを憶えています。幸いたくさんの缶詰が残されていて持ち帰ったことも憶えてます。後日ですが、その時一緒に行ったご夫婦は早い時期に亡くなられました。

その次に8月10日頃、広島市内の天満町に住んでた母方の祖母の消息を訪ねて、母と姉と私の三人で広島市内に行きました。寺町の防空壕に行った時と同じように横川駅まで大きな通りを歩いて行きました。横川駅からは広島市内路面電車の線路をたよりに電車道に沿って歩きました。横川駅から橋を渡ってすぐの寺町の辺りでは、道路の左側にあったたくさんの墓地を憶えています。十日市を通って、堺町あたりから己斐《こい》駅に向かう方向（右）に曲がって、天満橋を渡って天満町に着きました。その辺りは爆心地から1・5キロより内側の距離になります。

祖母の住んでいた家はまったく燃え尽きていて、祖母を見つけることができませんでした。誰かに話を聞こうにも、焼け野原となった辺りには誰一人残っていませんでした。街並みははるか向こうの宇品まで見渡せるほどで何も残っていませんでした。残ってたのはコンクリートの建物が少しと建物の骨組み程度だったのを憶えてます。一日中あちこちの避難場所なんかを探しまわりましたが、結局祖母に会うことはできませんでした。

いつも一緒に歩いてた母親は、小さい私たちにできるだけ惨《むご》たらしい様子を見せないようにしてたように思います。でもたくさんの亡くなった人、火傷や怪我を負った人たちのすさまじい様子は目に入りました。

街は、とにかくみんな焼けてしまって、なんにもなくなってしまっていた印象が強く残ってます。悲しいというより、子ども心に恐怖の感覚を強烈に持つようになって、その恐怖感はいつまでも残っていきました。終戦の後も、サイレンの音を聞くたびに胸がドキドキして動悸が激しくなって、何ヵ月か後までそんな状況が続きました。

姉はあの時17歳で、海田《かいた》というところにあった陸軍兵器行政本部で働いてたんです。もちろん被爆をしています。

原爆が落ちた時、すぐには帰宅が許されなくて8月9日になって帰ってきました。次の日の10日に母と私と一緒に広島市内の祖母を探しに出かけたわけですが、その翌日にはすぐまた仕事に戻って行きました。

専売公社に就職、反対を押し切って結婚、関西へ

嚶鳴小学校を卒業して、中学は途中で4校統合された安佐中学を卒業しました。卒業して広島市内の皆実町にあった専売公社に就職して、高校は国泰時高校の定時制に進学しました。あの頃は全日制の高校へ進学する人はまだ少なくて、クラスでも五人程度、そんな時代でしたね。私が専売公社にいる頃、同年代の同僚には白血病になる人が多かったです。そういう人は顔が蒼白く、体がだるいだるいと言って。しんどうなると1週間ぐらいは休んでいました。亡くなった人も多かったんじゃないですかね。

専売公社には10年ほど勤めて、広島大学の学生だった主人と知り合って、主人の就職と同時に結婚して、主人の就職先だった大阪に移り住んだんです。関西に来てからはいくつか住み替えて、最後は今の精華町に落ち着きました。

余談ですが、私が行ってた小学校はバレーボールがとても盛んで小学校の頃からずーっとバレーをやってました。強過ぎて同じ小学生同士では試合させてもらえんで、いつも中学生相手にやってるほどでした。中学に行ってからも、専売公社に就職してからもずーっとバレーをやってました。まだ私らの頃は9人制でしたけど。広島専売公社のバレー部と言えば後年のミュンヘンオリンピックで活躍した男子バレーの猫田選手なんかが有名ですけど、彼は嚶鳴小学校の私の後輩なんですよ。家も近かったし、猫田のお姉さんも私らと一緒にやってたんですよ。

結婚する前に、私が被爆してることは話していました。主人の家族は結婚に反対でした。父親はもう亡くなってましたけど、お兄さん、お姉さん、お母さんみんなから「なんで広島で原爆にあってる人なんかと一緒にならん

とあかんのや!?」と言われてました。私はそれで駄目になるんならしょうがないという気持ちにもなっていましたが、主人が「絶対やめん!」と言って押し切ってくれて、結婚することができました。

その主人は定年の60歳まであとわずかという年齢で、1996年（平成8年）に亡くなりました。中国の蛇口というところへ5年~6年赴任してて、その後はアメリカにもよく出張していました。毎週土曜日には熱を出してたりして、仕事が忙しすぎて無理がたたったんだと思います。

母親は53歳の時に、食道がんで亡くなりました。がんだと言われて1ヵ月ももたなかったですね。父親は割と元気でしたね。8月10日の日に祖母を探しに広島市内へ行った時、父親は一緒でなかったですからね。そういうことも関係してるのかもしれませんね。

68年目の被爆者健康手帳

父も母も被爆者健康手帳は取得していませんでした。私たち子どもに対しても「手帳は取ってはいかん」と強く言ってました。「原爆にあってると言うたら女の子やからどうしようもなくなる」と言って。私たちもそのことをずっと肝に銘じてきてたんです。

ですが、1984年（昭和59年）、47歳の時に私は乳がんにかかって、右側の摘出手術を受けたんです。手術の後も10年間抗がん剤を飲み続けました。そのことがきっかけになって、できたら手帳を取りたいと思うようになりました。墓参りで広島に里帰りした時、地元の議員さんに相談したこともあります。けれど「広島に住んでたらなんとかしてあげられるかもしれんけど、外に出たらもう難しいよ」などと言われて、妹とも「仕方ないねえ」と言って、もう諦めてたんですよ。

ところが、2012年（平成24年）の頃になってですが、たまたま同郷出身のお友達からすすめられて、あらためて京都府に手帳の交付申請をすることにしたんです。原爆から67年も経ってからのことですから、申請のために被爆の時の詳しいことを思い出そうと思っても、もう忘れてしまっていることも多いし、記憶もはっきりしないことも少なくありません。随分と苦労もし、時間もかかりました。

いろんな方の手助けもいただきました。戦前私の家の隣に住んいでた幼なじみの人に連絡をとって、当時のことを思い出してもらって証明を書いてもらいました。今はアメリカのシアトルに住んでる私の姉のところに、私の姪に訪ねてもらって姉からの証言も寄せてもらったりしました。

結局申請から1年と9ヵ月もかかりましたが、この2月にやっと手帳交付してもらうことができたんです。このことをきっかけに京都原水爆被災者懇談会のみなさんともお付き合いするようになったわけです。

実は姉もアメリカに行く前に手帳を取ってたんですよ。そのことは今回のことがあるまで、つい最近まで私も知らなかったんですけどね。姉もアメリカに行く前、何かあった時の備えに手帳は取っておいた方がいいと思ったらしいです。今度は私も手帳を取ったもんで、次は妹も取ろうかなと言ってますけどね。

9 熊谷　好枝

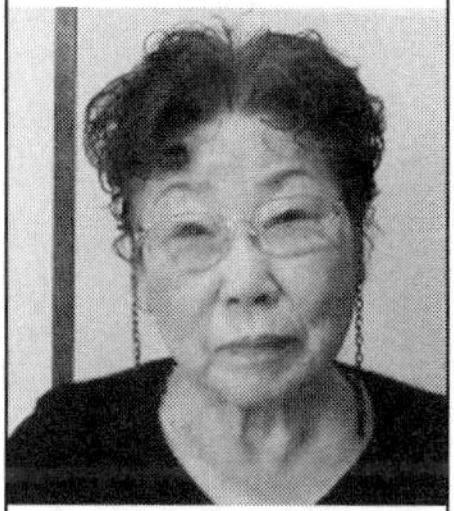

家の前の街道を埋め尽くす被災者を救護して

お話＝2014年3月22日

原爆投下のその日

私が生まれて育ったところはその頃広島県安佐郡三川《みかわ》村と言ってたところなんです。今は広島市安佐南区古市という地名に変わっていますけどね。広島市から北へ約7キロメートル、広島から可部、三次方面に通じる昔からの街道、幹線道路に沿った所です。その道は戦後国道54号線になり、今はまた183号線になっていますけど。今のJR可部線の古市橋駅の近くですね。

あの日8月6日、私は8歳で嚶鳴《おうめい》小学校3年生（当時は国民学校と言ってました）。その時は学校の2階の教室で本を読んでました。私は窓側の席にいたので、閃光《せんこう》が光った瞬間はもろにその光を感じましたよ。綺麗かったよー、光った時は。「いやー、誰か写真撮ったん？」と誰かが言ったのを憶えてますよ。そこへ先生が飛んできて、「廊下に出て、耳と口をふさいで、ふさせなさーい！」と言って、で一時、廊下にふせとったんですよ。ふせた途端にドーンと来たんですわ。ぐわーっと揺れてね。それから落ち着いて、「早く家に帰りなさい」と言われて、学校の裏の校門から出て家に帰りました。

あの頃のこと、着てた服のことまでよく憶えてますよ。昔はね、セルという生地があってね、男物の着物の生地で。

それを赤と青に染めて、それでブラウスを縫ってもらって、暑い時なのに長袖でね。それを着て、胸当てズボンをはいてましたわ。今やったらあんな暑いもの着れへんけどね。

キノコ雲のような雲は見ましたよ。黒ーい雲でした。「すごい雲やねー」って言ってたの憶えてますよ。もっと広島に近い祇園あたりからはもっとハッキリ見えたらしいですけどね。

原爆投下２分後に安佐郡古市町（広島市から北方向へ７ｋｍ）から撮影された原子雲（松重三男氏撮影、広島平和記念資料館）

家族

私の家族は、おばあちゃんと、おとうちゃんとおかあちゃんと、私が長女で、弟が三人いて家族七人やったんです。父親は大工してたんですよ。あの頃は、広島の街は建物疎開で家がどんどん壊されていてね。あの日は、父親と母親は建物が壊された時に出る板や樽木なんかをもらいに、広島市内に行ってたんですよ。横川の駅からもっと先まで行ってたらしいんやけど、材木積んで大八車引いて帰る途中、三滝のあたりまで帰っていた時に被爆したんですよ。爆風で二人とも相当吹き飛ばされたって言ってましたわ。

すぐ下の弟、私より2歳年下ですけど、まだ小学校に上がる前でしたが、幼稚園に行ってたと思います。おばあちゃんは一番下の弟を連れて近くの防空壕に避難してました。あの時は学校から家に帰っても誰もいなくてね、家の中はもう無茶苦茶になってて、とても心細かったんです。夕方になって両親も帰ってきて、それから役場の人がまわってきて「今晩は家で寝たらあかかん」言われて、薄い座布団のようなものみんな一枚ずつ持たされて河原で野宿したんです。私の家から道路を隔てたところに川があってね、私たちは「前川、前川」と言ってましたけど、結構大きな川で、そこの広い河原でその夜は寝たんです。古市では雨は降ってないんですよ。おとうちゃんとおかあちゃんが被爆した三滝の方は降ってるんですけどね。おかあちゃんは黒い雨にあったといってましたわ。

負傷者と死者の街道

次の日からですよ。ゾロゾロゾロゾロ、国道の道路いっぱいに、祇園方面から、火傷した人とか怪我した人とか、髪の毛が焼け縮れた人とか、肉や皮がぶら下がった人が、どんどんどんどん歩いて来たんですよ。私たちはそれをずーっと一日中見てたんですけどね、とにかく人の列が途切れることなかった。あの人たちみんな広島市内の方からずーっと歩いて来はったんやねえ。それからみんな歩いて田舎へ行かはったんやねー。

その人たちは、「すいませんけど水下さい、水下さい」と言って来られるんですよ。でも役場の人からは「水あげてはいけません！」って言われてましてね、なかなかあげることできなかった。

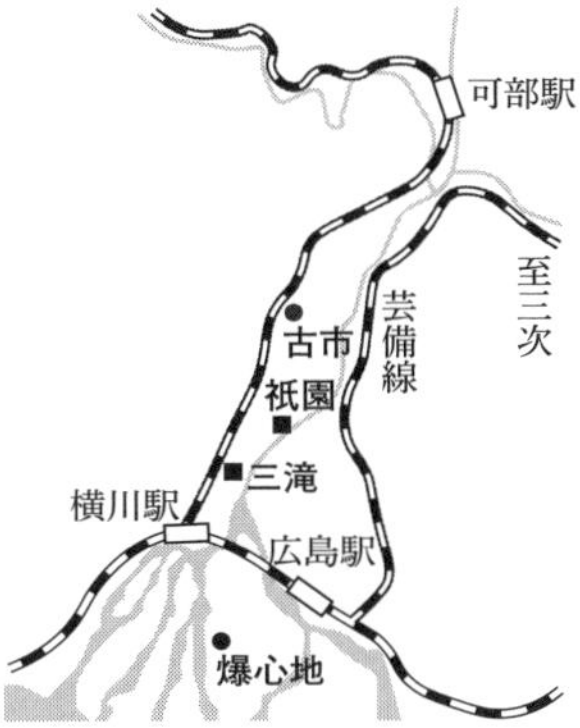

私の家は道路のほとんどそばやから、「ちょっと休ませて下さい」って休んだり、歩けなくなった人がたくさん縁側に腰下ろしていくんですよ。見たら背中がぐわーって割れてて、そこにガラスの破片がいっぱい入ってるような人もいてね。骨まで見えてるんですよ。痛いやろなーって思いながら。私らも赤チンやオキシドールつけたり、一生懸命ピンセットでガラスとってあげたりしました。体の肉とか皮とかがぶら下がってるような人もいるんですよ。それを手でちょっと持ち上げて赤チン塗ってあげたりしてね。おかあちゃんもおにぎりとか作ったりして、「食べなさい」ってすすめてましたよ。元気な人は食べら

れたけど、もう食事もできない人もいましたね。

近所の人たちはみんなそうしてました。私ら子どもたちも一生懸命治療とか救護とか手伝ったんですよ。誰かに命令されたり、指示されたりしたわけでもなく、みんな自然とやってたんですね。うちの前に桜井商店という大きなお店があったんですけど、そこでも従業員の人たちが一生懸命面倒見てあげてましたよ。役場の人たちもグルグル回ってきて、とにかく「水を与えたらいかんよ」とか言って様子を見に来たりしていましたね。

それから小学校にも行ってみましたよ。歩いて5～6分の近さなんでね。そしたら講堂にはもう死体がいっぱいに重ねてありましたわ。みんなここまで歩いてきながら、途中で亡くなってしまった人たちなんですね。

古市の火葬場は小さいんですよ。倒れて亡くなった人がいっぱいでもう火葬場で焼くなんてできないんですよ。だから、シャベルで河原を掘って、死んだ人をいっぱい焼いてました。おとうちゃんたちも手伝っていましたよ。私たちもその様子を「わあ、ようけ焼いてはるねぇ」と言って見てたんですよ。その臭いたるや、ものすごいものでしたわ。死体もいっぱい見てしまいましたからね、もう怖いとか恐ろしいなんて感覚はなかったですね。こんなことが3日以上、1週間近くは続いたんではないでしょうか。

伯母と従妹たちの被爆死

実はあの頃私は体にぶつぶつができてて、その治療のため毎日、8月5日までは広島市内の病院に通ってたんですよ。たしか日赤病院だったと思うんですけど。一人じゃなくて、近所に住んでた伯母さん（父の姉）に連れられて、その伯母さんの子（従妹）も一緒にね。私は8月6日はたまたま病院に行かなかったの。だけど伯母さんと二人の子、光子と悟はその日も同じように病院に行って、市内電車で帰る途中だったんですよ。三人は電車に乗ったまんま原爆に遭ったんです。電車ごと焼けて、電車に乗ってた人で辛うじて生き残った人たちはみんな一緒に兵隊さんに連れられて似島に運ばれたんだそうです。

私たちは「伯母さんたち帰って来ないねえ、帰って来ないねえ」と言って、小学校に積み上げられていた死体の一人ひとりまで確かめて探していたんですよ。1週間ほど経って、8月13日になってやっと伯母さんたちは兵隊さんに連れられて帰ってきたんですよ。だけど、伯母さんや光《みっ》ちゃんや悟の顔は放射能のせいでとんでもなく腫れ上がってて、崩れたようになってて、そりゃもうむごいもので可哀想でした。口も崩れかかったような状態でしたけど、なんとか話すことはまだできていて、似島に連れて行かれたことなんか話してくれたんです。伯母さんと光っちゃんと悟と三人並べて、親戚の人たちも集まって、私らも手伝って、治療や看病してあげたんやけど、2～3日で三人とも亡くなってしまったんですわ。三人とも前の河原で焼かれました。

被爆した電車（小町中国配電、1945年8月9日、岸田貢宜氏撮影、岸田哲平氏提供、広島平和記念資料館）

その後

古市というところは川の氾濫がよくあったところでね、何回も水に流されたり、水に浸かったりしてるんですよ。だから古い写真や子どもの頃の思い出のものもみんな流されてね、何にも残ってないんです。昭和20年（1945年）9月の枕崎台風も憶えているような気はするけど、何回も水害に遭っているからどれがそうだったのかはよく分かりませんね。

その後私は嚶鳴小学校、安佐中学校を卒業して広島市内のお店に就職して働いて、20歳の時すすめる人があって結婚、福岡に嫁いだんです。そして昭和39年、私が29歳の時夫の転勤で京都に来たんです。

結婚の時にね、夫になる人のお姉さんから「広島から嫁もらういうとるけど、原爆は大丈夫かね?!」って言われてたの憶えてますよ。直爆や入市でもなかったし、無視してましたけどね、そんなこともありました。

救護被爆で被爆者健康手帳取得

一緒に住んでた私のおばあさんは終戦の後すぐに亡くなりました。父親と母親は横川に近い三滝で被爆してましたから早くから被爆者手帳は取ってましたね。

私は広島市内で直爆被爆してるわけではないし、入市もしてないし、黒い雨にも遭ってないので、原爆手帳なんかはもらえないもんだと思ってたんですよ。ところが、お友達のご主人からすすめられたり、伯父さん(母の兄)からもすすめられて、駄目でもともとで申請してみようと思ったんですよ。それで広島に何度も足を運んで証人になってもらう人に書類に必要なこと書いてもらったりして、申請したんです。原爆の影響があるというお医者さんの証明のためにもあちこちの病院にかかりました。

当時の京都府庁の担当の人は女性でしたけど、とてもいい人でね、「熊谷さん、なんでもうちょっと早く申請手続きしなかったのよ」などと言われて、とても親切に対応してもらったんです。小学3年生だった時、たくさんの被爆者の人たちを一生懸命治療したり、救護したりしたことが認められて、第3号被爆者(救護被爆者)として認められ、手帳発行されたんです。平成4年(1992年)でした。原爆から47年も経ってからですね。

両親はもちろんですが、私のすぐ下の弟を残してそれ以外の弟はもうみんな亡くなっています。身内で生きているのは私とすぐ下の弟だけになってしまいました。

今まで生きてきてそう大きな病気はしなかったですね。胆石になって石とったのと、2年前に大腸がんになってがんはとりましたけどね。原爆とは関係ないとは思ってますけど。

10 濱　恭子

大阪空襲と広島被爆 二度の死線を越えて

お話＝2006年5月4日

濱恭子さんが2006年5月に「九条の会摂津」でお話されたもの。その体験を語り継ぐ長女・鳥羽洋子さんに追記と被爆二世の体験を寄せていただきました。鳥羽さんは京都「被爆2世・3世の会」会員です。

大阪大空襲の日

みなさんこんにちは。私は大正14年10月生まれでもうすぐ81歳（2006年現在）になります。私が育った時代と言いますのは、6歳の時に満州事変が、7歳の時に上海事変が起こり、そして、12歳の時には日中戦争が始まりました。どんどん戦争へ戦争へと進んでいったわけでございます。16歳の時には真珠湾を奇襲攻撃し、米英との戦争も始めました。最初は勝っていたのですが、小さい国ですから物資もございませんので、だんだんと負ける様になってまいりました。

女学校を昭和18年に卒業し19年になりますと、神風特攻隊の出撃とか、竹槍、バケツリレーで水を運び火を消す訓練とか、防空壕をつくらされたりしました。そして、贅沢の禁止令、疎開の命令、兵役が20歳から17歳に下げられたりしてどんどん戦争が激しくなってきました。

昭和20年4月に米軍が沖縄に上陸し、直前3月に東京の夜間大空襲があり、東京の大半が焦土化しました。そして3月13日、大阪が初めての空襲を受け私たちは罹災しました。

夜中の11時すぎだったと思います。空襲警報が鳴り、２７４機の大編隊でＢ29という爆撃機がやってまいりました。私どもは、まだ爆撃された経験がなかったものですから、慌てて外へ出て空を見ましたら、敵機から落とされる油脂焼夷弾が、銀紙を撒いた様にキラキラ光って落ちてきたんです。たちまち南の空が真っ赤になってきました。

私は西区北堀江という所に住んでいましたが、空が一面に赤くなり、慌てて家の中に入りました。母もよっぽど慌てたんでしょう、仏壇の掛軸を懐に入れ、配給のパン2本を私のオーバーのポケットに突っ込みました。そして、足に触ったコタツ布団をひきずって持って出ました。緊急袋

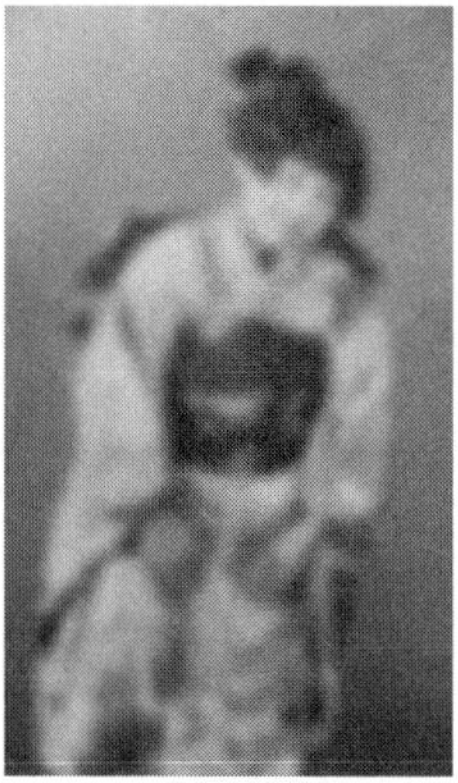

6歳の時

女学生時代

空襲を受けて燃える大阪の町

も作っていたのですが、よほど慌ててたのかそれを持ち出す余裕がなかったのです。

表に出ましたら、通りは逃げ惑う人で右往左往でものすごく混雑しておりました。家族に男の人がいれば、引っ張ってくれるんでしょうけど、私が生まれて11ヵ月の時に父が病気で亡くなり、母と二人暮らしだったものですから、もううろたえてどうしたらよいか分からなくなり、私たちは逃げ遅れてしまいました。

灼熱地獄

気がついてみたら、周りの人は全部逃げてしまっていて、私と母だけが残されてしまったんです。火の気の多少少ない交差点で、あちらこちらとうろうろしていましたが、その交差点も火がゴウゴウと渦を巻いて、灼熱地獄の恐怖はひしひしと迫ってきました。

その時、町角にあった高い塀が焼け落ち、その塀の中の空き地に防火水槽があるのが目につきました。コタツ布団をこの水に浸けて二人で頭からかぶりました。火の粉が体にどんどんかかりすぐに乾いてしまいます。水に浸けてはかぶり、それを何度も繰り返して命拾いをしました。ほんとに、いつ死ぬかという思いでいっぱいでした。生きながらの地獄でした。

翌日、3月ですからまだ夜があけるのが遅く暗い時でした。大阪は商

もんぺ姿（右）、布団を水につけ何度もかぶった（左）、デッサン＝濱恭子

人の町で土蔵があちらこちらに建っていたのですが、土蔵の中の空気が周りの熱気で膨張して分厚い土壁なのに、蔵の形のままでどーんと空中高く吹き上げられ、ガラガラと崩れ落ちてくるのです。ほんとに凄まじい光景でした。

昼頃やっと燃え尽きてきて下火になりましたので、母とこれからどうしよう、どこに逃げようかと相談し、両親の郷里である広島に逃げようということになりました。それで、昭和8年に開通していた地下鉄御堂筋線が、地下だから通っているかなという愚かな考えで、白髪橋から川沿いに歩いて心斎橋まで行ったのですが、そんなもの通っているわけがありませんでした。

それで御堂筋を北へ北へひたすら歩きました。途中に焼け死んだ人とか死体が転がっていたのですが、長い間恐怖を味わったものですから、もう頭は真っ白で感情もなくなっていまして、死体を見ても怖いとか気の毒とかいう感情はなかったですね。

やっと夕方近くになって梅田に着きました。西区とか天王寺方面はおおかた焼けたのですが、東区とか北区は残った様です。大阪駅から無賃乗車させて貰って汽車で広島に向かいました。疎開した後の大阪のことは分かりませんが、後の空襲で京橋なんかはとても大変なことだったらしいのです。京橋には砲兵工廠と言いまして、軍のものを造る工場がいっぱいあったものですから爆撃の目標になったのです。そこで私の友達のお父さんも、直撃弾を受けて即死されました。

空襲直後の大阪市西区近辺

疎開

広島に着いたのは15日の夜中でした。避難先（爆心地から1・2キロの所、上流川町）の叔母が私たちを見て大変驚きました。翌朝になって、どこへ疎開するかを相談しました。この家の若い者は、仕事で上海に行っておりまして、残っているのは叔母と孫二人だったのです。島根県で神社の宮司をしている従兄の所へ、雪の深い中を叔母がたのみに行ってくれました。引き受けてもらったからと叔母が帰ってきましたので、早速、疎開の準備を始めました。当時、疎開の荷物は20個という制限がありましたので一生懸命まとめましたが、年寄り子ども相手ですからなかなか捗《はかど》らず、やっと4月20日に島根県へと出発しました。広島の家には母と大阪南堀江で罹災した祖母を呼び寄せて二人で暮らすことになりました。

私は疎開先の日貫村《ひぬいむら》にも慣れてきたのですが、食べる物が少ないので田植えを手伝った先で御飯を御馳走になったり、お米を分けてもらったりして、かなり苦しい生活になりました。

そのうちに敵の軍艦が日本の近くまで来るようになり、そこから艦載機が飛んで来て、山口県とか広島県を低空で機銃掃射するんです。歩いている人を見たら徹底的に撃ちまくるのです。それを聞くと、残してきた母や祖母のことが心配でたまらなくなり、広島へ迎えに出ることになりました。7月27日に出発して29日に着きました。空き家にしておくと、もし焼夷弾が落ちても消すものがいないから、後に入居する人を見つけないと警察の引っ越し許可が出ないので一生懸命探して、やっと見つかりました。

8月6日、その日

8月6日、その日は晴天でした。早朝、母は警察へ許可証をもらいに出かけ、祖母は散髪に出かけました。そのあと間もなく警戒警報が鳴って、母と祖母が引き返してきました。すぐ後の8時15分、何かピカッとマグネシウムをたいた様な青白い閃光《せんこう》を家の隙間から感じたと同時に、2階建ての家が崩れ落ちてきました。家中の釘を全部一度に抜いた様にワァーと落ちて来て、私たちは下敷きになりました。梁や柱がどんどん落ちてきて、アッという間の出来事でした

母が私の名前を呼んで、それから「お母さん」と祖母を呼び、みんな生きていることが分かりました。とにかく、また大阪のように火の海になるから早くここから逃げ出そうということで、祖母は床下に足が落ちてはさまったのを、自力で引き抜き、くずれた木材をくぐったり越えたり、三人がどうして出たか、表通りにやっと出ることができました。裏の家に二人の女の人が住んでいて「助けて」という叫び声が聞こえてきたのですが、どうしてあげることもできませんでした。

表に出ますと家という家はつぶれて、ポツンポツンとビルの様なものが残っていただけでした。早ところどころに煙が出だしておりました。大阪の様に大火になるから早く川へ逃げようと思いましたが、どちらに歩いたら川に出られるのかさっぱり分かりません。

前方から、今までに見たことのない全身黒く焼けて丸裸の人が、皮がズルーとぶらさがり髪の毛は焼けちぢれ、見た目も人の姿ではないのです。そういう人たちが夢遊病者のようにふらふらフラフラと歩いて押しよせてくるのです。こちらを向いても、あちらを向いても、そういう人がいっぱい歩いて来て、どっちへ逃げたらよいか分かりません。いったい何事が起きたのかと思いました。

私は家の下敷きになった時、梁が背中（心臓の後あたり）に落ち、さけてパクッと開いた傷口から血がドクドクと出ていました。縁側に近いところにいたので、ガラス障子がこわれて、ガラスが左半身に百数ヵ所ささりました。今では小さい傷は消えましたが、左肘に今も数ヵ所ケロイド状の傷あとが残っております。

祖母と母は気丈な人なので自分の傷はかくして私を救うのに必死でした。二人に両方から支えられ歩き出しましたが、目の前で、孫に支えられていたおじいさんが倒れて亡くなりました。火傷はなく、私たちのように家の下敷きになられた様子でした。それを見て私も、出血多量で気が遠くなってきました。母は急いで自分の服と祖母の服の裾を裂いて、一つを折りたたみ傷口にあて、もう一つでしっかり縛って止血をしてくれました。おかげで血が止まり、気をとり直して二人に支えられて歩き出しました。

幸いなことに、饒津《にぎつ》神社という浅野長政を祀る神社にたどり着きました。境内の松の幹がさけて、まるで雷に打たれたように、ブスブス煙が出ていて、火の気のないところなので不思議に思いました。その神社の下が川原になっていて、そこへ先ず腰をおろしました。川には大勢の死体が浮いていました。母は自分も怪我をしているのに、私を救いたい一心で、足を引きずりながら、飛び散っている物を拾いに歩き出しました。

トタン板とか柱になるよう棒を4本、バケツやビールの空きビン、和紙の日記帳などを拾って帰って来ました。布団も拾って来て私を寝かせ、母と祖母で両手に棒を持ち、その上にトタンをかぶせて屋根がわりにのせ、黒い雨から私を守ってくれました。自分たちは頭だ

母と祖母に支えられて歩く

母と祖母は拾ってきたトタンで黒い雨から守ってくれた

け入れて雨をさけていました。

大阪で降った雨は煙を含んだ黒い雨でしたが、広島の雨は放射能を含んだ黒い雨ですから、体にかかったら絶対によくなかったと思います。その時は原爆ということも知らなかったのですが。

とにかく周りの人は火傷の人ばっかりで、小学生の男の子が痛い痛いと泣き叫んでいても、どうしてあげることもできないのです。大八車に革の長靴をはいて、丸裸の真っ黒に焼けた人が乗せられていたのです。たぶん上位の兵隊さんだと思いました。その方は、「水、水」とほしがっておられましたが、だめな人には水をあげてもよいが、助かる人には水をあげてはいけないということで、その辺りには水もなく、私共はどうしてよいか分かりませんでした。

悪臭

翌朝早く、救護所が鶴羽神社の境内にできたことをメガホンで告げにこられました。私は肋骨にヒビが入っているのか、息をするとメリメリ音がするし、熱も出て普通ならとても歩ける状態ではなかったのですが、気も立っていましたし助かりたい一心で、両方から母たちに支えられて救護所まで歩いて行きました。しかし、そこはもう火傷の人でいっぱいでした。母親が、すでに死んでいる、あかちゃんを一生懸命名前を呼んで揺すっているのですね。堪えられない思いでした。

暑い時でしたので悪臭がするんです。黒く焼けて身体からものすごい悪臭がして、ハエがとまってウジがわいておりました。生きながらにそんな状態なんです。救護といっても薬をつけてもらった覚えも、注射してもらった覚えもないんですが、後の首筋に刺さっていたガラスの破片を抜いてもらった記憶だけが残っております。それから、公園で腰を下ろしていましたら、救援の人が来られて、自分の着ている開衿シャツを脱いで私にかけて下さり、靴下を脱いではだしの足にはかせて下さいました。

　芸備線が広島矢賀駅から山陰に向いて出ているので、相当距離がありましたが、一生懸命歩いて夕方に着きました。また、無賃乗車で汽車に乗せてもらったのですが、空襲警報で備後十日市駅で降ろされ、一晩、駅で野宿いたしました。翌8日午後おそく、三江線川戸駅に着き、沖田屋旅館に泊めてもらうことになりました。宿のおかみさんが、私たちの傷口からバイ菌が入ったらいけないと新風呂に入れてくださったのには大変感謝いたしました。隣の室の泊まり客が翌朝、「あなた方は大変うなされていましたが、どうなさったのですか」と聞いてくださいました。大阪から来られた娘さんで、お話しした後、「大阪に帰られたら大阪の弟に知らせて下さい」と母がお願いしておりました。

みんなで力をあわせて

　当時、日貫村《ひぬいむら》へはバスが通っていませんので、トラックの荷物の上に乗せてもらうしかありませんでした。振り落とされないように積荷にかけてある綱をしっか

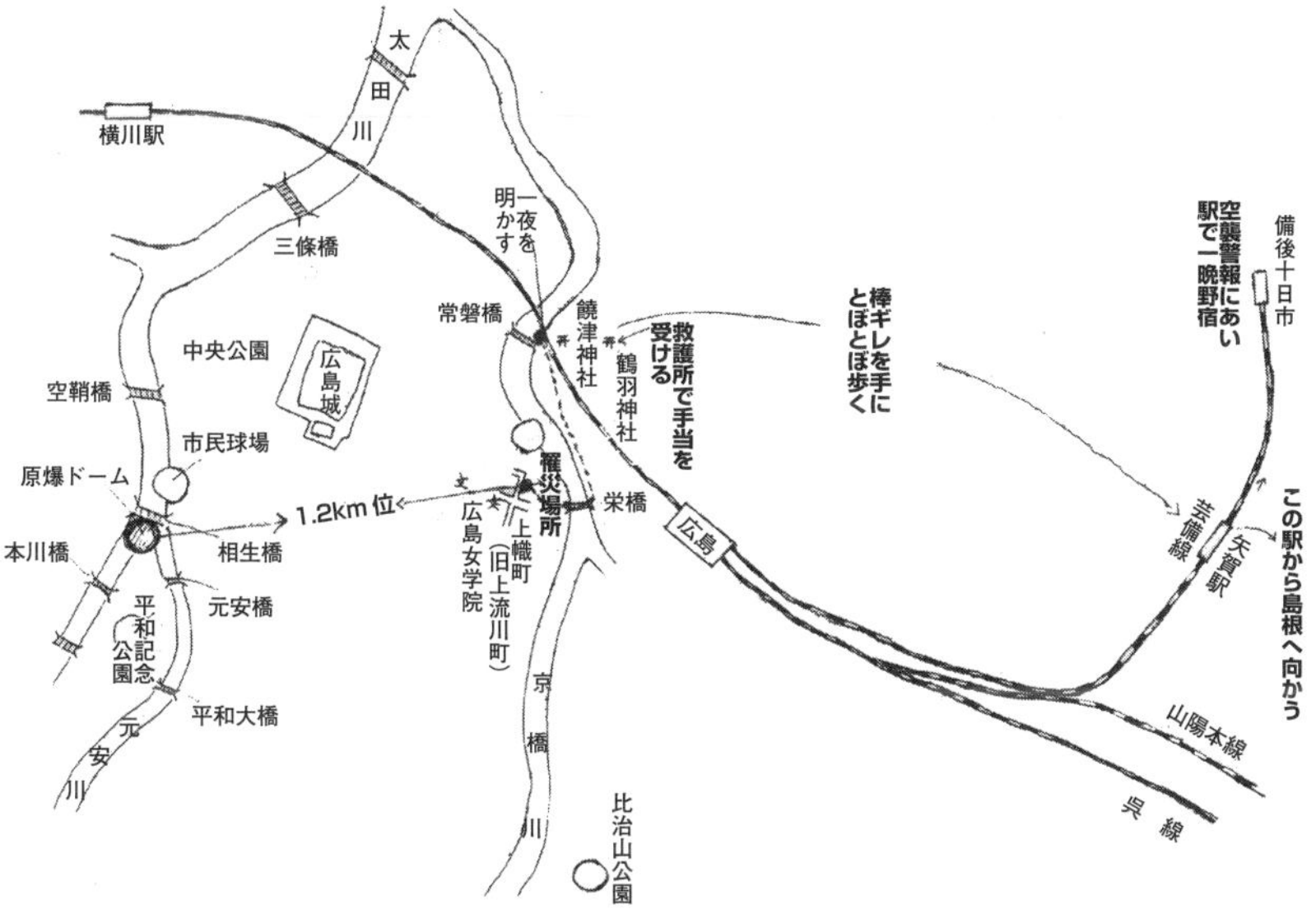

被爆地点（上流川町）からの足跡

り持って、9日の昼頃、やっと村に着きました。その後、宿で出会った娘さんが叔父に知らせてくださり、叔父が駆けつけて来まして、ちょうど神戸から村の実家に疎開して帰っておられた外科の先生に、叔父の血を輸血していただきました。私はその輸血のお陰で命をとりとめることができました。

こうして生きていることができたのも、広島で出会った人や日貫村のみなさん、何と言っても親族四世帯13人がお世話になった、宮司の従兄一家、母、祖母、叔父の力が大きかったと心から感謝しております。

あれから60年、長生きさせていただいて80歳を越しましたので、ほんとうに生き地獄だった戦争の悲惨さをみなさんにお話しして、今後どうして生きていくか考えていただきたいと思うようになり、下手な話をさせていただきました。私たちは決して戦争を望んだわけではありませんのに戦争の坩堝《るつぼ》にもっていかれたのですから、今、9条など大事な憲法をなくそうとしておりますのを何としてもくい止めなければなりません。戦争へと引き込まれない様、みんなで力をあわせ阻止しなければいけないと思います。まだまだお話はございますが、これで終わらせていただきます。どうもありがとうございました。

追記＝恭子、その後

母恭子はその後1年間は、日貫村《ひぬいむら》で療養しながら暮らし、祖母が浜田で美容院を開いたのを機に浜田に移り、美容師の資格を取って祖母の仕事を手伝いました。母は島根で一生過ごす気にはなれず、大阪に戻りたい一心で、祖母を置いて一人で大阪に出てきました。

ぶらりと元の職場に同僚を訪ねたら、偶然にも、転勤先から会社に来られていた元の上司に出会いました。「どうしているのか?」と尋ねて下さり、これまでの事情を話した後、再就職先を探していることも伝えると、「なぜここに帰ってこないんだ？　ちょっと待っていなさい」と階段を駆け上がって行かれ、しばらくして戻ってこられました。「明日からこの会社に戻って働きなさい」。母は総務部秘書室へと配属されました。

これが、父との出会いのきっかけとなりました。父は九州の福岡出身で、久留米の連隊に入隊しましたが、馬の世話をしていて蹴られ、足を痛めて入院しているうちに終戦となりました。もし、元気なままだったら南方に出征させられ、戦死して母と結ばれることもなく、私も生まれてこなかったでしょう。母は結婚後、四人の子どもを育てました。

私が中学1年の時、父の経営していた鉄工所が不振となり、父は私学の経営の仕事に転職しましたが、私が大学に入学した1970年、53歳で胃がんで亡くなりました。

母は祖父の火災保険の代理店を引き継ぎ、さらに夜も知り合いの洋品店を手伝うなど、苦労しながら私たち四人を育ててくれました。舅、夫だけでなく、姑、実母、叔父の死も看取りました。その後も母はずっと保険の仕事を続け、80歳でようやく引退、この年から語り部を始めました。（長女　鳥羽洋子記）

被爆二世としてどう体験を引き継ぐか

鳥羽洋子

厳しかった祖母

私は、2歳から15歳まで、被爆した祖母と曾祖母の住む豊中の家で暮らしました。当時、大阪の梅田新道に事務所兼自宅がありましたが、私は豊中の静かな住宅地にある祖母の家を好み、次第に住み着くようになったそうです。

ですから、子どもの頃から広島弁で語る祖母たちから被爆体験はしっかりと聞かされて育ちました。お風呂に一緒に入る度に祖母の背中や腕にあるガラス傷をなでていたのを覚えています。

祖母は20歳代で夫を亡くし、女手一つで母を育てあげたこともあり、「女性も手に職をつけなければだめだ」と、教育熱心でした。学校から帰ると何よりもまず先に宿題をさせられ、参観日には必ずやって来ました。この祖母のたくましさと機敏な判断があったからこそ空襲と被爆から母を救うことができたのではないかと思います。

私が小学校3年生の時、祖母に連れられ、従姉妹と一緒に広島を初めて訪ねました。祖母たちから聞かされていたとは言え、原爆資料館で見た展示物の生々しさは衝撃的で、その晩は眠ることができませんでした。

6年生の時、近所に住む同学年の加代子さんが白血病で亡くなりました。お母さんが長崎で被爆されたそうですが、この時はまだ、あんなに元気だったのにかわいそうとしか感じられず、自分と重ね合わせてみることはできませんでした。

私は15歳の時に祖母の家を出て、母たちが当時移り住んでいた茨木市に戻りました。父が亡くなったのはその3年後でした。祖母は父の看病に大阪の病院まで毎日足を運びました。その祖母も、甲状腺と心臓病を患ったあと、最後は胃がんで亡くなりました。87歳でした。被爆手帳は持っていましたが、原爆症の申請はしていませんでした。

被爆二世の死を知って

私が被爆二世であることの使命を強く意識したのは、教師になって間もない頃です。

1975年、阿倍野高校2年生の峯健一君が、妹の純子ちゃんに続いて白血病で亡くなりました。母親のスミ子さんは長崎で12歳の時に被爆されており、戦後30年も経って二人のお子さんを相次いで亡くされたのです。お母さんの悲しみ、そして、勉学とサッカーに励み、死の3日前まで機能回復のペダルをこいで白血病と闘っていた健一君の無念さを思うとたまらない思いになりました。

それ以来、現代社会、歴史などで生徒と共に核問題や『戦争と平和』について考える授業に力を入れるようになりました。80年代反核運動の盛んな時期には、新聞部で母たちの避難経路をたどるドキュメンタリー8ミリを自主制作したり、95年にはフランス核実験再開に抗議する生徒と共に文化祭で原爆展と『平和50字メッセージ』に取り組んだりしました。この時、生徒たちが聞き取った祖父母の戦争体験集の中に初めて母の手書きの手記を載せました。

そして、２００５年以降、私自身の授業に母を招き、被爆体験を話してもらうことを始めました。ちょうど戦後60年の節目の年でした。母80歳からの語り部活動の開始です。母はこの年、年金者組合が編集した戦争体験記集に自身の手記を発表し、９条の会などでも体験を語るようになりました。

母の体験がカンタータに

その３年前の２００２年、私は偶然京都でフランス人作曲家のルネ・マイヤー氏と出会いました。その頃、教職の傍ら、私はフランス語を勉強するために京都の関西日仏学館に通ってい

ルネ・マイヤーさんと（2007年6月）

『マイヤール（1931－）：ヒロシマを生きぬいて／他』［NAXOSレーベル/8.572623］

ましたが、たまたま立ち寄った南禅寺で観光されていたマイヤー氏と出会い、声をかけたところから意気投合し、3日間京都を案内しました。以来、手紙やメールのやりとりを通して交友を深めてきました。

２００５年の暮れにフランスでお会いした時、母（恭子）の話になりました。その年の8月、母の大阪空襲と広島の被爆体験が新聞にも取り上げられていたのです。少年期にドイツの侵略に苦しんだ戦争体験を持つマイヤー氏は、この話に関心を示され、母の実体験をぜひフランス語にしてほしいと依頼されました。私は母の体験の仏語訳に挑戦し、当時の写真や母の描いた挿絵をつけ「Survivre」として10ページほどにまとめました。マイヤー氏はこれを読み、二度の戦禍を生きぬいた母の話に深い感銘を受けて直ちに作曲に取りかかられました。

2010年、福井小学校と福井高校の合同授業「ヒロシマから平和を考える」での講演

ちょうどその年、２００６年の7月から1年間、私はフランスに留学するチャンスに恵まれ、滞在中に母と同年である作詩者のモニク・シャルル女史にもお会いすることができました。力強い彼女の詩を再度日本語の詩へと私が翻訳することになりました。その年のクリスマスに、マイヤー氏自身のピアノ演奏と歌で初めてこの曲を聴かせていただいた時の感激は忘れられません。

マイヤー氏は、その後、様々なオーケストラに働きかけられ、２００９年3月、ついにロンドンロイヤルフィルハーモニックオーケストラでレコーディングの運びとなりました。5年の歳月を経て世に出ることになったカンタータ「ヒロシマを生きぬいて」は、日仏だけでなく様々な国の方々との共同作品となり、国境を越えた友情の結実となりました。

残念なことに、そのマイヤー氏はパリでの初演を待たずに2012年12月、膵臓がんで亡くなられ、この作品は彼の遺作となりました。このカンタータは、戦争によって奪われた多くのいのちへの鎮魂歌であると同時に彼や母の思いでもある「憎しみと戦争を乗り越え、人々が一つになる世界に向けて生きぬこう」と謳いあげる「希望のメッセージ」となっています。

母との二人三脚

2005年から、高校などで母と語り部活動を続けてきましたが、2012年には、美帆シボさんからの依頼があり、9月にフランスでの市民集会に招かれて母とともに被爆体験を語ってきました。アンジェではサハラ砂漠での核実験に参加した被爆元兵士の方々と交流し、リヨンでは空手クラブの青年たちが企画してくれた集会で核廃絶と平和への願いが共通であることを確認し合いました。そして2013年夏、念願の広島にやってきたこの若者たちと、再会を果たしました。

今後も、核兵器廃絶を願う世界の人々とも連帯しながら、母と共に平和な世界をめざして活動していきたいと思っています。

11
穂谷《ほたに》珠美子《すみこ》

当時7歳、親きょうだい一家六人が被爆

お話＝２０１４年３月15日

私は昭和13年（1938年）4月15日生まれで、現在76歳になります。国民学校の1年生、7歳の時、被爆しました。当時爆心地から2キロの段原中町に住んでいました。父・四郎（48歳）、母・豊枝（37歳）、長兄・順一（13歳）、次兄・耕二（10歳）、そして妹・真知子（4歳）の六人家族でした。

8月6日

その日は、7時半頃に警戒警報が出て、全員家にいましたが、8時頃解除されたので、父は中国新聞社のビルに出勤しました。一番上の兄は勤労奉仕に行く予定でしたが、体調不良で家にいました。私と次兄の耕二は夏休みの宿題「夏の友」を持って、広島駅の的場の方（爆心から1・5キロ～2キロ）にあるお寺に向かいました。そこで勉強するためです。

私はちょうちん袖のブラウスにスカートという格好でしたが、ちょうどお寺の入り口の段々の一段上がったところでピカッと光ったと思ったら、爆風で飛んできた瓦で右頬をやられました。その時は痛いも何も感じなかったんですけれど、今もこの様に傷が残っています。何が何だか分からない状態で、気づいたら周囲は何もなくなっていました。

兄は私の手を引いて必死で走って家へと連れて帰りました。途中の道で、女の人が「助けて！」と叫んでいて後ろが燃えているんです。その女の人の上を歩いて帰るの……。それと同じような話を何十年もたった後にＮＨＫで男の人が泣きながら話してはりました。

家では、母が私たちを探しに行くと言ったそうですが、お年寄りが「親は家にいるもんだ！　子どもたちは必ず家に戻ってくる。もし、帰ってきた時に家に親がいなかったら子どもはまたどこかへ行って分からなくなってしまう」と諌められ、待っていました。そして、そこへ私らが帰ってきたんです。多分、午前10時くらいまでのことだと思います。それから父を探しに行きました。

お辞儀する格好で死んでいた父

父は流川の中国新聞のビルの中にある、今は「共同通信」というんですけど、以前は「同盟通信」という通信社の記者をしていました。人の言うことを速記して、写真を撮り、家の押し入れの中でよく現像していました。

中国新聞の所に行くまでに、確か「新町」というところまで探しに行ったんです。そしたら、父はまだ燃えていない家の軒下にいました。大きな父でしたがこうしてお辞儀した格好でよその家の玄関のところに置いてあったんです。おしりと背中でお父ちゃんとわかりました。兄が一番に「お父ちゃん！」と叫んで、私も兄と父のポケットを探りましたが、シガレットも名刺もめがねも財布も何もないんです。きっと誰かに盗られたのだと思います。死んだ人間のポケットからも盗むのか……と思いました。

母は、四人の小さい子どもたちを安全なところに置いてからすぐ父の遺体を取りに戻るからそのまま置いておいてくれと何度も頼んでいましたが、その後再びそこに戻ると、既に遺体は持って行かれていました。他の遺体とまとめて油をかけて焼くんですが、そうされた後でした。

臭いを覚えている妹

私は7歳なので母親に手を引かれていましたが、妹は4歳で、はぐれると大変なので、ずうっと母親が背負っていました。妹は何も覚えていませんが、「臭い」だけは覚えていると言います。「死体の臭い」です。母親の背中からなので私の視線とはちょっと違うんですね。

家の近くには猿猴《えんこう》川や京橋川が流れているんですけど、その川の中は全部人が水を飲みに行って死んでいるわけですね。私は背が低いので見えなかったけど、妹は母の背中からなので分かるし、臭いもいまだに覚えているって言います。

それと自分の家の畳は爆風の勢いで全部天井にひっついてしまっていましたが、妹は他のことは何も覚えていないのに「畳が天井にひっついていたのは何でやろ?」といまだに言います。その時4歳やったのにね。

被爆後の生活

家は全壊はしていませんでしたが、焼夷弾が落ちるからと言って、その辺にあったブドウ畑で3日ほど過ごしました。その時に炊きだしがあり、孟宗竹の節から少し上のところを切ってお椀にし、それを持ってみな並びました。でも、いい年をした男の人が私ら子どもを押しのけて自分から先にもらうんです。私らは悲しいけど一番後にもらいに行くでしょ、そしたら、中身は何もないの。お汁だけ。それが3日ほど続きました。

食べるものがなくて母も苦労しました。焼け野原から煉瓦を拾って来て、こちらとこちらに二段に積んでそこに鉄を通して飯ごうでお芋を炊いてくれるんです。でも、私らガリガリでした。本当に。

避難所で

それから、兵隊さんたちに軍のトラックに乗せられて鈴張村のお寺に家族ごと、町内の人もみな収容されました。そこに収容されていた人たちのことをよく覚えています。中でも、女の人の背中の火傷の水ぶくれがつぶれてそこにウジがわいて真っ白になっているのを母親が一つひとつお箸で取っている光景は忘れられません。顔中水ぶくれの人やらいっぱい見ました。

この鈴張村にいた時、終戦を知ったんです。それからまた段原に戻りましたが、元の家はどろどろで住めず、近くにあるよその空き家に住みました。

9月に入り、私の傷の手当てをするのにガーゼの取り替えに2週間くらいかかり、並んで待って治療してもらいました。そんな時に、台風が来て、私の膝下くらいまで水が来て、母に手を引かれて逃げました。

滋賀県の母の実家へ

その後、母の実家が滋賀県にあるお寺だったので、みんなが一緒にそこに帰ることができたんです。滋賀県志賀町北小松の徳勝寺というお寺で、家族全員で厄介になることになりました。そこに帰る時、列車は兵隊さんたちで一杯で、みんな座っていました。妹がうんちをするときだけ席を空けてくれて、汚物を窓から捨てると食べ物か何かを投げられたと思ったのか、浮浪児たちがそれに駆け寄ってきました。

京都には朝の4時に着きましたが、その時間では江若鉄道も動いてないし、ひとまず薬局をしていた京都五条近くの松原寺町の親戚の家に歩いて行き、そこから連絡してもらって北小松に向かいました。お茶など出してもらえませんでした。

志賀は田舎のこともあり、被爆者から放射能がうつるとか、いい加減な風評が飛び交っていましたし差別もされました。北小松のお寺の祖母宅では、私たちはあまり馴染まず、なつきませんでしたので、祖母も大勢いる他の孫の方がかわいかったのではないかと思います。

小学校で

私は8歳になっていましたが、昭和21年の3月まで待って4月に志賀の小学校へもう一度1年生から入り直しました。戦争のまっただ中で空襲警報ばっかりで学校に行けず、ほとんど勉強ができなかったからです。1年遅れで被爆者ということもあり、いじめもありました。でも、私は背が高く大きかったので、いじめもはね返しました。

　私は自分から母に何か買ってくれと言ったことはありません。ランドセルも買ってもらったのかもしれませんが、背負った覚えはありません。

広島から一家で移り住んだ北小松の徳勝寺

　母は、白いお米ちょっとと麦をたくさんでご飯を炊いていましたが、米と麦とを混ぜたりはしませんでした。母は、下にたまった白いご飯の方を妹にやり、こう言いました。

「4歳でこんな目に遭ってお父さんの愛情も知らんから、私らの愛情をあげなあかん。これは妹にやってね」

　上の麦の部分は私がお弁当で学校に持って行くんですけど、私はそれを母親に食べさそうと思ってわざと忘れて行って、学校では「弁当忘れてきた」といって昼の間は一人で運動場でブランコに乗っていました。でも、帰ったら弁当はそのまま置いてあるんです。母から「また、こんなことして」と叱られましたが、週に二、三度はそんなことをしていました。

卒業後

田舎の学校でたいした教育も受けられず、中学を16歳で卒業してから高島の繊維会社でタイヤのゴム等の繊維をつくっていました。日給も安く、一日230円くらいでした。昭和36年、22歳の時に京都の伏見稲荷に引っ越し、日本電池に入社しました。そしたら有給休暇はあるし、生理休暇もあるし、日給も550円でした。

伏見稲荷では一ノ坪のアパートに住んでいましたが、10年後に火事で焼け出され、下川原に引っ越しました。

家族のその後

長兄は祖父に勧められ、中学2年で中学をやめ、明石の逓信学校へ行き、その後、高島の郵便局に勤め、結婚しました。

すぐ上の兄は、あの日から以前のことは記憶喪失で、住んでいたところも私を連れて逃げたことも分かりません。その後のことは覚えています。田舎に帰っても、祖母にはなつかず、よく学校をサボって湖岸や畑などに行っていました。中学1年の時、肋膜炎と言われ比良園へ入れられて以来、人を怖がるようになりました。箱屋に丁稚奉公に出されましたが、耳をぶたれ、聞こえなくなりました。その後、いろんな仕事を転々としましたが、今は年金暮らしです。

母は「厚生年金をもらえるようにせなあかん」といつも子どもたちに言っていましたが、自分自身も墨染にあるグリコの会社に勤め、ウィンナーソーセージづくりをしていました。

母と私は、原水爆被災者懇談会の「被爆者をはげます会」を毎年楽しみにしていました。それと、霊山観音では毎年8月6日の8時15分にお経を上げてくれるんです。お経の中に、亡くなった人の名前も呼んでくれるし、兄も母も一緒に父の命日なんで、よくお参りに行きました。そこには戦没者や被爆で亡くなった人のお墓もあるんですけど、うちは入れていません。母は78歳の時、脳梗塞で倒れ、亡くなりました。

様々な病気に苦しんだ日々

私は、いろんな病気をしました。被爆直後には急性腎炎になりましたが、治さなかったので、その後、糸球体腎炎の慢性と言われました。ヘルペスもしました。11年前、65歳の時には乳がんになり手術しました。私は結婚もしていなかったし、きっぱりと乳房もリンパも全部取ってもらいました。

今でも4ヵ月おきに検査してもらいに通っています。眼は黄斑円孔の手術をしました。加齢によるものですが、術後しばらくはずっと下を向いて生活しなくてはならず、大変でした。それに比べれば白内障の手術などたいしたことはありません。

被爆手帳は兄が取ってくれました。家族全員滋賀県で取りました。京都に出てきた時には既に取得していました。健康管理手当の方は、頬の傷は原爆によるものと京都の病院ではなかなか判断してもらえませんでしたが、20人ほどで徳島の病院まで行って認定してもらいました。兄や妹は大橋病院で一年ごとにレントゲンを撮ってもらって健康管理手当の印をもらいました。手当は今はもうなくなりましたけど……。

私は結婚しませんでしたが、それは「被爆者が出産すれば障害をもった子が生まれる」と言われたことを恐れたからです。母は、「一度結婚してみてだめだったら戻ってくればいい」と言ってくれましたが、母の面倒を見るためにも結婚はあきらめました。妹は、「一人で好きなことができていいなあ」と言いますが、一人も寂しいもんですよ。

「原爆は許せん！」

私は小さいときに人によくこう言うてました。「戦争やから兵隊さん同士が殴り合いしていても仕方ないけど、何も知らん市民、おばあちゃんやら赤ちゃんやら、ワンちゃんやらネコもいるでしょ。朝、夏の暑い時でみな薄着、その上に、世界で初めて作った爆弾を落とすのは許せん」て、泣きながら人に言ってたんです。

妹は幼かったので忘れているし、被爆のことは話したがりません。結婚して子どもも孫もいますが、その孫が、中1の時に原爆のことを勉強していて、「それやったら当事者の珠美《すみ》ちゃんに聞いたらええ」と言われ、私に話を聞きに来ました。私の話を聞いて涙を流して泣きました。私は長兄からずっとこうした話は何度も聞いてきたので、このように良く覚えているのだと思います。

12

森川　孝子（仮名）

母、弟、子どもたちのために生き抜いてきた

お話＝2014年5月12日

私は昭和17年（1942年）11月3日の生まれです。ですから原爆が落ちた時は2歳。2歳ですからところどころ虚《うつ》ろな絵のようなものは頭に残ってるんですけど、被爆の体験はみんな後から母や他の人たちから聞かされた話ばかりです。

私の家は広島市の仁保町という所にあって、あの日、家には私と母とだけがいました。家と言ってもあの頃でももう珍しい藁《わら》ぶきの三軒長屋でした。倒れかかっていて突っかい棒で支えられているような家でした。

母はいつもは私を連れて子連れで病院の仕事の勤めに行ってたんですが、あの日に限って何かの都合で仕事を休んで遅めの朝ご飯を食べていました。あの日はいい天気で、私は近所の子どもたちと外で遊んでいたんですけど、B29が来たといってワーイワーイとやってました。母が飛んできて私を抱え込んで防空壕に連れて逃げたんです。その後は何がどうなったのかまったく分からないんです。

母に背負われて入市し被爆

私の被爆者健康手帳は8月8日の市内中心部への入市被爆になっているんです。その被爆者手帳申請書によると、

その日、母は私を背負って、江波に住んでいた母の妹（私の叔母）の安否を訪ねて出かけました。朝8時仁保町の自宅を出て、旭町、皆実町を抜け、御幸橋を渡り、電車路づたいに鷹野橋、大手町、住吉橋を歩いて舟入町の土手を江波町に向かっています。江波山東側の叔母の住まい一帯を探しているんですがなかなか見つからず、終日歩き回って、夕方になってようやく防空壕の中で負傷し収容されていた叔母に出あっています。その叔母を連れてもと来た道を仁保町まで歩いて、夜11時頃までかかって家に帰っています。

実の父親は私が1歳になる前に急性肺炎で亡くなりました。「生きていたらあんたらもいい暮らしができていたのに」と近所の人によく言われたもんです。その後母は再婚し、二人目の父（義父）ができました。すぐ下の弟が昭和21年（１９４６年）5月に生まれました。胎内被爆者ですね。そしてさらにその下の弟が昭和23年（１９４８年）の10月に生まれました。私と弟たちと父親は違うんですけど、三人姉弟になりました。

私は小学校に上がる前に一時期国鉄呉線の安登《あと》というところに暫く預けられていて、そこで小学校1年生になっています。ところが広島の仁保町に呼び戻された時、本当は2年生になるはずのところ、手続きがうまくいかなかったかどうかで、そこでもまた1年生から入り直すことになって結局1年生を2回やることになったんです。あの頃はそういう子どもたちはたくさんいたんですね。1年年上ですから体力的には随分勝っていましたね。走ることとか投げることとか運動はね。

小学校は仁保町の大河《おおこう》小学校でしたが、私の家は貧乏だったので、子守りのため4つ年下の弟を毎日のように連れて学校に通ってました。授業中は弟を「待ってなさい」といって校庭で遊ばせておいて、給食の時間になると弟が「お姉ちゃん」と言って教室に来るんですよ。私も給食代払えなくて給食ないんです。だから家から持ってきたパンを分けてやるとかしてました。

その頃はきょうだいの世話のため学校へも行けない子はたくさんいたんです。私なんか学校へ行けただけまだ幸せな方でした。隣近所の家にもきょうだいが多くてね、子守りの弟や妹に追いかけられて遊ぶこともできない人もいっぱいいましたからね。「孝子ちゃんはいいよね、姉弟たった三人だから」なんて言われたりしてました。そんな子どもたちを一生懸命に可愛がってくれてよくしてくれた女の先生がいて、今でも忘れることはできませんね。

私が小学生で10歳の頃、乙羽信子さんが主演した新藤兼人監督の『原爆の子』という映画があって（1952年制作）、その撮影が私の家の近所であったんです。撮影風景をよく見に行きました。隣近所のおじさんたちも通行人になったりしてたくさんの人がエキストラで映画に出ていたのを憶えています。

映画「原爆の子」（近代映画協会）より

子を宿してから被爆をうちあける

翠町《みどりまち》中学校を卒業して、半年ほど広島市内の食品工場で働きましたが、その年の9月に友達と二人で思い切って東京に出ました。まだ15歳でしたがあの頃は一日も早く家を出たくてしょうがなかったんです。

義父はその頃家を出奔していて、仁保町の実家には母と弟たちだけが残されることになりました。東京に行っても弟たちのことが心配で心配で、給料もらって、たとえわずかでも必ず母宛に仕送りしてました。お正月とかお盆とかでも絶対に帰れないんですよ、お金かかるから。みんなから手紙をもらって「たまには帰っておいで、帰っておいで」と書いてあるのを読んで、それでも帰れないからトイレの中で泣いてました。そんなお金があるんなら母に送ってやりたいと思っていたので。

東京では足立区の銭湯で住み込みで働いていました。あの頃の銭湯はお風呂からあがってきた赤ちゃんたちに洋服を着せたりするような仕事があったんです。どこのお風呂屋さんでも子どもに服を着せたり、掃除をしたりする、そういう仕事をしてました。

東京には2年ほどいましたが、17歳の時、大阪に出ていた義父から帰ってきなさいと言われて、義父の親戚が京都にあったのでそこに預けられ、その親戚筋の飲食店で住み込みで働くことになったんです。この店では4年間お世話になりました。その時に「女の子はどんなところへお嫁に行くことになるか分からないから」といって洋裁、和裁、お華、お茶、料理など習い事の一通りを全部勉強させてもらったんです。マージャンまで教えてもらいましたよ。

いろんな事情があってその飲食店を辞めることになり、退職金は全部母親に渡して、その後は京都市内の書店で働くことになったんです。それからすすめる人があってお見合いをし、昭和41年（1966年）、24歳の時に結婚しました。結婚の時、私が被爆者であることは夫にも誰にも明かすことができませんでした。

結婚して、子どもを宿してから私がよく病気をするようになって、家の中がおかしくなってきたんです。その時初めて「実は私は被爆してるんだ」ってことを夫に話したんです。そしたら「おかしな子どもが生まれるんじゃないか」とか言われるようになってきたんです。本当は子どもができても仕事は続けたかったんですけど、4ヵ月目に妊娠中毒にかかって入院することになってしまいました。腎臓が悪いので浮腫《むく》むんですよね。夫は私が被爆者であることや、結婚の時隠していたことを物凄く不満に思って、一切理解しようとはせず冷たく接するようになりました。

8ヵ月目にも入院しましたがその時も一人です。もう退院していいよと言われると一人で銀行に行って現金引き出して、それで入院代払って、一人でまた家に帰るといったようなことでした。そしていよいよ出産という時にも自分一人で病院に行き、一人で出産しました。出産の時は思い出したくもないぐらいつらいことがいっぱいあったんですけど、私は何が何でもこの子を絶対産むんだって、気持ちを奮い立たせて産んだんです。昭和43年（1968年）

3月に長男を出産しました。

病人ばかりかかえた家族

2年後の昭和45年（1970年）10月、下の子の長女が生まれました。この時は私も子どもも元気な出産でした。ところが長女は生まれながらにして顔に血管腫ができていて、痣がずんずん大きくなって、胸にも背中にもできていったんです。生まれて1ヵ月になる前からその子を連れてずっと府立病院に通いました。夫からは「やっぱり原爆の子や」って言われました。血管腫の子は他にもいるんだから関係ないと言っても、聞いてもらえないんです。私も自分の被爆のせいかと思ったりするようにもなりました。

長男は幼稚園の入園式の日、突然足が痛い、歩けないと言い出したんです。私は引っ張るようにして無理やり入園式に連れて行ったんですけど、翌日になると今度は手が痛い、肩が痛いと、いろんな関節が痛くなってくるんです。近所の病院に行っても原因が分からない。1週間後になると、首から下の全身に紫の斑点が出てきて、頭にはこぶのようなものができていて頭が痛いって言うんです。病院に駆け込むと、即入院、帰宅はダメと言われ、第一日赤病院を紹介されました。

紫斑病と診断されました。身体に斑点が出ているということは内臓にも全部同じものが出ているんだと言われました。「私の被爆が原因なんでしょうか？」と聞きましたけど、「いやそれは分かりません」と言われました。結局原因は分からないままなんです。当時は紫斑病は難病にも指定されていなかったので、治療代も、個室でないとダメと言われ入院費もすごく高くついて大変でした。その時は夫も一生懸命働いてくれました。

長女もよく発熱して、その都度ひきつけを起こして、3回ぐらい救急搬送されたこともあります。病人ばっかりかかえた家族でしたね。

長男が小学校に上がった頃、二人の子を連れて被爆二世の健診に行ったことがあるんです。その時、長男の方は白血球が多すぎると診断され、国立病院の医療センターで精密検査を受けました。長男はその後も目眩《めまい》でよく倒れたりしました。一度は大阪の地下鉄御堂筋線の駅のホームから線路に転落して大怪我を負ったことなんかもあるんです。今でもよく目眩はするみたいです。本人は自分が被爆二世だということは分かっているんですけど、被爆二世の検査に行くのも嫌がってね。無理に行かなくてもいいとも思ってますけど。よく怪我はしますけどね。長女の方は白内障とは言われてるんですけど、他の方は大丈夫なようです。

自分が被爆しているのでこんなことになるんじゃないかと心配することはたくさんありました。二人の子どもには恵まれましたけど、でもその子たちの健康には気の休まる時がありませんでした。二人とももう結婚していて、それぞれ家庭を持っています。配偶者にも、その家族にも、私が被爆していること、ですから子どもたちが二世であることはちゃんと話してあって理解もしてもらっています。でもそれ以上の周りの人たちには二世であることは話さないようにしているみたいです。

私は早くから東京に出て、その後はずっと京都で暮らしてきたので、被爆者手帳のことなど何も知らずにいたんです。昭和59年（１９８４年）になって広島にいた母が手続きをやってくれたんです。今のうちに取っとかないと証明してくれる人がいなくなるよと言ってくれてね。京都府発行で手帳を取得することができました。

15歳の時、私と一緒に東京に働きに行った友達は手帳のことも知らないままに乳がんになって40代前半で亡くなってしまいました。

泣いて夫と子どもらに訴えて

私は子どものころから風邪をひきやすく、体も弱く、熱もよく出て、疲れやすくなっていましたね。歯茎に骨膜炎を発症して手術もしました。

二人目の子を出産した後、子宮の手術をしました。昭和63年（1988年）に乳がんになって、8月に片方の部分切除、9月には全摘手術をしました。2回目の全摘手術の時、夫は家族の同意署名もしようとしてくれなかったんですよ。もう上の子は大学生でしたけど、子どもたちにも集まってもらって、相談して、夫には身体中全身を見せて泣いて訴えたんです。それでやっと分かってくれて理解を示すようにはなってくれたんですけど。

突発性難聴に襲われ2週間入院したこともあります。突然耳で蝉の鳴き声が聞こえるようになったんです。病院に行ったら即入院でした。血圧もとても高くて薬を止めたらどこまで上がるか分からないほどなんです。足先などの神経腫瘍、目尻上の血管腫瘍にもかかっています。それから麻酔がとても効きやすい体質になっていて、手術の時にはとても慎重にやってもらわないと大変なことになる可能性もあるんです。

そして昨年（2013年）11月、人間ドック健診で胃がんが見つかり、第一日赤で摘出手術したんです。幸い本当に小さながんの状態で発見されたので割と軽い手術で済ますことができました。

母、弟たちのこと　被爆者はだれも助けてくれないのか

弟たちは二人とも中学を卒業したら私を頼って京都に来たんです。最初は私のところから仕事を探して働きに行きました。私が母親代わりのようなものでした。広島に残った母の暮らしも大変で、私の人生は、母や弟たちを助け、仕送り仕送りばっかりの人生のようなものでした。

義父は昭和50年（1975年）に亡くなりました。母は平成10年（1998年）、78歳の時肺結核で亡くなりました。胎内被爆だった上の弟は平成17年（2005年）に肺がんで亡くなりました。58歳でした。下の弟は健在で今も京都に住んでいます。

上の弟はその後、息子（私の甥）を連れて広島に帰り母と一緒に暮らしていました。暮らしは貧しくて大変でした。母は肝硬変になって〝真っ黄黄《きいきい》〟になって苦しんで寝てましたよ。入院せんといかんのに孫がいるから入院できないと言って家にいたままでずーっと治療してたんです。

広島の街に住んでいるのに、広島は被爆した街なのに、どうしてもう少しちゃんと被爆者を助けてくれるような制度やしくみはないのだろうかと思ってましたね。私がしょっちゅう世話をしに京都から広島まで行ってました。

母は肺結核になってからとうとう入院したんですけど、その時もひょっとして母の病気は原爆と関係あるんじゃないかと思ってお医者さんに「何か手続きしたらなんとかしてもらえるんじゃないですか？」っていろいろ聞くんですけど、「はあ、はあ」と言われるだけで結局何もしてもらえませんでした。今の原爆症認定制度のような、被爆者を助けるしくみがあるんじゃないかと訊ねたのに、あの頃は誰も何も教えてくれなくて、放ったらかしのようにされて。貧困のどん底の中で亡くなっていった母が本当に可哀想でした。

弟も広島に帰ってから肺がんになって苦しんで亡くなりました。母や弟が病気で苦しんでいる時、どうして助けてもらえなかったのか、悔しい思いをいっぱいしました。広島市なんかから放ったらかしにされたような気がしてね。生活保護も受けられなくてね、本当に可哀想な生活と病気でしたね。まあ医療費がかからないだけでもいいか、私が顔を見せれば喜んでくれるからそれでいいか、と自分を自分で慰めながら広島に駆けつけて看病してました。

被爆者が亡くなって市役所に被爆者手帳を返しにいくでしょ。その時本当に腹が立ってね、「誰も助けてくれないんですね」と市の職員に食ってかかったこともありますよ。よく考えてみたら市は関係ないことだったのかもしれませんが。

弟のお葬式出す時もね、お香典いただくとお返しができないので「お香典は受け取りません」って案内してやったの。そしたら弟の友達からそれではお線香あげられないからどうしても香典受け取ってくれって混乱したこともあるんです。

義父も、母も、弟も、最後の看取りも葬式もみんな私がやったんです。他に誰もやれる人いないんですから。私の育った広島の家はもうないんですが、二人の父と、母と、弟と、みんなのお墓を広島の仁保町に建てたんです。年に1回は京都から出向いて墓参りしているんです。

ようやく手にした静かな暮らし

私が被爆者であることや、子どもたちにその影響が出たのではないかということで、夫との関係がうまくいかない時期が長くありました。家の中で暴れられたりね、つらいこともいっぱい経験しました。そんなことで責められて、つらくてつらくて子どもを背中におんぶして京阪電車に飛び込もうと思ったことが何度もありました。

でもその都度なんとか思い直して、それから子どもたちは絶対大学まで行かそうと思って、夫の反対を押し切って頑張って行かせたんです。時間はかかりましたが、夫は今では原爆傷害のこと、被爆のことについてよく理解してくれるようになり、いろいろと心配もしてくれるようになりました。

父も母も弟も旅立たせ、息子も娘も結婚して孫もでき、夫の理解も深くなり、私の背負ってきたいろんなことから今は解き放たれて、やっと静かな落ち着いた毎日を送ることができるようになりました。

京都原水爆被災者懇談会のいろいろな企画も、案内いただくだけで一度も参加したことなかったんですが、夫が、「いつも案内ばかりもらってて一度ぐらい参加してみたらどうか」と勧めてくれて、今年初めて総会に出させてもらったんです。総会に出て、原爆症認定申請のことなどもいろいろと教えていただき、本当によかったと思っています。

13

鹽谷《えんや》 浩《ひろし》

学童疎開の空に見た原子雲

お話＝２０１４年６月16日

私は昭和8年（1933年）5月9日の生まれで今年81歳になります。子どもの頃、両親は島根県の出雲にいたんですが、私は国民学校2年生の時から広島の西白島《はくしま》町の祖父の所に来て暮らしていたんです。父親は繊維メーカーのグンゼの社員で、繭を育てる農家を指導するのが仕事で、いわゆる転勤族で全国を転勤していたんですね。子ども一緒に全国を転々とするのはよくないからというので祖父母に預けられていたんです。

機銃掃射で殺された友達

原爆が落ちたのは私が12歳、国民学校5年生の時なんですが、その前に、私にとっては原爆以上に悲しいことがあったんです。年月ははっきり覚えていませんが、かなり戦況は悪くなっていた頃だと思います。

広島ではたくさんの兵隊が宇品の港から出征して行くんですが、それを見送る「出征兵士を送る会」という壮行会がいつも広島駅の東方に広がる東練兵場で行われていましてね、私たち子どもも参加していたんですよ。

あの日も壮行会に出るため友達と一緒に東練兵場に向かって走っていたんです。その時、アメリカ軍の艦載機のグラマンがいきなりものすごいスピードで低空に降下してきたんです。エンジン止めて爆音を消して忍び寄るように滑るようにして降下してくるんです。空襲警報も出てないままいきなりです。そして人間めがけて機銃掃射し、その時だけエンジンかけるんですね、バリバリバリバリバリーッと。

一緒に走ってた友達が倒れたので傍に行って「おいっ」と声をかけるともう即死でした。血だらけで、背中に機関砲の穴があいていて、胸がバクッと開いていてね。いくら戦争といっても小学生の子を機銃で殺しますか？　上を見たら、グラマンのパイロットがにこっと笑ってるんですよ。何がつらいかと言って、あのことを思い出すのが一番つらいんです。これも戦争体験なものですからいつもお話ししてるんです。

学童疎開

昭和20年（1945年）の4月14日に、学童集団疎開で白島国民学校から3年生、4年生、5年生の42人が飯室《いむろ》という田舎に疎開したんですよ。飯室というのは広島市から北方向になる郡部の田舎で、今は市町村合併で広島市安佐北区飯室町という地名になっているところです。浄国寺という大きなお寺に集団疎開しました。

あの頃は、6年生以上は勤労奉仕に必要だということで学童疎開せず、1～2年生もまだ親と離れて生活するのは無理だといって疎開していなかったと思います。だから3年生から5年生までだったと思います。

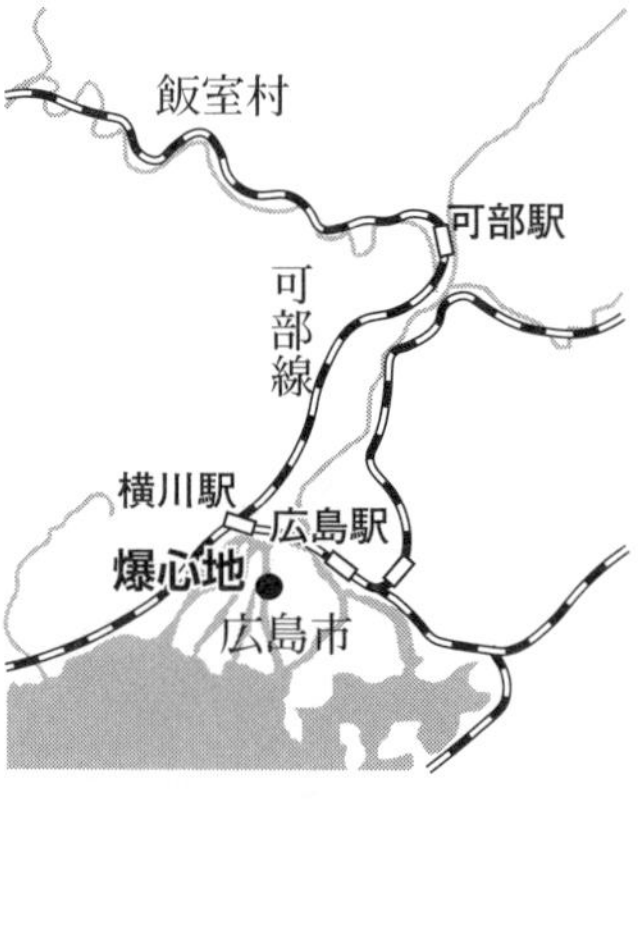

42人だったんですが、そのうちの四人が原爆投下の日には家庭の事情で広島市内へ帰ってたままなんですね。その子たちのことはその後も全然分からないままなんです。一番悲惨だったのは、上田君という、私の家の向かい側の家の兄弟なんですが、お父さんが亡くなって葬式のために広島に帰った、その翌日に原爆に遭ってるんですね。

学童疎開というのは惨めでつらいものでしたよ。疎開していたお寺の周りでは、疎開してきた子どもたちはみんなまるで乞食扱いでしたからね。情なかったですね。下級生はみんないつでも腹減らしてましてね。食事といっても、お椀にポコンとのせてある麦飯、その上に梅干しがチョコンとのって、あとはたくあん二切れついているだけ。味噌汁はなく塩汁だけ。そんな毎日でしたからね。

お寺からずっと上の方へ行った所に、地元の飯室国民学校で同級生になった子の家がありましてね。その一軒だけでしたね、私によくしてくれた農家は。「来い、来い」と言うもんだから何回か行くと、麦刈りとか田圃の草取りとかいろいろな農作業を形ばかりにさせてくれて、手伝ってくれたからと言っておにぎり作ってくれるんですよ。私がそれを持って帰ってみんなにやるんだと言うと、「そんなことせんでいい、ここで食べろ」って言って、代わりのお土産にサツマイモふかしたのをもらって帰って、下級生に配ってやったことを覚えてますけどね。そのこと以外は本当に乞食扱いでしたね。

学童疎開は飯室よりもっと田舎の郡部に行ってた学校もたくさんありますからね。そんなところから子どもたちが六〜七人夜逃げしてきましてね、私らのいたお寺までたどりついてきて座り込んでしまったことがありますよ。私らのいたお寺でも下級生たちが「帰りたい、帰りたい」と言ってみんな騒ぐんだけど、「帰ったら駄目だよ」と、私ら上級生が言い聞かせて、しっかり押さえたりしていましたね。

キノコ雲

集団疎開には女の子もいるんですけど、やっぱり男の子が集まりますと戦争ごっこばっかりでしてね、毎日が。お寺の裏山に登って、ハゼの木を切って刀を作って、体がかぶれてしまって男性のシンボルがとんでもなく腫れてしまったんですよ。それで飯室の国民学校の近くの診療所に3日目毎に通ってたんですよ。

ちょうど8月6日のその日も診療所に行く日で、お寺から出て診療所に向かって歩いている時に、光だけがいきなりバァーッと見えたんですね。頭の上の雲がダァーン、ダァーンと走って、そりゃあびっくりしましたね、あの時は。そういう時、何か恐いと思った時には、とにかく低い所に避難しろと教えられていたんで、一緒に歩いてた四人の子どもはびっくりして傍にあった小川に飛び込んで、首から上だけ出してじーっとしてたんですよ。川の中でじーっとしてる頃にキノコ雲がグァーッと上がっていくのを見たんです。それから診療所で薬をもらって、とにかく早く帰れ、大変なことになってるから早く帰れ、ということでお寺へ帰ったんです。

昼過ぎまでは何事もなかったんですけど、午後3時か4時になった頃ですかね、その頃になるとたくさんの人が飯室の駅からゾロゾロゾロゾロ歩いて来るようになったんですね。聞いてみると、国鉄可部線は広島の横川駅から可部駅まではもう動いてなくて、みんな広島から可部まで歩いて来たらしいんです。その歩いてくる人たちを私たちはお寺のそれほど高くない壁の上から覗くようにして見てたんです。下の県道をゾロゾロゾロ歩いて来る人を。真正面から見たら何でもない人が、過ぎた後の後ろ姿を見たら水膨れで背中がこんなに膨れ上がっているんです。それから顔半分が焼けただれてしまっている人とか。みんな下ばかり向いて、トボトボトボトボ、ゾロゾロゾロゾロ歩いて来るんです。

子どもたちはみんな一緒になって見てたんですが、そのうち3年生や4年生の下級生は泣き出しましてね。5年生は四人いて私が集団長してたんですけど、その四人がまとまって、とにかく下級生たちを部屋の中に入れて、蚊帳を吊ってみんなをその中に入れて落ち着かせようとしたんですが、とてもおさまりませんでした。みんなわんわんわんわんわん泣いてね。

広島が大変なことになったらしいということも伝わってきて、家がどうなっているのか分からない、家族が怪我をしてるかもしれないって、みんなが騒ぎ出したんですね。引率の先生たちもどうしようもなくなって、収拾がつかなくなってきたもんですから、引率の男の先生とお寺の和尚さんと5年生の四人の合わせて六人で広島に行ってみることにしたんです。だけど状況がまったく分からないのですぐには出られない。いつ行けるか分からんけどとにかく必ず行ってくるから待ってろ待ってろってみんなを宥《なだ》めておいて、2日目の8月8日になって出発したんです。

壊滅の街　広島

飯室から可部までは汽車ですけど、可部からは歩くしかありませんでした。しんどいとは思いませんでしたね。とにかくとてもとても心配で、行き交う人は怪我した人や大火傷した人ばっかりですからね。三篠《みささ》橋までたどりつくと、原爆が落ちてもう2日も経っているというのに橋の上にはまだ死体がどっさりなんですよ。太田川にもいっぱい死んだ人が浮いているんです。

橋の上の人一人がやっと行き交えるほどの狭い間を歩いて行ったんですが、もう少しで渡り切って西白島に着くという所で、私はいきなり足首をつかまれましてね。つかんだままその人は「兄ちゃん、水くれーっ、水くれーっ」って言うんです。その時は体全体が震えて、どうしていいか分からなくて、どうにもならなくてじーっとしてたら、向かい側から歩いてきた松葉杖ついた怪我した兵隊さんが「坊主、蹴飛ばせ！　蹴飛ばさんとお前も死ぬぞ！」って大きな声出してくれて、まわりの人も一緒になってつかまれてた手をむしりとってくれたんです。叩いたり、引っ張ったりしてはずしてもらったんですけど、「可哀想だけど、この人に水やったらすぐ死んでしまうから駄目」「絶対やったらいけないんだ」ってまわりのみんなに言われましてね。

白島に入りましたけど、通れるのは人が歩ける道だけでしたね。まわりは瓦礫ばっかりでした。三篠橋からそんなに遠くない自分の家を探しました。私の家には玄関の横に目印になる大きな松の木があって、それに登って遊んだりもしてたもんですが、松の木の下にはコンクリートで作った用水槽もありました。

その松の木が見えたので行ってみたんですけど、家はまったく焼けてしまっていて影も形もありませんでした。全部瓦礫です。松の木の横に防空壕が掘ってありましてね、そこへ食器や食糧、味噌や米類を少しずつ入れてあったらしいんです。何かあるかもしれないと思って覗いてみたんですけど、もう何もありませんでした。あらいざらい誰かに持って行かれたみたいで、何も残っていませんでした。

私たちが通っていた白島国民学校も心配になりましてね、私の家から10分もかからない所だったんですけど、行ってみると、防火壁が1枚ストンと立っているだけ、後は全部焼けてしまって瓦礫とガラクタばっかりになってました。

その日の8月8日の夜は陸軍病院の近くで野宿をしました。救援の人からもらったおにぎりがどんなに美味しかったことか、今でも忘れることはできませんね。そして翌8月9日にまた飯室の浄国寺に帰りました。

飯室を離れる日

学童疎開していたのが42人で、四人は原爆投下の日に広島に帰っていてそのまま消息は分からないままになり、残り38人が飯室にいたわけです。8月15日に戦争が終わって、疎開していた子どもたちは親が迎えに来てくれる子から一人また一人と順次飯室を離れてそれぞれに帰って行くことになりました。

私の場合は8月18日に出雲から父親が迎えに来てくれたんです。親が迎えに来てくれた順番から言うと四番目で、他の子たちより比較的早かったんです。ですから私の後に残った多くの子どもたちのその後のことはほとんど分からずじまいになってしまいました。

お父さんも、お母さんも、共に原爆や戦争で亡くなってしまって、迎えに来る親のないままいつまでもいつまでも待たされてしまった子もいたはずですよね。そんな子も決して少なくなかったのではないかと思いますよ。

終戦になった時、玉音放送聞いて引率の先生は二人ともとんずらしてしまいましてね。しょうがないのでお寺の和尚さんが地元の学校の先生と相談して一生懸命後の面倒を見てくれたんです。あれも忘れられないことです。その後一度も飯室を訪れたことがないんです。死ぬまでに一度は浄国寺も飯室も訪ねて、お礼をしなくちゃとは思いながら。

8月18日は父親と一緒に可部、横川を通って、かつてあった自分の家の前を歩いて広島駅まで行きました。広島から芸備線経由で出雲に向かったんです。広島の街を歩いている途中に「この下に二人の女性の死体あり」と書かれた看板が立っているんですよ。何とも言えなかったですね。

私は父親に連れられて出雲に帰り、両親と弟と私との四人暮らしになりました。両親と離れて祖父母の下で長く暮らしていたものですから、出雲に帰った頃は、出雲と広島の生活の格差がとにかく情なかったです。食事一つとってみてもね。

私はうどんが大好きだったんですけど、出雲に帰った日にそのうどんが山ほど出てきたんですよ。「出雲の田舎ではみんなこんないいものをたくさん食べていたのか」と思ってね。集団疎開での食事は食事とも言えない貧しいもので、出雲での食事には「みんなこんないいもの食べてたのかあ」としみじみ思いましたね。

祖父、祖母、叔母のこと、そして被爆者健康手帳

私が学童疎開する前、西白島町の祖父の家では四人が住んでました。祖父と祖母（母方です）、母の妹（私の叔母）、そして私です。あの日、祖父は出勤前の準備をしていて、祖母がその手助けをしていました。原爆で家屋の屋根までドサッと落ちてきましたが、窓枠が間に挟まって二人は助かったのだそうです。奇跡としか言いようがないと言ってました。祖父は足の親指を骨折しましたが、祖母は無傷で済みました。

その後避難して、かねてからいざという時に落ち合う場所と決めていた田舎の農家で叔母と合流しています。あ

の頃は万一に備えた集合場所をみんな決めていて、祖父母も日頃から野菜などを届けてもらっていた懇意の農家と約束していたんですね。

叔母の方はその日徴用で宇品に行っており、宇品で被爆しました。一旦西白島町まで向かい、その後落ち合い場所の田舎へ避難して無事でした。

祖父母と叔母もその後出雲に移り住むことになりました。出雲に移り住んだ後になって、祖父母や叔母は被爆者健康手帳を取得したんです。その時、私の手帳も一緒に取ってくれました。ところが手帳を取って1年ほど経ってからですか、祖父が「私たちよりもっともっとひどい目に遭って苦しんでいる人たちがたくさんいる」と言い出して、祖父は足の指の骨折だけですし、祖母は無傷ですし、私もベロに筋が入っただけでそれももう治っていたわけですから、「私たちの手帳は返納しよう」ということになってしまったんです。私の父も祖父も元々教師で、教育者上がりなもんですから、そういう謹厳さが影響したんだと思います。以来私は被爆者手帳を持ったことがないんです。

私は被爆した後すぐにベロに六本の筋ができてまともな食事ができないようになっていたんですよ。熱いものも駄目、冷たいものも駄目で、水も満足に飲めない。辛うじてうどんだけが食べられる状態が1年半ぐらい続きました。それもピカドンのせいだと言われていたんです。

被爆直後、祖父母たちが避難してみんなと落ち合った農家は、可部からもう少し先の田舎にあったようです。その農家のご主人の悲惨な体験を祖父や祖母から聞かされていました。

農家のご主人たちは原爆投下の後、亡くなった被爆者の死体を焼却する仕事に勤労奉仕で動員されたんだそうです。太田川の川辺に1週間毎日通わされたそうです。人間の体っていうのは頭部が重いんだそうですね。積み上げて焼いている死体から頭がゴロゴロ焼け落ちてくるんだそうです。それをスコップですくって、奥の方に放りあげるのを泣きながらやっていたんだそうです。「こんなことしてたら俺はロクな死に方しないだろう」と思いながらやってたそうですよ。

嫌な思いというより、とにかく悲しかった、という話をそのご主人は祖父母に語っていましてね。それを私に聞かせてくれたんですよ。

戦後の暮らしと狭心症の発症

その後出雲の小学校を卒業し、まだ旧制だった地元の中学に進学しましたが、2年生の時に父親の転勤で群馬県の前橋に転校しました。高校卒業後は、東京で1年間大学夜間部に在籍しましたが、祖父母に呼び戻されて一度出雲に帰り、再び東京に出て就職をし、そしてまたまた出雲に帰るなどしました。

出雲で昭和36年（1961年）28歳の時に結婚しました。島根県や山陰地方でミシンのセールスマンを長くやってましたが、その後事情があって一時期神奈川県の平塚に行き、それから妻の妹が京都にいたのを縁に、私たちも40歳を越えてから京都に移り住みました。京都ではタクシーの運転手をやって、65歳の定年まで続けました。

京都でタクシーに乗るようになってからですけど、昭和48年（1973年）に狭心症を発症しましてね。年に2回も3回も入院を繰り返したんです。心臓カテーテルを18回もやって、そのうちバルーンを9回ぐらいやってるんです。それぐらい心臓の血管を痛めてますから私の心臓には補強材が4ヵ所も入ってるんですよ。1種4級の障害者手帳も持ってるんです。

睡眠時無呼吸症候群にもなっていて時々きつい目眩《めまい》も出るんですよ。呼吸が復活する時に心臓にすごい衝撃がかかるそうで、それを気をつけなさいと言われてるんです。手術をすればいいらしいんですが、これだけ体を痛めてきて、この年になってという思いも強くて手術は勘弁してもらってるんです。

長年連れ添った妻は3年前に亡くなりました。今は娘と孫と三人で一緒に暮らしています。

『消えた広島』との遭遇

地域で一緒に活動している私のお仲間の一人が永原誠先生の『消えた広島』を持ってるのをたまたま見つけましてね。すぐに原水爆被災者懇談会に連絡して2冊買い求めたんですよ。1冊は自分で読んで、もう1冊は埼玉にいる叔母のところへ送ったんです。叔母は亡くなってますけど従兄弟がいましてね。すぐに反応がありましたよ。

永原先生の『消えた広島』は鉄砲町が主な舞台ですけど、私の住んでいた西白島とは隣り合わせですからね。読んでるとロシア人のパン屋さんが登場しますよね。とても懐かしかったですよ。私たちもそのパン屋さんから実際にパンを買っていたんですから。そんな場面がたくさんあるんです。

それから、永原先生のあの本の特に第三部「壊滅の日々」。あれは政治家みんなに読ませたいですね。これ読んだらどんな気持ちになるかと思ってね。戦争は駄目ですよ絶対に。今の安倍さん、一体何考えてるんですかね。

私は誰かに私の戦争体験、被爆体験をしっかりと話しておきたいとずっと思っていたんですよ。私もあちこち頼まれて語り部もやってますが、語り部は時間の制限もあるし、みんながみんな真剣に聞いてくれるわけでもなかったりしますからね。そうではなくて、きちんと全部を話しておきたいと思っていたんですよ。二度ともうあんなつらい思いはしたくないですからね。

今度京都「被爆2世・3世の会」との縁ができて、こうして私の被爆体験をすっかり聞いていただいて、私もこれでほっとしました。

14

木村　民子

被爆者救済を願って闘った原爆症認定訴訟

お話＝2014年9月5日

大阪大空襲

私は昭和12年（1937年）1月26日の生まれで今年77歳になります。兄弟姉妹は13人もいて、上から男六人、続いて女四人、それから男、次が私、下に妹の順番です。ですから私は下から2番目の子です。父は大工の棟梁をしてましたが、子どもが多いので、家の上り口にいつも一斗の米が置いてありましたね。子どもが13人もいて、私らの親は偉かったんやなーて思いますね。母は私と同《おんな》じように小さい人でしたけど、どうやって生活したり子どもを大きくしたんかと今にして思ったりもします。

生まれた所は大阪市の昔の南区瓦屋《かわらや》町という所でした。大阪城から南西方向にあって、道頓堀や生玉神社なんかも近くて、天王寺の動物園にもよう遊びにいったもんです。大阪の中心地みたいなところでした。

昭和20年の3月13日に大阪大空襲があって、私らの家は全部焼けてしまいました。私が8歳の時です。あの夜は寝てて夜中の2時頃たたき起こされて、みんなで外に出て、防空壕いうても簡単なものでしたけどそこに入ったんです。その時私の真横に焼夷弾落ちたんです。もうちょっとずれてたり、防空壕に入るのが遅かったりしたら私は死んでたと思います。それから慌ててまた外へ出て、東へ東へと逃げたんです。その時、向かいの家主さんの大きな家はもう真っ赤になって燃えてました。逃げながら後を振り返ったら焼夷弾がパラパラパラパラ落ちてるんですが、それが花火みたいに綺麗に見えたの覚えてます。

朝方になってやっと玉造小学校に着いたんです。そこの講堂でおにぎり一つもらったんですが、その味は忘れられんですね。その時、外は雨が降ってました。空襲の後になって、父が焼け跡を見に行ったんですけど、もうわが家は丸焼けで何も残っていなかったそうです。その頃、私の家には両親含めて全部で八人が一緒に住んでたと思うんですが、みんな焼け出されてしまったんです。

広島へ疎開

住む家がなくなって、家族一緒に広島に疎開することになったんです。上から3番目の兄が竹中工務店に勤めてて広島の社宅に住んでたんですね。まだ子どももなくて夫婦だけだったので、「広島に来てくれ」とその兄が呼んでくれたんです。父は大阪に残りたかったらしいんやけど、そうは言っても住む所もないし、しょうがなく広島に行くことになったんです。私一人だけは最初、藤井寺に嫁いでた姉の所に残ったんですけど、その後で私も広島に行くことになったんです。

広島の兄の社宅というのは南観音町という所にあって、観音橋ってあるんですけど、その近くでした。広島に引っ越しはしたんですけど、原爆前の広島のこと、私、ほとんど覚えてないんです。8歳で小学校3年生にはなってたと思うんですけど。

広島に疎開して間もなく、7月5日に父が亡くなりました。もともと心臓が弱かったんですね。61歳でした。父が亡くなって、家族が多くて、兄や姉たちが一生懸命支えてくれてたんです。

8月6日、死の街広島

8月6日の日は、朝起きたら空襲警報が鳴ってて、8時頃に解除になったんで細い畑道をたった一人で歩いて学校に向かってたんです。すぐ上の兄は5年生でしたけど南観音小学校に通ってて、その日は先に家を出てたんです。私らの低学年はあの頃、分校といって別の所にある学校やったんです。木造の工場みたいな建物でしたね。その学校に着くちょっと手前の所で、突然吹き飛ばされたんです。周りは畑しかない所で、家と言ってもポツーン、ポツーンとしかないような所です。一瞬何も分からなくなって、気を失ったみたいです。どれぐらいたってから分からないけど、気がついて、うっすら目を開けたら、周りが全部鼠色《ねずみいろ》みたいな空気の感じになってました。その後またしばらく気を失ったような気がしますが、やっと立ちあがって、もう家に帰ろ思って一人で帰ったんです。

原爆受けたのは畑の真ん中で、周りはなんにも遮るもののない所やから、放射能は全身に浴びたと思いますね。後で知ったことですけど爆心地から2キロ近い所だったんです。

帰ってみると、家は焼けてはなかったけど、家の形だけ残ってるようなことになってて、天井なんか落ちてました。原爆が落ちた瞬間は、家の中に五人ぐらい家族がいたんですが、みんなよう助かったもんやと思いますね。家はもうとても住めるようなもんではなかったので、前の畑に敷物敷いてしばらくはそこで過ごしたのを覚えてます。

南観音小学校に向かっていたすぐ上の兄は、途中で飛行機の音がするのでそっちをパッと見上げた瞬間光ったんやそうです。身体の右側が上から下まで大変な火傷になってました。私もあの時ぺたっとうつ伏せになったんでそんなにひどくはなかったけど背中に火傷をしました。己斐《こい》小学校というところで火傷した人たちが集められて治療してもらってたんで、私らもそこへ行ったの覚えてます。そこでは韓国の人らがアイゴー、アイゴーって泣いてはった声、未だに耳に残ってますよ。

私ら家族を広島に呼んでくれた3番目の兄はその頃兵隊で呉に行ってたんです。その兄の嫁さんは呉に兄に会いに行っての帰りに、広島駅近くの旅館に泊まっててそこで被爆したんです。２階の部屋にいたのに下まで落ちたそうで、すごい火傷してました。その兄嫁が言うのに、帰る途中、みんな水飲みたいから防火用水の水槽に首突っ込んだ死体がいっぱいやったのを見たそうです。川にもいっぱい死体が浮いていたと言うてました。

原爆の落ちた日やったかどうかははっきりせんけど、痩せた男の人が大火傷してて、うちの裏口の炊事場の所から「水下さい」言うて来たんです。母が「水飲んだら死ぬからあげられへん」言うと、その人は「死んでもいいから飲ましてくれ」言うて、それで母が飲ましてあげたんですわ。私ら柱の影からその人見てたんですけど。その人はそのままどっかに行ってしまったの、覚えてます。

私らの住んでた所は川と海との境目みたいな所なんです。川にもいっぱい死体があって、浮いてて、ずーっと沖へ流れて行ってね。そして満潮になったら今度は死体が帰ってくるんですわ。そんな状態でしたね。その後何ヵ月かしてからですが、川に遊びに行ったら、水溜りのようなところで人が亡くなっていたり、そんなもんも見ました。

兄弟姉妹たちの被爆

一番上の兄と一番上の姉以外はみんな被爆してるんです。あの時七人の兄たちのうち四人が岩国と呉とかに兵隊なんかで行ってたんですけど、原爆が落ちた時は家族のことが心配だったんですね、みんな広島のわが家に駆けつけて、それで入市被爆してるんですよ。ずーっと後になってですが、その四人の兄はみんながんで亡くなったんです。今になってですが、みんな原爆のせいじゃないかと思いますけどね。

一番上の兄はその時、兵隊でビルマに行ってたんです。戦争が終わって2年ぐらいして帰って来たんです。まだみんな広島にいる頃でね、母は宇品港に船が入る度に兄が乗ってるんじゃないかと見に行ってました。妹がまだ小さくて、その子の手を引いて連れてってね。それこそ何回宇品港に行ったか分かりませんよ。

原爆が落ちてから2年して、兄の社宅から別の姉が就職してた三菱造船の社宅に引っ越したんですけど、ちょうどその頃に長男がひょっこり帰ってきたんですよ。もう死んでるかもしれないと思ってたもんで、あの時はみんなびっくりしました。

体のしんどさに耐えて大阪で仕事

子どもの頃のことやからハッキリ覚えてるわけではないんですが、被爆した後はとにかく体がだるくて、勉強なんかする気にもなれませんでしたね。学校もまともに行けなかったほどでした。中学を卒業するまでは私もそのまま広島で過ごしまして、観音中学卒業してから大阪に帰って来たんです。就職のためです。大阪に出て働いていた五番目の兄の世話で、私もちょっとでも親の食いぶち減らそ思うて。

就職したのはビニールを加工して雨カッパなんかを作る工場で、ミシン踏んだりする仕事でした。住み込みでね。福井県やら秋田県やらから集団就職で女の子が10人ぐらい来てて一緒に仕事しました。

あの頃は本当にひどい生活でね、仕事は夜中までさせられるし、食べるもんはろくなもん食べさせてもらえんし。だけど親が大変なんやから口減らしのためや思うて、そこで7年ほど辛抱したんです。仕事するところと寝るところ一緒のようなところで、そのうちに工場は別のところに建てられたけど、それでも仕事は朝の7時から夜中の1時、2時頃まででしたよ。よう7年も耐えられた思います。その頃でもずーっと体はしんどて、住み込みの家内工業みたいなところですから、特に調子の悪い時は工場の奥さんに病院に連れてってもらったりしました。でも原因は分からんかったですね。

22歳になった時、兄が自分で商売することになったんで、今度はそれを手伝うことになったんです。兄妹の仲と言っても、夜中まで仕事するのは一緒でした。仕事は同じビニール加工の仕事でしたけど、あの頃はレインコートとかジャンパーとかビニール加工の仕事が盛んでそれを輸出してたんです。輸出と言うのは仕事を船便に間に合わせなあかんので、ほんまに大変でした。毎日毎日が忙しくて。自分で自由にできる時間いうのはたまに映画を観に行くぐらい、後は家のことするのと、仕事ばっかりでした。その頃これといって目立った病気はしなかったんですけど、体はとにかくしんどかったんです。だけどそういう生活で鍛えられたような気もします。だから今の自分があるような気もします。兄の仕事は25歳まで手伝いました。

結婚、被爆者手帳

その頃、被爆者の運動とか平和運動とかあったんだとは思いますが、私ら全然知らなかった、関係なかったですね。被爆者手帳というものがあることも知らんかったですから。

結婚したのは25歳の時です。結婚の時、主人に私が被爆してることなんかなんも言ってないんです。手帳も取ってなかったし、ああいう目に遭ってることわざわざ言わなあかんこととも思ってませんでしたからね。自分でも被爆者言われても何がどれだけのもんか分かってなかったんです。

昭和60年（1985年）になって、私が48歳の時、広島にいた兄が、証人が見つけられるうちに手帳取っとけと言ってくれて、初めて被爆者手帳いうものを知ったんです。それから大阪にいる兄と私のすぐ上の姉と私と三人一緒に手帳取ったんです。広島に住んでた兄弟姉妹たちはみんなもう取ってたのに、大阪にいる私らはなんも知らんかったいうわけです。

手帳を取る時、大阪城東区の被爆者の会に入って、そこの紹介で此花診療所の小林栄一先生にお会いしてから原爆関係のいろいろな申請する時などお世話になることになっていったんです。城東区の被爆者の会とのお付き合いが始まって、被爆者の健康診断も年2回あったりして、それからいろんなことが分かるようになってきたんですね。

夫婦で働きづめの日々

主人とは私が25歳の時一緒になったんですけど、ずーっと二人で一緒に働いて、子ども育てるのが精いっぱいやったです。主人はタクシーの運転手やったり、いろんな仕事したりして、最後は二人でスポーツ用品店をやるようになったんです。私はユニフォームのマーク付けとか一生懸命ミシン踏んだりしました。

今はユニフォームのマーク付けといってもミシンで縫わんでも貼り付けいうもんがあるんですけど、あの時代は全部ミシンの縫い付けでね、本当に夜中までやってましたよ。もう子どもほったらかしでね。とにかくあの頃はどんなことでも仕事せな仕方なかったんですよ。食べていくためには。

主人がまだ店も持ってない頃から、長屋みたいな所に住んでる頃から、野球帽の取り扱いなんかを他所で分けてもらって一人で回ってね。長屋の狭い家から表通りの店にやっと出て、それからその地域でも少年野球が盛んになってきて、ユニフォーム取り扱うようになって、そのお陰でスポーツ用品店をずーっとやってこれたんです。子どもは長女と長男に恵まれて、孫も二人います。スポーツ用品店は今はもうたたんで、老夫婦二人で市営住宅で静かに暮らしてますけど。

原爆症認定申請と集団訴訟の提訴

原爆症の認定申請をしたのは平成14年（2002年）の6月です。それまでもいろんな病気したり、いろんな症状はあったんですけど原因がはっきりとは分からんかったんです。前の年の平成13年（2001年）に近くの町医者で他の病気診てもらった時、帰りがけにどうも胃が痛むんでそれを言ったら、レントゲンとられて、2~3日後に胃がんの大きいのが見つかったと言われたんですよ。それまでも調子は悪かったんですけど、もう生きるために一生懸命仕事してたんで、自分では全然気づかなかったんですね。そこの医者から大阪市中央区の大手前病院を紹介してもらって、手術したり、抗がん剤を打ったりしてもらって平成14年（2002年）の1月まで40日間も入院したんです。胃は3分の2も取ってしまいました。その時でも自分では全然原爆と関係あるとは思ってなかったんですけどね。

その頃、広島にいる姉とか、その姉の旦那も被爆者なんですけど、ちょうど私の胃がんが見つかる前の年頃から、広島でたくさんの人が原爆症認定申請してて、却下されてて、みんなでどうしようかと考えるようなことがやられてたんです。そんな話が私にも伝わってきてて、そういうことなら私も原爆症認定申請してみようか、と思ったんですよ。申請は全部自分一人でやったんです。そしたら却下通知が来て、それで此花診療所の小林栄一先生にそのこと言うたら、先生から「こうこうこうで、却下された人たちが裁判するけど、木村さんも入るか?」と言われたんが始まりです。

城東区の被爆者の会の会長さんは平田さんという人でした。その方も肺がんでしたけど、その方が小林先生と相談されて、却下された人たちの裁判しようという話が進んでたんです。私も年に1回は小林先生に診てもらってたので、先生から「平田さんが裁判するけど、木村さんもどうや?」と言われて、何も分からんままだったんですけど、「そしたらお願いします」と言ったんです。ところが平田さんは裁判始まる前に亡くなられてしまって、大阪で裁判するのは私一人になって、大阪と神戸の人と三人で一番最初の提訴をすることになったんです。提訴したのは平成15年（2003年）です。原爆症認定集団訴訟の始まりだったんですね。全国の被爆者が一斉に取り組んだ原爆症認定集団訴訟の一番初めの裁判の原告が私たちになったんです。

裁判始めた時は、小林先生にお願いしてやってきたことだし、嫌やとか、途中で止めたりするのは絶対にできない、やるからには勝ち負けは別として最後までやり切ろうという気持ちでいっぱいでした。大阪地裁での近畿の裁判の第一陣は後から提訴された人たち、京都の人らも入れて全部で九人の原告になってました。裁判は主人にも子どもにも全然相談しなくて、全部自分で決めてやりました。主人も子どもも最後まで何も言わんと私のやりたいようにやらせてくれました。それは本当にありがたいな思いましたね。そのことは本当に感謝してます。普通やったら、怒ったり、止めとけ言われたり、そういうこともあったかもしれませんけど。家族には本当にありがたく思いました。

5年間闘った裁判で勝った!

裁判起こした年の8月8日、生まれて初めて裁判所の証言台に立って原告本人の意見陳述というのをやりました。被爆の体験を話した後、「原爆症認定申請に、返ってきたのは紙切れ一枚の却下通知。がんの告知よりも強いショックを受けました。人間扱いされていないように感じました」と言って、裁判長に訴えたんです。

平成17年(2005年)4月22日には一人1時間半もかけて原告本人尋問というのもありました。原告の訴えてることに間違いがないかどうか証明するため、原告側と被告国側の代理人それぞれが質問してそれに答えるものです。この尋問の最後に、裁判長に言っておきたいことはないかと言われたんで、「大阪にもたくさん被爆者はいて、裁判したくてもできない人がいっぱいいます。裁判には忍耐力も精神力も体力もいりますから。だから私が代表だと思って頑張ってます。みんなのために是非公正な判決をお願いします」と言ったんです。

胃がんの手術した次の年の秋には、今度は脳に血がたまって、また手術したんですよ。脳と頭蓋骨との間に200ccも血が溜まってたんです。脳内出血だったんです。それでも手術した後、ものは言えるし、手は動くしで、手術した先生もびっくりしてはったんですけどね。脳の手術したのは裁判中やったんですけどね、それでも手術のために裁判休んだのは1回だけで、後は原告として全部裁判所に行きました。裁判は十何回とあって、どれぐらい行ったか分からんぐらいでしたけど。手術した後に裁判に行くのはほんまはしんどかったです。でも、家でしんどいとも言われんし、夫婦で仕事してるもんやから仕事もちゃんとせなあかんし、家事もちゃんとして、そういうことは徹底してやりましたね。裁判中は、厚生労働省まで要請や抗議にも行きました。大阪ではなかなか東京まで行ける人が少なくて、私が代表のような格好になってしまったんですよ。厚生労働省への抗議やら、国会での集会やらで、月に1回は東京に行ってたような時もありました。その頃は、朝一番の地下鉄に乗って出かけて、日帰りで東京往復して、最終の地下鉄で家に帰ってくるようなこともありました。2番目の姉が亡くなった時、ちょうど東京にいて葬式に行けなかったこともあったんですよ。まあ、主人が黙って見てくれてるからできたことでした。

2006年5月12日、全国のトップきり大阪地裁第一次提訴全員勝訴の日

一審の大阪地裁は平成18年（2006年）5月12日に九人の原告全員の勝訴判決が出て、二審の大阪高裁も平成20年（2008年）に勝って、結局国が上告を断念して、私ら原告の勝訴が確定したんです。

一審で勝って厚生労働省に「控訴するな」と訴えに行った時、最初は建物にも入れんようにされたんですよ。弁護士さんが抗議してやっと原告だけ建物には入れたんだけど、小さい部屋に押し込められて、私らを座らせようともせんで、訴え文書を渡すと、「預っといて次の時までに考えておきます」と言われたりしてね。私もあの時は腹が立って、「朝早うからしんどい体おして大阪からここまで来てるのに、『今度来い』言われたって、次まで生きとるかどうかも分からんやないか」と言って強う抗議しました。裁判になっても一番は原告が頑張らなんだらあかんと弁護士の先生からはよう言われてたもんです。

やっと裁判に勝って認定が決まった時、すぐにはあんまり感情が出んかったんです。嬉しかったのは間違いないんやけど、あんまり感情を表に出すタイプでもなかったし。まあ、それ以上に苦しい生活、人生を送ってきてたもんやから、乗り越えて来てたですから。勝った時、主人も子どもも何も言わんかったです。私もその方が楽でしたけど。裁判やってる最中は、がんで亡くなった兄や姉たちのことはなかなか思い浮かばなかったですけど、なかなかそこまで余裕もなかったですから。後になって、裁判終わってから、兄や姉が何人もがんで亡くなったこと、原爆と関係あったんやろなー、と思うようになりました。

裁判はほんまにたくさんの人に励まされて応援してもろうて最後までできたんですよ。此花診療所の小林先生とは東京へも一緒に行きました。肥田舜太郎先生にも励まされました。被爆者のことを本当に応援してもらって、とっても温かい先生でしたよ。神戸の支援のみなさんにも、京都の支援のみなさんにもよく支えてもらったもんです。特に京都の被爆者懇談会の田渕さんには本当によくしてもらって、何もかも全部教えてもらったようなもんです。私らの後に続いて裁判してる人らが今もいて、続いてるんですけど、今でも裁判のある時は傍聴に出かけてます。裁判が終わった後の報告集会にも出るようにしてるんです。原爆症の認定申請してる人全員に認定してほしいと訴えています。

核兵器のない世界に向けて

被爆者にとって核兵器が一番怖いもんで、絶対になくさんといけないと思ってます。私の一番の願いは被爆者の救済と、それに関係する戦争と核兵器を絶対に止めることなんです。亡くなった兄や姉たちもきっと同じ思いやったと思います。兄や姉たちの供養のためにもそう願ってます。

私なんかにできることは小さいことばっかりですけど、私は私なりにできることを、これからも精一杯やっていきたいと思ってます。

15

花垣　ルミ

58年目にたどりついた〝被爆者〟として生きる意味

お話＝2014年4月11日

横浜から広島へ

私は昭和15年（1940年）3月25日、大阪の四ツ橋の近くで生まれました。大阪には3歳頃までいたんですが、銀行員だった父の仕事が東京本社に移り、その関係で横浜の社宅に移り住みました。

昭和19年（1944年）、父が今度は台湾の支店に赴任しました。母と私の二人だけの生活になってしまうことを心配した父は、私たちに母の実家のある広島で暮らすよう指示したんです。大きな都市への空襲もひどくなってきた頃で、広島へは避難、疎開するような気持ちでした。

昭和19年の春、荷物をいっぱい持って母と4歳の私と二人で広島へ向かいました。途中、大阪に立ち寄りました。大阪の石切というところに家屋が購入してあって、母がその時一人で家の様子を見に行ったんです。私は一人で大阪駅に何時間も置いておかれて、とても寂しく、不安な時間を過ごしたことを今でも妙に印象深く覚えています。

母の生まれた実家は広島の仁保町でしたけど、私たちが実際に避難して住んだのは母の一番下の妹（私の叔母）の家で、三篠本町《みささほんまち》にありました。そこに母の母（私の祖母）も一緒にいて女ばかり四人家族の暮らしでした。その年の10月に弟が生まれました。私の家の隣には同じ年の子がいて、その子とよく一緒に遊んでました。家の向かい側には幼稚園があって、私と隣の子と一緒にその幼稚園に通っていました。

昭和20年（1945年）8月6日、私は5歳でしたけど、その朝は、初めに空襲警報が鳴ったんです。一度は避難して、でも警報は解除になったからまた家に帰りました。そこまでのことは私、ハッキリ憶えてるんです。避難してた防空壕から出る時、入り口で誰かが転んで後から出ようとした人たちがみんな重なり合うようになってつまずいて、一騒動あったんですね。あれは警報解除になってみんなが家に帰ろうとした時だったってことまで憶えているんです。実は記憶として残っていたのはここまでのこと。その後のこと、8月6日の原爆投下当日のこと、その後の2ヵ月ほどのことは全部記憶から消えていました。

慰霊の灯篭流しから

はるか後年、平成15年（2003年）、私は63歳になっていました。原爆投下の日から58年後のことです。結婚もし、子どもも孫もできていて、家庭の主婦として京都に住んでいました。その夏、京都生協から「広島の被爆者慰霊式典に参加しませんか」という案内のチラシが届きました。京都生協では毎年生協組合員から募集して広島・長崎の原爆慰霊式典に参加する企画が行われていたんです。

毎年のことだったので、「ああ今年ももうそんな時期か」と思いましたが、その時、何気なくチラシを処分する気になれず残しておきました。近所に古川さんという板金屋さんがあって、どういうわけかその方から板金で作った折り鶴の置物をもらうようなことがあったんです。もらった折り鶴と慰霊式典のチラシのことが何故か重なり合って、「今年は広島に行きなさい！」って背中を押されたような気がしたんです。生協に参加を申し込み、孫を連れて暑い広島に行くことにしました。

広島に行く前に生協では事前学習として被爆された人の体験を聞くことになっていました。その時お話しされたのが元京都原水爆被災者懇談会世話人代表の永原誠先生でした。永原先生のお話は、私が被爆者の方から直接聞く初めての被爆体験でした。

広島の慰霊式典から帰ると、式典に参加した感想や様子など報告する会が予定されていて、夏の日の夜、報告会のための報告書を作成していました。広島では灯篭《とうろう》流しをしていただく企画もあったので、永原先生に連絡して「先生の分の灯篭流しもお願いしてきましょうか？」とお誘いしたんです。先生は両親と二人の妹さんを原爆で亡くしておられたので、その四人のお名前と「あの日のことは忘れませんよ」というメッセージを預り、一緒に灯篭流しを託してきました。「あの灯篭、きちんと流してもらえたかな」などと思いながら報告書を書いていたんですが、その時突然、戦後間もない頃の、子どもの頃の灯篭流しの情景がありありと頭に浮かんできたんです。

昔は川の護岸など整備されていなくてごちゃごちゃした土手のようなところから灯篭は流されていました。それぞれの川の岸には、写真とかひしゃげた一升瓶やら食器やら、亡くなった人の思い出のものとか、いろいろなものが、遺品のようにして、8月5日頃からお盆の頃までずらーっと並べられていました。それが最初の頃の原爆で亡くなった人を慰霊する姿だったんです。それらの遺品のようなものは、その後にできた広島平和記念資料館に収納されました。（広島平和記念資料館は1955年に完成）

私の小学校1年生だった従兄弟の一人はあの日学校に行っていて原爆で亡くなったんです。家族が探しに探してやっと3日目にどこかの川の河原で遺体を見つけたんです。その場所で荼毘《だび》に付されたのですが、従兄弟の母親は

老いて亡くなる年まで毎年その場所でわが子の供養を営み続けていました。広島の灯篭流しとはそういう場所だったのです。戦争が終わって間もなく、私は広島を離れることになるのですが、母の実家のある広島の夏には何度か墓参りに行っていて、その頃見た灯篭流しの情景が58年後のこの日、鮮明に思い出されてきたのです。

58年目の記憶回復の衝撃

灯篭流しのことを思い起こしたのをきっかけに、被爆した時のこと、体験したことが、途切れ途切れに、断片断片に、一つまたひとつと、次々と記憶に蘇ってきました。58年もの歳月を一気に駆けのぼり、固く閉じられていた記憶の闇に光が差し込んできて、記憶の扉が開け始められたような感じでした。

呼び覚まされる記憶を「これは何だろう、何だろう！」って思いながら、自分の頭の中を駆け巡る58年ぶりの情景が衝撃となって私を圧倒していきました。真夏なのにガタガタと体は震え、汗をいっぱいかいて、自分を保つことができませんでした。孫の二段ベッドにしがみついて、辛うじて自分を支えていました。

報告書は深夜に書いていたんですが、夏のことですから4時過ぎには明るくなるんですね。その明るみを見てやっと落ち着きを取り戻し、少しずつ気持ちは安らいでいきました。この時初めて「ああ、もしかして私の記憶は取り戻されているかもしれない」と思い、顔を洗いに行きました。

衝撃で泣きながら書いているもんですから字は滅茶苦茶で、用紙も涙で滲んだりしててまともには読めない。もう一度書き直さなければと思いながら、でも読み直すのが怖くて上から新聞紙をかぶせて一日放っておきました。あらためて新しい用紙に書き直そうとして読み直しているうちに、実はああだった、こうだったと、さらに新しいことが次々と思い出されていきました。

私の家の近くには竹藪があって風で笹がざわめいたりするんです。その笹の音を耳にした瞬間、原爆にあってみんなで竹藪に避難した時の情景がいきなり頭の中に蘇ったりもしました。そんな一つひとつがつながりあって、徐々に徐々に私の8月6日は思い出されていきました。

記憶を呼び戻した58年前にさかのぼり、思い出すことのできた体験をお話ししていきましょう。

猛火に追われて避難

防空壕を出て、それから1時間ぐらいしてからかな、今まで見たことも聞いたこともない、すごい光、音、震動に襲われました。

それまでの広島は整然と街路の並んだ、街並みの並んだ、戦争やってる中でも静かな日常だったように記憶しています。その広島の上空にエノラ・ゲイは飛んできた。その真下に私たちみんなの生活があったんです。高度は9700メートルぐらいの高さだったと言われています。下を見ても街路と街並みしか見えなかったはずで、私たち人間のことは全然見えなかったはずです。そういう状況下で原爆は落とされました。非日常の瞬間であり、短い人生の長い一日の始まりです。

原爆の落とされた瞬間は、ふわっと地面ごと浮き上がったような感じでした。そして衝撃波の力で家のブラインドや窓枠やタンスなどまでが窓際まで飛ばされました。家は倒れかけて、2階の部屋で遊んでいた私は窓際と家具との間にはさまれた状態になって、その時に箪笥の楔《くさび》が頭に刺さったのです。自分では気づかずに、避難して大分たってから刺さったままだったのを教えられました。それから顔も体中も傷だらけでした。顔は右頬の皮がズルッとめくれてしまって、今でもそこだけは皮がすごく薄いままなんです。

2階から下を見ると庭の松の木も歪んでいました。その松の木の根元に弟を背負った母が倒れ込んでいるのが目に入りました。母はお風呂場の横で洗濯してましたが庭の松の木の根元まで飛ばされたそうです。叔母は台所で片付けものしてて、飛ばされてどこかで足を打ったらしくてびっこをひいてました。

おばあちゃんはその頃身体を悪くしていて2階の部屋のベッドに寝ていたのですが、そのベッドごと窓際まで飛ばされていました。一番無事だったのは母に背負われた弟でした。まわりの家々はみんな無茶苦茶に壊れてました。そのうち、近所ぐるみ騒然となってきて、子どもが小学校や中学校に行っていた家の親たちは子どもを探しに出かけて行きました。でも、学校へ行くまでの途中でもう火の手が上がっていたり、家が崩れたりしているので、なかなか学校へはたどりつけなかったようでした。

間もなく近所から火の手が上がりました。家は爆心地から1・7キロ離れてる所でしたけど、熱波に襲われて、家の中の蚊帳とか庭の笹とか、着火しやすいセルロイドの玩具《おもちゃ》類、そういうものにまず直接、火が移ったみたいです。そんなことを後から町内会の人に聞きました。やがて地域一帯が火の海になってきたんです。私たちの通っていた幼稚園も火に包まれていました。後年知ったことですが、私が通っていた幼稚園は全焼し、先生一人と園児24人全員が亡くなっています。

私たちは2階にいて怪我したんですが、下からみんなが助けに来てくれました。叔母がどこからかリヤカーを探してきて、そのリヤカーにおばあちゃんを乗せてみんなで避難して行きました。いろんな人に助けられて、三滝というところにあった川の土手の竹薮まで避難しました。その竹薮には、すでにたくさんの火傷した人たちが、中にはもう亡くなった人もいたと思いますが、来ていました。

私は当時5歳、人が亡くなった状況というのは、まだよく理解できていなくて、横になっている人を見ても寝てる人としか思っていなかったようです。後になってからあれは亡くなった人だったんだと分かったようなことでした。私のすぐ横にどこかのおじいさんが蓆《むしろ》の上に横たわっていました。焼けただれて、顔もズルズルになって、血が滲んだり、脂が滲んだり、皮膚も真っ黒になっていました。避難した竹薮の近くに養鶏場があって、その鶏舎も壊れて鶏もたくさん死んでいました。生き残った鶏がそこら中歩きまわってそのおじいさんを突っつくんですね。おじいさんはちょっとだけ指を動かすんですけど、それがとても可哀そうで。私の母が棒っきれで、「しっ！」と言って鶏をおったんですね。何故かその不思議な光景の瞬間だけが、記憶から消えることなくポッと残っていたんです。あの時の母の姿だけがとても印象深く、それだけは記憶から消え去ることなくずっと残ってました。

音のない逃避行の記憶

そのうちに竹藪にも火がつき始めました。竹藪に火がつくと、竹が破裂してパカーンパカーンとものすごい音がするんですよ。いたるところで乾いた高い音がして、火の粉も飛んでくるんです。だから竹藪も危ない、また避難しなくちゃならないということで、またおばあちゃんをリヤカーに乗せて安全なところを求めて逃げて行きました。竹藪から避難する時には、もう息絶えた人たちもたくさんいて、みんな手を合わせて、それから避難していきました。

その時、私は裸足で逃げてたもんですから、母が何か履物を探してくるといって、大人の下駄片方と子どもの下駄片方を拾ってきてくれたんです。それを履いて逃げるんですけど、下駄が焦げてて、片方の大人の下駄の鼻緒がすぐ切れて、母が自分の手ぬぐいで直してくれました。歩いて避難するんですけど、足も怪我してて、足の裏も火傷してて、もう歩きながら、我慢できないほど痛かったはずなんですね。

逃げている時の記憶には不思議なことに音というものがまったくないんですね。というか、音の記憶がほとんどないんです。みんな泣いたり喚いたりしてるんですが、大人の声も、子どもの泣き声も、まったく音として残っていないんです。とても静かな不思議な逃避行の記憶なんです。ただ竹藪の破裂する音だけが耳に異様に残っていて。

避難する道々、倒れてしまっている人もいっぱいいました。それから今から思うと、あれが5歳の子どもの目線、子どもの視野だったのかなと記憶を甦らしながら思います。鳥籠の中で死んでいる鳥、ゴロっと死んでる鶏、猫がバンザイの格好で死んでいたり。犬は3匹ぐらい見たけど、もう死んでる犬も、怪我しながら歩いている犬もいました。馬や牛なんかも死んだり、体を硬直させて焼けかかったりしていました。

朝ごはんが終わった頃の時間だったので、ちゃぶ台が壊れていたり、ひっくりかえっていて、ついさっきまで使っていただろうなと思える金太郎の絵の入ったお茶碗、普通に朝ご飯食べてたんだろうなあと思えるようなお茶碗がいっぱい転がっていました。洗面器とか家庭用品がいっぱい、おもちゃ類、それと乳母車。昔の乳母車って随分丈夫なものでしたけど、そういうものが燃えたり、壊れたり、そこらへんに散らばっていたりしました。

「たえちゃん」という名のお人形の恐怖

私はいつも大好きな母が作ってくれた籾殻《もみがら》の入った大きなお人形と遊んでいて、「たえちゃん」という名前をつけていました。その「たえちゃん」を家に置いたまま逃げて来ていたんです。避難の途中「たえちゃん」にそっくりの人形にも出遭いました。火も出ていない、煙も出ていない、でもジブジブジブジブと燃えていて小さくなっていっている。それがすごく怖い情景で恐怖に襲われました。私の記憶がなくなった原因の一つはあの人形の光景にあったんじゃないかと思います。それぐらい怖かったのです。「たえちゃん、どうしてるかなあ」と思いながら。

逃げる途中の周りの家々は瓦礫になっていて燃えていたりするんですけど、お母さんが赤ちゃん抱っこしておっぱいあげている人に二組遭いました。一組の方は赤ちゃんは明らかにもう死んでるようでした。亡骸となっ

たわが子を抱きしめ、おっぱいをふくませる母親の心情はどんなものだったかと、今でもこの場面は子を持つ親として胸が痛みます。もう一組の方はお母さんの手がまだ動くようでしたので、私の母が「私たちと一緒に逃げましょう」と声をかけると、指さして「あの家の下に3歳の息子がいるから私は行けないんです」って言うんです。母たちは周りを探していたようですが、瓦礫ばかり目につき、「ごめんなさい、じゃ先に行きますよ」と言って別れたんです。

黒っぽい塊のようなものがあって、水がザァーザァーと出ている所があるので、水道管が破裂したのかなと思って近づいて見ると、黒い塊は水を求めて群がる人間の山だったところもありました。あの時はみんな「水を」「水を」と求めて歩いていたんですね。でも、ほとんどの人は水にたどりつくこともできなくて亡くなった。水の噴き出るところまで行けた人は、わずかでも飲めたかと思う。一滴も飲めなかった人のことを思えば、まだ良かったのかなあと思いました。この場面を話す時は、とてもつらいのです。

虫の息状態だった弟

お祖母ちゃんは歩けないものだから、その後もずっーとリヤカーに乗せて避難したんですけど、リヤカーってのは道がないと通れないもので、もう無茶苦茶になった所を行くのは大変でした。母と叔母が担ぎあげたり、近くの人に手伝ってもらったり、邪魔になるものをどかしりたしながら、ちょっとずつちょっとずつ進むんですね。どうにか竹藪を逃れてやっとの思いで三滝の山にたどりついたんです。そこはもう避難して来た人でいっぱいでした。

私が「おばあちゃん」と声をかけるとおばあちゃんは私の顔を見るなりワァッと泣きました。頭も顔も血だらけになった姿がすごいことになっていたのを悲しんだのだと思います。

その日10ヵ月の弟は朝から母の背中におんぶされていたのですが、原爆の落ちた時から母は弟を背負っていることを忘れるぐらい弟と一体になって動き回っていました。お乳もやってないし、オムツも変えていないままだった。山についてからおんぶしてることに気づいてやっと背中からおろしたんですけど、弟はもうぐったりして体中ぐちゃぐちゃになっていて、虫の息状態だった。真っ赤にただれて、オムツをとると皮膚がボロッととれるの。救援の人からもらったお茶でお尻を洗ってやって、おにぎりを噛み砕いてお乳代わりに食べさせました。弟が吸っても吸っても母のお乳は出なくなっていたんですね。

記憶を喪《うしな》った時

私は山に着いた途端眠ってしまったのか、意識を失ってしまったのかすっかり寝こんでしまいました。そして次の日、それが次の日だったのかどうかも私にはハッキリとは分からないのですが、ものすごーい臭いで目が覚めたんです。それはもうすごい、異様な、これまで嗅いだこともない、わけの分からない臭いなんです。目が覚めてふっと起き上った時、目の前に、距離にして10メートルぐらい先ですが、ゴムボートのように膨らんだ人とか、手足のない人とか、真っ黒になった人とか、人間の体の一部だけもあって、たくさん積み上げられていたんです。木をいっぱい積み上げて、その上に人を乗せて燃やしているんです。

私は、それが茶毘《だび》だってことを知りません。人間が死んでるってことはどういうものか、どうしてあんなことするのか、人を焼くことの意味もまったく知りませんでした。だからその強烈な臭いと眼の前の状況とに激しい衝撃を受け、母は「見ちゃダメ！」って抱きしめたけど、私はその瞬間、意識をなくしてしまいました。そして、しばらくして意識は回復したんですけど、記憶は戻りませんでした。8月6日

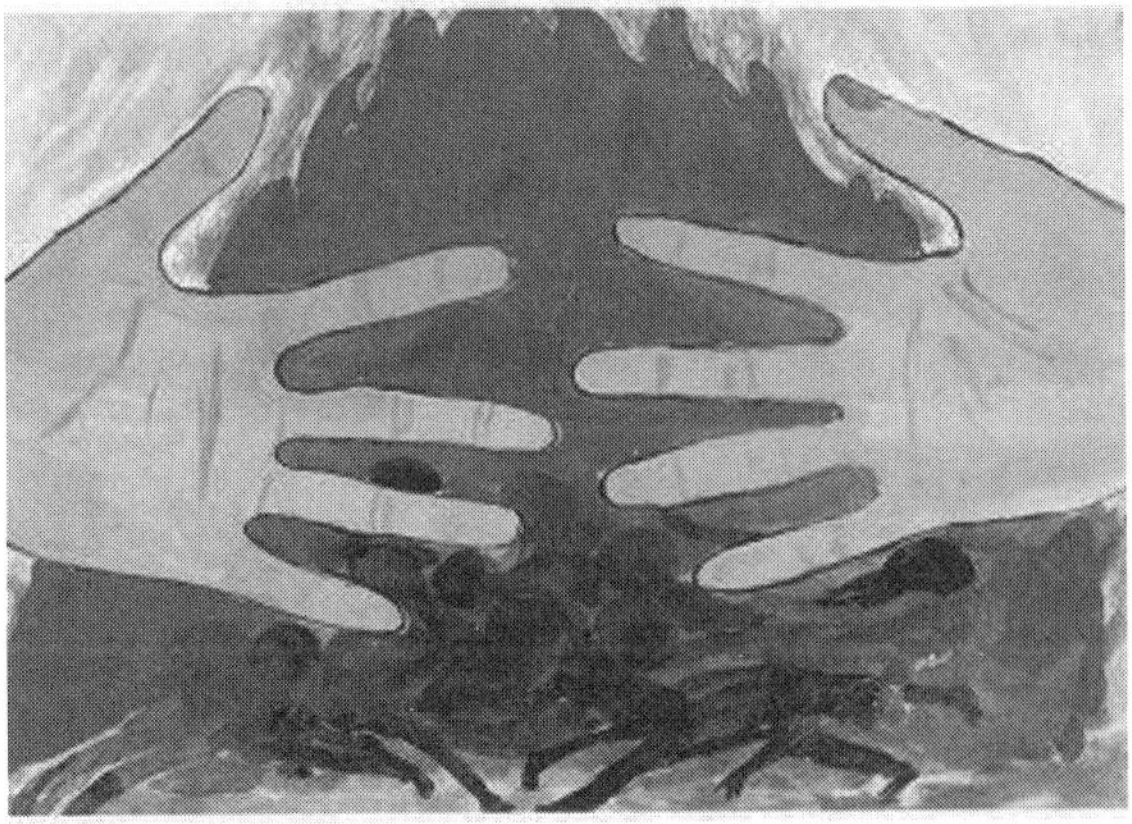

の記憶が戻るまでに58年かかるんですね。

おばあちゃんの耐え難い思い出

思い出した体験を語っていて、いつも一番つらい話になるのはおばあちゃんのことを話す時です。病気だったお祖母ちゃんは体力も弱ってて、食べるものもなくて、あの頃はみんな食べるものなくて栄養失調でしたけどね、おばあちゃんも随分栄養が欠けたままになってました。ずーっと寝てるもんだから、お尻のくぼんだところが少し腐ってきてね、そこへウジがわきだしたんです。生きてる人間にウジがわいたりすること見たことないでしょう。動物だって多分見れないと思います。ところがウジがわいてきて、そのウジが広がっていって、どんどんどんどん中に喰い込んでいくんですね。

母と叔母が一生懸命それをピンセットで取るんですけど、「痛いからやめてぇや、やめてぇや」っておばあちゃんが言うんです。「でもね、取らないとね、増えていくからね」って言いながら母と叔母が押さえつけて、ピンセットで取るんですね。それを横で見ていた私は一緒になって泣いていました。

これはおばあちゃんの人としての尊厳に関わることなので、あまり話したことはないんです。これからもしゃべることはないと思います。だけど今日は、原爆というものが、戦争というものが、人間にどんなことをもたらしたかってことを知ってほしいから、我慢して話してるんです。おばあちゃんには「ご免なさいね、今日は話させてね」ってことわってきてるんです。

ウジは放っておくと当然ハエになります。だからちょっとでもおいとけないんで、きれいさっぱりなくなるように取るんです。その後で消毒する薬もなくて、わずかにあったクレゾール、本当はそんなもの傷口につけちゃいけないんですけど、それを薄めて薄めてきれいな手ぬぐいに浸して消毒するんです。それを朝から2回するんですけど夜の間に必ずまた小さいのが出てくるんですね。取りきれていなかったのか、卵がいたのか分からないんですけど。それから随分たってから、ウジもいなくなって、やっと傷口がふさがって皮もはってきました。皮がはって治ってはきたんですけど小さな穴が形になって残ってしまいました。

療養のため奈良へ、そして横浜、京都へと

私は原爆の時の体験で心身ともに相当病んでいたらしくて、その後、奈良の生駒にあった親戚のお寺で療養することになったんです。体中傷だらけで、口も満足にしゃべれなくなっていたようです。

奈良に行ったのは昭和20年（１９４５年）の秋でした。それまでの約2ヵ月間、広島にいたわけですが、どこでどのように暮らしていたのか今でも記憶は戻らず思い出せないままなんです。仁保町の母の実家（生家）で暮らしていたはずですが、今でも思い出せないのです。

おばあちゃんのウジのことは、この2ヵ月の間のことのはずで、それだけが唯一記憶に残っていることです。奈良に行く時になって以降のことから、やっと記憶はしっかりと残っているようになりました。

奈良に行ってしまうと母と別れて暮らすことになるので、最初は行きたくないと喚《わめ》いて抵抗したらしいんです。でも結局、奈良で2年間、穏《おだ》やかな日々を過ごすことができ、そのお陰で体も心も健康を回復することができました。

小学校に上がるのを機会に元の横浜の社宅に帰り、横浜の小学校に入学しました。父は昭和19年に台湾に赴任したままで消息不明でした。実は、父は終戦を迎える前に既に病気で亡くなっていて、そのことを私たちが知ったのは私が小学校6年生になってからでした。

私が中学2年生の秋、横浜の社宅が立ち退きになったのを機会に、今度は京都にいた叔父を頼って京都で暮らすことになり、母と私と弟の三人で京都に移り住みました。母は調理師免許も栄養士の資格もとって、警察病院の仕

事をしながら私たち姉弟を育ててくれました。その母は84歳まで生きてくれましたけど、最後は肺線維症で亡くなりました。

被爆者であることの「惨めさ」を知る

私は昭和39年（1964年）、24歳で結婚し、決して安産だったとは言えない状態だったけれども二人の女の子と一人の男の子に恵まれました。

頭に楔《くさび》の刺さったところと右足の甲に火傷したところは大人になってもなかなか治らず時間がかかりました。30歳の時、椎間板ヘルニアをやって、その時、いつものかかりつけのお医者さんに「頭の楔のささったところの傷と足の甲の火傷、やっと治ってきて、皮がはってきました」って言ったんですね。そしたら先生から「ああそうか、よかったね。じゃ、子どもたちに悪い血全部やっちゃったんだね」って言われたんです。

そんなこと言われたことがとてもショックで、その時初めて放射能を浴びた原爆被爆者ってどういうものなのか、その情なさというものを知ったんです。だから今でも子どもたちには後ろめたい気持ちはあります。子どもたちは「お母さんがそんな原因、作ったわけじゃないし、お母さんに罪があるわけじゃないし、気にしなくていいよ」って言いますけど。でも、やっぱり少し体の弱い子もいて、自分では「そうじゃないかな」と思ったりもしてました。

長女は結婚した先で「被爆者は忌避される」って言われ続けていたんですね。割と気の強い子だったんですけど、そう言われ続けて、もう半分ぐらいまで痩せこけて、ある日「お母さん離婚してもいい？」って言ってきたんです。「被爆者は忌避される」ってずっと言われていたらしくて、孫が何か病気するとすぐにそれは原爆のせいではないかと言われてたんです。ゴキブリやネズミじゃあるまいし、忌避されるなんてね。娘はとてもつらい思いをしたと思います。それで離婚しました。

京都は戦争でそれほどひどいことは起きなかった所だから、理解も薄いだろうから、被爆者だってこと言わない方がいいよって私の母からは言われてましたし、私自身もごくわずかしか記憶として持っていなかったもんですから、自分が被爆者だってこと言う必要もなかったんですね。ずーっと誰にも言ってなかったんです。ただ、子どもができて、頭の傷と足の火傷が治った時のお医者さんから言われたあの言葉で、自分が被爆者だってことの惨めさを感じてしまいました。

あの時の自分を取り戻す日々

平成15年（２００３年）に突然記憶が戻ったのですが、何もかもすべてが一度にスッキリと記憶回復したわけではないんです。８月６日のことで思い出したことも断片的なことが多く、そのため頭の中は整理がつかなくて混乱した状態でした。そんなことが2年は続きました。

被爆の後のほぼ2ヵ月間の出来事も断片的な記憶しかなく、今も分からないままのことは多いんです。まだ失ったままの記憶をどうやって取り戻すか、自分探しの葛藤は今でも続いているんです。孫が大きなお人形持って遊んでいるのを見て、それをきっかけに、私のお人形の「たえちゃん」を家に置いたままにしてきたこと、逃げる途中「たえちゃん」によく似たお人形が燃えるのを見て恐怖に襲われたことを思い出したこともありました。

私は自分が被爆者であることは小さい頃から知っていたし分かっていました。でも被爆した時の様子や、逃げまわった時の経験などは母も親戚も誰も話してくれなくて、私は何も知らないまま大きくなっていました。ですから〝被爆者〟と言ってもまったく他人事のような感じだったんです。昭和35年（１９６０年）、20歳の時に被爆者手帳をとることになり、そのためには証明してくれる証人が必要で、広島にいた人にお願いしました。その時初めて、少しは状況を説明してもらったようなことでした。

証明していただいたその方は、私たちが被爆した時に住んでいた町内の組長さんで、私と同い年の女の子のいた家で、当時幼稚園が一緒、原爆の落ちた日は二人とも園をさぼって助かったのでした。

武田靖彦さんの証言に衝撃を受け〝被爆者として生きる〟ように

58年前の被爆体験を思い出した翌々年の2005年、京都生協の本部からの要請があってNPT（核拡散防止条約再検討会議）のためにニューヨークに行く機会をいただきました。

その時、ニューヨークに一緒に行った広島の被爆者の武田靖彦さんの被爆体験を語り訴える姿に衝撃を受けたんです。武田さんは、あのつらい悲惨な体験を泣きながらでも語られるんです。それは核兵器を必ずなくさなければならないという強い思いがあるからこその訴えであり、証言なんです。

武田さんの態度から、私もいつまでも逃げてばかりいてはダメだ、自分も行動していかなければ、と少しずつ思うようになっていきました。その頃からですかね、本当に自分を〝被爆者〟として自覚し、被爆者にしかできないことを、しっかりとやっていこうと思うようになっていったのは。少し大袈裟な言い方になるかもしれませんが、〝被爆者として生きる〟ように、生活の軸が定まっていったように思います。

ニューヨークから帰った頃から京都生協や、いろいろなところで私の被爆体験を語る、語り部の活動を行うようになりました。縁あって仏教大学の授業でもお話しする機会をいただくようになりました。それでも最初からすべてが話せたのではないのです。自分の体験を話しだすと恐怖の思い出がよみがえってきて、途中で話せなくなることもしばしばでした。「ごめんなさい」といって打ち切るようなこともありました。その都度、語り部をされてる私よりもっと高齢の先輩のみなさんがしっかりと話されているのに励まされて、ちょっとずつ、ちょっとずつ乗り越えていきました。

私は5歳の時の被爆ですから、見たもの、経験したことも5歳なりのものなんですね。木々や植物であったり、犬や猫や蝉たち、地面の下の蛹《さなぎ》や生き物たちです。そんな生き物たちの様子を幼稚園や小学校などで話すと、みんな前のめりになって聞いてくれました。そして「おばちゃん大丈夫だったんだね」と言ってくれるんです。

紙芝居『おばあちゃんの人形』とオハイオ州での被爆証言

仏教大学の黒岩先生の授業で被爆体験を語っていく中で、子どもたちにもっと分かりやすく被爆体験を伝えていけるようにしようということで、仏教大学の学生の人たちによって紙芝居『おばあちゃんの人形』が製作されました。平成20年（２００８年）のことです。これは私の被爆体験と、「たえちゃん」というお人形のことをモデルに13枚の紙芝居にまとめられた物語です。

2010年ＮＰＴ再検討会議にて

ＮＰＴ再検討会議は次の２０１０年にもアメリカ・オハイオ州・デートンのＮＧＯの方々に招かれて行かせていただきました。その時、紙芝居『おばあちゃんの人形』

の英語版を作って持って行ったんです。ニューヨークの本会議が始まる1週間前にオハイオ州で、小学校、高校、大学、一般家庭含めて10ヵ所ぐらいまわって『おばあちゃんの人形』を見せてプレゼンテーションしました。

5月2日、ニューヨークでは世界各国から集まった人々のパレードがあり、長い長い列の途中で縁石に座り込んでいるニューヨークの高校生五人がいて、その人たちに谷川佳子さんがしゃがみ込んで『おばあちゃんの人形』を演じてくれたんです。谷川さんはツアーのコーディネートと通訳を担当していただいた方です。

それを食い入るように見ていた一人の高校生が「僕の学校でもやってよ！」と言ってくれて、その子の学校でもプレゼンテーションすることになったこともありました。その学校からは後日たくさんの生徒からお礼と感想文を送ってくれて、とても感動することになりました。私は英語がまったくできないのですが、でも通訳の力を借りてでも何とかすれば、世界に思いは伝わる！ってことを実感しました。

紙芝居のプレゼンを依頼してくれた高校生と

21世紀は人類の平和への激化

平成26年（2014年）1月、「被爆者証言の多言語化ネットワーク（NET GTAS）」が創立され、私も参加させていただいています。被爆体験が世界に広がることに微力でも尽くしたいと思っています。

京都原水爆被災者懇談会との関係は2005年頃からです。それまでは被爆者を激励する立場にあって、京都生協の一員として被爆者へのプレゼントグッズを一生懸命作っていたりしていましたが、この頃から激励を受ける立場になってしまいました。その分、いやそれ以上に、〝被爆者〟として生き、被爆体験を語り続けて、お返しをしていきたいと思うようになりました。

冥土の土産に是非、核兵器廃絶を、もうどこにも原爆は落ちないから安心して下さいって、持っていきたいのです。「20世紀は戦争への激化」だったが「21世紀は人類の平和への激化」でありたいものだと。

証言活動も一人ではなかなか難しいものです。ごく身近な人々からの応援、幅広い人たち、NGOも含めての支えがあってこそできていることで、心から感謝しています。「核兵器って何?」と、何も知り得ない小さな子どもたちが無事に成長することをひたすら願いつつ、歩んでいきたいと思っています。

（挿絵は紙芝居『おばあちゃんの人形』＝佛教大学黒岩ゼミ制作＝より）

長崎市長・伊藤一長さんと（2005年5月2日、ニューヨーク国連本部内にて）　伊藤一長長崎市長は2007年4月17日選挙運動の最中、JR長崎駅前で後から近づいてきた右翼の暴漢に拳銃で撃たれ、翌18日未明、胸部大動脈損傷による大量出血が原因でショック死。この時身につけていた背広や時計等が立命館大学国際平和ミュージアムに展示されている。

16

大坪　郁子

私の戦争体験、夫の被爆体験

お話＝2014年10月17日

私の戦争体験

私は昭和6年（1931年）9月21日の生まれで今年83歳になります。昭和6年といえば満州事変勃発の年ですね。東京荒川区の、上野の近くになる日暮里《にっぽり》というところで、三人兄弟の真ん中（兄と弟にはさまれて）に生まれました。

小学校の頃の思い出といえば、まず教科書。すべてがサイタサイタサクラガサイタ、ススメススメヘイタイススメ調でした。毎朝朝礼があって必ず教育勅語を言わされていました。遊ぶ時も戦争の歌を歌いながら、「欲しがりません勝つまでは」「贅沢は敵だ」などと、私はみんなに率先して言ってまわる方でした。

そんな時代を過ごしながら私たちは大きくなっていきましたが、戦局はひどくなり、子どもでも戦争の怖さを身近に感じるようなことが増えていきました。私が女学生になった頃、米軍の戦闘機に機銃掃射されそうになったことがあります。警戒警報の鳴る中を自宅に向かっていた時、戦闘機が近づいて来たんです。あの時は、近所の人が「早く入りなさい！」と言って家の中に引き入れてくれて辛うじて助かりました。

防空壕に入っていて、なかなか空襲警報解除にならないため半日以上ずっと入っていたこともありました。そういう時、一番困るのはトイレなんです。男も女も一緒にぎっしりと入っている状態ですから、みんな我慢していましたね。

昭和20年（1945年）3月10日の夜、私が13歳で女学校1年生の時、東京大空襲がありました。上野方面の山が異様に真っ赤に燃えていた光景は今でも脳裏から消えません。最初、いつでも逃げられるよう準備だけして縁側から外を見ていたのですが、突然私の頭上に親子焼夷弾が落ちてきました。その焼夷弾が破裂して大きく広がる直前、偶然突風が吹いて、爆弾は私のいた3丁目方向から2丁目方向に外れていきました。私は一命を留めることができましたが、反対に2丁目方向一帯は全焼という被害にあいました。焼け死んだ人もたくさんあったようでした。

当時の子どもたちは、小学校低学年は縁故疎開へ、高学年は学童集団疎開するようになっていましたが、大空襲をきっかけに、母と私と小学校1年生の弟と三人は、父の実家のある滋賀県の農家、蒲生町（現在は東近江市）に疎開することになりました。兄も後から疎開してきました。父の実家と言っても、疎開した先では「疎開者」と言われたり、「よそ者」扱いされたりして、疎開生活は苦労の絶えないものでした。村の中で何か悪いことが起こればすべて疎開者のせいにされたりしました。母に黄疸が出た時、お医者さんを呼んだら、「こんなことぐらいで医者を呼ぶな」と言われたり、疎開先の従姉妹が私の大切にしていた洋服を勝手に持ち出して着たりして、そんなことが重なっていって、せっかくの親類なのに関係は悪くなっていきました。大人になってから従姉妹も「ひどいことをした」と言って謝ってくれ、私も「戦争のせいだから」と言ったものの、心の傷は消えません。

あの頃のことを話していると高木敏子の『ガラスのうさぎ』っていう本を思い出すんですよね。あの本は高木さんの体験に基づいたお話ですが、東京大空襲や戦争中のつらい出来事など、私ともよく似た体験だと思いました。

私は疎開と同時に滋賀県の地元にあった日野高等女学校に2年生から編入となりました。しかし学校といってもほとんど授業はなく、出征のため男手のなくなった農家の農作業に勤労奉仕に行く毎日でした。私たちより一級上の人たちは軍需工場に動員されていました。たまに授業のある時は、全クラスを一つにまとめて学年ぐるみの授業が広い場所に集められて行われました。学校でも男の先生は兵隊にとられていて、先生の数が足りなかったからです。英語の授業は敵国の言葉だということで廃止されていました。

終戦となった8月15日は夏休み中でした。重大放送だということでみんなで集まってラジオを聞きましたが、ガーガーといって何を言っているのか聞き取ることはできませんでした。でもそのうちに「戦争に負けた」ということを聞き伝えに知ることになりました。

世の中はひっくりかえったような感じになりました。うれしいとか悲しいという感じではなく、「今まで我慢していたのは何だったんだ！」とか、「日本は絶対に負けるはずがない」と洗脳されて培っていたものが崩れてしまい、心の中は不安でいっぱいになっていきました。母からは「あんたは丸坊主になって男にならんとあかんよ」とか、「アメリカ兵が来たら横穴の防空壕に逃げなさい」などとも言われていました。今の時代、「心のケア」とよく言われますが、あの当時こそ本当にそういうものが必要だったのではないかと思います。それほど心の中は波打っていました。

9月に入って、同じ滋賀県の八日市にあった母親の方の親元に引っ越すことになりました。こちらでは周囲の環境もすっかり異なり、戦災者ということで大切にされ、ほっとしたいい環境で落ち着いて過ごすことができました。今でも私の心の故郷はこの八日市になっています。その後学校制度も変わって、女学校4年生の時、新制高校の2年に編入となりました。編入された高校は当時の神愛高校（今は八日市高校）で、この高校を卒業しました。

京大医学部付属高看で学ぶ

高校を卒業して、昭和25年（1950年）、18歳の時、当時の京都大学医学部付属厚生女学部専攻科に第3期生として入学しました。翌年校名は京都大学医学部付属高等看護学校に変わりました。

高校卒業後の進路について親は「洋裁学校にでも行って」ぐらいに考えていたようですが、私は高校2年生の頃から反抗期だったのか、「親から離れて一人で暮らしてみたい」という気持ちを強く持っていました。高校に届いていたいろいろな看護学校からの進学案内冊子などを見て、全寮制で、当時、授業料も要らなかった京大医学部付属看護学校を選択し、親には内緒で受験し、受かってしまいました。

あの頃、まだ教科書もちゃんと整っていなくて、先生たちの講義を一生懸命ノートに聞き取らねばなりませんでした。内科学と外科学、解剖生理学等々、教授や講師陣は一級の先生方が多くて、講義は大変質の高いものでした。一方で、毎日朝礼があって、ナイチンゲール誓詞の斉唱とか、寮生心得の斉唱とかが強制させられていました。学生たちには強制的な斉唱に対する反感が生まれていて、自治会を作って話し合い、「ナイチンゲールは尊敬すべき人だが、誓詞斉唱は強制されるものではない」、また寮生心得にある「寮母を母として」などというのもおかしい、といって斉唱はもうやめよう、と決議したことなどもありました。

学生時代は勉強のかたわらいろんなサークルも歩き回り、その中から医学部平和サークルにすごく惹かれるものがあり、はまってしまいました。平和サークルではいろんな活動をしましたが、当時、農村は遅れているから啓蒙活動が必要だと言って、南山城の農村を訪問してまわったりしたこともありました。

民医連に

高等看護学校の卒業は1953年（昭和28年）、21歳の時です。卒業前に平和サークルで知り合った先生に紹介されて吉祥院診療所を見学していました。あの頃、京都といっても四条通から南は京都駅しか知らない、南区の辺鄙なところにあった吉祥院診療所を初めて見て、京都にもこんなところがあるのか、と驚いたものです。でも、その家庭的な雰囲気には、とても親しみを感じ魅かれるものがありました。

私たちの卒業の年は京大病院への就職枠がかなり狭められていて、多くの人は京大病院以外に就職先を見つけなければならない事情がありました。そういうこともあって、私は当時、上京区の白峰診療所の2階にあった民診連（現在の民医連）を尋ね、そして、そこから偶然にも吉祥院診療所を紹介され就職することになりました。吉祥院診療所は昭和26年（1951年）の秋に開業しており、私は開業の1年半年後に就職したことになります。場所は西国街道に面した所で、2代目所長となられる岡本先生の自宅が使われていました。私が行くまで看護婦は一人もいない状態でした。諸事情から岡本先生の診察はなく、京大や府立医大から医師が交代で診察の応援に駆けつけている状態でした。患者さんは日雇い労働者とか、韓国の人とかが多く、今のような医療保険に加入している人は数えるほどしかありませんでした。日雇い労働者の保険や、医療券を持ってくる生活保護の人も多くありました。自殺未遂で担ぎ込まれる人、栄養失調で倒れた人、肺結核の人とか、そんな患者さんが後を絶たない診療所でした。

あの頃の吉祥院は、まだそこら中、畑だらけという光景でした。舗装道路なんかありません。西高瀬川は自然な流れの川で暗渠《あんきょ》もありませんでした。日本新薬の工場から異様な臭いの水が流れ出て問題となったこともありました。その昔、西国街道は大名行列の通った道だったと言われていましたが、私が就職した頃は「アサクサ街道」などとも言われていました。毎朝、牛が下肥を引いて歩く道だったからです。

当時の国鉄の西大路駅は、あの頃から今と同じですが、西大路九条から今の171号線に向かって西高瀬川にかかる橋は、まだ木造でした。畑の中に小さな工場がたくさんあるのも吉祥院の風景でした。特に石原産業関係の工場が手広くやられていました。

結婚・出産・子育て・共働き人生

吉祥院病院に就職した翌年、1954年（昭和29年）、22歳の時、3歳年上の大坪昭と結婚しました。診療所の近くの同じ地域にお互い下宿していて、地域の青年団の活動やいろんな機会に知り合うようになっていたのがきっかけでした。夫の収入がとても少なかったことなどから私の親は猛反対でしたけど、私は家を飛び出すようにして強引に結婚しました。当時、四条寺町を下った所にあった労働会館で会費制の結婚式を挙げました。父は来てくれましたが、母は最後まで反対で参加してくれませんでした。

結婚式の日

夫・昭は勤めていた電気会社をレッドパージで辞めさせられて、当時、日ソ親善協会（今の日本ユーラシア協会）の専従職員をしていました。給料などほとんどないに等しく、収入の多くは私のお給料のみ。経済的には大変厳しい中での新婚生活のスタートでした。

結婚した次の年、私が24歳の時、長男が誕生しました。さらに3年後、私が27歳の時、次男が誕生しました。二人目の子どもができ、まだ社会の保育制度も十分でなかった時代、勤めながら子育てするのはとても大変だったため吉祥院診療所を退職することにしました。夫には日ソ親善協会を辞めてもらい、きちんとした収入のある仕事を探してもらうことにしました。

1963年（昭和38年）、私が32歳になった時、子育ても一息つける頃、吉祥院病院に二度目の就職をしました。最初はパート職員として、3年後には正職員になって。正職員になってすぐに主任になって、新日本婦人の会京都南支部の支部長もやって、選挙運動なども一生懸命で、子育てもしながら連日連夜、大忙しの毎日でした。子どもたちが「お母さん、どこへも行かんといてー」と言って、泣きながら出かける私を追いかけてきたこともよくありました。

吉祥院病院の看護師の仕事は1980年（昭和55年）、49歳の時に正職員を辞めてパート職員に変わりました。京都に引き取った父親の面倒を見たり、いろいろあって正職員（婦長）としての勤めが難しくなっていたからです。パート職員としては65歳の最後まで勤め、1996年（平成8年）定年退職を迎えました。正職員だったりパート職員になったりといろいろありましたが、それでも最初の就職の時から数えると40年間も吉祥院病院にはお世話になり、私の人生を支えていただいた職場でもありました。

夫の被爆を知る

私たちが結婚する時、夫が被爆者であることを私は知りませんでした。結婚前、二人で河原町など歩いてる途中、夫が急にすっと座り込むようなことが何度かあったんです。今思うと立ちくらみではなかったかと思うんですが、そんな時も夫は何も語りませんでした。言えなかったんでしょうね、被爆者であることを。夫は私に被爆していることを打ち明けずに結婚したことについて、ずっと罪悪感を抱いていたようです。周りの人たちにはそう話していたようです。

その頃、私は原子爆弾というものについて何も知りませんでした。原爆がどんなものかという知識も何もほとんどなかったんです。原爆の本当のことは世の中全体にも隠されていたのですから、多くの人も同じように知らなかったんだと思います。

長男が生まれる頃、「被爆者と接触しただけで放射能が飛んでくる」「握手すると手が腐ってしまう」「お化けの子が生まれる」などというとんでもない噂もあったそうです。そんな噂に惑わされたわけではありませんが、夫は長男が生まれる時、とても心配だったんです。夫は子どもが生まれるまで、ずっと私にくっつくようにしていて、心配の仕方が尋常ではありませんでした。

私はその頃、「どうしてこの人（夫）はこんなに私の傍にくっついているんだろう」と思っていました。夫は後で、「五体満足で、まともに産まれるのだろうか」と思って心配で心配でしょうがなかったんだそうです。普通だったら父親になるというのはすごく喜ばしいことですよね。それが拷問のように苦しく、苦悩の毎日だったと言っていました。

被爆者はいわれなき差別をされて、そのために語ることをできなくされていたんです。夫は「僕らは差別されてきたんだ」とよく言っていました。そのことと、原爆投下による悲惨な情景を思い出したくない思いとが重なって、被爆のことを語りたくなかったんだと思います。子どもが生まれた後も、この子が差別されはしないかとずっと心配していました

夫が被爆のことを語り、私もそのことをはっきりと理解していったのは１９６５年（昭和40年）、原水爆禁止世界大会が大阪と京都で開かれた年の頃からです。夫は世界大会に要員として参加していて、被爆者でもない人たちが一生懸命原水禁運動に取り組んでいる姿を目の当たりにして、衝撃を受けるように感動したようでした。

自分は広島で被爆しているのに、これまで何もしてこなかった。もう二度と自分のようなつらい思いを誰にもさせてはならない。だから、これからは語っていこう。そのために原爆で亡くなった人たちが僕たちを生かしてきたんだろう。原爆で亡くなっていった人たちのために、それを伝えていかなければ、と強く感じたようでした。その年を機会に、語り部として小学校や中学校、高校、大学などあちこちで自分の被爆体験を語るようになっていきました。

8月6日は毎年京都の壇王法林寺というお寺で被爆者の法要が行われます。夫は朝早く起きてそこへ参加していました。私もたまに一緒に参加したことがありました。その帰りにはいつも、「8月6日には広島では灯篭流しがあるんだよ」という話をしてくれました。「その灯篭流し、僕は見ることができないんだ」と言いました。灯篭が、あの日、川の中で死んでいた多くの人たちの頭に見えるから、見たくないんだ、ということを何度も言っていました。

被爆者健康手帳の交付申請は、最初は証人なしでやっていたけど認めてもらうことはできませんでした。夫の従兄弟が広島県世羅郡の役場にいて、その人を頼りに探していくと、夫が配属されていた軍隊の名簿が出てきて、それをたどっていく中で二人の証人を見つけることができました。1971年（昭和46年）になってやっと手帳交付を得ることができました。

子どもは産んで本当に良かったと思っています。夫が語り部をするようになってから、小学生くらいの息子に「あなたたちも被爆者の子どもって言われるよ、いいか?」と聞くと、息子たちは「他所の子やったら知らんけど、お父さんの息子やから被爆者の息子って言われても当たり前やん」と言ってくれて、夫はほっとしていました。そういう子どもたちでした。後年原爆症認定訴訟をする時、息子たち二人も原告に名を連ねてくれました。

夫・昭の被爆体験

夫は京都生まれの京都育ちだったんですが、夫の父親が広島から出てきて京都に住んでいたので本籍地は広島でした。生まれたのは1928年（昭和3年）1月5日です。戦局がいよいよ厳しくなっている頃からは、国民学校の学童は田舎に疎開、それより上は学徒動員、さらに上はほぼ強制的に志願兵にさせられていました。終戦の年1945年（昭和20年）、夫もその志願兵となり、教育召集という形で入隊しました。17歳でした。本籍地で入隊するという決まりだったので、両親の実家のある広島県世羅郡三川村に帰り、そこから世羅部隊に所属していました。

8月6日原爆投下の当日は、山の中で訓練をしていたので、直接被爆を被るということはありませんでした。そして、その翌日、8月7日に被災者救援のために230人の部隊員とともに広島市に入り、爆心地から600メートルの距離の西練兵場という所に設置された仮救護所に配置されました。日赤から派遣された医師の指示の下で被爆した人々の看護をしました。

仮救護所に集まってくる人々は熱線や火事による火傷、建物破壊による怪我など痛々しく、すさまじいものでした。衣服は破れ、両腕を前にだらりと下げたまま歩く姿は、まるで幽霊そのものでした。ウジ虫がわいてくるのでそれをピンセットで取ったり、赤チンで皮膚がめくれないように垂らしながら消毒などをしていました。近所の人たちが、昔から火傷に効くと言われていた「メリケン粉にお酢を混ぜたもの」を、単なる火傷だと思って持ってきてくれました。それを被爆者の火傷の箇所に塗ると「気持ちがいい」と被爆者の人たちは言いました。しかし、熱射を浴びている肌ですからすぐに乾いてしまい、それを剥がす時には、骨が見えるほど身がえぐれてしまいました。とても痛々しかったと言っていました。

亡くなった人を集めて荼毘《だび》に付すこともしました。行く道々に、動かなくなって死んだ人が折り重なっている光景や、馬や牛などが死んでいるのを見ながら作業を毎日続けていました。夫の所属する「世羅部隊」は8月25日、現地で解散しています。それまで19日間、広島市内のほぼ爆心地に近い所で、寝泊まりや食事をしながら救護活動を行いました。

夫が語り部などを行うようになってからは私も被爆体験をよく聞かされました。断片的な話が多かったですが、大会や集会に行ったりした後に、帰って来てからさらに追加で説明するように話してくれることが多かったです。

「広島市内に救護に入って、子どもにお乳を飲ませているお母さんがいて、『兵隊さん、水下さい』って言われたけど、水をあげたらすぐに

爆心地から450 m、西練兵場跡のシダレヤナギ。戦前たくさん植えられていて、原爆でたった1本生き残った。（被爆樹木）

死んでしまうと聞かされていたからあげなかった。でも次の日、同じところに行ったら、その子を守るようにしてお母さんも死んでいた。水をあげればよかった」「道行く人、道行く人から『兵隊さん、水下さい』とせがまれた。その人たちを振り切って行ってしまった。悔やまれて悔やまれてしょうがない」

夫は世羅部隊の解散後、三川村の実家に帰宅しました。帰宅して2ヵ月経った頃でも、微熱・下痢状態があり、それも長い間続きました。痛みもないのに歯茎からよく出血もしました。全身がだるく倦怠感もありました。立ちくらみも数年続きました。

19歳の時に京都に帰ってきました。それからも39度くらいの突然の発熱や、たびたびの立ちくらみに悩まされました。髪の毛を伸ばし始めた頃、激しく髪の毛が抜け落ちるのに気づきました。生えては抜け、生えては抜けするのでびっくりしました。それ以前から脱毛はあったのに、坊主頭だったのでそれまで分からなかったのです。

夫の闘病人生

夫は「病気の問屋」というほど多くの病気に見舞われました。1958年（昭和33年）、30歳の時から変形性脊椎症という病気が出て、しょっちゅう腰に痛みがはしり、ぎっくり腰を起こしたりしていました。

1969年（昭和44年）、42歳の時にがんの疑いがあって胃の手術をしました。がんではなく胃潰瘍でしたが3分の2を摘出しました。この頃から腎臓が悪かったり、肝臓が悪かったりで入退院をしょっちゅう繰り返していました。「今年は一度も入院しなかったね」という年がたまにあるくらいの状態でした。貧血もよく起こしました。薬が効く限りはずっと鉄剤を飲んでいました。鉄剤は長く飲むものではないので、正常値にもどったら止めるということを繰り返していました。

最もひどかったのは1984年（昭和59年）、56歳の時、心臓が悪くなって金沢大学病院まで手術をしに行った時でした。WPW症候群といって、発作性の心拍数によって脈が150〜200も打つ病気でした。心臓の中に弁が一つ余分についていて、それが原因で激しく心拍数があがります。当時それを切除する手術は国内では金沢大学でしかできませんでした。（今はカテーテルで対処できるようになっています）

下痢もよくしました。入院しても原因が分からないんです。抗生物質でも止まらない、検査しても分からない、不明熱も出ていました。本当にわけの分からない症状で、それが原爆による影響かもしれませんでした。

原爆症認定集団訴訟で東神戸診療所の郷地秀夫先生が、「原爆によって核物質が体内に入ったら体内で被ばくが続く。体内に残って弱い部分に攻撃していく。そういう恐ろしさが核兵器だ」ということを証言されました。それを聞いた時、「あの症状はそういうことだったんだ」と、後年になって納得しました。

夫は特に白血球が減るのを心配していました。実際、白血球が減少して抵抗力が弱くなり、肺炎を頻繁に起こしてよく入院しました。２００１年（平成13年）には両眼白内障のために手術もしています。

自分の体がしんどい時、すごくだるかったと思われる時、「これが原爆ブラブラ病というのかなあ」と、一人でポツンと言っていたりしました。だけど、普段はシャンとしているんですよ。姿勢正しくしてね、しっかり話していました。私が言うのも変だけど、被爆者の人はみなさんそうでしたね。なんでそこまでシャンとできるのかな、と思うくらい。私たちなら、しんどかったら「クタ～」っとなってしまいますけど、被爆者の人たちは一旦病気が落ち着けば本当にシャンとしています。夫は本当に冗談が好きでね。どんなにしんどい時でも冗談を言って笑わせてくれました。そういう点でもしっかりした人でした。

こんなに多くの病気をしていましたので、休むことが多く、仕事は何回も変わらざるを得ませんでした。仕事を変わる時に面接に行きますと、本籍地が広島県なので、やっぱり被爆のことを聞かれます。うそはつけないので被爆者であることを言うと採用されなかったこともありました。最後は、やむなく自営の仕事を起こし、電気機械組み立ての下請けの、本当に零細企業でしたが、それでなんとか生活を続けてきました。

原爆症認定申請の決意、そして夫の死

夫は京都原水爆被災者懇談会の世話人もしていましたから、それまでも他の被爆者のみなさんの原爆症認定申請や認定訴訟を一生懸命応援し、裁判の傍聴にも熱心に出かけていました。でも、まさか自分が認定申請したりすることはないと思っていました。「ただでさえ認定は難しいのに、まだ自分は元気だから申請しても、認定されないだろう」ということで。

ところが２００４年（平成16年）３月に骨髄異形成症候群と診断されて、今度は自分も絶対に認定申請するぞ、と言い出したんです。３月28日に呼吸困難に陥って京都第一日赤病院に入院しました。その時に骨髄液を採って調べてもらったら骨髄異形成症候群という病気だと分かりました。そして「この病気はやはり原爆によるものなんだ、今までの病気もそうなんだ」ということを再認識して、「僕、やっぱり認定申請の手続きするわ。認定申請しないと僕が原爆でこういう苦しみを味わっているということをみんなに知ってもらえない。その苦しみを国が認めるということは、原爆の恐ろしさを認めることなんだから僕は申請する」と言って、自分で申請書類を書き、第一日赤の先生に診断書を書いてもらうようお願いしました。担当の先生は「原爆によるものとも言えないがそうでないとも言えない」という内容の診断書を書いていただき、それで申請書を提出することができました。

病院も人体実験をして証明するわけにもいかないので、なかなか原爆によるものとはっきり書けないんですね。認定申請日は２００４年（平成16年）５月10日です。骨髄異形成症候群という病気は白血病によく似た病気で、骨髄移植しか治す方法はないんです。だけど年齢的にもう移植は無理でした。貧血が起きるたびに輸血をして、白血球が減れば白血球が増える薬を注射するという対症療法しかありません。抵抗力が少なくなりますから肺炎を起こ

して機能不全に陥り入退院を繰り返すことになるだろうと言われました。

診断が下された日、病名を聞いて余命いくばくもないことを知り、私は夫の前では泣きませんでしたが、家に帰ってから、息子や孫たちの前で、机を叩いて号泣しました。夫の60年間は何だったんだろう、これ以上自分たちのような悲惨な思いはさせたくないという思いで語り部活動をずっとやってきた、それなのに夫が原爆のせいで死んでしまうのだと思うと、堪《こら》えることができなかったのです。その時、夫は3日間ほど意識不明となり、救急救命センターで集中的な治療を受け、その後、意識は戻りました。それから6ヵ月間入退院を繰り返しました。9月15日、3回目の入院をした後、2004年9月28日未明、呼吸不全、心不全に陥り、家族に見守られて息を引き取りました。原爆症認定申請の結果を気にかけて、「返事はまだ来てないか?」と言いつつ死んでいったんです。76歳でした。

厚生労働省から夫の認定申請に対して却下処分が届いたのはその翌年、2005年（平成17年）の2月28日です。

夫の遺志を引き継いで

2003年に始められた原爆症認定集団訴訟は、近畿の第一陣の原告の裁判が進行中で、夫も入院するまでは原告の小高美代子さんたちの意見陳述や証人尋問などの傍聴に毎回、大阪地方裁判所まで行っていました。入院してからは「よくなったら一緒に裁判の傍聴に行こうね」と夫と約束もしていたんです。夫が亡くなってから初めて私も裁判の傍聴に出かけるようになりました。その時、京都原水爆被災者懇談会事務局の田渕啓子さんから「大坪さん、一緒に裁判やりませんか」と声をかけられました。弁護士の久米弘子先生も紹介されて、先生からも「最後まで頑張りましょう。却下処分に対する異議申し立てもしましょう」と言って下さいました。

認定申請した後、夫は5ヵ月も生きることはできなかったので「もう仕方ないなあ」と思っていたんですが、励まされて、まず異議申し立てすることにしました。でも、厚生労働省からはなかなか返答は来ません。それで、私と二人の息子と三人連名で裁判に訴えることを決めたんです。原爆症認定集団訴訟の近畿の第二陣原告七人の一人として、２００６年（平成18年）７月28日に提訴しました。裁判に踏み切った時、思えば、被爆に立ち向かってきた夫に対して、私は何もしてこなかったなあと思いました。今からでは遅いかもしれないけど、でも、やるだけのことはやろう、いや、しなければならないという思いを込めていました。

被爆者本人は亡くなって、遺族がその遺志を継承して裁判に訴えるのは近畿では私が初めてでした。そういうこともあって大阪の裁判所での記者会見は、私ひとりがたくさんの記者に囲まれて行われました。

訴訟を始めて、それまでこの訴訟に関わっていた人たちとも交流を深めるようになりました。そして、訴訟に関わっている人たちが、私よりもっとよく夫のことを知っているのに驚きました。「みんなのところでは気を許して何でもしゃべっていたんやな、私にはそこまではしゃべっていなかったんやな」という複雑な思いを持ったのも事実です。私のように被爆者であった夫を裁判中や裁判の終わった後に亡くした人は他にもありました。そういう人たちとは他の人とは違う何か通じ合うものを感じていました。夫が被爆者であったためにつらかった思いもありますが、夫に十分には協力してこれなかったのではないかという、悔いのようなものが心の奥深くに残っているんです。

２００７年（平成19年）３月、法廷で原告としての意見陳述をしました。初めての証言台でした。７月には原告に対する証人尋問もありました。この時には京都原水爆被災者懇談会が作成したＤＶＤも上映され、在りし日の夫・昭の被爆者運動に携わる姿も紹介されました。２００８年（平成20年）に入り１月30日には私たち近畿の第二次原告の裁判も結審を迎えました。

認定を勝ち取る！

全国の原爆症認定集団訴訟が進む中で、被爆者の勝利判決が続いていました。２００３年（平成15年）に始まった集団訴訟は２００７年（平成19年）中までに、近畿（大阪）第一陣だけでなく、広島、名古屋、仙台、東京、熊本と全国六つの裁判所で判決が出ていて、すべてで国の認定行政は誤りであり、原告の被爆者を原爆症と認定するよう言い渡されていました。マスコミも国の認定行政はあらためるべきだと主張し、世論は大きく盛り上がっていきました。

そうした状況に押されて２００８年（平成20年）３月、厚生労働省は新しい審査の方針を決めました。それまでは厳しく厳しくしていた審査基準を少しあらため、爆心地から3・5キロ以内の直爆被爆者は認めるとか、入市被爆者も原爆投下から１００時間以内に2キロ以内に入った者は認めるとかになりました。被爆者が求めていた被爆の実態に基づく認定制度にはまだまだ足りないものでしたが、とりあえずこの新しい審査方針に基づいて、裁判を争っていた原告の被爆者全員の審査の見直しも行われることになりました。夫は翌日入市でしかも爆心地近くに19日間もいたので、認定されることになりました。

厚生労働省の原爆症認定審査部会での夫の認定は5月13日付に決まっており、認定証書は15日には京都府に届いていました。しかしそのことが私たち遺族に伝わったのは5月20日になってからで、弁護士を通じての連絡でした。京都府の職員の人は認定証書を郵送で送ろうかと言いましたが、弁護士はそのようなぞんざいな取り扱いに強く抗議し、遅れたことのお詫びとあわせてきちんと遺族に手渡すよう求められました。その日中に、京都弁護士会館において、弁護士とたくさんのマスコミ記者の見守る中で、認定証書は手渡されました。

原爆症認定された時の記者会見（2008年5月20日）

判決が出される前に先に認定された原告に対して、国は提訴を取り下げるよう求めてきました。しかし、国は原告に対して一言の謝罪の言葉も述べていません。また、原爆症認定と合わせて求めていた国家賠償は引き続き争っていたので、提訴取り下げには応じず、最後まで国の誤りを正す裁判を続けました。２００８年（平成20年）７月11日、判決の1週間前という異例の形で最終弁論の日が設けられ、私が原告を代表して意見陳述をしました。

「夫は60年余りも苦しんで亡くなりました。夫が原爆症と認められたのは申請して丸4年になります。こんなに長い間放置されたのに、前の処分の間違いも認めず、ただ『見直して、認定したから、これ以上裁判は必要ない』と言われて、黙って引き下がることはできません。裁判所には国の違法をきちんと認めてほしいと思います」と訴えました。この時第二陣の原告はすでに半数以上が亡くなっていたのです。

夫の遺志を継いで、原爆症認定裁判に提訴し、みなさんと一緒に闘ってきました。そして、京都原水爆被災者懇談会の世話人会の一員にも加えていただき、被爆者の救済と世界から戦争と核兵器をなくす運動にも、小さな力ながら、とりくんできました。原爆症に苦しむ被爆者は今も増え、原爆症認定訴訟（ノーモア・ヒバクシャ訴訟）は今も続いています。可能な限り裁判の傍聴に駆け付け、公正な判決を求める署名運動なども行っています。

私たちにできること、しなければならないことは、実際に経験した戦争のこと、家族の体験した被爆のことを語り継ぎ、多くの人たちに広めていくことだと思います。そのためのとりくみを２００７年（平成20年）以来、様々な機会に行ってきました。

主なところだけ紹介すると、仏教大学でのゼミ、生活協同組合の学習会、下京区の戦争展、学生のみなさんの平和サークル、新婦人の様々な機会、立命館大学国際平和ミュージアムでの「京都の戦争展」等々です。そして近畿高等看護専門学校では昨年、今年と2年連続、「平和といのち」の学習講演会に招いていただき、お話しさせていただきました。これからの生涯を看護に携わろうとしている若い人たちに、私の平和への思いを語らせていただくのは、とても幸せなことです。これからも力の続く限り語り続けていきたいと思っています。

17 折場 六三

学徒動員先の広島駅貨物操車場で被爆

お話＝2014年11月21日

折場六三さんの手記「私の被爆体験」に加えて、2014年11月21日（金）に折場さんのお話を聞きました。

手記

満13歳の時、旧国鉄の学徒動員に応じて、昭和20年（1945年）3月から、広島駅貨物操車掛に勤務していました。8月6日、午前8時15分に原子爆弾が投下され、被爆しました。爆心地から1・7キロの距離でした。

その日は、食堂で食券を出して朝食を済ませ、大須賀町の宿舎（鉄道寮）に帰り、部屋の中央で、友だちと三人一緒に、「今日はどこで何をするんだろうなあ」と話していました。その時突然、ピカッと光り、爆音と爆風が一度に起こり、一瞬にして宿舎全体が潰れてしまいました。潰れた宿舎の下敷きになりましたが、たまたまいた所が良く、屋根の合掌の下だったので助かりました。部屋の中は爆風のほこりで真っ暗でした。とにかく外に出ようと必死でした。

家屋の妻側から外の明かりが見えたので、壊れていた「がらり」から路地に這って出ました。

外も薄暗い状態でした。そこから大通りに出ました。通りの両側の家屋は全部潰れていました。西の方向に向かって歩きました。橋の袂に倒壊していた家の瓦礫の下から「助けてー」と、かすかに声が聞こえましたが、助けることはできませんでした。友だちと三人で大通りから右に曲がり、鉄道の踏切を渡り、いつも空襲警報のたびに避難していた北方向の松林に逃げました。

街が全部潰れた現状を目にしてから、とにかく田舎に帰ろうと話し合い、山陽本線の向洋駅方面に向かって歩きました。東練兵場にさしかかった時、広島駅方向から夫婦と思われる二人が、頭に蒲田綿のような物をかぶって避難してきました。男の方の顔を見たら焼けただれていました。おでこと鼻の間に焼けただれた赤黒い皮膚が張っていました。そんな人を見ながら練兵場の中を東へ東へと歩きました。町中に出て少し行くと突然、どどーっと大音と同時に家屋が倒れたので、私たちは二度びっくりしました。

ずーっと鉄道沿いに歩きました。向洋駅を越えて、どこまで行けば汽車に乗れるのかと思いながら歩きました。途中、通りの左手に谷川のほとりにそって建っているお寺があって、そこで炊き出しをされていました。おにぎりと藁草履をもらいました。

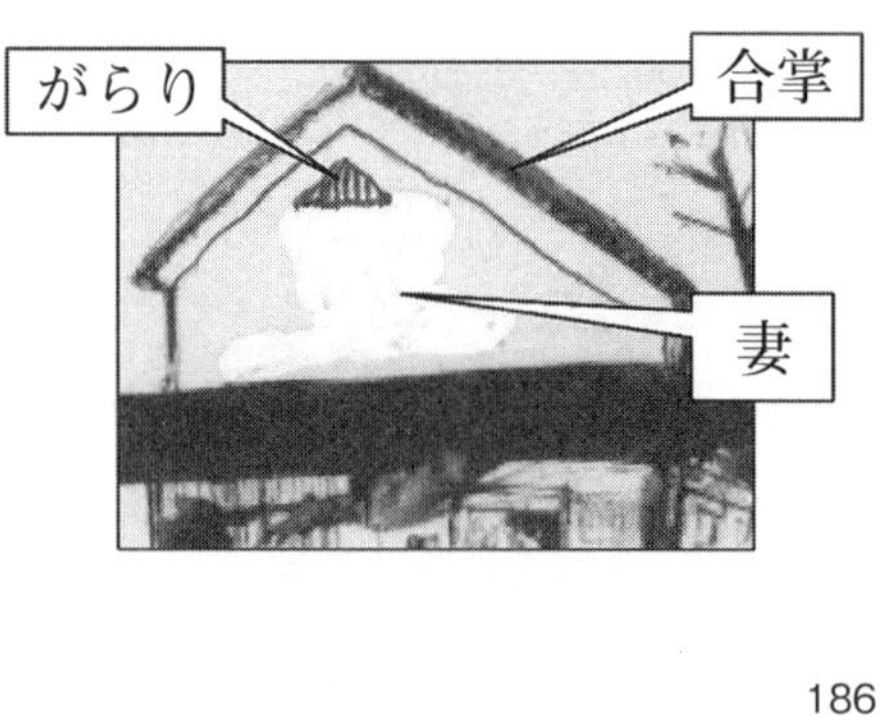

午後2時頃だったと思いますが、やっと安芸中野駅で折り返し運転していた汽車に乗ることができました。長い時間待たされましたが、その汽車は河内駅に向かって出発しました。

私は故郷の河内町河戸へ、友達もそれぞれの田舎に帰ることができました。家に着いたのは午後4時頃だったと

東練兵場の北側にある広島東照宮門前の原爆碑

思います。家に帰ると、母が、「ピカッと光ってあんな雲ができた」と言ったので、見上げると、西南の山の上にきのこ雲ができていました。原爆投下から時間がたっていたので、雲は少し右の方に崩れていました。これがピカドンが投下された日の私の体験した一日の出来事です。

８月13日になって、友達と話し合って、三人一緒にもう一度広島に行くことにしました。広島駅に降り立って見た光景は、見渡す限り焼け野原で、宇品の方まで見えました。焼け跡からまだ所々煙が立ち昇っていました。そんな情景を見ながら、１週間前まで生活していた国鉄の宿舎に向かいました。宿舎跡には、スコップで焼け跡を掘っている教官がおられました。近寄って、「何を掘っておられるのですか」と尋ねると、ここにいた学徒の生死が分からないので掘っているのだと言われました。２階が焼け落ちた跡から骨が出たとも言われました。「君たちはよく来てくれた。生きていて良かった。今後のことは家で待つように」と言われました。

８月15日、終戦を迎えました。国鉄を正式に退職扱いとなったのは翌年３月でした。

聞き書き

私は１９３１年（昭和６年）８月30日の生まれで、今年83歳になります。当時の広島県豊田郡河内町河戸という所で生まれました。上から男ばっかり四人、その下に女三人の七人きょうだいの四男坊でした。

河内国民学校高等科2年になって少しした頃、国鉄の学徒動員というのがあるが行かんか、と言われて応募したんです。国鉄では寮に住んでいました。そこで被爆したわけです。国鉄では貨物駅の操車掛で、貨車の入れ替え作業などをしていました。今から思うと、とても危険な作業で、13歳やそこらの子どもにさせる仕事ではありませんでした。この時、広島県内あちこちから全部で25～26人くらいの生徒が来ていたと思います。原爆が落とされて、寮で話していた三人一緒に途中まで歩いて帰ったんですが、身なりはズボンとアンダーシャツ1枚の格好で、履物もどうしていたのかはっきり覚えていません。

原爆が落とされた日、三人は逃げるように勝手に帰ってしまったわけで、あらためてきちんと報告せんとあかんのではないか、ということで、8月13日また広島に向かったわけです。教官が一生懸命宿舎跡を掘っていたのは手記の通りですが、あの時同じ寮にいた26人の動員学徒のその後の消息はまったく分からないままになりました。

京都で生きる

1947年（昭和22年）、私が15歳の時に叔母さん夫婦をたよって京都へ来ました。叔母さん夫婦の家が折場だったんです。折場には息子が二人いたんですが、二人とも戦死して、後を継ぐ者がいなくなっていたので、その家に私が養子に入ったわけです。

戦争さえなければ、折場の息子の一人でも生きていたら、私も今頃どこで何をしていたか分かりません。折場の家は大工さんで、私はその大工の見習い、丁稚として京都へ来たようなもんなんです。食わしてもらうけど、給料はない、というような。でも、夜間やったけど3年間の建築学校にも行かせてもらえて、大工としてやっていけるようにしてもらいました。

結婚は1959年（昭和34年）、28歳の時です。

35歳の時に京建労（全京都建築労働組合）に入って、60歳までやりました。執行委員などもやって、建築の仕事の上に、京建労の活動もいっぱいあって、無茶苦茶忙しい暮らしでした。

被爆者手帳はずーっと後になって京都で取りました。京都府からは、「なんでこんなに遅くなってから申請するんや」と文句を言われましたが、証人は広島県の田舎にいる兄が全部手配してくれたりして、取ることができました。でも私は、手帳は持っているだけで、長い間、それをどんなふうに使うのかは知らないままでした。お陰さまで、体は今のところ元気です。神経痛が出るぐらいで、他はこれといって悪いところはありません。被爆者健康診断は、若い頃はなかなか行かなかったんですが、妻に厳しく言われて、今はきっちりと年2回、吉祥院病院で受けるようにしています。

子どもは二人います。長男が1960年（昭和35年）、長女が1963年（昭和38年）の生まれです。子どもたちは被爆者二世健診を受けに一度だけ一緒に行ったことがあります。今は会社の健康診断だけにしていますが、会社を辞めたらまた二世健診を受けるつもりのようです。子どもたちも特に悪いところはなく、元気にやっているので安心しています。孫も二人できました。

戦争被害を語り継ぐ

年金者組合の下京支部にはいろんなサークルがあるんですが、その中の一つの食事会で、集まっている面々といろいろな話をしている時、下京区でも戦争展のようなものをやってはどうか、ということになったんです。戦争を経験した人や、銃後の暮らしを体験した人が年々少なくなっていて、今のうちにやっておかないと、語れる人がいなくなってしまうということで。戦争中の教科書の復刻版や昔の新聞の切り抜きなど貴重な物が集まっていて、そういうものを展示して見てもらえたらいいんじゃないかということで。その中に、戦争中の、五条通りの建物強制疎開前のある町内の住宅地図が出てきたんです。これは戦争被害の証拠の最たるもんやないか、ということでそれも展示したんです。そしたら、見に来る人来る人が「私ここに住んでいた」とか言い出して、話が広がっていったんです。

それがきっかけになって、毎年、建物強制疎開前の町並みを調べて復元して、一軒一軒の家の名前や屋号まで分かる住宅地図を作っていったんです。下京区の「戦争と銃後のくらし展」に毎年展示するようにしてますが、もう7年になります。新聞記事にもなって、「新聞見て来た」という人も増えてきました。わざわざ神奈川県から知らせを聞いて見に来たという人もありました。

「戦争と銃後のくらし展－しもぎょう」に展示された『五条通り建物強制疎開前の住宅復元図』(2014年7月)

会場に来るみなさんの反響を見ていたら、五条通りの昔の家々のまだ分からん箇所も早よ探しに行かなあかんな、ということになって、早よ行かんと住んでた人みんな80歳以上になって、死んだり、記憶なくしていくから、ということにますますなっていっていきました。どこそこに、昔の五条通りを知ってる人がいると聞くと、地図を持って行って、昔のこと思い出して教えて下さい、とやっているわけなんです。そうすると、出るわ出るわで。その上、それまで作っていた地図のどこそこは違うという箇所なんかも出てきましてね。展示してたら、ここはああやこうやと、展示している地図の上に勝手にいっぱい書きこまれたりして、真っ黒になってしまって。これまでに地図は三回も書き直しているんですわ。

「昔ここに自分の家があった」と自分の家を見つけた人には本当に喜

ばれていますね。昔のことを聞き取りに行くと、「兵隊から帰ってきたら、家も何もなくなっていてびっくりした」とか、「兵隊から帰ってみるとお寺の敷地が半分になっていた」とか、そんな話もたくさん聞いてきました。

建物強制疎開になった地域の全体（西は山陰線から東は東大路まで）からすると、今80%以上の完成になると思います。作った地図も6メートルを超える長さになっています。最初は下京区だけの範囲のとりくみだったはずなのに、いつの間にか東山区までやれと言われるようになってしまって。

建物強制疎開も戦争被害ですからね。軍の命令一つで、二束三文で追い出されたり、一銭の補償もないまま叩き出されたり、たくさんの人たちが土地と家屋とくらしを奪われたわけですから。戦争被害を風化させないよう、語り継いでいくことが目的ですから、もう少し老体に鞭打って頑張りたいと思っています。

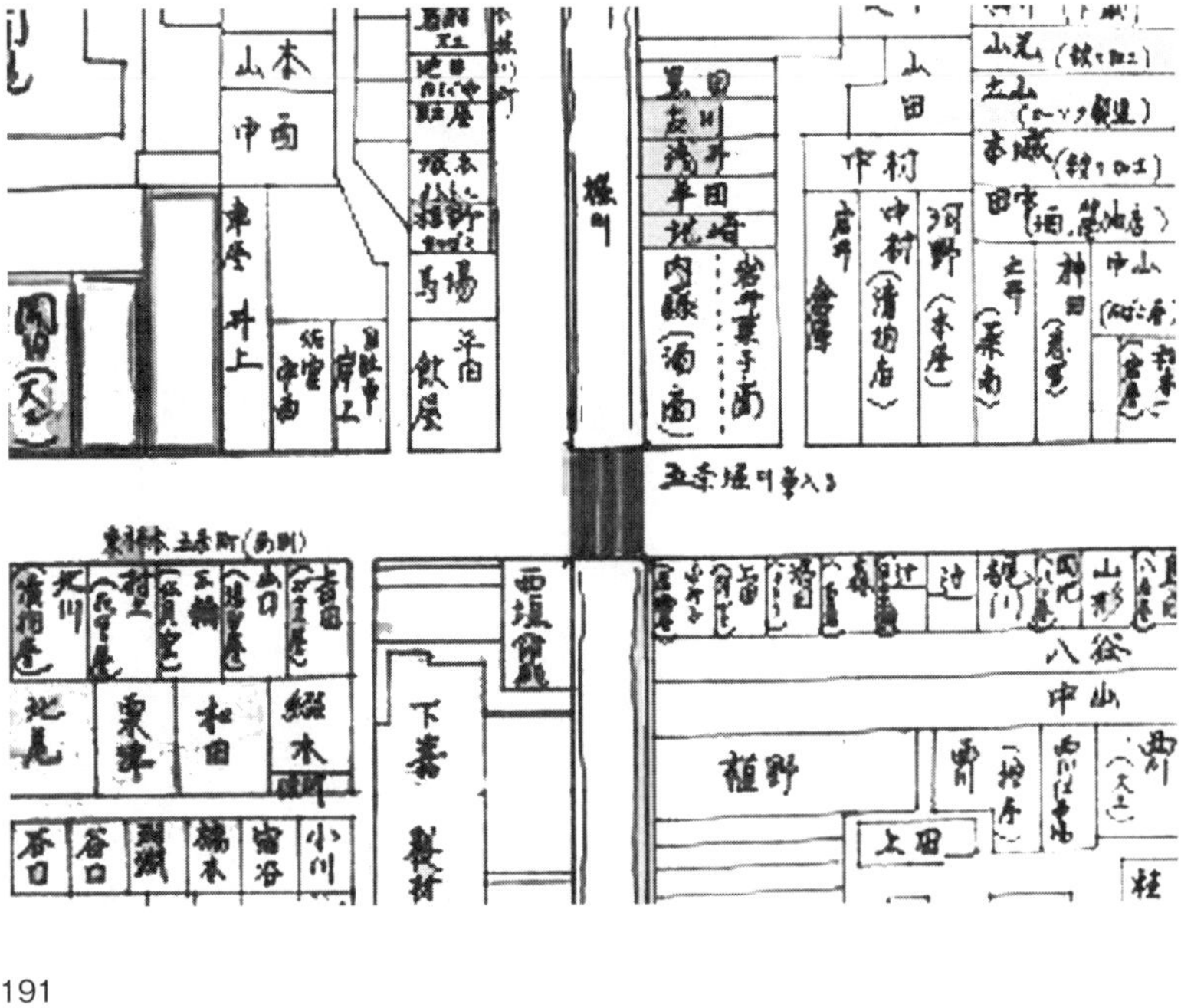

『五条通り建物強制疎開前の住宅復元図』の一部

18

小迫　笑子

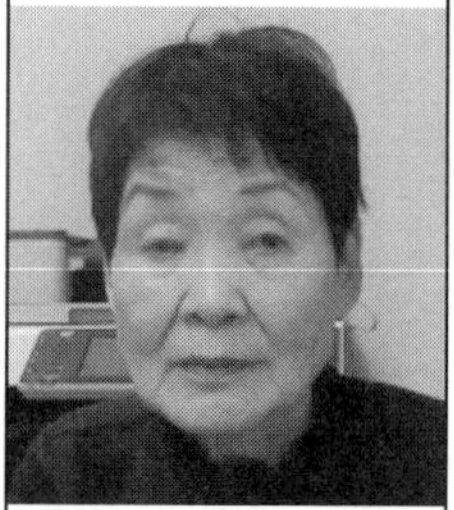

夫の原爆症と裁判を支えて

お話＝2014年11月18日

私たちの結婚

私は1940年（昭和15年）、京都の中京区で繊維関係の商売をしていた家の三人きょうだいの長女として生まれました。空襲など戦争被害のあまりなかった京都と言われますが、それでも私の家では地下にあった物置の部屋を防空壕代わりにしていて、空襲警報が鳴った時はそこに入っていたことを覚えています。

私の父親は、私が物心つく頃、もう兵隊に行っていて、ほとんど記憶にないんです。散髪屋に連れてってもらったことをかすかに覚えているくらいです。その父はフィリピンで戦死して、白木の箱に位牌のようなものを入れられてカタカタ音をさせながら帰ってきました。

戦後は地元の小学校、中学校、高校を卒業し、30歳まで実家で商売の手伝いをしていました。30歳の時、大阪に勤めに出ることになって、最初は京都から通勤し、そのうちに大阪に住むようになりました。夫の嘉康《よしやす》とは、その大阪で知り合い、1978年（昭和53年）に結婚しました。夫は和菓子の職人でした。結婚して5年後の1983年（昭和58年）、京都の下京区に家を購入し、今の住まいに引っ越しました。

結婚の時、夫が広島で被爆していることは聞いていました。でも、元気でしたし、気にすることなど何もありませんでした。夫からは被爆の話はそれほど詳しく聞くことはありませんでした。でも、亡くなった人の死体を集めて油をかけて燃やしていたことや、ウジ虫がいっぱいわいていたこと、太田川が亡くなった人でいっぱいだったことなどの話は、時々してくれていました。

夫は和菓子の勤め先を55歳で一旦定年となり、その後60歳までは再雇用で仕事を続けました。60歳ですっかり仕事をやめたちょうどその時、大腸にポリープが見つかって京都市立病院で摘出手術をしました。良性でしたが、これが初めての病気らしい病気でした。そして、5年後の2003年(平成15年)、夫が65歳になった時、咽頭《いんとう》がんがみつかったんです。それからの夫の晩年はその咽頭がんに負けまいとする、闘病の毎日になりました。それから原爆症認定を申請したのですが、却下されたので、国を相手に集団訴訟にも加わっていきました。最後には原爆症認定してもらうことができましたが、認定証書を受け取った2週間後に、2008年(平成20年)6月、甲斐なく亡くなりました。享年70歳、まだまだ頑張れる年齢でした。

夫・小迫嘉康の被爆体験

ここからは、夫・小迫嘉康の被爆体験を、原爆症認定訴訟の時に本人の書いた陳述書を参考にしてお話します。

夫は、1938年(昭和13年)1月5日生まれで、被爆の時は7歳でした。1945年(昭和20年)当時、自宅は広島市西区の楠木一丁目にありました。山陽本線横川駅に近く、爆心地から約1・5キロほどの所です。父方の祖父母、妹(当時4歳)、父方の叔母と本人との五人で住んでいました。学校は三篠国民学校に通学し、当時2年生でした。国民学校には兵隊がたくさん来ていたので、子どもたちは分校(近くのお寺が使われていました)へ行って勉強していました。1945年(昭和20年)は8月でも夏休みではなく、ほとんど毎日、分校へ行って勉強していました。分校となっていたのは光隆寺というお寺で、国民学校から300~500メートルくらい、爆心地からの距離は

1.7キロでした。学校へ行く日は、午前8時前には分校へ着いて勉強し、昼過ぎには家に帰っていました。

8月6日の朝も、午前8時前には分校に着き、勉強していました。お寺は、木造平屋建でした。廊下から入ってすぐの部屋で勉強していました。生徒は20~30人くらいいたようです。いつもどおり勉強していると、B29の音が聞こえ始めました。みんなで部屋から廊下まで見に出ました。廊下に出て、あっと思ったら、すぐに建物の下敷きになっていました。あっという間の出来事だったので、はっきりとした記憶はないのですが、B29の機体をちょっと見た気がしたようです。白い色だったと記憶しています。あっと思った次に記憶しているのは、地面か畳の上か分かりませんが、とにかくうつぶせになっていたことです。木と木との間に挟まれていました。人の声が聞こえたので、「助けてくれー」と言ったようで、大人の人が助け出してくれました。

助け出されてから、大芝公園へ行きました。大勢の人が大芝公園に向かって歩いていたので、ついて行ったのです。大芝公園は線路(山陽本線)より北、太田川の西岸にありました。一緒に勉強していた友達がどうなったのかは、まったく分かりませんでした。大芝公園の付近は、家はほとんど倒れていました。公園に行く途中にも、公園に行ってからも、服がぼろぼろになっている人、皮膚が焼けただれている人、体が大変なことになっている人をたくさん見ました。公園に着いたのは、まだ夕方になる前でした。公園の中には、火傷している人がたくさんいました。

大芝公園まで行けば、誰か家族を見つけられると思いましたが、見つけられず、知らない大人の人についてさらに田舎の方へ行きました。その日の晩は野宿をしました。

田舎には1週間くらいいました。知らない農家の家で生活していました。1週間くらいたったころ、祖父が迎えに来てくれました。後で祖父に聞いたところによると、近所の人か誰かが農家に買い出しに来ていて、夫がいることに気づいて、家族に「お宅のお孫さんがおる」と言ってくれたんだそうです。祖父が迎えに来てくれたのは、まだ戦争は終わっていなかった時期のようです。祖父に連れられて、また大芝公園に帰りました。

公園に行くと、小屋が建てられていて、家族はそこに住んでいました。祖父母、叔母、妹の四人はみんないました。家族から、自宅は全壊したと聞きました。被爆の瞬間、叔母は物干しに上がっていて、祖母と妹は家の中にいたそうです。祖父は仕事に出ていました。屋外で被爆した叔母は、ひどいケロイドが顔にできていました。妹が、叔母のケロイドを怖がっていたそうです。食事はできていましたが、乾パンや缶詰みたいなものばっかり食べていました。水は、祖父がどこからかバケツに汲んできてくれていたので、それを飲んでいました。その水を使って、公園の中で煮炊きもしていたことを記憶しています。

公園のそばで、よく死体を焼いていました。公園の周りに死体が転がっているので、集めて焼くしかないのです。大人の人が引っ張ってきて、山積みにして焼いていました。ガソリンか何かをまいていたと思います。死体を焼く時、ひどい臭いがしていました。風で煙が流されるので、よく吸っていたんだと思います。

９月に入ったころ、祖母の妹にあたる人が迎えに来てくれました。祖父母、叔母、妹、夫の五人で、広島県後調《みつぎ》郡市村に行き、親戚のお世話になることになりました。電車に乗って行ったのを覚えているそうです。その後、夫は中学を卒業するまで後調郡で暮らしました。中学を卒業後、大阪に出て就職しました。親戚の叔父さんにお世話になっているので、高校進学までは頼めず、中卒で働け、と言われたんだそうです。大阪では食品関係の職場に入り、最初は販売をしていましたが、徐々に和菓子業界に入り、和菓子職人としてやっていくようになりました。被爆した後は、下痢によくなりました。他に風邪もひきやすくなっていたようです。

現在の大芝公園にある原爆慰霊碑

60年目に取得した被爆者手帳

２００３年（平成15年）、夫が65歳の時、のどのあたりに塊があっておかしいなと言い出して、かかりつけの島津医院に行ったんです。島津医院の先生から京都市立病院を紹介されて、塊の一つはとれたんですが、奥の方のもう一つがおかしいと言われて検査しました。１週間後に悪性の咽頭がんと診断されたんです。

翌２００４年（平成15年）の４月12日から６月４日まで入院してカテーテルによる抗がん剤治療を受けました。退院してからは経過観察になって、１ヵ月に１回の通院を続けていました。

２００７年（平成19年）になって再び咽頭がんがみつかり、７月から10月まで長期間の入院で治療をしました。今度は切除手術でした。それでも完全には切除できなくて、残ったがん細胞には放射線治療を行うことになりました。退院後は、定期的に通院しながらの治療を続けていきました。

夫は被爆者健康手帳というものがあることは知っていました。でも、本人がそれまで元気に過ごしていたので特別に必要とは思わず、仕事や生活に忙しくて、手帳申請のためにあれこれするのも煩わしくて、被爆者手帳はずっと取っていませんでした。咽頭がんだと診断されて、これからは治療費も大変になると思い、かかりつけの島津医院の先生からも「手帳取るなら今しかないよ」と言われて、それで取ることにしたんです。

でも、手帳を取るのは大変でした。被爆してから60年も経っているので証人になってくれる人がなかなかなくて。京都府庁に行ったら、嘘言って手帳取ろうとしているみたいに言われたりして、もう止めようかと諦めかけたこともありました。でも、島津医院の先生や、原水爆被災者懇談会の田渕さんなどにたくさん助けてもらって、インターネットやいろいろな方法で夫の被爆の証人探しをしてもらったんです。私ら夫婦で一緒に横浜まで行って、証人になってもらう人にお願いをしたこともあります。やっとのことで、２００５年（平成17年）２月18日、手帳をもらうことができました。

原爆症認定申請と集団訴訟

被爆者手帳の申請を手伝ってくださった島津先生などから、原爆症の認定を申請してみてはどうかと勧められ、２００６年（平成18年）３月14日付で原爆症の認定申請をしました。けれども、５月26日付で申請を却下するという通知が来たんです。

爆心地から１・７キロという近い距離で、放射能の影響を強く受けると言われるわずか７歳の年齢で被爆して、申請した病気も咽頭がんなのに、どうして却下になるのかまったく理解できませんでした。島津先生や市立病院の主治医の先生も、原水爆被災者懇談会のみなさんも、そのことを知らせると、「何でや、おかしいんちゃうか」と言ってくれました。普段はとても大人しい性格の夫でしたが、原爆症認定申請が却下された時は、あまりに理不尽な国の処分に腹が立ってしょうがなかったようで、その頃全国で運動が進められていた原爆症認定集団訴訟の原告になり、参加していくことになりました。このまま却下で終わらせるのは、悔しくて悔しくて、どうしてもできなかったのです。提訴は２００７年（平成19年）７月28日です。

夫は、裁判には熱心に行きました。他の原告の人の裁判の時も応援のために、ほとんど毎回、傍聴しに行きました。がん治療を行いながらのことでしたから、裁判に行くのも大変でした。のどの渇きがひどいので、いつも水を用意して、ペットボトルも欠かさないようにして。原告本人としての口頭での意見陳述も、原告本人の証人尋問も頑張って証言台に立ちました。

2006 年（平成 18 年）頃

三度目の入院、亡くなる1週間前の認定通知

通院治療を続けていたのですが、気づかないうちにも、症状は悪くなっていたのかもしれません。釣りが趣味でよく出かけていましたが、２００７年（平成19年）の秋頃から、しんどいといってすぐに帰ってくるようなことがありました。家の中でゴロゴロしていることも多くなっていきました。食事がのどを通らないと言ってお茶漬けだけを続けることもありました。体重もかなり減っていました。

２００８年（平成20年）3月15日、自宅の玄関で突然倒れて、すぐに京都市立病院に担ぎ込まれました。その時、肺にもがんがあることが分かりました。転移してたんです。その時、肺のがんは「3年～4年は大丈夫だから」と言われましたが、「もう自宅には帰れませんよ」とも言われたんです。その日を境に、急にものが食べられなくなって、歩くこともできなくなっていったんです。うまく呼吸できないから食事も、運動もできなくなるんですね。肺だけだったはずのがんは転移が急速に広がっていったようでした。

その頃、厚生労働省では全国の裁判結果や世論に押されて、原爆症認定審査の新しい基準が決められていました。まだまだ不十分な新基準でしたが、その新しい基準で全国の裁判中の原告の申請がもう一度、審査され直したんですね。その結果、私の夫も裁判の判決を待たずに認定されることになりました。

２００８年（平成20年）5月の末に、京都府庁から電話がかかってきて、原爆症に認定されたことが知らされました。府庁の人は認定証書を郵送で済ませようかなどと言いましたが、私は、病院まで来て、本人にきちんと手渡すよう強く求めました。認定証書が届けられたのは、もう夕暮れでしたが、弁護士の尾藤廣喜先生にも立ち会っていただいて、市立病院のベッドの上で、夫は待ちに待っていた認定証書を手にして涙ぐみました。

認定証書を手にした1週間後、２００８年（平成20年）6月5日、夫は息を引き取りました。突然、倒れて3度目の入院をしてから3ヵ月も経っていませんでした。末期がんでしたが、壮絶な最期でした。苦痛と、声も出せない

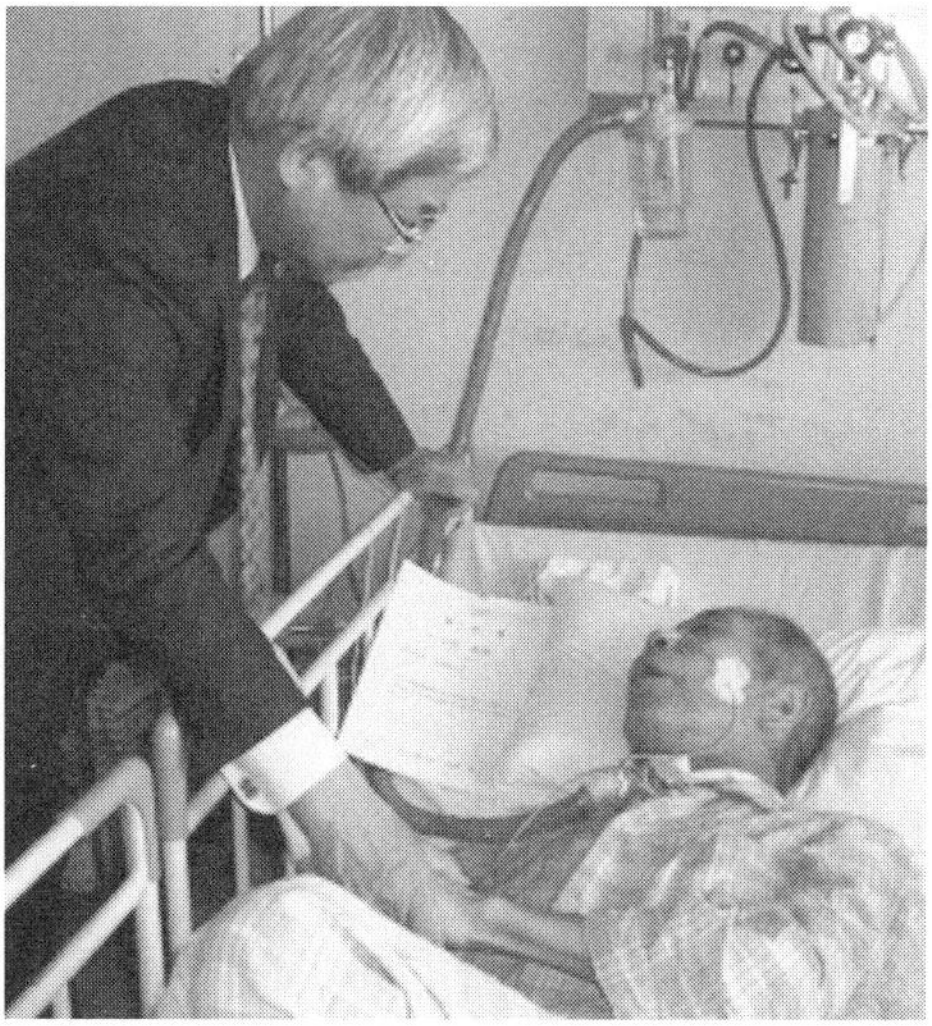
原爆症認定証書を手にした時

つらさに襲われ、激しい幻覚に見舞われながらの最後でした。原爆は、人が人間らしく死ぬことさえも許さないのか、というように。もともとは、体は丈夫な人だったんです。火葬された時も立派なお骨やったと言ってもらいました。でも、それとがんとは別物なんですね。それも原爆が原因ですからね。
　夫が亡くなってから、私が代わりに原爆症認定訴訟の応援の傍聴に行くようになりました。みなさんのご協力のおかげで認定してもらうことができたと思ってますから、少しでもお返しができれば、という思いからです。

広島への供養の旅

2012年（平成24年）、夫の供養を思って広島に行きました。平和記念公園を歩いていると、国立広島原爆死没者追悼平和祈念館（広島平和記念資料館とは別の建物）という建物があり、入ってみました。その地下2階に原爆で亡くなった人たちの遺影コーナーがあって、たくさんの人の名前や写真が掲げられていました。ここには遺族が、亡くなった被爆者の名前を登録して初めて掲げられるのだと知って、私も京都に帰ってから早速、夫・小迫嘉康の登録を申し込みました。

　今年2014年、あらためてこの祈念館を訪問して、私の夫も掲げられているのを確かめました。永久保存され、いつでも誰でも見れるように公開されています。該当する人の名前から検索できるしくみにもなっていました。

19 吉田　廣子

13歳の兄の背に負われて父を探し求めた地獄の街

お話＝2015年1月17日

被爆の時

原爆が投下された時、私たちの家族は広島市牛田町に住んでいました。父方の祖母と両親、それに私たち七人の兄弟姉妹という家族でした。四人の兄と二人の姉とがいて、私は末っ子、生まれてまだ1歳に満たない生後11ヵ月でした。一番上の兄の澄男は千葉の航空隊に行っていて、三番目の兄の照雄（当時8歳）は学童疎開で広島県北部の三次《みよし》に行っていました。幼い私に当時の記憶があるはずがなく、もちろん、この頃のことはみんな大きくなってから母や兄や姉たちから聞かされた話です。

8月6日の朝、牛田町の自宅には、祖母と母、二番目の兄の陸夫（当時13歳）、二番目の姉の仁子（7歳）、四番目の兄の征四郎（5歳）、それに私の六人がいました。職業軍人で広島第一中学校の配属軍事教官をしていた父は、この時すでに出かけていました。一番上の姉正子も出かけていたようです。

私はおむつをしただけの格好ではいはいをしていたそうですが、原爆の爆風で割れたガラスが飛び散るのを母がおいかぶさってくれて、怪我ひとつせずに助かりました。その母はガラス等でケガをしました。祖母は玄関から裏口まで吹き飛ばされて、足を骨折する重症を負いました。兄の陸夫は当時広島市造船工業学校の5年生でしたが、この日は夏休みでも登校しなければならない日で、家の玄関でゲートルを巻いている最中でした。ピカッと光って、吹き飛ばされ、気を失いました。母に助け出され、それから幼い妹や弟を助け出し、動けなくなった祖母を担ぎ、家にいた家族全員やっと家の前の堤防の下に逃げ込みました。

7歳だった姉は原爆が落ちた時、急に庭が真っ赤なお腰（腰巻）を広げたように、木も空も赤くなってしまったと語っています。途端に家が崩れてきて、姉は誰かに引っ張り出してもらって助かりました。家は見る間に火が出て、丸焼けになってしまいました。その夜は近くの川の土手で寝ました。家が燃えていました。綺麗な着物が木にひっかかって燃えていました。夜には生きていた近くの女の子が、あくる日には土手の下までころがって死んでいました。

私を背負って父を探し歩いた14歳の兄

この日の朝、外出していた長姉もその日一人で歩いて帰ってきました。しかし爆心地近くにいたはずの父は何日たっても帰ってきませんでした。翌日から、次兄の陸夫が赤ん坊の私を背負って、地獄と化した広島の町を、父を探して歩き回りました。死体の山は性別も大人と子どもの区別も分からないほどでした。広島は川の多い街で、暑さと熱線で火傷した体で川へ逃れた人たちは、ほとんどが川辺で水を求めて死んでいきました。そのほとんどの火傷した人たちは、頭も顔も、男女の区別すらつかない状態になって川に浮いていました。

父はかつてドイツに行った時の記念のドイツ製腕時計をしていたので、兄はそのことを思い出し、見覚えのある黒革バンドの腕時計だけを目当てに探せば分かるのではないかと、亡くなった人たちの腕を一生懸命調べて回りました。亡くなった人の手を引っ張るとズルズルと手の皮がむけたそうです。結局父は見つからず、父の形見となるものも何一つ見つけることはできませんでした。父が51歳の時でした。兄は自分が70歳になった時、私を背負って父を探しまわった時の様子を思い起こし、『黒革バンドの時計を目印に』と題した一枚の絵にしているんです。

『黒皮バンドの時計を目印に』（深町陸夫氏画／広島平和記念館所蔵）

〈絵の右側に書かれている文章〉

よく自慢していた見覚えのあるドイツ製の黒皮バンドの時計を目印に、恐らく爆心地近くで被爆したと思われる父を、熱さで川にのがれ死んでいった、川ぶちや橋げたの裾で浮いている多くの死骸の中などを、私は毎日探し回った。

当時満一歳になったばかりの背中の妹は微かな息をしながら夏の炎天下をよく耐えてくれた。

とうとう私は、父を見つけだすことができなかった。

牛田町の家が焼失したため、たくさんの人たちと一緒に川の土手で寝起きしていましたが、しばらくして広島の郊外の安古市で開業医をされている親戚に助けられ、そこに引き取られてお世話になることになりました。数日たってから、三次に学童疎開していた三番目の兄の照雄が帰ってきました。三兄は牛田町の焼け跡にまず足を運び、その後一人で安古市の親戚を訪ねて来たのです。1ヵ月後には千葉にいた長兄も帰ってきました。

私たちの家族は結局、千葉の航空隊に行っていた長兄を除いて全員が被爆しました。祖母、母、次男、次女、四男、そして私の六人が自宅にいて、父は爆心地近くで亡くなり、長女も外出していての直接被爆です。そして三男の照雄が疎開先から帰ってきての入市被爆でした。私は赤ん坊でしたから、その時の悲しみも苦しみもないのですけど、兄たちは毎日河原で一緒に遊んでいた友達を、何もかもを一瞬のうちに失ってしまったのですから、それはすごくつらいことだったんだろうと思います。

祖母は被爆した時の骨折が原因で2ヵ月後の10月、安古市の親戚宅で亡くなりました。亡くなる前に急にイチジクが食べたいと言い出して、次兄があちこち探し回ったのですが結局どこでも見つけることができませんでした。最後の願いを叶えてあげることができず、兄はそのことをとても悔やみました。

山口県での暮らしの再出発と母の苦労

いくら親戚と言っても、私の家族は子どもも多い大家族ですし、母も気苦労が絶えなかっただろうと思います。親戚の家の人たちも親切に面倒見てくれていたとは思いますけど、広島郊外の開業医のため、原爆で傷ついた人たちが、怪我の人や病気の人が毎日たくさん治療に来ていて、すごく大変なようでした。そういうところにいつまでも厄介になっているわけにはいかなくなってきました。

そんな時、山口県にいる父の教え子という人から、広島では生活もできないだろうし、山口県でまるまる一軒家を貸してもらえる所があるので思い切って来ないか、というお誘いを受けました。家族八人は着のみ着のままの状態で広島を去り、山口県の吉敷郡秋穂町というところに新しい生活を求めて落ち着くことになりました。空き家となっていた一軒の農家が住まいでした。

山口県ではいろいろな事情から3回ほど転居していますが、私たちはそこで大きくなっていきました。私が自分の生い立ちをはっきりと記憶しているのはこの山口県での暮らしの頃からです。

原爆投下によって父は亡くなり、家は失い、いきなり焼け跡におっぽり出されてしまったわけですから、それからの母の苦労は大変だったと思います。たくさんの子どもたちをとにかく食べさせていかなければならない、大きくしていかなければならなかったのですから。山口県で生活するようになった頃は母は近所の農作業を手伝ったり、いろんなことをして私たちを育ててくれました。女手一つで頑張ってくれて、私たちを育ててくれたわけです。

やがて兄たちが大きくなって働きに出るようになりました。姉たちも働くようになりました。それぞれがそれぞれの道を歩むようになっていきました。一番上の兄は私の家の経済的な事情も考えて養子に行きました。二番目の兄の陸夫は39歳の時、新しい仕事を求めて大阪に出て行き、後に奈良に居を構えました。私は山口県にある高校を卒業し、その後、母と一緒に山口県を離れてこの兄夫婦と共に奈良に住むことになりました。私が20歳の時です。

結婚、つらい体調を乗り越えて

奈良に来て少しの期間、就職して、3〜4年後に結婚しました。私は奈良から京都に嫁いだのです。結婚してもう45年になります。私が結婚する時、母が「被爆者手帳」を渡してくれました。「大事にしなさい、きっと役に立ってくれるからね。ありがたいものだからね」と言って。私にとって運命を一変させた被爆は本当に悲しいことですが、せめてもの「被爆者手帳」のおかげで、経済的な出費（医療）が少しでも押さえられたのは救いでした。その母ももう父の住むあの世に旅立っています。母の最期は66歳、心不全で突然のことでした。

結婚する時、私が被爆していることなど何もかも主人には話していました。父がいないのも原爆で亡くなっているからだと話していました。主人は全然そんなこと気にするような人ではありませんでした。主人のお母さんが「廣子さん、ピカドン受けてたの」と心配そうに言ってましたけど、それ以上のことは特にありませんでした。むしろ「大変でしたね」という労《いた》わりの感じでしたね。

結婚して何年もたってからのことですけど、昔の職場の同僚だった人からある日何気なく「あなた、よくご主人が結婚してくれはったね」と言われたことがありました。それまでそんなこと思ってもみなかったことなので、そんなふうに大変なことだと思っている人もいるんだ、と初めて感じたようなことでした。

ただ、私は若い時には、結婚して子どもがまだ小さい頃ですけれど、白血球数がものすごく少なくて、夏はしんどくてしんどくて、夏場は本当につらかったんです。当時白血球数が1800とか2000とか言われたこともあります。特に京都の夏は環境が全然違って、湿度も高くて蒸し暑いので本当にばてていました。他のちょっとした病気にかかった時でも、いつも白血球の数が少ないこととの関係を心配されました。今はもう気にしなくなりましたけど。お陰で大病というほどのものはこれまでなかったんですけど。人間ドックに行っても最初の頃は、「用心しなさい」「必ず数ヵ月に一度は検査を受けなさい」と言われ続けていました。

白血球が少ないといっても、それを増やす薬はないんですよね。だからもう諦めて、夏はしんどくても仕方ないと思ってやってきました。人間ドックの受診はずーっと続けていて、年齢も重ねていくうちに白血球数は徐々に増えてきました。でも夏は今でもつらくて、大嫌いなんです。

被爆していることを恨んだこともありました。しんどさがいつもついてまわっていて。それでも手術しなければならないほどのしんどさではなくて。何が原因かといっても漠然としていましたし、そういう時の不安な気持ちって、自分で自分が腹立たしくなりますね。このしんどさを誰に言ったらいいのかと思ってね。そうした気持ちも歳が行くと慣れてきて、仕方ないなと思い込むようになりました。元気な時には、その元気さをありがたいなと思いますし、子どもたちをどうにか育ててくることもできましたし。

三番目の兄の照雄は入市被爆していたわけですけど、山口県にいる頃、19歳で亡くなったんです。私が小学校4年か5年生の時です。母が枕元で「照ちゃんが死んだ、照ちゃんが死んだ」と泣いていたのを覚えています。後年になって聞かされたことですけど、兄は原爆症によって肝臓を悪くしていたのでした。四番目の兄の征四郎は5歳の時の被爆ですが、小さい頃から体が丈夫でなくて母がいつも心配していました。結婚もし子どももできましたが40歳過ぎという若さで幼い子を残したまま世を去りました。

子どもたち、孫たち、そして「被爆2世・3世の会」のこと

私は三人の子どもに恵まれました。それぞれに孫が二人ずついてみんなで六人います。被爆二世健診の案内を送っていただいているんですけど、子どもたちに勧めたことはないんですよ。風邪をひいたりする程度のことはありますけど、子どもたちへの被爆の影響を考えたりするともうきりがないと思って、考えないようにしているんです。

京都に「被爆2世・3世の会」ができた時も、息子たちに知らせようと思ったんですけど、言い出せなくてそのままになってしまいました。不安がないなんてことはないんです。不安だらけなんです。だけどその不安、あまりにも漠然とし過ぎていて。福島の原発事故でも放射能の影響がものすごく心配されていますよね。子どものために避難されたり、家族が離れ離れになって暮らしたりと。あの気持ち、ものすごくよく分かります。

京都の「被爆2世・3世の会」を作っていただいた時、実はすごく嬉しかったんです。なんか、これから先の拠り所ができたというか。私たちもだんだんと高齢になってきて、一番若い年齢の被爆者の私でも70歳、もっと上の人たちは年々少なくなっていきますよね。京都原水爆被災者懇談会の会自体だっていずれなくなることになる。それを思うとすごくつらいんです。「2世の会」ができたので、そこにバトンタッチしていけると思うと、それは嬉しいことなんです。でもいざ自分の子どもたちにそういう「会」があるから勧めるかというと、そこはまだ躊躇《ちゅうちょ》しているんですけど。

私の長男の子（私の孫）が中学生の時、修学旅行の行き先が広島でした。その時、旅行前に私の兄（陸夫）の被爆の体験を聞きたいと言うので、その子と私の長男とを連れて奈良にいる兄の所に行ったんです。兄はいろいろと話してくれました。子どもたちを連れて原爆ドームや平和祈念資料館に行ったこともあります。孫たちからみると

曽祖父《ひいおじい》ちゃんになる人が原爆で亡くなったことも知っていますし、私が被爆していることも理解しています。

私は語り部とか、人の前で被爆体験を話したことはないんですが、折に触れて文章には残すようにしてきました。文章を自由に書いて年2回の冊子にして発表する『自分表現』という名前の会があるんですが、その会にも入っていて、そこで私や私の家族の被爆体験を書いたこともあります。そういう自然な形で体験を綴って、誰かに目を止めてもらって、読みつがれていったらいいなあと思っています。

父との対面

広島へは2年に一度ぐらいの割合で里帰りしています。里帰りと言っても、広島市の三滝町という所にある両親のお墓へのお参りと平和公園を訪れるぐらいですけど。私のすぐ上の姉が今は広島にいて、お墓の世話をしてくれているんです。

昨年、平和公園に行った時、平和祈念館（国立広島原爆死没者追悼平和祈念館）で亡くなった方の遺影コーナーというのがあることを知りました。父の名前を検索してみると、父の51歳頃と思われる軍服姿の写真が現れて、父と対面することができて、胸がいっぱいになりました。たぶん兄の陸夫が遺影の登録をしてくれたのだと思います。遺影が残されているとこういう形で父と対面することもできて、ああ良かったなーと思いました。親も子も亡くして誰も遺影の登録などしてもらえない人も多いのでしょうね。

20 幸田 幸典

70年前のあの日を生き抜き今日あることに感謝

幸田幸典さんは2014年、NHK広島放送局からの依頼で、テレビ番組『ヒバクシャからの手紙・2014年』に被爆体験を寄稿されました。原稿の一部が2014年8月6日に朗読放映されています。

NHK番組『ヒバクシャからの手紙・2014年』への寄稿

はじめに

被爆当時の住所は、広島市研屋町《とぎやちょう》で、両親は屋号が「研屋《とぎや》旅館」という宿屋を経営しておりました。家族構成は、両親と兄弟六人。うち、被爆当時この旅館に住んでいたのは、両親、姉二人（23歳＝家業手伝い、21歳＝爆心地近くの保険会社勤務）、妹（13歳＝比治山高等女学校に通学）と私（崇徳中学5年生）の六人でした。残り二人の兄（27歳と25歳）はすでに兵役について戦線に派遣されていましたので被爆は免れました。

私自身も当然被爆者として、国の行う原爆被爆者の健康診断を受けていましたし、自分なりの健康管理を行っていましたので、5年前（平成21年2月）に早期の胃がんが見つかり、胃の3分の2の摘出手術を受けまして、現在も療養中ですが、今は、この歳まで生きてこられた幸運に感謝しております。

広島にしても長崎にしても、原爆の放射能の影響はその地域だけの局地的で済んだようですが、福島原発のように放射能の影響がもっと広範囲に及ぶことになれば、その影響は広島や長崎の比ではないと思います。人間は災難が我が身に降りかからないと往々にして、その苦しみが分からないようです。それを経験した我々こそが伝えるべきだと思っておりますが、他人の災難を我が事として感じていただけるか、誠に心もとない感じです。

なおこの文章は、十数年前から「自分史」のようなものを書き始めた時に、中学時代の生活の中での体験として、原爆被爆時から数日間の模様を綴ったものです。お役にたつかどうか分かりませんが、少しでも参考になればと思います。

8月6日の朝

昭和20年8月の原爆被爆当時は、広島市研屋町で旅館を経営していました父母と姉の計6人住まいで、私は中学5年生（16歳）、学徒動員で動員先（広島市兵器補給廠《ほきゅうしょう》）に通う毎日でした。

そして昭和20年（1945年）8月6日朝、私は何時ものように部屋の前の道路から母親の「坊や！」の呼び声で目覚めました。当時の旅館は、前述のとおりいつも満員状態で宿泊をお断りするのに困るくらいで、姉達も私の部屋もすべてが客室に変わってしまいましたので、私は旅館の前の道路を隔てた民家の2階の空き部屋（8畳）を借り、姉たちは旅館の裏手の土蔵の1階を整理してそこを居室にしていました。

当時、日本の主要都市はアメリカ空軍のB29（爆撃機の名前）の焼夷弾による無差別爆撃により焦土と化し、大都市で無傷だったのは「京都市」と「広島市」ぐらいだったと思います。隣の呉市でさえも原爆が投下される1ヵ月前に爆撃を受けて焼き尽くされていました。

そんな状態ですから、次は広島市だということは誰もが予測していたことで、私が借りていた部屋の持ち主の方も、ご家族はご主人を残して全部疎開されていましたので、借りることが出来た訳です。

当時の広島市は「軍都」と言われる程、軍の施設がいっぱいありました。第一に「師団司令部」が広島城（市の中心部）の近くにありましたし、付属の部隊や施設がその周りに散在していました。それに日本が南方方面に兵を出すようになりましてからは、広島の「宇品港」がその出発地となり、全国から広島に集結するようになったようです。

昭和20年8月6日朝、私は何時ものように旅館の表通りに出て、「いってらっしゃい」という母の見送りの声を背に、動員先の「陸軍兵器補給廠」に行きました。母は私がその6ヵ月くらい前でしたか、動員先の作業場で足の甲を骨折《ひび》する怪我をしたのが原因で、2ヵ月程治療のために休んでいましたが、それが回復して歩けるようになった頃でしたので、私が動員先に出ていくことが心配でたまらなかったのだと思います。

閃光《せんこう》の瞬間

兵器補給廠では、始業前でしたので休憩所（といってもバラック建てで、地面に杭を立てその上に板を張って机と腰掛け代わりにした、いたってお粗末なところでした）で雑誌を見ていました。

その何分か前に警戒警報が出され、外に出て見上げますとB29が飛行機雲をなびかせ飛んでいるのが目視できました（あの時はきれいな青空で、良いお天気でした）。

「なんだ、1機か、いつものこと…」と思い、何の緊張感もなく、休憩所に戻って雑誌を手にした瞬間でした。

突然、目の前が「真っ赤」になり、ピカッと光ったその閃光《せんこう》は濃いオレンジ色と深紅色を混ぜ合わせたようなかなり高温の光でした。全身が何か炎にでも包まれたような猛烈な熱さを感じ、思わず両手で顔を覆いました。と同時に、目前のガラス窓（夏でしたので引き戸の窓の半分が開いていました）を飛び越して、そのバラック小屋の傍にあった防空壕の中に飛び込み、上半身が未だ入りきらない時に「ドーン」という物凄い音と共に猛烈な爆風が来ました。

なぜ、そんな行動をとったのか……無意識で、たぶん本能的なものでしょうか。その瞬間は、「間近の場所に1トン爆弾が落ちた‼」と思いました。爆風は生半可なものではありませんでした‼　感じとしては丸太ん棒で思いっきり頭を横殴りに叩かれたようなものでした。（その後、状況が落ち着いて探しましたら、被っていた戦闘帽の顎紐《あごひも》が千切れて100メートル以上も飛んでいました）

当時、全国の主要都市が空襲に遭い、1トン爆弾の被害の模様が報じられていましたので、防空壕の中でも私は間近に1トン爆弾が落ちた……と思っていました。あたりは爆風で舞い上がった粉じんのため、長い時間（防空壕の中ではそう感じました）真っ暗で外に出ることはできませんでした。

周囲の状況が見えるようになり、壕の外に出ますと……、何と今までの見慣れた様子とはまったく違った景色‼　直近までいた休憩所はつぶれ、赤い瓦で頑丈そうに作られた二階建て（と思いますが）の兵器庫の壁には大きな亀裂、そして大勢の男女の方が全身を真っ赤にして泣き叫んでいるじゃないですか……。爆発時の光線を直接浴びたり、爆風で割れ、粉々になった窓ガラスの破片等が顔、体の至るところに刺さっている方たちなんです。

阿鼻叫喚《あびきょうかん》という言葉はこんな状況を指して言うんだ‼と思いました。本当にむごたらしい光景でした。あの時の光景、そしてその後の数日間に市内で目にした光景は一生忘れることはないでしょうね。（原爆がいかに非人道的なものか、あれこそ無差別殺人の極みです。）

それから間もなく、全員集合が掛かり「本日は一応これで解散……」ということになりました。そう言われて空を見上げますと真っ黒なキノコ雲が晴れた空にムクムク……。「しめた、早く帰ってあの雲の写真を撮ろう」、その時にはそんなのんきなことを考えていました。（そのころの私は父に無理をいってカメラを買ってもらい、間借りした部屋の押し入れの下段を暗室代わりにして写真の現像、焼き付け等を自分で楽しんでおりましたから……）

私は同級生で親友だった近所のお寺（誓立寺）の息子さんと一緒に帰途につきました。あの原爆が投下された日、私は「広島兵器補給廠」に行っていたと言いましたが、そこは爆心地から約2キロ程離れたところにありました。

そうなんです、私があの光線によるやけどや建物の下敷きにならなかったのは、「ピカッ」と光った時には屋内にいて直接原爆の光線を浴びなかったこと、そして爆心地から離れていたため、「ド～ン」という爆発音とともに爆風が到達するまで、つまりその爆風によって家屋が倒壊するまでに数秒の間があったからなんです。（この様子に因んでか、広島では日常会話では、当時は原爆と言わずに「ピカドン」と言っていました。）

それでも、後で気づいたことですが、首筋の左側に小さなガラス片が刺さって、血が出ていましたが、その傷もごく浅かったのかその後は傷を負ったことを忘れる程でした。

なぎ倒され猛火に包まれる街、黒い雨

解散を命ぜられて私は友人と帰途につきました。いつも通いなれた街並みの姿はありません‼　木造家屋は全部が倒壊、それも同じ

陸軍兵器補給廠建物群の跡に建つ現広島大学医学部資料館。一部のレンガとほとんどの石材は兵器補給廠の頃のものが使用されている。

方向に向いて倒れていました。普通、1トン爆弾でしたら被害はせいぜい半径100メートル前後の範囲内ですが、でも、行けども行けどもまったく同じ光景……。ここで私は初めてこれはおかしい‼と気付きました。

そうです、その年の4月頃でしたか、当時、有名な仁科博士（仁科理化学研究所の）がマッチ箱位の大きさの爆弾で軍艦を撃沈できる「原子爆弾」というものを近い将来作ることが出来る……といった発言が新聞に載っていたのを思い出したんです。これはひょっとして、いわゆる「原子爆弾」かもしれないと思うようになりました。

普通、爆弾でしたら、落下した所に大きなくぼみができますが、今回はその痕跡がまったくありませんでしたし、100メートルや200メートルどころか行く先々で家屋が倒壊し、一部では火災が発生していました。

しかも、通行人だったのでしょう、倒壊した家屋の梁に片腕を挟まれて身動きのできない男性がいました。助けてくれ……という悲痛な叫び声‼　街は火傷をした人、傷を負った人で他人を助ける余裕などなかった状況でした。

私たちは通りかかった人たちと（5、6人だったでしょうか）力を合わせて男性を倒壊家屋の梁から引き出すことに成功しましたが、すでに近くまで火災が迫ってきていましたので、とりあえず安全なところへ移しました。でも、安全な場所に移したとは言いながら後の処置は何もせずに、そこに置いて逃げたのですからね。

でも残念ながらそれだけのことしかできませんでした。市内の中心部ほど火の海ですし、消防車どころか救急も病院もすべての機能が破壊されていましたから…。私と友人の自宅は広島の中心地で「八丁堀」という繁華街の近くでしたが、これ以上市内に入ることは不可能と判断して郊外を迂回して市の反対側（西）へ行くことにしました。

この迂回がまた大変でした。9時か9時半ごろに「兵器廠」を出てから目的地である反対側の古江（宮島と広島市己斐《こい》駅の間の街）という駅に着いたのは確か夕方の5時か6時頃だったと思います。途中、峠を越えたり、国鉄の支線（可部線）の線路上を歩いたりしました。その峠を越えていた時だったでしょうか、良いお天気なのに突然夕立ちに遭いましたが、その雨がまた薄墨色をしているのです。

その時は変だな……と思いつつも、炎天下を歩いていましたから、ある意味涼しさをもたらしてくれた慈雨と思い、爆風で舞い上がったホコリの影響？ 程度の感想でしたが、それがあの有名な「黒い雨」だったのです‼

私たちがなぜ広島駅から市の郊外を迂回して市の西側に向かったかと言いますと、偶然にも友人（武田君）の親戚がその「古江」という駅の近くで「料理店」を経営していた事、そして私の場合は、その近くに広島が空爆された万一の場合の家族の避難先（落ち合う場所）として（借りていた部屋の）家があったのです。

前にも書きましたが、昭和20年になりますと米軍の焦土作戦（各都市を焼き尽くす）が激しくなり、大都市から中小の都市にまで及んでいましたが、大都市の中で無傷は広島市と京都市くらい。この次は広島……が、広島市民の心配といいますか懸念でした。

我が家も、万一の時にはと、郊外のある場所の一室を借りて当面の避難生活に必要な寝具、炊事道具や食糧等一式を備えて、空襲に遭ってみんなが散り散りになっても、そこに集まるように申し合わせていました。その場所で私は午後8時頃まで家族（両親、姉2人と妹）を待ちましたでしょうか、でも誰も……。

死者で埋め尽くされる川面

不安になり、私と友人は市内に向かいました。原爆投下からすでに12時間程経過していましたが、市内は未だ至るところで燃えており、熱気で目的地の自宅までは行けませんでした。市内に行く途中、いくつかの橋を渡りますが、その橋の上では火傷状態等で動けなくなった子どもや大人の男女で埋め尽くされていました。

街の中は火災が完全に鎮火していませんし、燃え尽きた所でも余熱でとても近寄れる状態ではありませんから、それを避ける一番の避難場所は橋の上だけだったのです。

その人たち、その橋の所まで避難したものの、動く力もなく、ただ座りこんでいるか、あるいは声もなく横たわっているだけです。声を出せる人は「助けてください！」とか「お水をください！」と絞り出すような声で傍を通りすぎる人たちに懇願されますが、私たちも水筒などを持っているわけでもありませんから、残念ながらなす術もありませんでした。

原爆が爆発した瞬間、一定の距離の範囲内にいて、あの閃光を直接浴びた人は爆心地近くにいた人はもちろん即死ですが、死を免れた人でも確実に火傷を負っていました。肌が露出した部分だけでなく（夏ですからほとんどが軽装ですので）、色の濃い柄のシャツなどを着ていた人はその柄と同じように火傷しているのです。黒などの色の濃い物は熱を吸収しやすいからというのと同じ理屈なんでしょうね。黒い部分が火傷して、白い部分は火傷を免れているのです。上半身が裸で、衣類はなく、焼けただれた上半身がその前まで着ていた、シャツの模様そのままに写し出されていました。

中学低学年の半ズボン姿の子どもが、両手を前に出して、そうですね……ちょうど「おばけ‼」のようなポーズで。しかも顔や手、そして足などの露出した部分の皮膚が火傷で焼け爛《ただ》れてボロ布のように垂れ下がっていて、その男の子はたぶん執念で我が家にたどり着いたのであろうと思われますが、（その時はそう感じるほど壮絶というか直視できないくらい悲惨極まりない姿でした）、「お母さん‼」って呼びかけていましたが、呼びかけられた母とおぼしきその女性は、その子が我が子とは見分けがつかないんです。

そのような惨《むご》たらしい光景をどれほど目撃したことでしょう……。その夜は、友人の親戚の家でご馳走になり、そこで過ごしました。翌朝、私は落ち合う場所には誰もいないことを確認して、友人と再び市内へと向かいました。前夜とは違って、火の手はほとんど収まっていました。しかし、昨夜通った時、橋の上にいた人たちのほとんどは息絶えていました。そして一夜明け明るくなって分かったことですが、川の中にも死体がごろごろ……、なぜか分かりませんが極端に言えば、橋周辺の川面が死体で敷き詰められた感じでした。

市内の中心部でも残っているのは鉄筋の建物だけ……、一面見渡す限り焼けおちた瓦礫の跡だけでかなり遠方まで見渡せました。我が家（旅館）と思しき所（目印は玄関前の2メートル近くの黒い石、道路に面した8畳居室の下に作っていた防空壕と土蔵）まで行きましたが、火災後の余熱で焼け跡の上にあがることはできず、道路側から眺めるだけでした。火災に強い土蔵もあの爆風で完全に崩壊して、土壁の土の山ができていましたし。横倒しになった黒い金庫が半分ほどその姿を現していました。友人の家（お寺）も全く同じような状態でした。

父も母も姉たちも遂に帰らず……

翌日から、その友人と市周辺部や消失を免れた公共施設等の負傷者の収容施設めぐりが始まりました。両親や姉たち、そして妹は何かの事情で動けない状態でどこかの収容所で……と信じていましたから……。

被爆の三日目も市内に入り、旅館の焼け跡を掘り返して何かの手掛かりを探しましたが、何しろ掘り返す道具がありませんからその作業も知れたものでした。

そして、どこだったか場所は覚えていませんが、ある橋の袂《たもと》で外国人（たぶん米兵の捕虜だったでしょう）が死んでいる姿も……。私は、その時には両親たちは未だどこかで生きていると信じていましたから、その外国人を見てもそれほどの憎悪は感じませんでしたが、敵国人ですから、殺されて当然……位の感じでした。死体の傍には、市内の真ん中に、こんな石ころ、どこにあったのだろうと思うほど多数転がっていました。

両親たちを訪ねる施設とは言いましても、どこにあるのかも分かりませんし、そんな掲示があるわけでもありませんので、怪我人を収容している場所を探し出すのに一苦労でしたし、周辺部ですから移動も徒歩に頼るほかありませんし、訪ねられるのは日に2、3ヵ所程度でした。

そんな施設でも、傷ついた人たちが横になっているだけで、本格的な医療が施されているのはほんの一部だけでした。そんな時には、その人たちが気の毒なんて感ずる前に父母や姉達の姿を探し出すのに懸命‼　それから5日間程（何日間かのはっきりした記憶はありませんが）、友人の親戚のお世話になりながら虚しく施設めぐりをしました。

その時点でも私は未だ両親たちの生存を確信していました。あるいは、もう島の方に帰っているのかもしれないと思い、島（郷里の江田島という、昔、海軍兵学校があった島です）へ帰りました。

そこには、父が長男でしたので、相続した祖父の家がありましたし、昔のことですから近所に親戚縁者がおりましたので、叔父や伯母の家で寄宿させていただきました。当時、父と同じように広島市内で旅館業をしていた叔父が無傷で、独りで既に避難して帰ってきていましたので、私が帰った時には、まだ父母たちの姿はありませんでしたが、そのうち帰ってくると待っていました。

その叔父は爆心地から2キロ以上離れていましたので、旅館は全壊して叔父さんや奥さんと娘さんは倒壊家屋の下敷きになりましたが、叔父はその下敷きの瓦礫から何とか抜け出せたようですが、奥さんや娘さんも瓦礫の下で生存を確認しながらも、迫りくる火災のために助け出すことができなかったと悔やんで悔やんでおられました。その叔父も結局1ヵ月後くらいに原爆症で亡くなりました。私はその叔父さんの死に際にも立ち会いました。

父母や、姉さんたちは何日待っても、結局誰一人帰って来ませんでした‼　広島の原爆で経験したものは悲惨さだけではありませんでした。人間の醜《みにく》さもです。被爆後、私は毎日市内に入りました。我が家の焼け跡を素手で掘り返したりしましたが、本格的な道具もないのに結果は知れたものでした。

爆心地近くでは電車が横倒しになり、その中には乗客が折り重なるように横たわって……。もちろん、道端にも死体累々と言えば大袈裟と思われるでしょうが、至る所に横たわっていましたが、その死体の左手首のあたりが不思議に普通の皮膚の色をしているんです。

爆心地近くの死体は全てが全裸の状態でしたし、もちろんあの強烈な熱線で着ていた衣類は瞬時に焼け焦げたのだと思いますが、一部の死体の左手首が何故か白っぽいと言いますか無傷の状態なんです‼　そうです、誰かが死体に残っていた腕時計を外して持って行ったのです。

中でも一番印象に残っているのは、爆心地近くの電車通りで、中学や女学校の3年生（?）達が二列横隊に整列したまま事切れている状態でした。たぶん作業開始直前の状態だったのでしょう。規則正しく並んで、しかも同じ方向に倒れているんです‼　当時広島市では、空爆にあった時の火災の延焼を防ぐために、道路幅を広げる作業をしていたようでした。そこに該当する家は当然強制的に取り壊されますが、その取り壊された家の廃材等の後片付けに中学校や女学校の低学年（3年生?）が駆り出されたようでした。

我が家の焼け跡にも、金庫が横倒しで半分ほど姿を出していましたが、2、3日後にはその金庫の裏側が「たがね」（鉄板等を切断する道具です）等で切り裂かれて中身が散乱していました。火事場泥棒とはこのことなんでしょうが、金庫の中の桐の板が炭化していましたので、中の紙類は当然無傷のまま残ってはいなかったと思われますが……。その光景は我が家だけではなく、目についた金庫のほとんどが裏側をあけられているんです。（あの黒い独特の形の金庫は前面や側面は頑丈そうに見えますが、裏側はわりと薄い鉄板なんですね。）

人間って不思議なものです……、最初にそのような悲惨な状態で亡くなった方たちの死体を目のあたりにしますと無残さに目をそむけて通りましたが、1日、2日と見慣れますと何の感傷も湧かなくなってしまいます。

原爆投下から3日くらいからでしょうか。兵隊さん4、5人が近くの死体、それも炎天下に放置されていたものですから2、3日しますと腐敗が進み、傷口からウジがわいていたり……したものを何体か集めては、近くの焼け残った木片を集めてその場で焼いているんです。

当時、市内はそんな死臭と死体を焼く臭いで充満していたようでした。その真っ只中におりますと、どんな形の遺体も、その独特の異臭にまで慣れてしまいました。

こうした被爆の体験、思い出すのは何年ぶりでしょうか……。思い出すだけで胸が痛く、そしてこんな非業な戦争を仕掛け、しかものうのうと生き延びた人間を恨みましたが、今はすべてが霧散したような感じ……。歳月の経過が悲しみや恨みのすべてを和らげてくれるのでしょうね。

平坦ではなかった被爆後の生活

被爆後の私の家族のことですが、女学校1年生だった妹は倒れた家屋の下敷きになったものの何とか助け出され、足を引きずりながらも僕より一足先に郷里の江田島に帰っていましたが、両親と姉二人の姿はついに見ることはありませんでした。

原爆の威力というものを徐々に知るにつれて、我が家は爆心地の近くですし、すぐ上の姉は更に近い場所の生保会社勤めでしたから、亡くなった家族全員は、きっと即死だったのでしょう。

苦しむことなく亡くなったと思うことで、自分の気持ちが少しでも安らぐと思いつつも、被爆後、数年は、両親たちがヒョッコリ帰ってきた夢を見ては、夜中に起きることがたびたびありましたが、それが時の経過とともにやっぱり亡くなったんだというあきらめに転じていきました。

しかし、被爆後の生活も決して平坦なものではありませんでした。広島市は原爆の放射能の影響で今後何十年間は草木も生えないとか、原爆で被爆した人に近付いたら感染《うつ》るとか……。事実、広島で被爆しながら助かった人の中でも、放射能の影響でしょうか髪の毛が抜け落ち、血を吐いて亡くなられたという事例はあちこちでありましたからね。

広島市内の原爆の中心地から2キロ余りの場所で被爆し、直後から約1週間程、毎日市内を歩きまわった事で、その間、放射能を受け続けていたことになりますから、いつその影響が出てくるのか、結婚してからは子どもへの影響も言われ、精神的には不安の連続でした。

戦争、被爆の傷痕を乗り越えて生きる

お話＝2015年2月4日

過酷だった少年時代からの勤労動員

私の生年月日は昭和3年（1928年）11月6日です。本籍地は江田島になっているのですが、父は家族を連れてずーっと朝鮮に行っていた人です。私の二人の姉は釜山と大邱《てぐ》の女学校を卒業しています。兄は京城医専という医者の学校卒業です。

昭和15年（1940年）、私が小学校5年生の時、一家は朝鮮を引き揚げ、広島に帰ってきました。父は三篠というところで鉄工所をやっていました。宇品や呉は当時軍港でしたが、そういうところの船舶の機械関係の鉄工所でした。戦況が厳しくなりだんだんと徴兵される人が増えていき、鉄工所の働き手も足りなくなったので閉鎖し、研屋町《とぎや》で旅館をやるようになったわけです。

はっきりした記憶はありませんが、戦争にかり出された男手不足を補うために、中学3年生の頃から生徒を動員した勤労奉仕というのがありました。農家の稲刈りを手伝ったり、田圃の中の暗渠《あんきょ》排水などという作業もありました。もう少し大きくなってからは陸軍の糧秣支廠《りょうまつししょう》、被服支廠《ひふくししょう》などに転々と行かされました。最後は兵器補給廠《ほきゅうしょう》にずーっと行きづめの毎日でした。

あの有名な厳島神社もその頃は観光どころではありませんでした。厳島神社の裏側には弾薬庫があったんです。厳島の裏側の海岸に迫った山の中腹にトンネルが掘ってあって、そこから弾薬を出し入れするのも学徒動員の作業でした。随分つらい目に遭わされたものです。真冬の一月という一番寒い頃でも一週間泊まり込みで作業をさせられる

のです。あの頃は厳島でも雪が降って積もっていました。軍靴という靴を履いているのですが、雪の中を歩いていると水が染みてきて、足が痛くなって、しまいにはしびれてきて、最後は裸足になって作業していました。作業態度が悪いといって、ビンタや鉄拳で殴られたりもしました。中学4年生、まだ15歳～16歳の頃のことです。

戦争に奪われた学ぶ機会

被爆後郷里の江田島に帰った私は、しばらくの間、叔父さん、伯母さんたちのところに身を寄せていました。とてもよく面倒見ていただいたと思っています。しかしいつまでもお世話になっているわけにはいきません。叔父さんたちも私の将来についていろいろ心配され、相談もされていたようです。

そのうちに「東京に行って勉強したらどうか」ということになり、言われる通り昭和20年（1945年）の9月に上京することになりました。翌年春からの医師養成学校入学をめざす、そのために半年間受験に備えた勉強をするというのが目的でした。

私の父は広島市内研屋町で旅館を経営していたのは上述した通りです。南方方面への軍隊出撃基地となっていた広島は、いつも出兵前の兵隊でいっぱいでした。その兵隊の最後の見送りをする家族もたくさん広島に来ていて、市内の旅館はいつも泊まり客に溢れていました。そうした中でも私の父はあかつき部隊の衛生兵のある部隊長の方と懇意にしていて、その部隊長のために特別に一部屋を確保し続け提供していました。そうした縁から、その部隊長の方から「東京に出て勉強しては」とのアドバイスをいただいたわけです。その方は東京田無市で病院を経営していて、受験勉強中の私は住まいや食事でお世話になりました。

東京では石神井《しゃくじい》にあった旧制中学の補修科に通って受験のための勉強をしました。当時の旧制中学には通常の5年生までの科と、受験勉強のための補修科というのがあったのです。ところが補修科で習う授業が私にとってはあまりにも高度過ぎてついていくことができませんでした。広島では中学4年生の頃から毎日毎日の勤労動員でほとんど学校には行っていない、まともな勉強はしていない。そのことの弊害、ギャップはあまりにも大きかったと思います。医科志望ですから理科とか数学を主に習うのですけど、微分積分なんて出てくるとまったく分からない状態でした。昭和21年（1946年）の3月に慈恵医科大学と東邦医専の二校を受験しましたが両方とも駄目でした。

翌月4月に広島に帰りましたが、それまでに二人の兄も除隊となって帰郷していました。兄たちは既にそう若くもない年齢でしたから早々に所帯も持ち、父からの財産も長兄が継いでいきました。私も早く次の進路を決めなければならない事情がありました。私の父は子どもたちの大学進学を強く願っている人でした。その影響から私も当時からなんとなく大学へは行かなければならないものという意識がありました。

龍谷大学予科に入学し京都へ

叔父さんの奥さんという人がたまたま浄土真宗のお寺の役僧をされていた人で、僧侶になることを薦められ、そのような関係から、今度は龍谷大学へ入学することになりました。本当は僧侶になることは本意ではありませんでしたが、中学の頃の同級生（誓立寺の武田君）も同じ龍谷大学に入るというので、それではと一緒に入学することにしました。但し、同級生の彼は最初から仏教のことを専門に学ぶ専門部へ、私は龍谷大学の予科を選びました。予科とは旧制高校と同じで、現在の新制大学の一般教養課程に相当する3年間のコースです。

龍谷大学への入学は昭和22年（1947年）ですが、これが初めて京都に住むことになった時でした。入学はしたものの、それでもどうしても僧侶にはなる気になれず、結局は龍谷大学は予科の3年で終了することになります。龍谷大学予科の3年間、生活費は兄のお世話になりましたが、授業料はすべて自分でまかなうというのが兄との約束でした。あの頃は学生アルバイトなどまったくない時代でした。そのために予科3年間のうちの1年間を思い切って休み（休学ではなく、授業に出席せず）、江田島に進駐していた駐留軍の中で働いて授業料を稼ぐことにしました。

当時の駐留軍は、近畿地方から東はアメリカ軍が、西はイギリス連邦軍（現在のイギリス、インド、オーストラリア、ニュージーランド軍で構成）が担当していて、広島方面の駐留軍は江田島に駐屯していました。私は縁を頼って駐留軍本部に職を見つけ1年間学資稼ぎに励みました。大学は各期末試験だけ受験するという際どいことをして乗り切ることができました。

学徒動員から復員してきた人たちと学ぶ

龍谷大学予科終了後1年間はまた進駐軍で働くなどして過ごしましたが、戦後の新制大学制度のスタートを機会にもう一度4年生大学への就学と卒業に挑戦することにしました。その頃は銀行員となって働きたいという意思が強くなっていたこと、そして住み慣れた京都で勉強したいという思いもあって同志社大学の商学部をめざしました。私は龍谷大学予科で一般教養課程は終了していましたので同志社大学では3学年の編入試験を受けました。

戦争中、特に終戦間際、学徒動員で多くの若者が大学の勉強半ばのまま兵隊に、戦地に引っ張られていきました。辛うじて命を永らえ、復員してきた人たちの中にはもっと勉強したいという思いの人が多かったようです。そういう人たちが編入試験に殺到し、この年（昭和26年／1951年）同志社大学商学部だけで編入試験を受ける人は1000人を超えていたと思います。受験生の年齢も高く、入学後の私の同級生にも私より10歳も年上の人などはざらにいました。

70年前のあの日を生き抜き今日あることに感謝

同志社大学の卒業は昭和28年（1953年）ですが、当時も今と同じ超就職氷河期でした。さらに銀行志望の私にとって両親がいないということは大きなハンディキャップとなっていました。あの頃の就職活動はまず身上調書の提出から始まるのですが、親のいないことは保証能力に欠けるということで頭から撥ねつけられる始末でした。しかし食っていかなければならないわけで、意に添わなくても室町筋の繊維問屋、京都・大津の進駐軍キャンプ、クリーニング店などを転職しながら生きていきました。その間に結婚し、長女も生まれました。

昭和33年（1958年）、相互銀行支店の集金担当として入社しました。集金担当の仕事は西陣から嵐山一帯までの広い範囲を毎日自前の自転車で回らなければならないという大変厳しいものでした。しかも今でいう契約社員のような身分ですから明日が保障されているわけではない、明日の見えない仕事でした。それでも5年間働き続け、昭和38年（1963年）にやっと内務行員になることができました。相互銀行には定年退職まで勤め上げ（勤続25年）、再就職した信用組合も10年と8ヵ月勤めて、平成6年（1994年）、66歳の時に現役生活を退きました。

あれだけの被爆をしていますので体調管理には気をつけていて、被爆者のための人間ドックも毎年受診してきました。昔の頃は第二日赤で一泊二日の泊まり込みで受診したものです。

NHKへの「ヒバクシャからの手紙」の冒頭でもふれていますが、平成21年（2009年）、81歳の時、胃がんが見つかって一部切除手術しました。それから副腎に腫瘍があるとも診断されています。良性か悪性か切除して調べなければ分からないと言われているのですが、切除すること自体危険を伴うので、今は静観している状態です。

妻は3年前、平成24年（2012年）に亡くなりました。私たちの子は長女の一人っ子で、孫は二人います。長女が生まれる時は、原爆の子どもへの影響もいろいろと言われていましたので、生まれてくるまでは本当に不安でいっぱいでした。一家全員が被爆した中でも私とともに生き延びた4歳下の妹は、その後小学校の校長まで勤め、今も元気に過ごしています。被爆から70年、今年87歳になりますが、70年前のあの日を生き抜き、よくぞここまで頑張ってこれたものと、感謝しています。

21 平 信行（被爆二世）

父と母の被爆体験と私の追体験

記＝2015年7月25日

私の両親は共に被爆者です。父は22歳の時、母は18歳の時、同じ広島で被爆しました。私たちの世代は幼い頃、家族の団欒は夕食後の親から子への語らいが中心だったのではないかと思います。まだテレビも家庭には普及していない時代でした。私の父・母はこの団欒の機会に戦争体験、被爆体験をよく聞かせてくれたものです。親から子への語り、これが私にとっての最初の被爆追体験です。

しかし残念なことに、幼い頃に語られたことの多くは忘れてしまい、断片的なことしか記憶に残っていません。私が成人した後、はっきりとした目的を持ってあらためて父母から聞き取りをしておけばよかったと今にして悔んでいます。父はすでに14年前に他界し、その機会を逸しました。幸い母は健在で、あらためて聞き取りをしたのが下記の一文です。しかしその母も詳細については忘れていることが多く、経験したであろう多くのことからすれば限られた体験談になってしまいました。以下、母の被爆体験から綴ることにします。

母 平貞子が語る被爆体験

江波山から見た広島の火の海

私は大正15年（1926年）の生まれで、昨年88歳の米寿を迎えました。広島県山県郡壬生村（現在の広島県北広島町）惣森という地に、農家の六人姉妹・弟の5番目として生まれました。父親が早くに亡くなり、母親も体が弱く、姉たちもみんな家を出ていたので、一家の支えとなって農作業も家事も中心となって切り盛りしていました。

私のすぐ上の姉が広島市内の江波《えば》というところに嫁いでいて、その姉が出産し、手助けのため1週間ほど姉の嫁ぎ先に滞在していました。昭和20年8月6日の一週間前、私が18歳の時でした。手助けもほぼ終わり、8月6日の朝には姉の嫁ぎ先から田舎の実家に帰る予定になっていました。帰路は広島市内中心部のバス停留所から出発する郊外路線バスを利用します。爆心地の近くです。ところが姉の姑さんから何かの事情で帰る時間を午後に変更するよう勧められ、その通りにしたことが私の運命を分けることになりました。予定通り朝から帰宅の途についておれば、原子爆弾投下の瞬間はほぼその直下にいたことになります。

その日の朝、家の中を掃除し、ゴミを屋外のゴミ箱に入れようとした瞬間、突然ピカッと強烈な光を浴び、同時に「熱い！」と物凄い熱さを全身に感じました。自分のすぐ目の前に爆弾が落ちたと思いました。瞬間、目をやられたとも思いました。

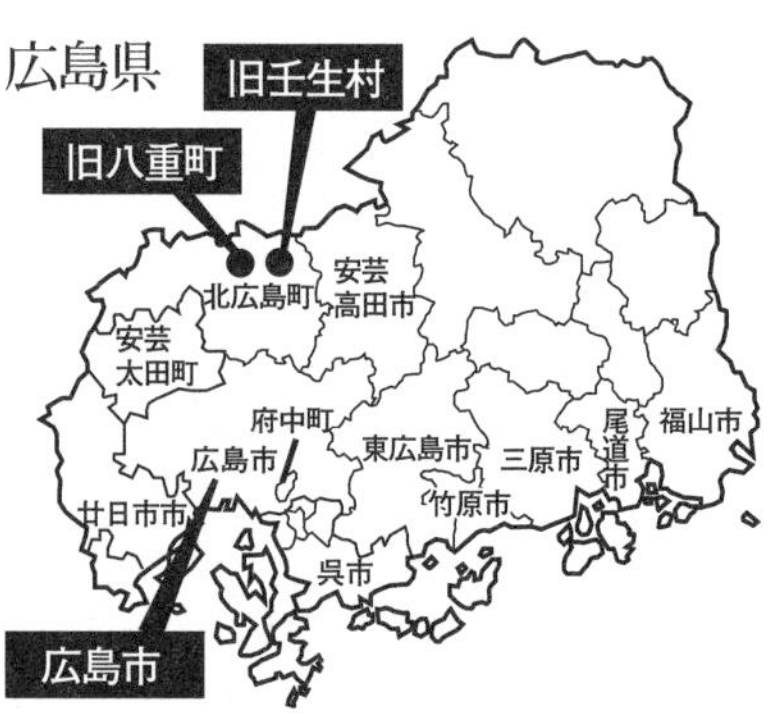

急いで家の中に入ると、家の中は濛々《もうもう》たる塵、ゴミなどが湧きかえっており、視界も効かず何が何だか分からな

いことになっていました。壁土も落ちていました。箪笥《たんす》が道路に飛び出したりもしていました。近所の人たちの呼びかけで布団をかぶって急いで近くの防空壕に避難しました。涙がボロボロと出てしかたなかったことを覚えています。

江波の街は爆心地から南方向へ4キロです。私がいた姉の嫁ぎ先は小高い江波山のすぐ南麓にあり、その山が影となって幸いにも火傷などの直接の怪我は負わなくて済みました。

やがて、多くの人たちが江波方面に逃げて来るようになりました。背中がひどい水ぶくれとなって、タップンタップンゆらしながら逃げてくる兵隊さんが大勢いました。多くの人が衣服が焼け落ちて裸のままのようになっています。ほとんどの人が大火傷をしていて水ぶくれで、「熱いよう、熱いよう」「水くれー、水くれー」「助けてー、助けてー」と呻《うめ》きながら逃げて来ました。「お母さーん、お母さーん」と泣き叫ぶ子どもも大勢いました。火傷で足と足とがくっついてしまっているような人もいました。

現在の江波山山頂から爆心地を臨む

江波山にはあの頃広島地方気象台がありました。それを守るためか高射砲陣地もありました。知人の縁で夜は江波山頂上付近の軍隊の防空壕に避難させてもらい、夜、山の上から火の海となって燃え盛る広島の街を見ました。

被災者に追われるようにして街を縦断

食糧も欠いていたため、3日後の8月9日には田舎に帰ることにしました。自転車の荷台に乗せてもらって帰る予定でしたが、すぐにパンクしたため、結局終始歩き通すことになりました。

江波の街から舟入《ふないり》各町へ、そして北方向へ真っすぐ横川駅までの路面電車通りを、広島の街を縦断するような道筋で歩きました。途中爆心地の西側一帯をかすめるように通過することになります。

路上には亡くなった人も、まだ生きていて呻《うめ》いている人もいっぱい並べられていました。ウジがいっぱいにわいていました。「助けてー、助けてー」と言われてもどうすることもできず、目を背けるようにして足を急がせました。水槽の中に顔を突っ込んだまま死んでいる人もたくさんいました。電車が止まったまま放置されていました。

やっと郊外に出てひたすら歩いて田舎の実家をめざしました。広島市から実家のある田舎までは直線で40キロはある距離です。標高差もあり、峠を越え、山間部に向かって登っていく昼夜行でした。途中、怪我人をいっぱい乗せて広島から田舎に避難して行くトラックに何台も遭遇しました。同乗を頼んでもいろんな理由をつけられて結局一台も乗せてもらうことはできませんでした。

恐怖に包まれながら一晩中歩き通し、夜が明ける頃故郷の村の親戚にたどり着きました。親戚からすぐに実家に私の無事を連絡してもらいました。私の母親は既に「広島全滅」の知らせを聞いていて、私も私の姉も亡くなったものと思い込み、「久子（私の姉）も死んだ、貞子も死んだ」と毎日仏壇に向かって泣き通していました。

急性症状をチフスと疑われ

実家に帰ってから約1ヵ月間、毎日ひどい下痢と発熱が続きました。今から思うと被爆による急性症状というものではないかと思います。もちろん当時はそんなことは分からないため、私の母は、「チフスではないか？　絶対人には言うな！」と厳しく口止めしました。

実家の近くに、田舎にしては比較的大きい規模の藤井病院という病院があり、ここにもたくさんの原爆患者が収容されたり通院したりしていました。治療といっても特別なことができるわけではなく、ほとんどが赤チンを塗りまくられるだけのことでした。遠隔地から通院してくる患者さんのため周辺の家々で仮の宿も提供されていました。私の実家でも1ヵ月ほど、親戚の患者さんのために宿の提供がされていました。

終戦から5年後、昭和25年（1950年）に結婚。翌年の昭和26年（1951年）長男（平信行）を出産しました。さらに4年後次男を出産しました。被爆者手帳の交付年月日は昭和40年（1965年）10月1日となっています。何故この年の交付だったのかは覚えていません。手帳交付のための申請をためらったことなどはなかったのですが、近くに住む同じ被爆者の奥さんに教えられて初めて交付申請したようなことを覚えています。いつだったかははっきり覚えていないのですが、広島市内に新しく被爆者を専門に検査したり診てくれる病院ができたので、2泊かけて検査を受けに行ったこともあります。原爆が原因で健康を損なったと特に意識したことはありませんが、50代になってから狭心症を発症し、その後、高血圧、白内障にもなって、今不整脈で苦しみ続けています。

被爆から70年、もう忘れてしまったことの方がたくさんになりました。なんとか思い出せるのが以上のようなことです。中でも特に、原爆投下の瞬間「熱い！」と感じた強烈な熱さ、人間にウジがいっぱいわいていたこと、水槽の中に顔を突っ込んでたくさんの人が死んでいたこと、この三つだけはあまりに印象が強くて、生涯頭から消えることはないと思います。戦争は本当に悲惨で残酷です。戦争だけは絶対にやってはいけないと強く思っています。

父　平晴雪《はるゆき》の被爆体験

父（平晴雪）は大正12年（1923年）に、母と同じ広島県山県郡八重町（現在の広島県北広島町）の有間というところで、五人兄弟姉妹の末っ子として生まれています。原爆投下の時は22歳です。父は2001年（平成13年）に他界していて、あらためてきちんとした戦争体験、被爆体験を聞くことはできませんでした。私の記憶に残っている父親の体験は極めて僅かで断片的ですが、それだけでも拾い集めるようにして以下に綴ってみることにしました。

太平洋での二度の撃沈船から生還

父は戦争中、南方油槽船の乗組員でした。軍隊の徴兵検査も受けているのですが、何かの事情で体調不良があって検査に合格しませんでした。しかし、徴兵検査不合格だったからといって若い青年が安穏《あんのん》と実家に止まっていることなど許される時代ではありませんでした。自ら志願する形で軍属となり、油槽船の乗組員になったようです。

油槽船乗り組みの頃・右端が父

油槽船ですからタンカーだと思うのですが、当時インドネシアまたはマレーシアあたりから日本へ石油を運ぶ船だったのだと思います。しかし父の乗り組んだ油槽船は米軍の攻撃にあってあえなく撃沈されました。太平洋のどこらあたりなのか分かりませんが、一昼夜海を漂って幸運にも別の船に救助されました。深夜の真っ暗の大海原を浮遊物につかまってたった一人であてもなく漂うのは大変な恐怖だったと言っていました。ところが救助された船もまた米軍の攻撃によって撃沈され、再び太平洋を漂うことになりました。2度までも同じ目に遭って、それでも生還できたのはこの上ない幸運に恵まれていたわけです。2度目に救助されたのが赤十字マークのついた病院船だったおかげで日本へ帰りつくことができたのだそうです。

宇品港停泊中の船上で被爆

父の乗り組んでいた油槽船の根拠地は広島の宇品港でした。戦争末期、日本にはすでに船を動かす石油が枯渇していて、宇品から呉の軍港にかけての広島湾一帯にはたくさんの軍艦、軍に関係する船舶が、動かせないまま錆びついたように係留されていたそうです。どの船も米軍航空機からの攻撃を避けるため、カムフラージュ用の樹木を甲板の上いっぱい積み上げて、見た目にも惨めな姿だったと言っていました。原爆投下の時、父は宇品港に停泊していた船上にいて被爆しました。原爆の落ちた朝は船の甲板にいて、強烈な光と熱線に驚き、大慌てで船倉に転がり込みました。最初は、広島市内の都市ガスタンクが爆発したのではないかと思ったそうです。

4日間焦土の街で死体整理作業

父の具体的な被爆体験を少しでも知る方法はないかと考えていた時、被爆者が被爆者手帳の交付申請した時の申請書を閲覧する方法があることを知りました。申請書には「被爆した時の状況」を書く覧があります。早速、父の手帳発行元である広島県に問い合わせました。

閲覧はできませんでしたが、申請書に書かれている被爆状況の写しを行政サービスで入手することができました。以下が父の被爆者手帳交付申請書に記載されていた内容です。

〈手帳交付年月日〉は昭和40年（1965年）10月1日、母の交付日と同じです。ちなみに母の手帳申請書記載内容も一緒に入手してみましたがこちらの方はごく簡単なもので、父のような具体的な状況が書かれたものはありませんでした。

父が死体整理に入市した流川町は爆心地から東へ1キロほどの辺りで、広島市内全焼地域の東部一帯にまで入りこんでいたことになります。そこで原爆投下の翌日から4日間も死体整理の作業にあたったというのは、普通の感覚ではとても

宇品港六管桟橋（軍用桟橋）跡

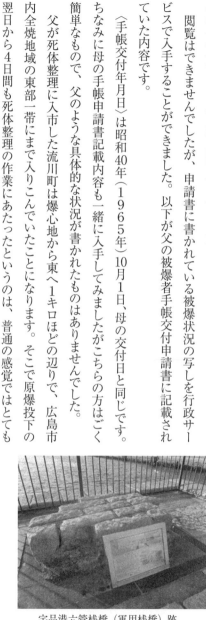

耐えられない、正常な精神は保てないほどのすさまじい体験だったのではないかと思います。

〈入市の概要〉

昭和20年8月7日、8日、9日、10日の4日間被爆地整理に入市した時、私は軍属として南方油槽船に船員として居ました。船名は第31南進丸でした。船は宇品港第17錨地に停泊していました。原爆投下の際には同船甲板にて作業中でしたが幸いにして身体に何の異常もありませんでした。

8月7日、8日、9日、10日と4日間猛火の下で死体整理作業に従事しました。船員40名が2班に別れて作業しました。時刻は8月7日午前7時出発、宇品上陸7時30分。宇品1丁目より17丁目～皆実町～比治山町に入った時刻8時10分でした。そして、鶴見町～平塚町～流川町～山口町と作業して午後4時作業を終わり4時半頃出発して我が船に帰船したのが午後5時40分でした。8月8日、9日、10日と毎日4日間同じ作業を同じ町内でしました。

もともと父の被爆体験は私には断片的にしか記憶に残っていなかったのですが、それでもこの4日間のことについてはまったく覚えがなく、手帳交付申請書の内容を見て初めて触れたような気持ちになりました。ひょっとするとこの4日間については、私たちが幼い頃から聞かされてきた話の中にも含まれていなかった（しゃべることができなかった）のではないかとさえ思いました。

父の背中を見て育つ

父と母は末っ子と五女同士のお見合い結婚でしたから、相続する財産など何もなく、すべてがゼロから始まる分家農家でした。農家といっても食べていくのに十分な田畑があったわけでもなく専業農家というわけにはいきませんでした。そのため父は土木工事など色々な仕事を兼業しながら、苦労して生活を支え、私たち兄弟を育ててくれました。

私の故郷は中国山地の山懐に抱かれた緑豊かな田舎です。当時どこにでもある保守性の強い日本村落の典型的なところでした。そんな田舎でも父は周囲に遠慮することなく、政治に対しても、行政に対しても革新的な意見を持ち、農業委員に立候補、当選するなど様々な活動をしていました。

平和な世を望むのは当然ですが、戦争をもたらしたもの、原爆による無差別殺戮を行ったものを告発し、その責任を追及し続ける姿勢が基本にありました。生死の境を漂流した戦争体験、22歳の時の凄惨な被爆体験が、戦後の父の生き方の原点となり、信念になっていたのではないかと思います。

父と母（1990年頃）

そういう父に触れながら、後ろ姿を見ながら私も成長していきました。私が小学校高学年の頃、田舎の町でベトナム戦争を告発する映画（北ベトナム制作だったと思いますが）の自主上映会が小学校の講堂であり、父は私を連れて観に行きました。幼いながらもベトナム戦争の真実を鮮烈に胸に刻むことのできた思い出を今もはっきりと記憶に止めています。父は2001年（平成13年）、78歳で亡くなりました。事故による大怪我を何度もして、肝臓を患ったり、様々な病気もして、最後は誤嚥性肺炎発症が直接の原因でした。

被爆二世・私の被爆追体験

核実験競争の頃

私たちが物心つく頃、50年代から60年代にかけては、米ソを中心にした核兵器開発競争の只中でした。核実験は地下核実験にまで広がり、大陸間弾道弾実験のニュースも世界中を駆けめぐりました。ソ連の核実験によってまき散らされた放射能を含む雨が偏西風に乗って日本上空に押し寄せるぞと、雨対策が真剣に訴えられていたことも記憶にあります。アメリカによる太平洋での核実験の影響も心配されていました。

異常な核開発競争の結果、ボタン一つで人類が滅亡するという警告的な物語、漫画なども登場していました。新藤兼人監督の映画『第五福竜丸』（1959年公開）のことなども記憶に残っています。そうしたことの影響で、戦争や紛争のニュースに対して、それがたとえ遠い国のことであっても、強烈な恐怖感を抱く時期がありました。

小学生の頃です。夜間、空を飛ぶ飛行機の爆音を耳にすると、米軍機か自衛隊機が朝鮮半島やソ連に向かって飛んでいるのではないかと想像し、恐怖のあまりその夜一睡もできないようなことがしばしばありました。過敏で少し異常な時期だったのかもしれません。でも本当はそうした感覚を持つ方が、当時の状況下では人間として正常だったのではないかと今も思います。

被爆と世代を超えた影響について

私の両親は被爆者であることを周囲にはばかるようなところは何もなかったため、私たちも被爆二世であることを自然に受け入れて育ちました。

はるか後年になって、京都大学の生活協同組合に勤務していた頃のことです。生協の学生委員会がピースナウＨＩＲＯＳＨＩＭＡという平和企画に参加してのレポートを京大生協の組合員向け広報誌に掲載しました。レポートの一部に、被爆障害は次世代への影響＝遺伝的影響があり得るという趣旨のことが書かれていました。これを読んだ一人の生協組合員（学生）が、自らを被爆二世と名乗って、強烈な反論と激しい抗議を寄せてきました。遺伝的影響などはどこでも証明されてない、誤った情報によって被爆者、被爆二世に対する深刻な差別が助長されるではないか、というものでした。

被爆をめぐる差別の存在は漠然とは知っていましたが、自分も関係しているこうした具体的場面で激しい抗議を受けるのは初めての経験でした。この時は、私も二世だと名乗って、当時「遺伝的影響は証明されていない」という一般論に頼って事を収めました。その時以来、被爆者本人はもちろん、二世、三世の人たちと接する場合でも、その人たちが被爆の事実を自らの中にどう受け止めているのかを慎重に推し量りながら対応するようになりました。

南京大虐殺とノーモア・ヒバクシャ

京大生協に在籍している頃、90年代の半ば頃から京都大学に留学している学生たちと深く交流し合う関係にありました。日本の大学でも留学生が年々急速に増加し、京都大学も例外でなく、大学生協の活動として留学生支援が重要な課題となっていった頃です。日本の留学生の圧倒的多数はアジアの国々からの留学生で、そのうち中国が最も多くを占めます。ある時、一人の中国人留学生と個人的な生い立ち、プライベートなことも含めて語り合う機会がありました。私は広島県出身であり、両親は広島で被爆していることなども話しました。その時、相手の彼は激しく反応して、「物事には原因があって結果がある。ヒロシマ・ナガサキは南京大虐殺があったことによる結果ではないか」と厳しく問い詰めてきました。彼は日本による過去の清算をきちんとしないままヒロシマ・ナガサキなど軽々しく口にするな！と言いたかったのです。

彼は南京出身の留学生でした。私たちが被爆二世・三世として自らの親や祖父母のことを語るのと同じように、彼らにも身近な縁者の中に南京大虐殺の犠牲者が具体的な存在としてあることをその時知り、気づくことになりました。別の南京出身の留学生は、日本への留学を機会に、大虐殺に関わったとされる日本人を訪ねて真実を確かめに行くという勇気ある行動をした人もありました。

ノーモア・ヒロシマ・ナガサキ、ノーモア・ヒバクシャを語る時、日本帝国主義と軍隊が、中国で朝鮮でアジアの国々で数々行った虐殺、残虐行為、戦争犯罪の事実を同時に想起しなければならない。そのことをあらためて銘記する、私にとって重要な出来事でした。

京都大学花谷会館

京大生協に勤務していた時代、原爆に関わるもう一つの追体験をしました。私が京大生協で毎日仕事をしていた事務所は京都大学の花谷会館という建物にありました。花谷会館とは京都大学原爆災害総合研究調査団の一員であった花谷暉一《はなたにてるいち》さんの非業の死を悼み、ご遺族が京大に寄贈された建物です。

原子爆弾投下直後、政府・軍部からの要請で京都大学では医学部・理学部による原爆災害総合研究調査団が編成され、広島に派遣されました。研究調査団と言っても救援医療行為も伴う活動です。調査団の宿舎は広島市西方の宮島の対岸・大野町（現在は廿日市市）にあった陸軍病院があてられていました。9月17日深夜、後に戦後最大規模であることが明らかになった枕崎台風が広島県地方を直撃、陸軍病院は背後からの山津波で海まで押し流され壊滅しました。その時、京大調査団の11名が犠牲となり、花谷暉一さんもその一人でした。

枕崎台風の被害は原子爆弾によって壊滅していた広島市を中心に県下で2600名もの犠牲者を出しました。広島の人たちは原子爆弾による災禍を被り、2ヵ月も経ないうちに再び枕崎台風の直撃も受けるという二重の被害に遭遇したのです。終戦間もないこの時期、日本の気象観測体制と機能はまだ十分には回復しておらず、特に広島地方気象台の破壊は言うまでもない状態でした。台風の強さも進路も正確な情報収集は何もできず、その情報を市民に伝える手段も喪失状態でした。人々は何も知らず、無防備なままで戦後最大規模の台風に襲われたのです。台風の被害は自然災害です。しかし、台風襲来を予知できない状態に陥れていたのは、愚かな人間による行為であり、人災でした。広島県大野町陸軍病院跡には京都大学原爆災害総合研究調査班遭難記念碑が建立されています。５年に一度医学部主催による慰霊の集いが催されています（通常年は自由参拝の日を設定）。京大生協にも毎回案内があり、私も二度参列したことがあります。花谷会館の一室には花谷暉一さんの遺影が掲げてあり、日々訪れる人々を迎えています。私はこんな所縁《ゆかり》のある建物で17年間仕事をしていました。

京都大学には戦争に対する負の遺産も、反戦平和に尽くされた歴史も数多くあります。将来花谷会館が建て直される時には、是非〝京都大学平和記念館〟として生まれ変わるように、と長く祈念されています。

母の被爆した街は江波であり、その江波には広島地方気象台があって、広島地方気象台と枕崎台風とは深い関わりがありました。京大原爆災害総合研究調査班の遭難を悼み平和を祈念して建てられた花谷会館での毎日、と不思議なつながりを感じていました。

京大生協本部のある京都大学花谷会館（2007年頃）

京都「被爆2世・3世の会」の結成

２０１１年（平成23年）6月、37年間勤めた京都の大学生協を定年退職しました。近くに住まわれているお知り合いの方に紹介いただいて京都原水爆被災者懇談会の活動に参加することにしました。定年退職後の人生の中心が被爆者のみなさんを応援していくことになる、そのことにいささかの躊躇《ちゅうちょ》もありませんでした。そして被爆者のみなさんの願いと期待も受けて、翌年、２０１２年（平成24年）10月20日、京都「被爆2世・3世の会」を結成、スタートすることになりました。

22

太田 利子（仮名）

呉海軍病院への学徒動員で被爆者救護活動

お話＝2015年7月30日

学徒動員と呉海軍病院

私は昭和4年（1929年）8月20日が誕生日で、今85歳、もうすぐ86歳になります。戦争が終わった時は15歳でしたね。生まれたのは広島県の呉で、海に近い田舎でした。父親は海軍関係の工場に行っていて、母親が農業しながら家を守り、女五人、男一人の兄弟姉妹でした。私は上から2番目の子でした。私の家は田舎の貧乏な暮らしだったんですが、親がなんとか私を女学校まではと苦労して、呉にあった県立高等女学校に行かせてくれていたんです。

女学校は5年制でしたが、私たちが3年生になった時、生徒は学徒動員に行かされるようになったんです。行き先は軍需工場か、あるいは海軍病院かのどちらかでした。病院の看護婦が足りなかったんでしょうね。各学校の何百人という生徒が集められて、全員が健康診断を受けさせられて、健康な人と、ちょっと健康に問題のある人とに分けられて、まるでベルトコンベヤーみたいに選別されるんです。それから健康な人は試験があって、60点以上の人は海軍病院に行かされるんです。それ以外の人はみんな軍需工場行きでした。私は健康そのもので試験もまあまあだったので海軍病院行きとなりました。

親が必死になって働きながら女学校に入れてくれて、いろんな夢もあったのに、強制的に海軍病院に行かされて、看護婦の手助けのような、見習いのようなことをさせられることになったんです。私たちの同級生は100人くらいが海軍病院行きでしたね。

海軍病院での日々

海軍病院は全寮制で、勝手に家に帰ることもできない。帰してくれなかったんです。「半年間は家に帰れないから覚悟しろ」とまで言われてね。15歳と言えばまだ子どもやのに、ある日突然軍属にさせられたようなもんですからね。ホームシックになる子もいたり、みんな「帰りたい、帰りたい」って抱き合って泣くんですよ。泣いてたら上官が来て「何やってるんや！　こんな時代に泣いてる場合やないやろ！」と怒るんですね。

学徒動員中も、女学校の先生が週に何回かは病院に来て、女学校の授業もされていました。それから海軍病院ですから、看護や医学の勉強もしなければならないことになったんですけど、それまでがまったくの素人ですから、なかなか覚えられない、身につくようにはなりませんでした。まだ15歳でしたし、突然看護の勉強するようになるなんて思ってもいなかったことでしたから。

勉強してても、しょっちゅう空襲があって、その都度「早く逃げろ！」と追い立てられて、落ち着いて勉強できませんでした。生理学とか解剖学とかいろいろあって、一応教科書のようなものももらっていましたけど、読んでる暇もない。何も身につかないまま、何がなんだか分からないままでしたね。暇があったら病院に行って看護婦の仕事を手伝え、とにかく手が足りないから、と言われて。教室で教えられることよりも、実地の方が先で、順序も何もなくて、体で覚えろと言われているようなもんでした。

たくさんたくさんの膿盆《のうぼん》をひたすら磨かされるようなこともありました。昔あった石粉を使って磨くんですけど、少しでも汚れがあったりすると厳しく怒られてやり直しさせられたりして、そういうことでは根性は鍛えられたと思いますね。

当時はもう本当に食べるものがなくてね。上級生はお粥さんのいいところだけ食べて、私らは残った上の水の綺麗なところだけ食べさせてもらって。それで働くんですからね、倒れて死んでしまう人もありましたよ。

呉の空襲

呉は何度も空襲がありました。空襲の時、病院は爆撃したらあかんという約束は守られていたみたいで、屋上に赤十字のマークがつけられていました。それでも動員学徒はまだ役に立たないから避難しろと言われて、一人では危ないので友達と一緒になって手を繋いで逃げるんです。身を隠しながら走るんですけど、走って逃げる人間を見つけるとアメリカの飛行機から機銃掃射されるんです。アメリカ兵の顔が見えるぐらいの近さ、低さの時もありました。アメリカ軍の飛行機が飛び去った後、一緒に逃げたはずの友達が来ないので振り返ってみると殺されてしまっていたこともありました。機銃掃射の後は死体の海でしたね。

広島に原爆の投下される前、7月28日の夜にも、呉はアメリカ軍の大空襲を受けました。最初に照明弾が落とされて、昼より明るくなった中で爆弾が落とされるんですね。病院の大きな鉄筋の建物だけが残って、後の民家などは全部丸焼けになったんです。もう悲惨なものでした。空襲の終わった後、病院に帰って点呼を受けたら、学徒動員の生徒で生きて帰って来れた人は三分の一ほど。三分の二の人は死んでしまっていました。

工場で働いていた私の父親が、空襲の翌日、病院に駆けつけてくれました。昔気質の父親でいつもは堅苦しい人なのに、この時だけはわんわん泣いて、よく生きてくれてたと抱きついてくれました。あの時の父親の温もりは一生忘れることはありません。

8月6日の朝

8月6日の朝は、私たちは食堂にいて、当番だったので食事の後片付けをしていたんですよ。突然廊下側の窓際がピカッピカッと光ったんです。「あれ、何?」って瞬間みんなが後ずさりしました。その後すぐに大きな雲がもくもくと上がっていきました。キノコ雲ですね。みんな空を見上げて「何だろ? 何だろ?」と言い合いました。

それから1時間か2時間たった後、「何処そこの講堂に集まりなさい」って院内放送があって集合したんです。そこで軍曹から「これからは軍人・軍属だけじゃなくてどんな患者も受け入れることになった」と説明されたんです。それまでは海軍病院の患者は兵隊さんだけだったんですが、今からは一般の人も全部受け入れる、「みんな同じ日本人同士だから何でもちゃんと手当てしてやるように」という説明でした。

慌てて班の編成がやり直されて、急にサイレンが鳴って、みんな緊張して迎え入れることになりました。広島で死者や怪我人がたくさん出ている。広島には治療するところがないので呉まで向かってくるので、みんなしっかりと手当をするように、という指示でした。

手当すると言っても私たちはまともには何も教えられていなくて、人間の身体のしくみを少し習ったばかりのところで、何も分からない。一体どうするの?って感じでした。とにかく私たちには何が何やら分かりませんでした。てんやわんやの大騒ぎなんです。もう命令された通りに動くだけでした。

運び込まれてきた人たちを受け入れて

その後更に2時間か3時間経ってから、トラックが、4トントラックだったと思いますが、広島の人を運んで来はじめたんですよ。どんどんどんどん、次から次へと来るんですよ。到着したトラックの上に兵隊が上がって、人間をどんどん降ろしていくんです。受け入れるこちら側は簡単には運べなくて途方にくれましたね。今やったらストレッチャーで問題なく運べるんだけど、そんなものはないし、どう手をつけていいか分からない。とにかく並べろと言われて、運ばれてきた人を順番に並べていきました。みんな意識はなくて、真っ黒に火傷している人ばかりです。

　私たちの作業は手袋も何もなくてみんな素手でやるんですよ。手術場だけ辛うじて手袋があったような程度でしたね。「お前は足を持て、お前は手を持って」と言われて、「はいっ」てやるんですけど、持ったつもりの足が半分抜けていたり、運び込まれている人はみんな真っ黒焦げですから、手に持っているのが足なのか手なのかさえ分からないいんですよ。「いつまで持っているんだ！」とか「早いこと運べ！」「速やかに運べ！」と怒鳴られどおしでもう泣きながらでしたね。15歳と言えばまだ手もそう大きくはない。「ぐっと手に力を入れて」って言われるから力を入れるとずるずるっと怪我をした人たちの皮がむけてくる、骨も出てくるんですよね。臭いもものすごいものでした。普通の臭いとは全然違う、今から思えばガス爆発の時のような臭いを感じました。全員降ろしたらトラックはまた積み込みに広島へ帰っていくんですよ。

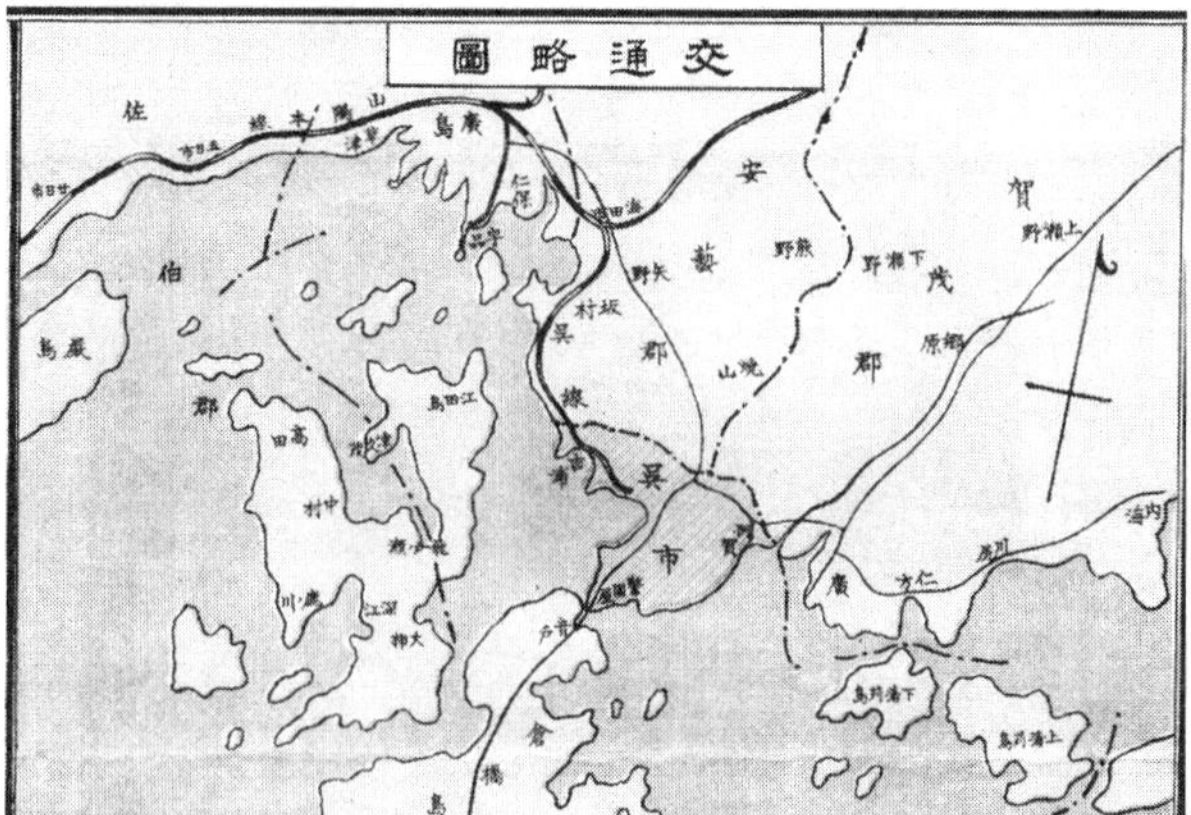

昭和10年（1935年）発行の地図

　並べられている人たちの中にはハアハアと息している人もあるので、そういう人をまず助けなあかんと思うでしょ、普通。看護の仕事してたら一人でもたくさん助けたいと思う。でも戦争はそんなどころではないですよ。そんな感情を持てる場合ではありません。とにかく早くしろ、急げと言われるばかりなんです。

患者さんから「水ーっ」「水ーっ」って言われて、水がどこにあるのかすぐには分からない。やっとどぶ池のようなところがあって、そこの水を手で汲んできてあげたら、「ああおいしい」ってそのまま亡くなっていく。みんな真っ黒焦げで、皮がぼろぼろやし、名前も分からんので名前を呼ぶこともできない。辛うじて生きている人を探して先に手当しようとすると、「そんなこと考えんでいい」って言われて。とにかくベルトコンベヤーのように処理せえと。

海軍病院はさすがに常備薬のようなものはしっかり用意されていて、赤チンになる粉のようなものがあって、それと何の水か分からないような水とを乳鉢で混ぜ合わせて、障子貼りの時に使うような刷毛で患者に塗っていくよう指示されるんです。並べられた患者全部の背中にすーっと塗っていって、背中が終わるとみんなひっくり返して今度はお腹の方にも塗っていく。私のクラスは全員がそれにかかりました。

それが乾いたら「今度はチンク油を塗るんや」という命令です。チンク油というのは、白いパウダーのシッカロールとひまし油を混ぜてどろどろにしたものなんです。それを二人一組になって塗っていくんです。作業してたら初めの方の人はもう亡くなっている。そしたら「死んでるもんはせんでよろしい！」って言われるんです。人間扱いじゃないんですよ。もの扱いなんですよ。並べられている人はどんどん亡くなっていくから、辛うじて生きている人の方が少なくなってきて、最後は用意したチンク油も残ってしまいました。

人間扱いじゃない！

そういうことをやってるとまた次の便のトラックが到着するんですよね。患者はもう廊下だろうが外の庭だろうがありとあらゆるところに並べられているんですよ。もう寝かせるところがないんですよ。トラックから患者を降ろす時、初めの頃は素手でやってましたけどね、今度は違うんですよ。建築工事の時などに使う鳶口《とびぐち》ってありますよね。それを人間に突き刺して、ポンと引き降ろすんですよ。このことだけはこれまでの語り部でもようしゃべらんことやったんですよ。だけどもう言っとかなきゃ、話しておくのが私の義務やないかと思うようになってね。

人間扱いじゃないんですよ。カツオとかマグロとかの魚みたいに、兵隊が鳶口で降ろしていくんですよ。広島に置いとけないから、ちょっとでも息してたらトラックに積み込んで運ばれてきた人たちなんですね。傷だらけやし、ずるずるやし、顔も分からへん、誰かも分からへん。ただ口が開いていて、眼が辛うじて開いているぐらい。鳶口で突き刺されても痛いとも、きゃーとも言わないんですよね。半分死んでますから。そうやって投げ降ろされた人を私たちは素手で拾いまわって運んでいたんです。お腹から腸が出てしまっているような人もいました。今やったら注射一本で腸が元に戻ることもありますけど当時はそんなものはない。もう人間扱いじゃない、そんな惨めな残酷なものでしたよ。今の人にはとても理解できないでしょうけどね。原爆も人間を使った実験だったんですよね。広島の実験だけでは足りなくて長崎でもやられたんでしょ。あんなに犠牲者を出して。それなのに今の大臣とか何を考えているんでしょうね？　核兵器のことだって本気でなくそうとしていない、一つも考えていない。

海軍病院で救護に当たっていた頃、動員学徒もほとんどみんな呼吸困難になったり、目眩や貧血を起こしたりして倒れた経験をしましたよ。今で言う急性症状だと思いますけど。悪いガスを吸っていることも知らない、放射能のことなどももちろん知らないままでしたからね。みんな「頑張ろう、頑張ろう」って掛け声だけを出し合いながらでしたね。

戦争終わって本格的に看護の道へ

戦争が終わって、海軍病院にいた学徒動員の女生徒たちはあちこちの病院に振り分けられることになったんです。元の女学校に戻るということはありませんでした。せっかく女学校の入学試験に合格して、月謝も払っていたのに、戦争終わってもそのまま看護婦の道を強制されることになったんです。父も母も、苦労してせっかく女学校に入れたのにと泣いていましたけど、「命が助かっただけでも良かったと思え」で済まされてしまいました。

私らは呉の海軍共済病院（現在の呉共済病院）に行かされました。ここから本当のきちんとした看護婦の勉強をさせてもらえるようになったんです。共済病院の看護学校に入れてもらって、実地研修もさせてもらえるようになり、９年間勉強や実地や勤務をみっちりやることになりました。

昭和29年（１９５４年）に戦後初めて看護婦の国家試験が行われたんです。その時の第一期の合格者に私たちはなることができたんです。それから初めて自由に進路を選ぶことができるようになったんです。私は〝戦災で焼けていないから〟といったような思いで京都に行くことにしました。25歳の時です。縁あって京都府立洛東病院に就職することになりました。以来定年の60歳まで勤め上げることになったんです。

昭和64年（１９８９年）に洛東病院は定年になりましたけど、看護師という仕事には定年というものがなくて、その後民間の病院でも69歳まで勤め、さらにその後も宇治市の福祉関係のところや、地域のボランティアでもいろんなことをしてきました。看護師の資格や経験があるので、それを請われてやってきたんですね。

出産の決意

昭和30年（１９５５年）に結婚したんですけど、なかなか子どもには恵まれなかったんですよ。それでも結婚して14年目、私が40歳のときに初めて懐妊したんです。この時、舅、姑から、兄弟姉妹から親戚から、みんなから出産に反対されたんです。夫までも案じて反対でした。「あんたは原爆のガス吸ってるから」「奇形児が生まれるかもしれん」「変な子ができたらどうする」ってね。あの頃結婚差別もあったし、実際に奇形の子が生まれた例もありましたからね。夫とはそのことで毎日毎日喧嘩になりました。

でもその時私は決意したんです。もしみんなの言うように変な子が生まれても、その時は私はこの子を（戦争被害の）証拠として育てていくって。奇形などあったら大きくしていくのが大変かもしれんけど、愛情さえあれば絶対に育てていけるって。そんな時には自分で施設を作ってでもやってやるって、夫に言い放ったこともありました。

生まれてきた子は元気な男の子で３８５０グラムもありました。小学校入学まではお医者さんにかかることもなく元気に育ち、今は孫にも恵まれています。

被爆者健康手帳を取ったのがいつだったか忘れてしまいました。昭和29年からは京都に来ていたので、手帳のことなんかは全然知らなかったんですよ。ある時広島市内に住んでいる昔の同級生たちに教えてもらってね、彼女たちに証人にもなってもらって、それで京都府発行で手帳をとったんですね。私たちの場合は海軍病院で大勢の被爆者の人たちに接して救護していたので、救護被爆という扱いでしたね。

私は被爆してから特に重い病気にかかってきたことなんかはないのですけど、若い頃から貧血はずーっと続いてきました。それから74歳の時からリウマチを発症してきました。

今のうちに語っておかなきゃ

安倍さんは戦争の本当のこと知らないんじゃないですか。また戦争やろうとしてはるけど、国民をなめてはると思います。ですから、私の被爆体験は今のうちにお話ししておかなきゃと思って、いろんな機会にしゃべらせてもらっているんです。大勢の前でお話しするよりも、座談会のような形がいいですね。いろんなお話のついでに、戦争体験も被爆の体験もそっとお話ししていけるような、そんな形が好ましいですね。

今もお友達の人たちと一緒に広島や呉に行くことがあるんですよ。そんな時には原爆資料館などにも行って私が案内させてもらってるんですよ。

23 芦田 晃

被爆者として語らねばならぬ原発事故と放射能

「戦争と平和について学ぶ六人部《むとべ》のつどい」でのお話＝２０１１年８月６日

２０１１年８月６日（土）、福知山市長田段の法林寺で、第一回「戦争と平和について学ぶ六人部《むとべ》のつどい」が開かれました。この「つどい」で、私が「広島で被爆して―原発と放射能―」と題してお話ししたものがこの文章です。時間が限られていたため、お話ししようと思っていたことが十分できませんでした。今までにも何度かお話ししたものではありますが、まとめて記録したことがありませんでした。今回「つどい」でお話ししたものを文章化して、語り残したものを今後補っていきたいと思っています。

原爆　許すまじ

福知山市多保市《とおのいち》に生まれ現在も多保市で生活をしています。今日は顔見知りの方が多いのでうれしいようなはずかしいような気持ちもしております。そして地元でお話するというのは初めてのことなので緊張もしております。

暑い日が続いています。去年の日記を見ますと、炎暑とか酷暑とか書いておりまして、猛暑日が８月５日は全国で177ヵ所あったと書いておりますので、去年の方が暑かったのかなという思いもしております。最初に「原爆許すまじ」をみんなで歌います。従前にはよく歌ったのですが、最近は歌わないのでご存じでない方もおられますけれど、私について歌ってください。

原爆許すまじ

ふるさとの街やかれ
身よりの骨うめし焼土に
今は白い花咲く
ああ許すまじ原爆を
三度許すまじ原爆を
われらの街に

（浅田石二・作詞、木下航二・作曲　以下四まで、略す）

「原爆許すまじ」の歌ですけれど、私は66年前ですが秋深まったころに広島に行きました。その時に、広島は70年間は草木が生えない、人は住めないと言われていたのですが、瓦礫の中に白い花が咲いていました。たぶんドクダミの花だと思うのですが、こんな花が咲いているなとびっくりしました。あの灼熱の原爆のなかでも生きておったので、ドクダミは強い花だと思ったことを覚えています。

私は大正末期の生まれです。昭和をまるまる生きて、そして平成も23年です。80代も半ばを過ぎたわけです。よくぞ今まで生きてきたかとの感慨があります。

当時、広島では死ぬのが自然だ、生き伸びるのは不自然だと言われていました。生きているのはほんとうに少しの偶然に過ぎないのだ。そういうふうに言われていました。そういうなかでこうして80代半ばまで生きたということは本当にありがたいことだと思っています。

原爆資料館に遺された中学生の上着の前で

私は去年の10月に広島へ行ってきました。久しぶりの広島なのですが、学生時代に一番汽車賃が安かった和田山から播但線に乗って姫路で山陽本線に乗り換えます。各駅停車に乗ったのです。福知山駅を朝の7時に出て昼からの2時半、7時間半ほどかかって広島駅に着きました。平和記念公園の近くに宿屋を取っていたのですぐに公園の中の原爆資料館を訪れました。その2階に被爆した人の遺品が展示してあります。

前に聞いた話ですが、そこに中学生の上着があります。その上着を寄贈したお母さんの話を直接ではないのですが、聞きました。中学生は8月6日に市内で建物疎開に出ていました。8月6日は月曜日でした。その頃日本はB29の絨毯《じゅうたん》爆撃という焼夷弾を雨のように降らして焼き払って行く、そういう時だったのです。だからできるだけ火災を防ぐというので50メートルほどの何もない部分をつくるのです。

建物疎開というのですが、疎開というよりも破壊です。柱を鋸で切り、ロープをかけて引っぱり倒していくという乱暴な作業です。その作業に

2012年原爆死没者慰霊式典

中学生が出ておりました。そして被爆したのです。

炎と煙の中を自分の家に帰ろうと目ざしました。郊外の離れた家だったらしいです。家路をたどるというのはなにか心なごむ言葉なのですが、その中学生の一刻も早く家に帰りたい、家族に会いたいという気持ちを思うと切なくなります。夕方になってやっと自分の家にたどりつきました。出迎えたお母さんに明日は学校を休みますから欠席届けを出してくださいといって倒れこんだのです。そして、夜明けを待たず息を引き取りました。

私は8月6日の月曜日の前の週にその建物疎開に出ていたのです。その中学生は私と交替で月曜日から建物疎開に出ていました。その小さな名札のついた上着を前にして私はしばらく動けなかったのです。身代わりになった若い命を思っていました。

原爆と重なり合う原発事故

ところで、私たちにとりましてはこの春は本当に忘れられない春になりました。東日本大震災、あの一瞬にして消えた町並み、一発の原爆で廃墟となった広島と重なります。

私は原爆が投下された6日は工場にいました。そして爆風で飛ばされましたが、怪我もなく広島市内で死体の片づけなどをしたのですが、その時に見た広島の光景。10数万人が亡くなりました。微塵に破壊された日常に声も出ません。

こんな川柳が新聞にありましたので書いておいたのです。私は川柳はやったことはないのですが、中には端的に表現しているものがあります。「大地揺れ波が襲って町消える」「手加減を知らぬ自然の恐ろしさ」「泣いていられない、でも泣けてくる」というものです。

瓦礫の中を這うようにして家族の遺品を探しておられる女性の姿がありました。泣いても泣いても泣けてくると言っておられましたが、ほんとうに胸に迫ってきます。そして大地震、大津波に加えて原発の災害が加わりました。私たちが利用している原子力は一歩間違えば大爆発を起こします。しかし、通常の状態でも危険な放射能物質を作りつづけています。

14年前に出された『原子力と共存できるか』という本をたまたま読んだことがあります。今度も取り出して読みました。京都大学の原子炉実験所の助手と書いてありました。やはり当時は原発推進のなかであゝいう本を書く人は傍系として助手でおられたのかと思うのです。その人の本に書いてあります。40種類ほど放射性物質を作り続けているのです。放射能が半分になるという半減期は2秒とか5秒とか1分とかのが15種類ほどありますが、そしてそのほか今問題になっているセシウムは一番短いものは13日ぐらいらしいですが、ちょっと長いのになると30年になり、最も長いプルトニウムは2万4千年の間放射能を出し続けています。

半減期が長いというのは放射能を出す量が少ないのでしょうが、原子炉の中ではそういう物質を作り続けているのです。もしも運転中に大事故が起きたらそれらの物質が大気中に飛び出していきます。

もしもでなく福島のように、過去にもアメリカのスリーマイル島があります。スリーマイル島というのは近くに飛行場があったので、飛行機が墜落しても大丈夫なようにと鋼鉄で非常に頑丈に作ってあったらしいので、わりあい放射能漏れが少なかったようです。ロシアのチェルノブイリはヨーロッパ全域に被害を与えており、日本でも影響があったと聞いています。

あゝいう事故があっても、原発を推進している人は日本は大丈夫なのだ、絶対大丈夫なのであゝいう事故は起こることはないと言っていました。

これも川柳ですが、「杞憂だと笑い想定外と言う」というのがありましたが、杞憂というのは、中国の杞という国の人が天が落ちてくると心配したという取り越し苦労という意味です。

この間の新聞に原発を推進してきた関係者が「当時は最善の知識、最良の技術でベストなものを作ったのだ、そういうように確信していた」と、「だから今謝罪するつもりはないんだ」と言っていました。

周辺住民の生活を根こそぎ奪い、そして国民に心配をかけ、迷惑をかけてきて全然心がいたまないのか。そして放射能の被害の実態を一番知っている我々被爆者も原子力の平和利用、原子力はうまく使えば医療にも役立つし、発電もできるのだと、この平和利用という言葉で積極的に今まで反対してきていません。そういうことの反省もあります。

広島造船所で光を浴びる

私の被爆体験を話したいと思います。私は今から66年前の8月6日、広島造船所という所におりました。学徒動員ということで大学3年生（広島高等師範学校）だったのですが、前の年の昭和19年に学徒動員法ができて満15歳以上―中学3年生以上は、日本はこういう状態で学校で勉強している時でない、志願して軍隊に入るか軍需工場で兵器の生産に励むかということで、工場に出るか、少年兵に志願するか、そういうふうな時だったのです。

私は造船所におりました。当時、造船所では船は全然造っていません。従前は1万トン級の大きな貨物船を造っていました。私は鉄板に穴空けの作業をしていました。その鉄板も入らなくなりました。瀬戸内海はB29が機雷をたくさん落としたので大きな船が来るとそれに触れて沈んでしまいます。それで長崎から鉄材を運んでいましたが、それが入らなくなりました。昭和20年には農機具などを作っていました。

私は大きな鉄骨の工場の中におりましたが、その時はよくは知らなかったのですが、人間魚雷の外側の枠を作っていました。8ミリぐらいの薄い鉄板を曲げる仕事をしていました。人間魚雷は前の半分ほどは爆薬を積み、人間が一人か二人乗ります。潜水艦から発射して敵艦に体当たりするという特攻兵器です。

8月6日、宮島から連絡船で造船所に行き、着いたら朝の準備体操、それが終わるか終わらないかで空襲警報のサイレンが鳴り、屋上のスピーカーから「敵機数機豊後水道を北進中」と放送があったのですぐ私は防空壕に逃げました。今まで広島は全然空襲がなかったのです。今日も大丈夫だろうと思いつつ、それでも空襲警報ですから防空壕に入ったのですが、しばらくすると解除になりました。やはり今日も大丈夫だったということで工場の仕事にかかったのです。

しばらくすると工場の北側がぴかっと青白く光りました。何だろうと思いました。写真のマグネシウムフラッシュを何十となく焚いたような感じだったのです。電気のスパークにしては大きすぎるという感じで、そう思う間もなくすさまじい爆風が起こり飛ばされました。爆風で何メートルか飛ばされたのです。

これは工場が直撃弾を受けたと命からがら海岸の船台の下に潜り込みました。船台というのは船を組み立てる台で、その下に潜り込み次の爆撃はと息をひそめていました。工場の機械は止まってしーんとしていますし、少しも物音がしないのでおかしいなと思ってみんなでそっと出てみますと、あのきのこ状の大きな雲がまっ赤な炎をつつんですごい勢いでぐんぐんひろがっていました。

これはアメリカのスパイが市内のあちこちに時限爆弾をしかけて一挙に爆発させたのではないだろうかというのが周りの人の話でした。しばらくすると夕方のように暗くなって土砂降りの黒い雨が降ってきました。これはかなわないとまた防空壕に逃げ込んだのです。雨はすぐにあがりました。

工場は屋外にいる人はちょっと髪の毛を焼かれた程度の熱だったようですが、ガラスの破片で傷を負った人が多かったです。ガラスの破片はすごいです。私の友だちも背中にいっぱいの、無数の破片が突き刺さっていました。

私たちの隊長の森滝市郎先生もぱっと光ったのでなんだろうと事務所の窓を見てガラスの破片が目に突き刺さってとうとう片眼を失明されました。そういう怪我人もたくさんおりますので工場から船を出してもらって宮島に帰りました。その晩は徹夜して看病しました。看病といっても手ぬぐいを濡らして冷やしてやる、拭いてやる程度でした。

8月7日地獄の街

次の日の7日は元気な者は工場へ行けということで連絡船に乗って工場に行きました。広島に近づくと死体が多く浮かんでいます。その死体もほとんど衣類を付けていません。造船所に船が近づくにつれてだんだん多くなりました。死体をかき分けるというと大げさなようですが、そんな感じがしました。

工場に着くと、工場の中は昨日とは一転して怪我人でいっぱいでした。造船所は大きいので電気工場や木工場などいろいろありますが、病院もあるのです。病院というよりも診療所です。お医者さんが一人常駐していて看護婦さんが二、三人の病院の、軒下から廊下までいっぱいの怪我人なのです。市内から逃れてきた人で自分も怪我している看護婦さんが忙しく火傷の薬などを指で塗っておられました。赤いヨーチンや白い薬を塗ったので、赤と白の化け物のような顔をしていました。

とにかく学校の様子を見てこいということで私ともう一人、二人とも柔道部なのですが、私は今はこのようにやせてやつれた人間になりましたが、当時食料もなかったですが、わりあいがっしりしていました。

工場の北側にある小高い丘を越えると広島市内が一望できます。いつも見える広島城はもちろんありません。街路樹は一面だけ赤茶けています。川は死体で埋まっています。向こうから来る人は一点を見つめてとぼとぼと歩いて来るのです。顔がカボチャのようにふくらんでいます。そして、皮がむけて垂れ下がって、火傷の皮膚が触れ合わないように両手を持ち上げるようにして歩いています。

広島は川が多く、一級河川が多い町です。だから橋がたくさんあります。その橋が目安で大学に行きます。橋の上にも死体が多くありました。中にはまだ息のある人もありました。小さい赤ちゃんを抱いたお母さんもいました。中には息をしている人が「水をください」「熱い」「助けて」と弱々しいですが、それでも必死で呼んでいました。私にはどうにもできませんので急いで学校に行きました。

あの惨状を見て日本は負けるのではないかと思いました。それまではいつかは逆転できると思っていました。軍国少年として育ちましたから神風が吹いて日本は逆転できるのではないかと望みもありました。しかし、あの惨状を見て今度は割に被害が少なかった海岸方面が狙われたら確実に命がないと覚悟しました。

広島高等師範と同じ敷地内にあった旧広島文理科大学（被爆建物）

語り続けねばならない

今、福知山には被爆手帳を持っている人が19人います。被爆者の会を作っておりますが、私はその役員をしています。今度8月25日に毎年やっている総会をやります。19人おりますが、出席は今のところ8人です。去年は23人おりました。4人亡くなりました。こうして毎年毎年被爆者は亡くなっていきます。まもなく死滅していきます。あの悲しいむごい戦争の実態がだんだん薄れていきます。かき消されてくる、そういう思い、そういう焦りがあります。

8月6日、8月9日はわりあい知っている人もあるでしょうが、8月15日になると、もう知らない人が多いです。8月15日、終戦、敗戦です。敗戦ってどこと戦争したんや、戦争したことがあるんか、などということを聞いたことがあります。1・17は阪神淡路大震災、3・11は東日本大震災、9・11はアメリカのテロでした。8・15は忘れ去られるのでないかと思います。

リトルボーイ、ファットマンという言葉があります。リトルボーイは広島に落とされた原爆の名前で、ちびっこという愛称です。ファットマンというのは太っちょです。愛称で言うのは抵抗がありますが、アメリカで言われています。この二つの爆弾が広島と長崎に落とされました。人類の生存を脅かすその恐ろしさ、悲惨さを私たちは語り続けなければならない。そういうことを痛切に感じております。

倉嶋厚さんをご存知ですか。気象庁を辞められてからNHKの気象の解説委員をしておられた方です。奥さんが亡くなられて自分も認知症になったりして、それも回復されたらしいですけれど、その人の言葉に「人間は大気の海の底に住む海底動物である」と言っておられます。

天をあおぎ大地に人間がしがみついています。大地がちょっとずれて今度の災害が起きました。大気がちょっと揺れると暴風雨など大きな災害が起きます。科学技術がどんなに発達してもやっぱり人間の小ささは変わらないのではないかと思います。

この前に亡くなられた小松左京さんも「人間は自然に対してもっと怖れというか謙虚でないといけない」ということを言っておられます。ただ科学技術は人間に災害を及ぼすことなく、もっと災害に対しても強くなってほしいという願いがあります。

輝く憲法

最後に平和の問題について話したいと思います。このごろ気になるのが日の丸、君が代の問題です。日本人だと当然だと、日の丸を掲げ、君が代を歌うことは当然だと言われます。これも川柳に「立て歌え、軍事教練現代版」というのがありました。日本人なら当然だという知事もおります。ああいうのを聞くと、戦争中のこの言葉を思い出します。「国賊」とか「非国民」。ひょっとしたら戦争に負けるのでないかと言うと、そんなことを言うと非国民だと注意されました。そういう社会になっていくんではないか。「日本の日の丸なんで赤い。帰らぬおらが息子の血で赤い」と、これは東北のある女性の詩です。

今日の会に「原爆許すまじ」を最初に歌いましたが、これからひょっとしたら公立の学校などでなくても、こういう集まりでも日本がこういう時代だと、「一億火の玉だ」という標語がありましたが、「国難に立ち向かわなければならない」と、何か集会をやるときにかならず日の丸をあげて君が代を歌ってから始めよとなるかも知れないと、危惧しています。戦争中に育った私にはそういう思いもあります。

戦争が終わって文部省が出した最初の社会科の教科書にこういうことが書いてあるのです。

みなさんの中には今度の戦争でお父さんやお兄さんを送り出された人も多いでしょう。無事にお帰りになったでしょうか。それともお帰りにならなかったでしょうか。また空襲で家やうちの人をなくされた人も多いでしょう。今やっと戦争が終わりました。二度とこんな恐ろしい悲しい思いをしたくないと思いませんか。

そしてもう一つ、憲法です。これも中学校の社会科の教科書に出ています。

今度の憲法では日本の国が決して二度と戦争をしないように次のことを決めました。
それは兵隊も軍艦も飛行機もおよそ戦争をするためのものはいっさい持たないということです。これから先日本は陸軍も海軍も空軍もないのです。これを戦力の放棄といいます。放棄とは捨ててしまうということです。しかし、みなさんは決して心細く思うことはありません。日本は正しいことをほかの国より先におこなったのです。世の中に正しいことぐらい強いものはありません。

これらは文部省の出した中学校の教科書に書かれていたことなのです。私は綾部で教師になってこの憲法の話を聞いたのです。本当にこんな憲法ができたのか、この憲法からいろいろな法律が出てくるということは、がんじがらめになってしばられていたあの戦争中の生活から解放されるのだ、何か胸の中がぱっと明るくなるような気持ちになったのを覚えています。

今、憲法は輝いているのですが、世の中は揺れています。戦争が終わった時のあの気持ち、何にもなかったですけど解放感というか、明るいものを感じていました。これから頑張っていかなければならないと思ったことを思い出します。

今も蘇るトマトの味

話が長くなったのですが、もう一つ。原爆に遭ってそれから1週間ほどして広島ではなにもできないし、学校が再開される時まで家に帰って待てということで帰省命令が出たのです。

その時には列車は動いていました。どの列車も満員ですが、私は炭水車──機関車の次の石炭の積んである所に乗って姫路に着いて、播但線で、それから福知山にと、夕方に広島を出て翌日の昼に福知山に着きました。炎天下のなか歩いて多保市の家まで帰りました。江戸が坂になぜかトマトが一つ落ちていたのです。前の晩から飲まず食わずでした。トマトは一つだけ小石にまみれていました。養老水公園がすぐ近くですから、その頃は綺麗な水がわいていました。そこで洗い、小石を取って食べました。今でも思い出すのですが、身体の隅々まで力が蘇ったような感じで、こんなおいしいもの—食い物の恨みは一生つきまとうらしいですが—私は恨みではなくありがたさを今でも覚えています。今は食べ物が豊富でスーパーに行くと、食べ物がきらびやかにならんでいます。ありがたいと思うのですが、ありがたいとか幸せの感度が鈍くなっているかもしれません。あのトマトの味は、世の中にこんなにうまいものがあったのかと感じました。

亡くなった被爆者に語れるように

うまくまとめることができませんが、私はこうしてお話しできたということで、ささやかでも被爆者の勤めを果たすことができるのではないかと思っています。

朝日新聞に「惜別」という欄があり、それに一月ほど前にがんで亡くなった二級後輩のことが載っていました。被爆者の会の代表委員をやっていて、元社会科の先生でした。学徒動員先の工場で被爆されたのです。私とは科も違い、学年も違うので面識はないのですが、その人の言葉に「私が死んで原爆で死んだ人に会って、あなたは今まで生きて何をしたのかと聞かれた時に、こんなことをしたと言いたい」。その言葉を支えに被爆者の団体の50年史をまとめられました。

そして原爆症認定集団訴訟にずっとかかわってこられました。その人のことを新聞で読んでえらいなあと思うとともに、自分はどうなのかと今までこの年まで生きながらえてきたことをただ感謝だけしているのではいけないのでないかと恥じました。私は優柔不断というか、積極的な人間でないのでその人のようにはできませんけれども、こうしてお話させていただくことができたということがささやかでも勤めを果たすことができたのではなかったかと思っています。今日はほんとうにありがとうございました。

24 小川 隆（仮名）

路面電車の中で浴びた閃光

手記＝２００２年

楽しかったつかの間の頃

私は、昭和12年（１９３７年）４月３日、広島市富士見町七ノ一番地で誕生しました。現在は、家族の要望で、京都市右京区に転籍しております。

昭和20年8月6日、広島への原爆投下日は、私は満8歳でした。父は当時広島県庁に勤務し、母は現在で言う専業主婦でした。私は兄弟三人の末っ子でした。大正15年生まれの長男は京都の大学の学生でした。次兄は昭和5年生まれで広島の陸軍幼年学校の生徒でした。8月の2日だったと思いますが、次兄が夏休みの休暇で帰ってきました。京都にいた長兄にも、母が帰省するよう要請して帰ってきました。

私は一時、母と祖父三人で広島県山県郡の方へ縁故疎開をしていました。父が県庁の職員であった関係で、家族全員一緒には疎開できなかったのでしょう。母は忍びなかったのでしょう、私を連れて富士見町の家に帰って来ました。一旦縁故疎開したものは小学校に復帰できないとのことで、私は毎日家の周辺で遊び回っていました。

兄たちが帰ってきたので家中賑やかで私も嬉しかったです。父や母の愛情を受け、学校にも行かなかったので、私の人生で一番楽しい時期だったように思い出します。

アメリカの爆撃機Ｂ29が、蝿が群れて飛んでいるように上空を飛行して、毎日のように一度や二度警戒警報、空襲警報の発令がありましたが、毎度のことで慢性になっていたのか、恐怖感はありませんでした。後で分かったことですが、その頃、大阪のような大都市は無論のこと小さな都市までも焼夷弾や爆弾で家々は焼かれ、罪のない非戦闘員である老若男女が防空壕の中で蒸し焼きにあい非業な死に方をしました。

父は戦地にいて、家を守る母が幼い妹をおんぶして5、6歳の男の子は母の手にひかれて、焼夷弾の火の手から逃れ、安全な地と思うところに避難する途中で生き別れ、その男の子は父母妹と永久の別離となってしまった、そんな話もありました。

現在の鶴見橋

路面電車の車中で浴びた閃光《せんこう》

昭和20年8月5日、兄二人と近所に住む同級生の井上君（お父さんは陸軍軍人で南方の島の守備隊長で、戦後無事復員されたそうです）と四人で歩いて15分ぐらいの鶴見橋のある川に泳ぎに行きました。

そこで、兄たちに明日宮島の近くの海水浴場に泳ぎに連れていってほしいと、懇願しました。厳しい戦争中の折、海水浴などと呑気な話です。「これからは戦争も激しくなって兄弟ももう会えないだろうから、せっかくだから行ってきたらいいではないか」という母の言葉を思い出します。井上君のお母さんも夕刻母のところへ来られて「ぜひ連れて行ってやって下さい」と言っていました。

さて、8月6日早朝、母のつくってくれた竹の皮で包んだ大きな握り飯弁当をもって7時20分頃富士見町の家を出ました。白神社電停から己斐《こい》行きの市電に乗りました。ちょうど出勤時だったので満員でした。私たちは混雑のなか車内の中央部に立っておりました。相生橋の橋上を電車が通過する頃、車窓から勤労動員の生徒や学生、女学生、兵隊さんが強制立退疎開の後片付けなどの作業をしているのを兄たちは見たそうです。私は吊り皮にも触れられない子どもでしたので、人陰になり、車外を見ることはできませんでした。

強制立退疎開の作業をしていた彼らはそれからおよそ15分後には、秋刀魚《さんま》の丸焼きのように焼けこげて死んでいきました。辛うじて生きている人たちは川に入りそこで死にました。潮の満ち引きで、干潮時には、水膨れの皮膚のただれた男女の無残な死体が河口に流され、また満潮時には上流へ上って来ました。そのような情景は、1週間は続いたと記憶しております。

さて、話が脱線してしまいました。相生橋を過ぎ土橋《どばし》を過ぎた頃、車内はかなり空いてきました。私も、今までの窮屈から解放されてほっとした感じでした。木造の家屋が両側に立ち並ぶなかに電車の軌道はありゴロゴロと調子よく走っていました。

天満町の電停近くに来た時（爆心地から1.1キロの所）、突然目の前に白色赤色紫色黒い色、そのような閃光が走り、同時に強烈な衝撃がありました。一瞬、私は気絶したようです。気がつくと電車の床の上に腹ばいで倒れていました。電車の後方に白っぽい薄明かりが見えましたので、その方向に這っていきました。後方の出入り口から外へ出ました。

次兄の右頬が拓榴《ざくろ》の割れ目のように裂けて血液が噴水のように噴き出していました。私が指さすまで彼は知りませんでした。次兄の負傷を除いて、みんなその時点では怪我はありませんでした。次兄の出血が激しいので次兄と長兄のシャツで包帯代わりにして傷口を塞いでいましたが、出血は止まりませんでした。長兄が次兄を背負い医者を捜しました。

道路側に倒壊した家屋や、電柱が折れ、架線が垂れ下がり、びっくりしたコウモリが飛びかい、天空は真夏の薄暮を過ぎた暗さで、人はまるで蟻の行列に水をぶっかけたように何が何だか分からず、右往左往し、茫然自失の態。前後左右からめらめらと火の手があがり、電柱の先端部分が松明《たいまつ》のように勢いよく燃え、高圧電線が他線と接触して不気味に放電していました。

若い女性が、勢いよく燃え出した家屋の下敷きになっているわが子を助け出したいけれど一人の力ではどうしようもなく、道行く人々に土下座して助けをもとめていました。だれも彼女の子どもの救出を手伝う人はいませんでした。彼女の心情を思うといかばかりか想像に絶します。今も涙なしには語れません。

己斐の方向に避難

アメリカが1トン爆弾を落とした、と叫んでいる人もいました。己斐の方向に逃げていくうちに、黒い雨が降ってきました。白いシャツが真っ黒になりました。アメリカが石油を撒いている、と口々に人々が叫んでいました。こうして、息絶え絶えの次兄を長兄が背負って、やっと己斐の駅に来ました。しかし、医院や診療所などあろうはずはありません。周辺の家屋は場所によっては全壊または半壊程度ですんでいる建屋もありました。

人は無残でした。全身を火傷しても気丈にも全身に白い軟膏を塗ってもらい歩いている人もいましたが、ほとんどの人は路上に横たわり、呻《うめ》いていました。私たちは、畑がありやがて急勾配の登り坂のある農具収納用の小屋のなかに避難しました。土砂降りの雨が降り、雷が鳴り生きた心地がし

現在のＪＲ西広島駅（当時の国鉄己斐駅）

ませんでした。

荒れ狂う天気も午後3時頃になると、空はすっきり晴れ上り、蝉の鳴く声も聞こえてきました。私たちは、また長兄が次兄を背負い己斐の駅に出ていきました。以前よりも沢山の負傷した人が横たわり、火傷した人は白い軟膏を塗られて、寒いのか毛布のようなものを被りうめいていました。後で聞いたことですが、そのように負傷した人は、2、3日のうちにみな亡くなったようです。

地上は地獄の庭、上空は西方浄土のような茜色

陸軍の仮の収容所があり、次兄はそこに収容され、私たち三人は富士見町の家に帰るため歩きだしました。市の中心から来る二人の青年にあいました。顔面はもちろん、上半身から両腕、そして指先まで火傷してただれていました。膨らんだ腕の腕時計を取ることができないのです。彼らは、礼儀正しく、丁重に長兄にお辞儀をして時計をはずしてくれるよう依頼しました。快くはずしてあげた後、ありがとうございます。頑張りましょう。と元気よく言いました。いまもその青年たちが何故か思い出されます。

爆心地近くに近づくと富士見町あたりの被害の情報は、誰に聞いても絶望的でした。みんな焼け落ちて、高い鉄筋コンクリートの建物がぽつんと赤茶けて建っています。いままで見ることのなかった情景が展開していました。道のアスファルトは熱く裸足で歩いていた私は大変でした。

幅3メートル、奥行き1・5メートル、深さ1・5メートルくらいの防火用水槽に男女の火傷した人が七人、八人と入って死んでいました。水槽に火傷した人が群がり入って死んでいる無残な光景は、爆心地から1キロの範囲ではいたるところで見受けられました。

相生橋の橋上では往復の電車が鉄の部分を残して床の部分も焼け落ち、首のない、胴体のない、焼けこげた人間

が重なっていました。倒れた電柱を跨《また》ぐと死後硬直して仰向けに横たわった死体を踏みました。

瀬戸内海の空は茜色の夕焼け雲が輝いていました。地上は地獄の底、上空はまるで西方浄土のように美しかった。富士見町にやっと帰ってきました。防火用水の外壁に知人肉親の安否を尋ねる文字が書きなぐられていました。私たちへ父母からの伝言はありませんでした。父は家の下敷きになり、8月6日の深夜、出血多量のため死亡していました。

両親を探し求めて

住宅はまだ完全には燃えつきずあちこちで大きな炎が立ち上っていました。富士見町の住民の避難先が三篠でしたのでそこへ行ってみることとしました。日も暮れて暗くなり垂れ下がった電線や瓦礫《がれき》の散乱した舗装道路を横川の方へと進みました。

相生橋の東詰に何の目的で建ててあったのか分かりませんが、小さな小屋があり、その中から「兵隊さん、水をください、助けて下さい」と何度も何度も泣いて、水を乞い求めてきました。きっと勤労動員で作業をしていて原爆の直撃にあい、火傷して、辛うじてその時点まで生きていた女学生だったのでしょう。その時その小屋の片隅からばりばりぱちぱちと火が燃え上がりました。「兵隊さん、水をください。助けて下さい」の声は聞こえておりました。私たちはなにもしてあげませんでした。長兄は何かぶつぶつ言いながら私たちを急かして通り過ぎました。

前が明瞭に見えないとはいえ、何人かの死体を踏みつけてしまいました。三篠に着いたのはもう10時を過ぎてい

富士見町にある広島歯科医師職員慰霊碑

たと思います。その夜は、農家の馬小屋にお願いして泊めてもらいました。

8月7日の朝、兄は役場にでも行ったのでしょう、井上君と私が二人でいて、一緒に待っていたはずなのに、何故か私一人がたくさんの人たちが行き交う田舎道の路傍に立っていました。前からおばさんが来て、あんたこれあげようと言って、鶏卵を2個くれました。ありがとう、とも言わず受け取りました。裸足でシャツもズボンもぼろぼろできっと哀れな格好だったのでしょう。

昨日の朝から何も食べていませんでした。飲みたいとも食べたいとも思っていませんでした。ただお父ちゃんお母ちゃんはどうなったのだろう、生きているのだろうか、そればかりが心配で、不安で食欲などありませんでした。でも鶏卵だけはしっかり握っていました。鶏卵のことは兄に報告しました。親切な人もいるものだなあ、と感心していました。いつ食べたのか覚えておりません。三篠には両親はいないことが分かったその日、爆心地を通って富士見町に帰ってきました。

8月14日、やっと母と再会

8月8日からは足手まといになる井上君と私を残して、長兄は父母を捜しに出かけました。夕刻になると、無花果の葉っぱで包んだ炊き出しの白米の握り飯を持って帰ってきました。井上君と私は、焼け跡の防空壕に日中は潜んでいました。因みに、富士見町は爆心地から直線距離で約1キロの地点です。井上君のお母さんは乳飲み子を抱いて寝たままの白骨死体で発見され、彼も親戚のおばさんにどこかへ連れて行かれました。彼と再会したのは32年後でした。井上君がいなくなってから私は、一人で防空壕から出たり入ったりしていました。空腹になると、サツマイモの植えてあるところでまだ根のような細い芋をかじっていました。時々どうしようもなく寂しくなって防空壕の中でしくしく泣いていました。

あちこちと、父母の消息を尋ねて夕刻に防空壕に炊き出しの握り飯を持って帰って来る長兄との生活は8月12日頃まで続いたと思います。12日の夕刻、連絡版として使われていた防火水槽に『小川正久母無事』と書いてありました。兄は、私たちは無事で、これから田舎へ行くから、と書いてすぐに出発しました。母は、私たちが発った後すぐに、私たちの書き置きを見たそうです。交通機関も完全には復旧していなかったので歩きに歩きました。14日の朝、母に会いました。母の腰に抱きついて泣きました。

すぐに、そこを出て、次兄が収容されている大野村（現大野町）へ出発しました。次兄は、村の小学校の講堂に多数火傷したり負傷したりして収容されている兵隊さんの中にかなり元気でいました。何針か縫った跡が痛々しかったけれど、傷も塞がって乾いていました。

8月15日、大野村の海岸で玉音放送を聞きました。雑音でしっかり聞き取れませんでした。もっとも雑音がなくても小学2年生の自分には、難解な声の意味など分かるはずはなかったのですが。

また、富士見町に帰りました。父が死んだと聞いた時、少し悲しい気持ちでしたが、お母ちゃんさえいれば、それで満足でした。母は家の下敷きになり、両太腿と両肩を負傷したので、治療のため仮診療所へ通っていました。罹災者のための乾パンや握りめしもありましたし、ナスやキュウリがあってひもじい思いはありませんでした。時々、戦闘機が低空飛行していました。空襲警報警戒警報がなくなり、大人の人たちが何故か朗らかでした。私も、父が死んだとはいえ、家族がそろったので幸せでした。

父の最期、母も送る

父は、8月6日の深夜、宇品のどこかで死に、船で似島《にのしま》へ運ばれたたくさんの死体と共に埋められたとのことです。母は、誰かに大八車を借り負傷した父を乗せて宇品まで運んだのです。一人ぼっちになった母は、負傷しながらも父の死後、息子たちを捜し求めて爆心地あたりをなんどもなんども彷徨《さまよ》い歩いたに違いありません。当時45歳でした。

富士見町での生活は、夜は防空壕の中で寝ました。そこで10日間くらい過ごして、8月末に疎開していた祖父と共に家族は呉市の母方の親戚へ身を寄せることにしました。

母は非常に元気でしたが、傷のあとが化膿し始め身体も衰弱して紫色の斑点が身体全体に現れて、とうとう呉の海軍病院に戸板で運ばれ入院しました。

私も身体がだるく、赤みを帯びた紫色の斑点が出て頭髪が抜けました。9月13日頃だったと思います、何の用事であったか記憶にありませんが、兄弟三人で広島へ行きました。ついでに、私たちの身体の調子が悪いので日赤で診てもらったところ、白血球が1500に減少して緊急入院だと言われました。呉に帰りましたが、もう母は死んでいました。

私と長兄は母の死んだ同じ病院に入院しました。当時、放射能にたいしては適当な治療法はなかったのでしょう。ぶどう糖の注射を何度かされた記憶があります。

兄弟三人だけとなった戦後の始まり

大きな台風の後、上陸用船艇に米兵が鈴なりに乗って呉市内へ上陸してきました。ちょうど、病院の横の道路でしたので、進駐してくる米軍のものものしくも、軍備の圧倒的な装備に日本人は唖呆然として見ていました。米兵は、おはよう、こんにちは、と見物人に口笛を吹いて挨拶していました。

似島馬匹検疫所焼却炉跡。この焼却炉で多数の被爆者が焼却された。

兄と私は昭和20年12月30日頃退院しました。

両親の死後、私は食べ物に窮して、米軍やインド軍のキャンプに侵入してドラム缶に捨てられた残飯を漁って飢えを凌ぎました。インド兵は毎日カレーを食べていました。不思議に、そのカレーはおいしかったです。赤い顔をした鬼のようなＭＰに追いかけられました。必至で逃げました。お陰で走りが速くなりました。

呉には約1年間おりました。それから広島に行きました。孤児院のようなところでは生活していませんが知人や遠い親戚等に預けられました。被爆以来2年以内の、私の人生の一部でありました。

被爆電車　1945年8月6日原爆投下の瞬間広島市内では63両の電車が運転中だった。その内の3両が今も現役で運転されている。(広島電鉄千田車庫)

追記

被爆直後の私の回想として、正確な記憶ではないながら書き記しました。書いているうちに、自分はいったいなんなのか、何であったのか、今日までいったいなにをしてきたのか、自己嫌悪に陥ります。哀れな存在の自分をいとおしく、可愛くも思います。

私の心の健康を57年前に返してください。この憎しみをどこへ向かって叫べばいいのか。国家という権力機構が、この国民を戦争に駆り立て、人が人を殺し合うような馬鹿げた行為は、いい加減にやめようでありませんか。宗教の違いで殺しあい、イデオロギーで殺しあい、なんと人類はばかな存在であることよ。人間の未来への希望はあるのでしょうか。

25

丹羽　万枝

火に追われて鉄橋を渡って逃げた6歳の記憶

お話＝2015年9月24日

なにしろ被爆したのが6つの時でしてね、被爆してすぐに父親の遺骨を持って父親の里の呉市に行って、その後ずっと呉に住みついて育ったので、原爆のことと言ってもほとんど自分では覚えていないんですよ。呉は原爆とは関係なかったので周りでも原爆のこと話す人ほとんどありませんでしたからね。

ですから、かすかに残っている私の記憶と、後々になっていろんな人からちょっとずつ聞かされたことだけが、私がお話しできることなんですよ。

生まれ育った広島市小網町《こあみ》、天満町《てんま》

私が生まれたのは広島市の小網町というところで、原爆が落とされた爆心地から西へ1キロの方になりますかね。6歳の時までそこで暮らして、育ってたんですけど、原爆の落ちる間近になって、川（天満川）を挟んだ向かい側の天満町に引っ越ししたんです。あの頃、小網町の家のあった一帯が全部立ち退きになって、建物疎開というもので、家は壊されることになったので、すぐ近くの天満町に引っ越すことになったんですね。橋を渡って引っ越して行ったことは覚えているんです。

私の家族は、父と母と、長男、次男、長女、三男、四男、そして私が末っ子でした。原爆の落ちた頃、長男は兵役についていて家にはいませんでした。次男は兵隊に行ってたんですけど、2～3年前に病死でもう亡くなってました。長女は家からの通いで日本発送電中国支店という電力の会社（今の中国電力）に勤めてたんです。三男は兵隊ではないんですけど、あの頃満州に行ってました。四男は当時の中学生でした。

私は昭和14年4月20日の生まれで、原爆が落ちた時は6歳で、まだ小学校に上がる前。幼稚園にも行かず、毎日家にいたんですね。次男が亡くなってて、長男と三男は兵隊と満州に行ってたわけですから、あの頃わが家で一緒に住んでたのは五人やったわけです。

現在の天満川

猛火に追われて鉄橋の上を逃げる

8月6日のあの日は、父親は仕事で外に出かけていて、長女も勤めに出ていて、中学生の四男も学徒動員で朝から出かけていたんです。家には私と母親だけが残ってたんです。

近所のおばあさんがうちの家に孫を連れてきてはって、私が大切にしてた自分の市松人形をそのお孫さんに見せてあげようと思って、奥の部屋から持って来て、玄関で見せている時、その時にピカッと来たんです。

家は潰れてしまって、私らみんな生き埋めになったんです。母親はなんとか自分で立ち上がって、私の名前を必死で呼んでくれたみたいです。どこかで私の声がするんで、一生懸命探して、掘り起こしたと言ってましたね。たまたまうちに来ていた近所のおばあさんも孫を見失って、一生懸命さがしてはりましたけど、そこに私の父親が帰って来て、「はよ逃げんならん」「火が迫ってくるから」と言うので、そのまま逃げたんですわ。私が大切にしてた市松人形は誰かからもらったものやったんですけど、とても気にいっていてね。あの人形どこいったんやろと、いつまでも子ども心に思ってました。

山手川鉄橋を渡る路面電車

　長女は勤め先で被爆してそのまま亡くなったんやと思います。何も分からないまま、遺体も遺骨も何も分からないままになってしまいました。学徒動員で出かけていた四男もどこで亡くなったのかも分からずじまい。長女と同じように遺体も遺骨も分からないままになったんです。

　父親がどこで被爆したのか知らないんですけど、母親と私のことが心配で一生懸命家に帰って来たんです。全身火傷でしたから爆心地に近い所にいたんだと思います。それでもわが家に帰り着いて。服もまともに着てないような、もうボロボロの格好でした。

　それから火に追われるようにして逃げたんですけど、私もどこをどうやって逃げたのかはっきりは覚えてないんです。後になって聞かされた話が多いんですけど、とにかく父親と母親と私が三人一緒に逃げたんです。川を渡って、また次の川も渡って逃げました。普通の橋じゃなくてね、路面電車専用の鉄橋のような橋を渡ったの覚えていますわ。枕木みたいのを踏みながらね、下の川が見えるような橋でした。私はまだ小さかったので「おぶって」と言うと、父親が「背中も全部火傷してるから無理や」と言って、母親もおんぶできないから、三人一緒に手をつないで鉄橋渡ったの覚えています。

父の遺骨を抱いて呉市仁方《にがた》へ

逃げた先は草津（広島市の西方向）というところでした。父親がそれまでいろいろとお世話してあげてた人があって、その知り合いの人のところをとりあえず頼ったんです。父親は全身火傷してましたからね、そんな人を家にあげたり、布団出して寝かせたりするの、その人も嫌やったでしょうけど、とにかく一晩そこで過ごさせてもらいました。

草津の国民学校が救護所みたいになってて、講堂みたいなところに被爆した人がたくさん寝てはりました。

父親もそこへ行け言われて、7日の日からはそこに行くことになったんです。そこでは被爆で火傷した人に油が塗られてたんですけど、その油の匂いがものすごく臭くてね。人もどんどん亡くなっていくし、なんとも言えない臭いでいっぱいになってましたね。その臭いと言うのが、いつまでも鼻についてね、大人になっても、昔は京都のここらあたりでも工場があって時々臭いがしてきてたんですけど、その工場の臭いを嗅ぐと、あの時の草津小学校の臭いを思い出してしまうほど、いつまでもいつまでも、その臭いの記憶が残っていきましたわ。

父親は草津の国民学校の救護所で2日ほど生きてて、8日の日に亡く

現在の草津小学校

なってしまいました。学校の運動場の広い所に穴掘ってね、そこへ死んだ人順番にずらーっと並べて焼かはったんです。母親が骨を拾う時に、「お父さんこっち向けに寝させたのに、頭が反対になってるわ」などと言ったの覚えてますけど、それだけたくさんの人を並べて焼いてたので、区別つかなくなって他の人の骨拾ってたのかもしれませんね。そんなこと言ってたの覚えてます。

草津で父親の遺骨を箱に入れてもらって、それを持って父親の実家のあった呉に向かうことになったんです。母親と私の二人っきりになってしまって、着のみ着のままで、草津から汽車に乗って呉に向かったんです。呉が父親の実家ですし、里ですし、母親も自分の里へは父親の遺骨を持って帰れんもんやから。呉の仁方《にがた》という、やすりが名産の所なんです。父親の兄弟たちがいて、そこで厄介になることになったんです。

戦争を生き残った三人きょうだいと母

戦後は父親の実家の呉で生活を始めたんですが、そのうちに三男の兄が満州から引き揚げてきて、それからは結局三男と母親と私との三人で暮らすようになったんです。三男は地元の銀行に勤め先を見つけて、母親と私とをずっとみてくれました。私たちは六人兄弟でしたけど、戦争で結局生き残ったのは長男の兄と三男の兄と私の三人だけになったんです。

その後私は、呉で小学校に上がり、中学も卒業し、高校も出ました。高校卒業後すぐに長兄を頼って大阪に行き就職しました。4~5年後に結婚して、その後すぐに今の京都の家に引っ越ししてきたんです。母親は73歳まで長生きし、最後も三男にみてもらって亡くなりました。

母親を看取った三男は銀行を定年までは勤めたんですけど、肺がんや胃がんに罹ったりして結構早く亡くなってしまったんです。私は早くから親元を離れて就職したり結婚しましたけど、三男の嫁（私の義理の姉）の方は長く母親と一緒に暮らすことになったんですよ。母親の被爆の時のこともいろんな話を聞いてて、よく知ってました。「お義母さんがこんなこと言ってたよ」とか「あんな話してたよ」とか。幼い時だけの私の記憶なんかよりよっぽど詳しくて、私の話もこの義理の姉から聞いた話が結構多いんですよ。その義理の姉ももう亡くなりましてね、被爆のことを聞く人がもう誰もいなくなったんです。

長男の兄は結構長生きしたんですが、それも7年前に亡くなって、ほんまに残ったのは私だけになりました。

結婚の時求められた健康診断書

私たちが結婚する時、私が被爆してること、主人はなんとも思っていなかったんですけど、主人のお母さんはそのことを物凄く嫌ってたんです。結婚する時、普通の病院じゃなくて、大学病院とかそんなところで検査してもらってちゃんと診断書持って来るようにって言われたんです。その頃私はまだそんなに大阪のこと詳しくないし、兄嫁にあたる人に連れてってもらって大阪医大やったかどこかに行って検査してもらって、診断書渡しましたけどね。主人は何も言いませんでしたけど。私もまだ若かったし、何も分からへん頃やったしね。

その後も主人のお母さんは私が広島の出身やということ、ずっと近所にも周りにも隠すようにしてはったんです。実はお隣のおばあちゃんが広島出身の人で、そのことをお互いにずっと知らなかったんですけど、お義母さんが亡くなってから同郷だということが分かって、それからやっと故郷のことをよく話すようになったんですよ。

結婚した時はなんともなかったんやと思いますけど、でも私は若い頃から心臓が良くなくて、ずっと京都の第一日赤にかかってきたんです。狭心症と言われてね。たまにしか発作は起こらなかったのやけど、病院まで薬貰いにいかななならんし、時間はかかるし、子どももいるし、大変やったんですね。それで心臓外科の先生に「この薬いつまで飲むんですか」って聞いたんです。そしたら「あんた200年も300年も生きへんやろな、生きてる間中飲んどったらええんや」って言われて、こらずっと飲んどらなあかんのかと、初めて知ったんです。

人間ドックだけはずっと行くようにしてて、それから若い頃から貧血もありましたけど、それ以外はまあまあ元気でした。

ところが平成9年頃に耳の手術して、平成10年には乳がんの手術して、心臓の発作は1年に何回かしか起きてへんかったのに、ひと月に二～三回も起きるようになって、先生からカテーテルせなあかん言われて入院したんです。それから腸から出血して、虚血性腸炎言われて、その時も入院して、全部で四回ぐらい入院したんです。

その後はまあまあ元気でやってますけどね。今はひざが痛むんですよ。軟骨が減ってるって言われて、手術が一番早いって言われるんですけど、手術した人でも余計痛くなってる人もいますし、また1ヵ月も2ヵ月も入院したら歩けへんようになるんと違うかと思うと、もう一つ踏み切れへんでいます。

被爆者手帳はいつ取ったのか記憶がないんですよ。京都に来てからだとは思いますけどね、若い頃から持ってましたから。健康管理手当をもらうようになったのは記憶があるんですよ。和田クリニックで診察受けた時、そこの先生から手当もらえるようにとアドバイスしてもらって、医師の意見書も書いてもらったんです。

京都原水爆被災者懇談会からは昔から総会やクリスマスパーティやいろんな行事の案内もらってましたけど、ずーっと行ってなかったんですよ。京友会にも入っていて、そっちも行ってなかったんです。ある時から初めて一人でクリスマスパーティに行くようになって、それ以来ですね、おつきあいは。

26 梅原 康

蒼白い閃光 私の被爆体験の記録

記＝2015年8月

2015年に梅原康さん（綾部市在住・91歳）が出版された被爆体験記『青い閃光』を転載します。

1、サルスベリの白い花

サルスベリの花が咲く頃になると、私には毎年必ず思い出すことがある。それは心の底に深く焼き付けているものが、激しく蘇って来るからである。

広島で、あの原子爆弾に、爆心より僅か2キロにも足らない所で被爆したのだ。

負傷はしたものの偶然九死に一生を得て、命からがら、緑の山々に囲まれた丹波の父母の待つ郷里の土を踏むことが出来たのは、それから5日後のことであった。

草深い故郷のわが家が見えるところまでたどりついたとき、最初に目に入ったのは、サルスベリの白い花で、それは『蒼白く』咲き

乱れていた。

サルスベリは、「百日紅」の文字の通り、花の色は「紅」が主流で、あちらこちらで咲いていたに違いない。

また艶やかな薄紅色のネムの花も咲いていたのかもしれないが、それは記憶の何処にも残ってはいない。

深緑に繁る葉の上に咲いた、深い碧を秘めたような蒼白いサルスベリの花だけが、私の心の奥底にいつまでも焼き付いて離れないのである。火焔は、低温では赤黒く、温度が高くなるに従って次第に赤から橙、黄を経て白くなり、超高温になると、青みを帯びてくるのが、科学の法則である。

原子核反応のように、想像もつかないような、大きく高いエネルギーの放射線は、物質に当たると、超高温になって青白く輝き、その青はすべての生命を一瞬にして消滅させる不気味な、冥界の蒼さである。

来る夏も来る夏も、サルスベリの白い花が夏の陽射しに曝される頃になると、それと重なりあって思い出は蘇ってくるのである。

2、学徒動員

当局の虚しい勝利宣伝にもかかわらず、現実の戦況は日一日と敗色が濃くなっていた。無敵を誇っていた日本海軍の連合艦隊には、既に軍艦らしいものは殆ど無く、制空権も完全に米軍に握られていた。彼らは欲しいままに攻撃を加え、連日の爆撃で、わが国土は都市を中心に焦土と化しつつあった。

それでも「必勝の信念」が説かれ、事実を正確に見たり話したりすることは『敗戦思想』としてかたく禁じられており、人々は厳しい監視と取り締まりの下に置かれていた。

戦況を挽回するためにと、文科系の学徒は既に戦地に赴き、理科系も兵器工場等へ動員されていった。

私も昭和20年の5月より、呉海軍工廠造兵実験部という「兵器を開発する部門」に配属された。海軍工廠というのは、その名の通り軍艦及びこれに搭載する兵器等を製造する海軍省直営の軍需工場であった。

当時の呉は、横須賀・佐世保等と共に、わが国最大の海軍基地の一つであった。呉海軍工廠は、初め呉市に在ったが、生産拡張の必要からその周辺にまで拡大配置されていた。戦艦「大和」がここで建造されたことは、後世余りにも有名になったが、勿論当時は最高の軍事機密とされていた。それでも、既にわが国屈指の、最新兵器の生産拠点であったことには変わりない。

そのため攻撃を受けるのは当然だが、昭和20年の春には米軍の大空襲によって、建物を始め主要な施設は殆ど破壊され、私が動員された部門は、急遽広島の中心部へ移転したばかりであった。

その当時、東京、大阪を始め殆どの主要都市が次々と空襲を受け、多くは焦土となっていた。

広島市には、陸軍の西部軍総司令部以下、軍事上重要な機関の多くが置かれており、攻撃目標になることは当然であり、これまでここが襲撃されなかったこと自身がむしろ不可解であった。

普通は辺地に避難のための『疎開』をする時期に、海軍の重要部門が、何れ遠からず空襲を受けると予想される所へ、わざわざ移転したのも理解出来ないことであった。

それは、殆どの軍艦と航空機を失い勝利の展望を失っていた海軍当局が「広島が壊滅することは陸軍にとっても致命的であり」一蓮托生と考えたのか、それとも工廠のような兵器工場は、相当な工業施設が無くては直ちには役立たないと考え、この地を選んだのか。何れにしても理解し難いことであった。

3、空虚な日々

私達の当座の業務は、力学の運動理論を使って、新兵器（ロケット砲）の弾道を計算することであった。

来る日も来る日も、運動の微分方程式を解くために、莫大な数値を使う計算作業が続いた。それは、今日では小型電卓でも一日も必要としない、スーパーコンピューターでも使えば瞬時にしてできるような計算であった。

工廠内には特別の計算室があって、大勢の人達が算盤を使うか、性能が極めて優秀だと自称していた国産の手回し式計算機によるかが主流であって、国産の電動式計算機は、見当たらなかった。「電動式」というのは、今日のような電子回路を利用したものではなく、人間が手で回すところをモーターが作動するだけのもので、計算速度も算盤や手回し式の方が早いという熟達者が少なく無かった。

しかし、私達の作業は、秘密保持が至上命令であり、その上特殊な計算で、普通の計算に乗せるまでの準備も大変で、計算作業の全過程の管理も必要であったので、直接計算することになっていた。

私達の作業室には、電動式計算機が一台置かれていた。それは『戦利品』であろうか、ローマ字でMONROE made in USA. と書かれていた。

速さだけなら、熟練者の手回し式や算盤に劣るこの「電動」計算機も、機械が計算をしている間に、次の作業の準備をしたり、出て来た結果をチェックすることが出来る等のメリットもあった。

歴史上では、内戦時代の中国人民解放軍のように、敵から奪った兵器を使って勝利したという例もあるが、当時はそれ以前で、私達はそんなことは知るよしもなく、またそんなことを口にすれば直ちに憲兵拘引されるという状況下であったが、「米英と戦うための兵器を造るための基礎計算に、アメリカ製の機械に頼る方が能率的だと云うようで、戦争に勝てる筈は無い」と内心密かに批判し、ごく親しい学友達とだけ囁き合いながら作業を続ける毎日であった。

4、その日の朝（8月6日）

1945年8月6日、月曜日。

連日晴天が続き、8月に入ってからは、瀬戸内地方には一度も雨が降ってはいなかった。その日も朝から晴れ上がり、真っ青に澄みきった大空には、夏の太陽がじりじりと照りつけていた。

毎朝、8時から10分間程度、晴天なれば造兵実験部の全員が運動場に集合して朝礼が行われていた。運動場では、高等官（士官・技師）、判任官（下士官・技手）、工員、女子挺身隊員そして動員学徒という「階級序列」の順に整列させられる。動員学徒は多分に生意気で、最下位に置かれたことや、運動場の一番遠い所に行かなくてはならないことに不満を持ち、反抗的であったから当局からはいつも目の仇《かたき》にされていると思い込んでいた。

海軍では「5分前」ということが徹底的に求められており、朝礼も同じであった。ところが、動員学徒の中に遅刻の常習者がいて、その日も午前8時には間に合ってはいたが、「5分前」には少々遅刻した。そこをすかさず、私たちよりも若い工業高等専門学校出身の技術少尉に叱責される羽目になった。

暑い上に腹立たしいので、朝礼が終わるとブツブツ言いながら急いで作業兼研究室になっていた広島文理科大学付属の理論物理学研究所の建物に引き上げて行った。

そこは元大学の図書館の書庫で、これを急遽転用したものであった。建物は土蔵風の木造二階建てで、普通の教室程度の広さであった。もちろん冷房施設などあろうはずもないが、猛暑の中でも比較的涼しかった。

一階には重要資料が置かれており、二階の大部屋が、作業兼研究室になっていた。部屋の半分には10脚ばかりの事務机が二列に並べてあって、動員学徒と、軍の嘱託として指導を担当される大学の教官とが使用していた。残りの半分には大机が置かれ、共同研究の討議や会議その他の雑用にも使われていた。

アメリカ製の電動計算機もその大机の片隅に置かれており、電源は天井の電灯線から蛸足配線で取ってあった。

私は、この日はたまたま自席を離れ、この電動計算機を使って、数値計算の作業に入った。

突然、屋外に鋭い閃光が走った。

一瞬、「写真のフラッシュかな、それとも…。アッ空襲だ。」と思い返し、反射的に床に伏せるのと天井が床に叩きつけられたのが同時であった。

次の瞬間周囲は真っ暗になり何が何だか皆目分からず、自分は果たしてどうなっているのかも判断がつかなかった。同じ場所に居た学友が、後刻「天地開闢の時の思いがした」と語ったが、そんな形容が当たっていたのかもしれない。

家屋が瓦解して行く轟音が耳をつんざくばかりで、それが次第に遠ざかって行く気配がわかる。

5、死の渕で

それから、どれほどの時が流れたのか。

そのうちに、恐ろしいような静寂が訪れて来た。少しづつ判断力も戻って来る。どうやら置いてあった机や椅子のお陰で天井と床との間に少しの隙間が残って、運よくそこに入ったので、一応命だけは助かっているように思える。

しかし右手は打撲傷を受けて自由が利かず、しかもひどく痛む。爆弾破裂の衝撃波による建物や施設の崩壊の轟音と思えるが、それが次第に遠く薄れていくと、辺りは異常で不気味な静寂に包まれた。

しかし体はどうにもならない。そして「果たして助かるのだろうか」とか、「こんな所で死んでしまったら、遠い郷里の親たちは、どんな思いをするだろうか」等々、とりとめもないことが脳裏をかすめる。

こんな時こそ冷静にしなくてはとは思うが、それでも何とかしなくてはならないという気持ちになってますます焦る。

昨夜から出ていた警報は、今朝は解除になっていたと思う。大規模の空襲なら必ず警報が出る筈だ。だから空襲があったとしても、多分これは一機か二機が紛れ込んで来たのに違いない。そして多分この建物に直撃弾が命中したものと思える。被害を受けたのはこの建物だけだとすれば、あまり心配はしなくても、ほどなく救援して貰えるだろう。この広島には、市の北部には陸軍部隊が居り、南の宇品港には船舶隊の基地もある。陸海軍部隊の将兵が多数居るからだ。そう考えると気持ちも少しは落ち着いてくる。

しかし、1時間経っても1時間半経っても、期待した救援部隊が来てくれる気配は全くない。始めは多寡を括って居たが、次第に不安もつのって来る。

先刻まで、足先の方で、途切れながらも聞こえていた誰かの呻き声も遂に途絶えてしまう。とうとう助からなかったのであろうか。

身動きが全く出来ない自分のことを考えると、いったいどうなるというのだろうか。云い知れない不安と恐怖が襲って来る。

すると、突然頭の上の方で、何だか人の動くような気配がして、何処からかは判らないが、

「誰か生きてるかぁ。」

という声が聞こえた。

思わず渾身の力を込めて、

「おーい。助けてくれー。」

と叫ぶ。すると、

「大丈夫かぁ」

という声が続いた。

「何とか生きてはいるが、身動きが出来ない」

と答えて愁眉を開く。

「もう少しだ、頑張れ。」

と、心丈夫な学友の声が返って来た。

そして、運良く助かった学友と大学院生の先輩の二人で、覆いかぶさっていた屋根と天井とを破って、外へ引き出して呉れた。

「地獄で仏」とはこのことだろうか。被爆以来2時間程度が過ぎただけだったが、もっともっと長い時間閉じ込められていたように思えた。

こうして、ようやくの思いで壊滅した部室の中から助け出された時、そこに展開されていた光景は、それまで考えていたものとは全く異なり、想像も出来ない全く異常なものであった。

6、地獄絵図

広島は中国地方最大の都市で、人口は50万人と言われていた。しかし、多くの市民は空襲を避けて農山村に疎開していた。これと反対に、軍の機密で正確なことは分からないが膨大な数の動員軍人や軍関係者が送り込まれて来ていたので、40万人という人もあれば、70万人、80万人という人も居た。

学友達に、助け出された時、市街の中心部は一面に、赤黒い煙と炎につつまれていた。そして、その火炎の上には巨大な黒煙の柱が、天を冲してどこまでも、高く高く巻き上がっていた。

目の届く限り木造家屋はすべて押し潰され、電柱や鉄塔のような構造物もすべて地面に叩きつけられていた。

猛烈な火炎は、ますます拡がり、先端はもう其処まで迫って来ていた。

救出されるのが、もう30分も遅れていたらと思うと、背筋に冷たいものが走る。

幸い足は大丈夫だったが、右肘をかなり負傷していたので、素早く手当てをして、常時携帯していた三角巾で肩から吊るす。そして残りの人々の救出の手伝いに加わった。

呻き声の主は細川藤右衛門先生であったが、既にこと切れておられた。先生は岩波数学講座に「射影幾何学」を執筆しておられるほどの優れた数学者で、理論物理学研究の所員（大学教授）でもあられた。まだお若く、惜しい人を失った。御遺体を安全な場所にお移しして、御冥福をお祈りする。

作業が一段落したとき、学友たちの勧めで、私自身も近くの日赤病院で応急手当を受けることにした。

この病院は鉄筋コンクリート造りのしっかりした建物ではあったが、窓という窓は総て破壊されガラスの破片が辺りに構わず散乱していた。

廊下にも診察室にも火傷や怪我にあった負傷者があふれ、足の踏み場も無い有り様であった。殺気立った雰囲気の中で、医師や看護婦たちは、乏しい機材と少ない人手にも関わらず、甲斐甲斐しく立ち働いていた。

私は多少気恥ずかしい思いで、脱臼して痛む右肘関節の処理と、打撲裂傷の右手の縫合および皮膚内に刺さっていたガラス破片の一部を摘出して貰った。

間もなく火の手が迫って来たので、それ以上はどうすることも出来ず、生き延びた者だけで、日頃指示されていた避難場所へ向かうことになった。

火災や空襲にあえば、風上に避難するのが常道である。市街の中心部は、一般の民家を強制的に取り壊して東西と南北の十文字に、相当幅広い緊急避難道路がつくられつつあった。

私達の南方への第一次避難場所は、翠町の旧制「広島高等学校」が指定されていたので、そちらを目指してその避難用大通りへ出る。

そこで見た情景は、一体どういうことなのか。

体も衣服も黒く焼け爛《ただ》れて血まみれになり、男とも女とも見分けのつかない人々が、何百何千と、訳のわからない異様な声を出しながら、半ば無意識にゾロゾロと火炎を避けるように歩いていた。

怪我人を背負い今まで一見元気そうに見えた人が、突然道端に座り込むと、あっというまに全身が火膨れになってしまう。苦悶していたかと思うと、そのまま息が絶えてしまう。それもほんの一瞬の出来事であった。

そんなことが、あちらでもこちらでも起こった。

後から後へ、血だらけの怪我人や、火傷を負って黒く爛れた人達が、あえぎあえぎ、次から次へと逃げ出して来る。道端には、何処も彼処も折り重なるようにして人々が踞っている。その中には、息も絶え絶えの者もいれば、既に息の絶えてしまった者も数限り無くいる。時間はそんなにも経過していないのだが、夏の猛烈な日射に曝された死体は、腐敗し始め死臭を放つ。

酷暑のため、激しく渇きを訴えるが飲料水は全く無い。水を求めて何人かが川岸に下りて行く。すると、ゾロゾロとそれに多くの人々が続く。広島の川は海水が逆流して来るので、到底飲むことが出来ない。それでも何人も何人も川辺へと続く。判断力の衰えた人々が、夢遊病者のように誰かが何かをすると無意識にそれに続くのである。そして、人々は水辺で次々と息が絶えていく。そのうちに潮が満ちて来て、折り重なった死体は水に浮かぶものや、沈むものが、ゆらゆらと漂って行く。

避難の途上で目に入る光景は、余りにも激しく悲惨な破壊状態が、行けども行けども続いていた。それは、到底この世のものではない。生き地獄とはこれをいうのであろうか。これは米空軍の攻撃によるものとは思うが、どんな兵器によってなされたのか、全く見当もつかない。

過去にも相当大きな空襲を受けた経験もあった。それから推測しても、これ程激しい被害は考えることも出来ない。ある学友が「これは『空中魚雷』ではないか」と言い出したが、当の本人もそれがどんなものか知らずに言ったに過ぎなかった。

その当時、潜水艦や超大型爆撃機から艦艇を攻撃する「魚雷」には数トンのものもあったが、普通の爆撃機に搭載出来る爆弾は、最大でも、せいぜい1トン程度までとされていたので、それから類推したのかもしれなかった。

しかし魚雷を上空で爆発させたという話は、聞いたこともなく、ただ想像もつかない巨大な爆発力・破壊力を持った新兵器で襲われたことだけは確かであった。

そんな中を、あえぎあえぎ辛うじて第一次避難所に当てられていた広島高等学校（旧制）にたどりついた。既にその時には、その周辺も猛烈な火炎が迫っていた。避難の場所は体育館があてられていたが、そこには僅かではあったが、非常食や湯茶も用意されていた。それは宇品方面からの救援の手が、早くもここまで及んでいたのであったろう。

ここで一息ついて、初めて「とりあえず生き延びはしたな」という実感も湧いて来た。

ここで聞かされた海軍当局の最初の公式発表は「これは『高性能爆弾』であるが、特に心配する必要は無い」というものであった。

これを全面的に信用する者は誰も居ない。あちらこちらで様々な憶測も飛び交い、ひそひそと小声で話し合う者もいたが、常に憲兵の眼が光っているので絶対に不用意なことは言えない。

暫くして、体育館の一隅に、次のような私達に対する指示命令の掲示が貼り出された。それは、

『本造兵実験部に動員中の学徒に告ぐ！

今明日は休養し、明後日の正午、現在地に集合せよ。

旧制広島高等学校（現広島大附属中学・高校）の講堂（被爆建物）

昭和20年8月6日　　呉海軍工廠造兵実験部部長』

というものであった。

それにしても、中枢部も相当な被害を受けたに違いないのに、どうしてこんなに素早く対応出来たのだろうか。まだ何処かに「軍部組織の機能」は残っていたのであろうか。迅速適切な対応には「流石」と、驚いた。

そして、当面の非常食として少しばかりの軍用乾パンが支給された。

日頃食料は甚しく不足しており、厳しく統制されていたので、こんな時でなければ、配給切符も無しで食べ物にありつけることはなかった。

7、宿舎を求めて

差し当たっての問題は、これからの行動をどうするのか、今夜はどこで過ごすのか、である。二人の学友と先輩の大学院生は、住んでいた自宅や親戚が近いので、急いで帰宅した。

私は、一月ほど前まで、近郊呉線沿線の矢野駅近くで二人の中学生の居る半農半商のお家で住み込みの家庭教師をしていた。

ところが、その中学生たちも学徒動員に引っ張り出されて勉強が無くなり、その上食料事情も悪化したため断られ、動員先に近い市街中心部の昭和町の下宿に引っ越したばかりであった。

ところが、その近辺は爆心地にも近く、燃え盛る猛火の真っ最中にあったので、とてもそこへ帰ることは思いもよらなかった。

幸か不幸か、矢野の前の宿舎には、未だ荷物や図書の大半を置かせて頂いたままになっていたので、取りあえず其処に泊めて頂くことにした。

矢野への途は、火炎に包まれた市街地の中心部を避けて、東に向かい、途中から北へと、道無き道を迂回するより仕方が無い。

辿る道端は、行けども行けども建物も樹木や構造物も無残なまでに破壊されており、所々から真っ黒い煙さえも立ち昇っているのが見える。その上を、灼熱の立夏の太陽が容赦なく照りつける。

怪我人や火傷を負った人々が、得体の知れない身なりと形相をし、異様な呻き声を立てながら、当ても無く右往左往している。この人たちは、何処へ行こうとし、そして何処へ行くのであろうか。第三者がみれば、私自身も或いはそれと同じ部類の一人であったかも知れないが。

しばらくして、突然上空から爆音が聞こえて来たので、その方向に眼をやると、米軍機B29であった。

市街地の中心部には、巨大な火炎とその上部に黒煙が、延々九天を冲して立ち昇り、真昼の太陽を覆って辺りはあたかも黄昏のように薄暗くなっていた。

米軍機は、その巨大な黒煙の柱の周りを悠々と一周し、何処へともなく飛び去っていった。

それまでは、米軍のB29爆撃機の数百数千という大空襲や、グラマン戦闘機の機銃掃射に曝されたこともあったが、何とか逃げおおせて来た。

そのこともあってか、ただ米軍機の機影を見ただけでは、それほど恐怖感を持ったことは無かった。

ところが今回は、ただの1機だけだったというのに、何故かこれまでに体験したこともない深刻な戦慄と恐怖心が全身を被った。そして、その米軍機が視界から消えるまでは、何の遮蔽物も無い路上で、足が竦み、全く身動きが取れなくなってしまった。

そのうちに気力を取り戻して、比治山の南側山麓を迂回し、東に向かって北上する。この辺りは爆心地から山の真後ろになるため、被害も比較的少ないが、それでも雨戸といわずガラス戸といわず、窓はすべて木っ端微塵に破壊されており、屋根もほとんど吹き飛ばされていた。

こんなに物凄い破壊力を持つ兵器は、一体どんなものだろうか。疑問は深まるばかりであった。

8、死地に追い込む当局

どこをどう歩いたかは定かでないが、やっとの思いで山陽本線の線路につき向洋駅の前までできた。

ここは、山陽道を広島から東にでるためには、鉄道も道路もすべて通らなければならない、唯一の関門「向洋《むかいなだ》」であった。

そこでは、憲兵隊が道路を遮断して、すべての通行人の検問をしていた。そして、市外へ脱出・避難しようとする市民達に、メガホンで、

「これ位のことを驚いてどうするか。何も心配することは無い。皆な此処から、ただちに引き返して、町の復興に従事せよ。」

とがなり立てて、追い返していた。

そのため原爆の攻撃から辛くも九死に一生を得た人々が、再び市街地へ追い返されて行った。

しかし、そこは直接肉眼でこそ見えないが、致死量をはるかに越える猛烈な「放射線」が渦巻く「死の世界」であったのだ。

幸いにも助かるべきであった人々の多くが、軍部の強制によって、元へ戻され、第二次放射線の被爆によって、全く治療方法の無い不治の難病「原爆症」に罹ることになったのである。

こうして、彼等は苦しみに苦しんだあげくに、死んで行ったのである。

いつの時代も、支配者と被支配者との関係は基本的には変わらないが、特に『忠節と誠実』を本文とした筈の軍隊ほど、狡猾で『要領』の良さが幅をきかせ、本音と建前との乖離したところは、他には無かった。

私は、これは困ったことになったと思ったが、咄嗟に「海軍工廠動員学徒」の身分証明書を見せて、「呉の本部へ連絡に行きます。」

と弁明すると

「ご苦労さん。呉までは遠いから、食料を貰って行け。」

と言って、非常食の「軍用乾パン」と「牛肉の缶詰」とが支給された。

列車は向洋駅の次の海田市《かいたいち》駅から向こうは、山陽本線も呉線も、不定時ながら運転しているということであった。

道路は山陽道（国道二号線）が通じているのだが、人々は少しでも近道をしようと、列車の来ない鉄道線路の上を歩いていた。

道行く人々は、ただ黙々と歩くだけ。途中で旧知の人に会っても、お互いの生存を確認し合うように、一言二言交わすだけで、それ以上は何も話さない。

誰もが、あの得体の知れない『新兵器』については、たいそう話し合いたいのだが、あたりを気遣って話せない。

それが「戦時下の軍都」で生活してきた人々には半ば習性になっていた。

迂闊《うかつ》に喋ったことが誰かの耳に入りでもすれば、後で途方もないことになることを、痛いほど知っていたからである。

向洋駅から海田市駅までは、鉄道線路づたいでおよそ2キロ余りの道のりであった。

道すがら振り返ると、広島市街地に立ち昇る黒煙が、比治山越しに空一面に広がっていた。火勢は衰えるどころか、どんどん周辺にまで拡大して行く気配であった。

海田市駅から列車は運転されるということであったが、実際に運行されるのは何時のことか全く予想も付かなかった。海田市駅から矢野駅までも2キロ半程度で、40分位。列車を待つまでもなく歩くことにする。

この辺りまで来ると、被害も多少少なくなるが、それでも西の広島の方を向いた側は、煉瓦が飛び、ガラス窓もかなり壊れていた。

晴天にもかかわらず、瀬戸の島山は黒い煙に覆われ、いつもならその島影に沈んでいく太陽も、この日は晴天にもかかわらず、全く姿を見せなかった。

夕暮れ時には、まだ少々の時間が残されていた頃、ようやく前の下宿まで辿りつくことが出来た。

そこでは、居合わせたお家の方々から、異口同音に、

「よー助かりんさったのー。」

と、広島地方の方言で、いたわりながら快く迎え入れて下さった。

9、その翌日

その翌日は、指示されたとおり終日休養した。

軍部政府を中心に、徹底した情報管理・統制と取締りが行なわれていたが、このような田舎の下宿までも、色々な噂話やそれらしい情報も伝わって来る。

広島市内の中心部には、緊急用避難道路を急造するために、一般民家の取り壊し撤去作業が続けられていた。

その作業には多くの低学年の中学生や女学生達が駆り出されていたが、殆どが爆心地近くの路上で痛ましくも被爆し、即死した。

矢野の下宿にも二人の中学生が居たが、二人とも呉近辺の海軍施設へ動員されていたので、幸いにも原爆からの

被爆を免れたが、引き続き職場へ出勤していた。

この中学生たちは、通勤途上や職場でいろいろなことを聞いて来る。

また、どうして手に入れたのか、米空軍機が空から配布したビラを隠し持って帰ってきた。それには、「広島に投下したのは『原子爆弾』であったこと。この凄まじい爆弾を投下したのはこの戦争を一日も早く終わらせるためである。

ツルーマン米大統領は、日本の一部の軍国主義者と超国家主義者だけに反対しているので、一般の市民は決して敵視してはいない。

善良な一般市民の皆さんは、戦争を一日も早く止め、平和に暮らせるように、日本政府に要求しなさい。」と言った内容であった。

（わが国では一般に、米大統領を「トルーマン」と訳していたが、このビラには「ツルーマン」と書いてあった）

このビラは読み終わるとすぐに焼却した。もしもそんな物を持っていることが、当局にでも知られると大変酷い目に合うからである。

海軍では極く上層部だけではなく、特に海軍工廠のような技術部門の士官達も、飛行機も軍艦も殆ど無く、制空権も制海権も無い戦いが、どんな結果を招くかは痛いほど知っていたであろうし、「戦争には勝てない」という「敗戦気分」が強くなっていたようであった。意外な『秘密情報』も何処からともなく私達のところまで洩れて来るようになった。

多分、当局者の間では、この「新型高性能爆弾」については、ある程度の真実も知っており、種々の議論もされたに違いなかった。

10、真相を追って

広島は二日二夜の間燃え続けた。

8月8日の朝には、火災も漸くおさまった模様なので、「命令」に従って早朝から広島へ出掛けた。

国鉄は向洋駅までは呉線が開通していたので、これが利用できたが、向洋駅から先は歩くより他に交通手段は無かった。

向洋の駅舎は残っていたが、駅を出ると2日前には残っていた筈のこの辺りの民家は殆ど跡形もなく焼失していた。また、送電用の大きな鉄柱は中途から折れ曲がり、電線も融けたのか、全く姿が無くなっていた。

焼け爛れた地面以外には何も無く、遥かに宇品港から瀬戸内海に浮ぶ似島《にのしま》までが、直接のぞまれる。

一昨日とは逆の道をとって、比治山の東山麓を南に進む。その南端から右に折れると比治山橋のたもとに出る。

僅かに二、三の黒く焼け焦げた鉄筋コンクリートの建物の不気味な残骸が、疎らに見えるだけであった。一昨日は破壊されてはいたが、まだまだ沢山残っていた建物も何一つ無くなり、あの「広島」は跡形もなく無くなっていた。

指示されていた集合地点に着いたのは、指定されていた正午よりも少々以前であった。

私達の動員先の直接担当者の責任者は、金子という東京大学工学部の造船工学科出身の海軍技術中佐であった。

私が集合地点に着いた時、既に金子中佐は来ておられて私達の集るのを待っておられた。

そこには広島文理科大学物理学科（理論物理学、原子物理学担当）の佐久間澄助教授も同席しておられた。佐久間先生は、後に広島大学の教授になられたが、日本原水協の代表世話人としても、核兵器の禁止運動にも、おおいに献身された方である。

金子中佐と佐久間先生は、二人で何かを話し合っておられたが、その会話が聞くともなく耳に入ってきた。

金子中佐
「アメリカは、国際放送で『原子爆弾』と言っていますが、実際にそんなものが出来るのですかねェ。」

佐久間助教授
「理論的には可能です。原子量の極めて大きい（原子番号の大きい）元素が崩壊すると、莫大なエネルギーを放出します。

これは『質量欠損』と言って、物質が消滅してエネルギーに変わるのです。ただ実際にこれを技術的にどう実現・制御するかが課題なんです。

そんなことも、何れ、やれば出来るのではないでしょうか。」

お二人の会話はなおも続く。

そう言えば、京大物理学教室の荒勝研究室では「原子核物理学」の実験用装置としての「サイクロトロン」を建設中であるとも聞いていた。

アメリカでは逸早く、これを兵器として実用化に成功したのだろうか。自分も物理学専攻の学生であるから、そんな話に興味もあり理解も出来る。それが事実だとすれば大変なことだ。

少なくとも、原子核の崩壊によるものであれば、そこから放出される「放射線」の人体への影響は重大な問題になる。

一般市民に対して「直ちに元の住居に帰って復旧に従事せよ」などという指示・命令などは、とんでもないことである。第二次被爆をしたらどうするのだろうか。

他にも「玉砕」命令など、類似の残酷な事例は珍しくなかったが、そのため多くの国民が重大な被害を被った。これもその一例であった。

それは「戦争だから」とか「戦争とはそんなものだから」などと言って済まされることでも、許されることではない筈だ。

11、被爆状況の調査

交通機関は殆ど全滅していて、歩く以外に方法は無かったが、指示されていた時刻「8月8日正午」に集合場所へ来ていたのは、私ともう一人の学友の二人に過ぎなかった。

そこの壁面には、

「動員学徒に告ぐ、

直に今般の爆撃による、広島市街の被害の概況を調査せよ。

以上の通り命令する。

昭和20年8月6日　帝国海軍担当官」

という「指令書」が貼り出されていた。

当時は、学生や生徒は未成年を含めて軍隊や軍需産業に徴集され、これを「動員学徒」と呼ばれていたので、それは私たちに宛てたものだった。

命令書は、単に

「被害の概況を調査せよ。」

という漠然としたもので、具体的なことは自分達で考えてやれ。ということのようであった。

しかし、広島市街の被害状況を調査すると云っても、目安や調査の手掛かりになりそうなものは殆ど残ってはおらず、僅かに焼け残った鉄筋コンクリートの建物の残骸や石造建築の一部分に過ぎなかった。

陸海軍の軍人が溢れ、おおいに賑わっていた広島の繁華街は言うに及ばず、中国地方最大の大都市といわれた、あの広大な大市街地は、見渡す限りの焼け野が原になっていた。

爆心地は何処なのか？　投下された爆弾は何発だったのか？

そんなことは皆目判らないことばかりであった。

私たち二人は相談して、とにかく周辺部から見て廻ることにする。

たまたま、アメリカ空軍が撒いたチラシを見付けたが、そんなものを持っていたり、読んでいるところを、憲兵にでも見付かろうものなら、直ちに検挙されるという代物であった。しかし、一般市民の多くは、取り締まりが厳しくなればなるほど、かえってその内容を知っていた。

私たちも、それをひそかに読んでみると、「悪いのは、軍国主義者と軍の指導者であって、一般の市民に罪は無い。心配せずに戦争には反対しなさい。」といった主旨のことが書かれてあったように思う。

二人は共に「物理学」が専攻だったが、調査と言っても必要器具は何ひとつ無く、何があるかは予知出来ない条件での調査であった。しかもその余りの惨状から「原子爆弾」ではなかったのか等とも囁かれもしていた。そのため、なるべく未知の危険性を避けるために、またそこは「焼け野が原」で目ぼしいものは何ひとつ残ってはいなかったので、とりあえず中心部は後回しにすることにして、周辺部から見て回ることにした。

集合場所（皆実町）から、先ず北に向かって御幸橋《みゆきばし》へと。この橋は、かつての日露戦争で、広島に大本営が置かれたとき、明治天皇が渡ったことから、この名が付いたとか。また戦後には、皮肉にもイサム・ノグチが設計したというモダンな橋に替わったが。

この橋の欄干は、元は石造であったにもかかわらず、跡形も無く吹き飛ばされていて爆風のすさまじい威力が、並はずれた猛烈なものであったかを如実に物語っていた。

遠望すれば、市の中心部は荒寥たる焼け野原で、殆んど何も見えない。わずかに焼け残った所の状況を手掛かりにして推測すると、爆心地は相生橋の辺りらしい。しかも地面から相当高い場所で爆発しているようだった。

広島駅前の広場に出た。其処には赤黒く焼け爛れた市電の残骸の窓枠に、真っ黒に焦げた「人」の死骸がぶら下がっていた。

老若男女を問わず、無数の人間や家畜の死骸が到る所に放置されていたので、死骸には次第に無神経になりつつあったが、これは何と酷たらしいことか。この光景には改めて息を呑んだ。

駅前から、かつては繁華街の中心地だった八丁堀に出たが、ここでまた、言葉を失う程の惨状に出合うことになった。

黒焦げになった銀行の玄関の石畳に、うずくまった人影がくっきりと残されており、何かを訴えて居るようにさえも見えた。

石材がこれ程焼け焦げているのは、どれほど強烈な放射線の照射を受けたのだろうか。普通では到底考えられないと思わざるを得なかった。

此処から南へ向かい、名刹国泰寺まで行く。この寺は中国地方の大大名浅井家の菩提寺で、樹齢数百年を経た楠の巨木が何本も繁っていたのが、すべて根こそぎ引き抜き倒されて焼かれ、直径数メートルもあった巨木の幹の、中心部分であったと思われる、極めてほんの一部だけが燃え残っていたのを見た。

この爆発の衝撃波の威力や放射線のすさまじさは、軍部が、「この爆弾は『高性能爆弾』ではあるが、決して恐れるような物ではない」と強弁するようなものでは有り得ず、これまでの常識では測り知れない、桁外れの巨大な威力を持つものであったに違いなかった。

　私たちが被爆した東千田町の近辺も、二昼夜の間に余すところ無く焼き尽くされ、石の門柱の瓦礫やコンクリートの残骸だけが散らばっていた。

　調査は一応これで終ったことにして、出発地へ戻った。

　動員学徒の担当の指揮官、金子海軍技術中佐に、私たちが見たありのままの事実を報告した。

　金子中佐は私達の労をねぎらわれた上で、改めて威儀を正し、

「事実は諸子（当時は校長や上官は、生徒や部下に対する呼び掛けの言葉として『諸君』を用いず、『諸子』と呼んだ）が見た通りである。

　この上は、業務の継続は不可能につき、別途指示があるまで待機せよ。

　遠方の者は帰郷してもよろしい。」

と云う公式的な指示をされた。

　そしてここで態度を改め、

「以下は私の全く個人見解であり、軍の機密にも属するので、絶対に口外を禁ずるが、」

と前置きして、これまで見せたことも無い峻厳な口調で、

「小官はこの戦争は勝利出来ないと思う。

　我が国土が米軍に占領されれば、多分高等教育は認められないことになるであろう。

　しかし、如何に困難であろうとも、諸子は祖国と民族の復興の為に身を挺して学術研究に専念されることを切望する。」

旧日本銀行広島支店（被爆建物）中区袋町

と訓示され、再び日頃の温顔に戻られた。

自らも、学問の道を志しながら、戦争のために果たさず、やむなく軍籍に身を置き、その志の果たせなかった先輩の、心の底までしみ通るような励ましの言葉であり、私には深い感銘を与えられた。そしてその後の私の人生に末長く大きく影響することになった。

12、帰郷の列車

いよいよ帰省することになって、若干の食料と「戦争被災者証明書」の交付を受け、広島を後にすることになった。

普通は、列車に乗るためには、駅で何日も徹夜をしなければ、切符が手に入らなかったが「被災者証明書」があれば、罹災日を含めて一週間以内は、切符無しで、全国の国鉄も私鉄も何処の路線も無料で自由に利用することが出来ることになっていた。たまたま山陽本線は、広島以東が8月9日から開通するという情報が入ったので、早速9日に帰郷することに決めた。

泊めて頂いた元の下宿の方々に、心から感謝を述べ、夜明けとともに呉線の一番列車に乗り、広島駅まで出た。

広島駅で乗り込んだ列車の窓からは、二、三の黒く焼け焦げた鉄筋コンクリートの建物の残骸以外に、一切視線を遮るものは無く、何と海まで見えるではないか。これが50万都市の姿かと思うと、その無惨さに感無量である。

列車には「東京行」の看板が掛けられ、かなり混み合っていた。

ようやく発車したのは、出発予定の午前7時もかなり過ぎてからであった。当時は、軍用の貨物列車が最優先で、特急や急行は全く運転されて居らず客席はすべて各駅停車。しかも運行時刻は全く不定であった。

途中、駅のあるところでも、駅の無いところでもしばしば長時間停車した。

お昼頃、ようやく福山駅に着いたが、たまたま空襲の直後で、駅の近辺ではまだ建物が燃えており、車窓からは熱風が吹き込んで来た。このため福山駅には接近出来ず、手前で退避していたのであろうか。

既に相当遅れていた上に、ここでさらにかなりの時間停車し、発車したのは午後も相当に遅くなってからであった。

列車は瀬戸内海の海岸沿いに岡山市に入るが、ここからは山間である。兵庫県との県境をあえぎあえぎ進むが、空襲に遇ったのであろうか、貨車の残骸が線路の脇に幾つも幾つも無惨な姿を曝していた。

こうして、さしもの長い夏の日もすっかり暮れてしまって、ようやく姫路駅に着いた。

列車はここで「運転打切り」となり、乗客は全員降ろされた。

私は、京都へ回って山陰線に出るか、大阪から福知山線にするか、それともこの姫路から播但線に乗って和田山経由で山陰線に出るかの、三つの経路が考えられる。しかし何れも明朝まで列車は運転されない。

仕方無く待合室に出る。

姫路も数日前に大空襲に見舞われ、駅舎や白鷺城を残しただけで、荒涼たる焼け野が原になっていた。

駅の近辺には、被災者や浮浪者がうろつき、野宿している者も少なくなかった。

近くでは『ヤミイチ（食料品等は販売が厳しく統制されていたが、非合法に相当高価で販売され、これをヤミイチと呼んでいた）の握り飯』を売っているという話を聞いて、これを買いに行き、夕食にする。

姫路駅の待合室でしばらく仮眠をとるうちに、夜も明け8月10日の朝を迎えた。

この日も早くから太陽が照りつけ、暑い一日の始まりであった。

播但線は一番早く運転されるというので、これに乗った。この線は普通に行けば終着駅の和田山へは、2時間もあれば充分である。ところが、運行の時刻は誰にも分からず、全くの行き当たりばったりで、いたるところで不時停車をするので、なかなか進まない。

昼食に何を食ったか、何も食わなかったのか、記憶にはないが、ようやく昼過ぎには山陰線と交わる和田山駅に着いた。

ここで乗り換えるのであるが、次に乗るべき列車は何時来るか分からない。相当の時間を待たされたが、それでも故郷の訛りやアクセントを耳にすると、何となく気持ちも安らぎ、待つことがそれほど苦痛ではない。

そのうちに山陰線の列車がやって来たが、超満員のスシ詰めで乗客はデッキまであふれていた。少しでも隙間のありそうな所を目指して窓からも多くの人が出入りする。無理やり、この列車に乗り込ませて貰う。

列車は福知山駅でも綾部駅でも乗り換えなければならず、その上待ち時間は不定で、長いことは何処も同じであった。また超満員なのも変わりはないが、やはり表日本と裏日本の違いであろうか、山陰線は山陽線ほどの混雑ではなかった。

しかも和田山駅とは異なり、福知山駅も綾部駅も、下車する人も多いので、乗り換えはそれはど苦労しなくても済んだ。

綾部駅から舞鶴線に乗り換え、ようやく梅迫駅で下車。

13、故郷の我が家

梅迫駅から我が家までは、山の麓に通じる草深い田圃道を5キロ余り歩くことになる。

通称「菜っ葉服」で通用する工員用の作業服を纏っていたが、それは「国防色」と称する緑色の、質の悪いペラペラの合成繊維で出来ていた。

国立大学（当時は『官立』大学と呼んでいた）の学生の誇りであり、象徴でもあった『角帽』も、被爆の際に失ったままで、無帽であった。

その上、右手は血痕で汚れた三角巾で吊るし、肩からは軍用払い下げの雑嚢を下げるという、まさに『敗残兵』

のスタイルである。

それまでは『危険地帯からの脱出』のことだけを考えていたが、ここで初めて自分の『異様な姿』に気付き、思わず苦笑する。

道々で出会う人は殆んどが旧知の方ばかりで、挨拶を交わすと、必ず温かい言葉をかけて見舞って下さった。瀬戸内の干からびた風景に反して、瑞々しい丹波の自然のたたずまい。何もかも懐かしく心に慘みる。中学生時代に毎日通学した道でもある。少年時代を育んでくれた山や川。稲田を渡る緑の風にも懐かしい匂いがする。暑く長かった夏の日も、ようやく太陽が西に傾き始め、ヒグラシの蝉しぐれがしきりに聞こえてくる。それは少しも変わらぬ「故郷の風情」であった。

山ふところに抱かれた中に、遥に我が家の茅葺の屋根だけが見えた。

その周りには背も高く伸びた夏草が茂っている。深緑の木々の葉が波打つ。その上に抜け出たようにサルスベリの真っ白な花が咲いていていた。

辛くも一命を取り留めて我が家を前にした時には、言い知れない感動が、知らず知らずこみ上げて来るのを如何ともすることができなかった。

それからの田舎道は1キロは充分にあり、我が家の屋根が見え隠れする。その途上で様々な感慨が湧き出してくる。

ようやく我が家に辿り着く。

夏は風を迎え入れるために玄関の表戸を開け放しにしてあるので、入口から土間に入る。

「只今、帰りました。」

と、奥の居間の方へ向かって声を掛けると、突然父が出てきて、

「足はあるか。」

と言った。

それが私を迎えてくれた父の第一声であったが、はじめは何のことか訳の判らないまま、無我夢中で

「ありますが?」

と答えると、どうやら安堵したように、懐かしい温顔の表情に戻って、

「そうか。よう帰ったな。良かった、良かった。」

と言って、他の家族達にも、私が帰宅したことを知らせてくれた。

父は後日、思い出話として

「新聞でも、広島は『相当の被害あり』と書いてあった。『損害軽微なり』と発表してあっても、実際には殆んど全滅に近いのが普通だし、大変なことになったものだと思っていた。

お母さんからは『捜しに行って下さい』と、しつこくせがまれていたが、切符を買うこともできず、役場の勤め(当時父は村長をしていた)もあるので、どうすることも出来なかった。

待っていたが、2日過ぎても3日過ぎても、何の音沙汰もなく、これはてっきり死んでしまったものと思って半ば諦めていた。ところが突然しかもお盆前の夕暮れ時に、異様な姿をして現れたので、一瞬「これは幽霊になって帰って来たのではないか」と本気になって、疑ってしまった。

『足はあるか』と言ったのは、咄嗟に出た私の気持ちだったのだ。」

と言って笑った。そして

「こんなに笑って話せることは本当に有り難いことだ。」

とも付け足した。「子を持って知る親の恩」と言うが、自分が年をとって、当時の父くらいの年になって、はじめて

その言葉の一つ一つに溢れていた親心の有り難さが、実感としてわかる。

帰宅してから新聞を見てはじめて、私が広島を発った8月9日にはソ連が参戦したことと、福山の近辺を通過していた頃には、長崎にも広島以上に強力な『高性能爆弾（原子爆弾）』による空襲を受けたということも知った。

父と私が戦争の見通しについては、喧嘩をしているのではないかと、母が心配するほど、激論を交わした。「必勝の信念」に凝り固まっていた父は「戦争には負けたことのない日本は必ず勝つ」とあくまで言い張った。

14、敗戦と被爆者

帰宅5日後、隣組の連絡を通じて、8月15日「正午から重大放送があるので聴くように」という連絡があった。ラジオ放送は雑音が激しく、聞き取り難いものであったが、昭和天皇が「耐え難きを耐え、忍び難きを忍び、云々」と、国民に敗戦を告げるものであった。

金子中佐の言葉通りに、日本が連合国に降伏して、長い長い戦争が終わったのである。

数日を経て、ようやく新聞に、一面の焼け野原になった広島の写真が掲載され、徐々に真相が明らかにされていった。

また、広島と長崎に投下されたのは『原子爆弾』であるとも発表された。そして「放射線による汚染は相当長い間続くのであろう」というのである。

また、「中には50年以上、一切の生物は生存できないであろう。そして一本の草も木も育たないであろう。」等というものもあった。それは、人類が未だ経験したことのないものであるから、充分な警戒は必要であっただろう。

原子爆弾が爆発時に直接発する強烈な衝撃波や放射線は言うに及ばず、本来放射線を出さないものでも、強烈な放射線の照射を受けると放射線を出すようになる。こうして発生する第二次放射線と言えども、これを多量に浴びると生命体細胞が破壊されて、外面では火傷、深部では骨髄が破壊される。これは血液の癌とも言われる「白血病」を引き起こし、死を招くのである。

多くの被災者・被爆者たちの症状が、次々に報道され始める。始めは頭髪が抜ける。それから皮膚が、そして次々と症状が重くなって行くと言う。幸い私は、土蔵のような部屋で被爆したので、原爆からの直接の放射線は余り大量には受けていなかったと思われるが、その後に受けた第二次放射線の量は決して少ないとは言えない。

毎朝、頭の髪を引っ張ってみては、状況を確認し、ホッとする。

他人が見れば滑稽なことでもあり、70年も経過した今となれば笑い話で済むことかもしれないが、当人にとっては「生きられるか、生きられないか」の瀬戸際の深刻な問題であった。下痢や頭痛そして微熱が続き憂鬱な毎日であった。しかも、それが半年近くも続いた。

その間に世情は激変して行った。

15、長い道のり

人々はその日を生きるためだけに、食料の確保に血眼になり、それに死力を尽くしていた。それでも餓死する人さえ現れた。

そして巷には、職を失った人々が氾濫し、主要都市中心駅周辺では、食物も住居もない孤児たちが放浪していた。

占領軍からは『戦争犯罪』を裁かれ、この国の行く方は定かではなかった。

世界の数え切れない人々が、この大戦の被害を被り、或いは命を失い、住家を迫われ、家族が離散した。この戦争という悲惨な犠牲の上に立って、広く「恒久平和」が切望されるようになったが、第二次世界大戦が終結してからも、長い間地球上では「戦争」は止まなかった。

人間が武器をとって人間を殺し合うという、この忌まわしい「戦争」という事柄を。心から「戦争反対」を叫び訴えることは大切だが、ただ単にそれを叫んでいるだけでは、戦争は無くならないのではないだろうか。

戦争を無くするためには、その本質を社会的科学的に見極め、多くの人々が協力と共同してつとめなければならない。しかもそれは、長い長い年月にわたる忍耐強い営みを必要とするものであろう。

半世紀以上もの長い間、「戦争の無い世界」のために「若者を教え育てる」という仕事にたずさわってきたが、その「未来に生きる若者達の力」にこそ期待している。そして、毎年夏が来る度に、必ず思い出すのはあの原爆を浴びた時の情景であり、願うのは「核兵器の廃絶」と「世界の恒久平和」とである。

今は、戦禍によって若い命を奪われた人々のご冥福を祈りながら、この稿を終わる。（1995年8月）

あとがき

この「被爆体験記」は、「文末」にもありますように、たまたま広島で原子爆弾に遭ってから50年目に当たる「1995年」に執筆し、西舞鶴高等学校通信制卒業生有志者の同好誌「新彩雲」に投稿、その「第21号」から「第23号」までに掲載されたものです。

それから、さらに19年の歳月が流れ去った今、直接被爆を体験された人たちも高齢化して、その記憶も薄れ、急速に失われつつあります。自らの体験を基に「世界平和」と「核兵器の廃絶」を訴え続ける「語り部」と呼ばれる方たちも、例外無く次々とこの世を去っていかれます。

筆者も「語り部」の一人として、多数回その「体験談」を人前で述べて参りましたが、齢も90歳を過ぎて病気も抱え、残念ながらそれもかなわず、せめて、このような「小冊子」にさせて頂いたものです。

世界の平和と、地球上の全生物の繁栄を願いつつ。

27

石角《いしずみ》 敏明

（被爆2世）

おやじの原爆体験と私の思い

記＝2015年12月25日

―ある日記から―

○八時頃であった。突如異様な光と共に大音響を発したと思った瞬間、広島市は火焔に包まれていた。敵の新戦法兵器に依る攻撃だ。草津町にて避難民救護に従事せるも悲惨なる避難民の姿を見て敵愾心弥が上にも上れり。これが戦争の実相だ。この仇は我々の手で必ず撃ちとらねばならない。只憤慨しても駄目だ。大いに励むことだ。（昭和20年8月6日　晴天）

○昨夜も避難民の救護。今日もまた同じ作業に従事せり。吾々軍人が倒れるは本懐なるも戦争に直接関係のない一般国民に対し斯かる爆撃を加えたる敵を一日も早く地球上より抹殺せねばならない。斯かる事は本土決戦に於いては必ず起こり得る事だ。指揮官となりたる者は斯かる場合目先の事ばかりに気をとられず大高を見ることが必要なり。（昭和20年8月7日　晴天）

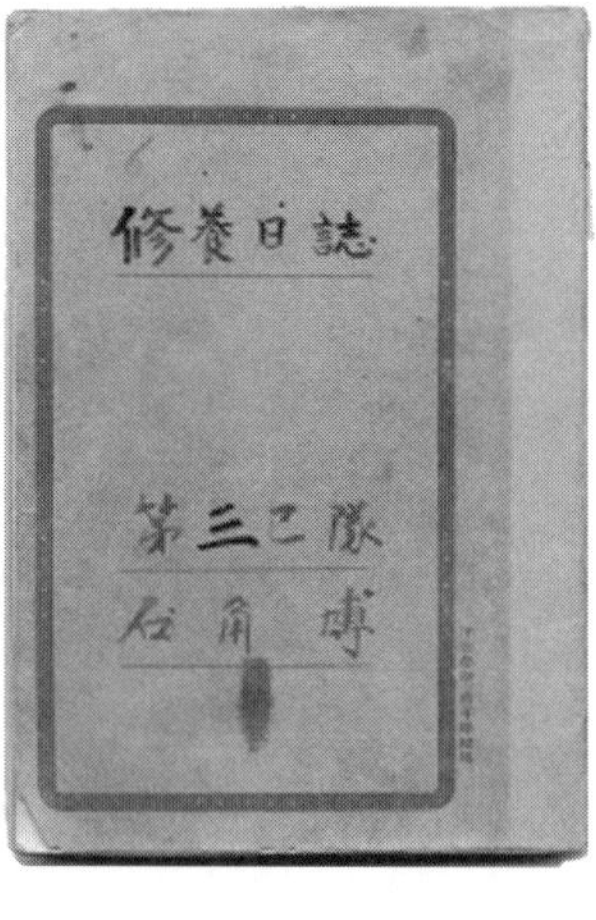

○広島に於ける原爆爆弾投下一周年だ。昨年の今日の事を思えば、身の毛もよだつ。……（昭和21年8月6日）

―親父について―

私の父は、京都府の北部に位置する綾部市の出身です。（福留しなさんと同郷）大正13年生まれ、三人兄弟の長男で、小学3年生の時、父親を亡くし、弟二人の父親役をやらされた、とよく口にしておりました。「軍隊に何年に入隊したのか?」等は、全く話してくれませんでしたが、所属部隊は、広島に本部があった「陸軍船舶司令部」です。そして、船舶砲兵教導隊を卒業する直前に終戦となりました。

昭和19年6月に一度、フィリピンに派遣されており、その時の思い出として「ヤシの実の汁がおいしかった。現地の人は上手にヤシの実を割って、その汁を飲ませてくれた」という話をしてくれましたが、その他戦争の話は一切しませんでした。

父の軍人像は、田舎の人の話、あるいは父から断片的に聞いた話を総合すると、以下のようでしょうか? 周囲からみると、「大変、怖そうに見えた。腰に短刀を下げて、シャキッとして歩いておられた」と言われ、8月15日の終戦の日には、夕方、綾部警察署まで押しかけ（家から12キロくらいある）、署長さんに「日本が負けたという噂が飛んでいるようだが、これは全くのデタラメ・嘘である。敵の謀略であり、厳重に取り締まるように」と談判をしたらしい。まだ22歳の青年が、警察署長のところまで、押し掛けたのである。軍国主義青年そのまま

陸軍船舶司令部旧蹟（広島市南区宇品中央公園）

である。

8月15日、綾部にいたのは、「特攻隊員として出撃するので、最後のお別れを」ということで帰省をしていたらしい。その後、広島の部隊に帰るのに大変、苦労をした。戦争中は、広島から帰ってくる時は優遇されたのに、と話をしていたのを思い出します。

―親父の被爆―

私が父から聞いた話を書く前に、父親自身が残した文章をまずここに紹介させて頂きます。

書き尽くせぬ被爆者の救護の日々

「小休止」本日の演習、爆雷実験演習地の草津海岸に到着、武装を解いて、松林で休息していた時である。朝から警戒警報、空襲警報が発令され、それぞれ解除された後だけに皆のんびりと腰を下ろして休んでいた。その時である。広島市内の方で〝ピカッ〟と光ったのか、〝ドーン〟と大きな爆発音のような音がして光ったのか、皆、思わず地に伏せていた。今、光ったのは何だったのか、大きな爆発音がしたがあれは何だったのか。石油タンクでも爆発したのでは等ささやいている。私はその時、〝ブーン〟と蚊の鳴くような音を耳にする。海上を見れば、かもめがバタバタとして飛んでいる。

隊長が近くの丘の上へ上り、双眼鏡で広島の方を見ると一面火の海とのこと。「理由は何かわからないが異常事態である。本日の演習は中止する。各個でそれぞれ部隊に帰れ」とのこと。

早速、電車で帰るべく駅まで行ったが「停電で電車は動いていません」という。仕方がない、広島方面に行く自動車を止めて乗り込もうとしたが、どの自動車も救援に行く人が一杯乗り込んでいて、如何に軍人といえども、その人を降ろして乗りこむこともできない。仕方なく歩いて部隊へ向かう。草津付近まで行くと、道路は倒壊して飛び散った瓦、硝子、家屋の破片等で通行不可である。部隊へ帰るまで道路の清掃に当たれとのこと。

取りあえず、道路の邪魔物の除去作業に従事する。それが終わると救護隊本部が国民学校にあるので被災者の救助作業に従事せよとのこと。救助作業といっても、身体中「ずるむけ」の人、火傷で身体の前後も分からないような人、どのようにすればよいのか。軍医は一人、薬はない。「取り敢えず、火傷の手当てをせよ」種油ではないかと思われる油をびんに入れて、筆一本貰い、これで火傷のところに塗れということ。「早くしてくれ」という長い行列の患者さん。しかし、こちらも人数に制限がある。「わしは一里行けば親類があるのでそこへ行く」と言って、とぼとぼ歩き出す人。

治療の終わった人も終らない人も、暑い日中での火傷、「水をくれ、水をくれ」と叫ぶ。軍医は「水は飲ますな、傷が治るのが遅くなる」「この人は息が絶えるだろうという人は素人でも分かる。その人には末期の水を与えよ」と言う。薬を塗り終わった人は、学校の廊下や教室に連れて行って寝かせる。しかし身体中、火傷でずるむけの人が、梱包用の荒むしろの上に横たわれと寝かせるのであるが、果たして寝られるのか、今思えば言葉もない。

夜になっても電気はもちろんつかない。ローソクを頼りに教室、廊下を見廻るが、「水を水をくれ」「兵隊さん、何でこのような目にあうのか」「この仇を討って下さい」思い思いの言葉を叫んでいるがどうしようもない。食事といえば軍隊の非常食の乾パン、のどがカラカラの上に水もない。そんなものが食べられるか。一晩、不寝番で学校内を見廻る。

朝になってみると多くの人が息絶えていた。校庭の防空用水槽にも何人かが頭を突っ込んで息絶えていた。水欲しさに頭を突っ込んで息絶えたのだろう。ご冥福を祈る間もなく、死体の収容作業、着衣等何か特徴のある物、その他何でも気のついたことは記帳せよとのこと。急ごしらえの担架を作り、校庭に並べていく。心当たりの方が次々と引き取りや問い合わせにみえる。
引き取り手がなく、腐敗のはげしい人から順次、露天で火葬に附す。でも燃えるはずがない。三日間、火葬作業に明け暮れる。
「原子爆弾」という新型爆弾の名を聞いたのは後のこと、いくらでも当時のことが思い出されてくるが、到底書き尽くすことは出来ない。
今後、七十年には草も木も生えないと聞かされた。今の広島の発展は本当に、夢のようである。

（被爆50周年祈念誌）

投下がもう三十分早ければ、爆心地あたりにいたかもしれない。被爆後、道路の障害物の除去や被災者の救助に携わった。防火水槽に顔を突っ込んで死んでいる人の姿を目のあたりにした。死臭が鼻につき、三日間くらい食事がのどを通らなかった。終戦の半年ほど後に原因不明の熱で一週間寝込んだが、その後は被爆に影響と思われる病気はしていない。当時は兵隊に行って死ぬのが当然のような状態だった。でも、よくあれだけの徹底した教育をしたなと思う。

（被爆50年、朝日新聞）

文章は字数制限があったのか、わりとうまくまとめられている感じがするが、以下に私が父から聞いたことを箇条書きしてみたい。ただ、父親は、ほとんど「原爆の被災状況」は話をしませんでした。母親・兄弟に聞いても、「話を聞いた覚えがほとんどない」と言います。私も「断片的」に聞いただけで、順序だてて聞いたことはありません。（上記の手記と重複する部分があると思いますが、お読み下さい）

■あの朝、訓練のために海岸まで走って行き休息していた時、突然、大きな振動と共に砂が巻き上げられ降ってきた。すぐに市内に入ろうと車を止めて、乗せてくれるように頼んだが、誰もが「申し訳ありません、如何に兵隊さんの頼みでも、今日は乗せられません」と断られ、走って市内まで帰った。しかしその後、どんな惨状を目にしたかは、断片的にしか話をしてくれませんでした。

■被爆者が収容されている学校の中を、腰に「水筒」をさげ手にお猪口をもって軍医と一緒に廻った。被爆者が、ズボンの裾を掴んで「兵隊さん、水をください」「一口、水を飲ませてほしい」と言われるのだが、軍医が、首を横に振られた時は、「申し訳ない、水はあげられない」と言って、強引に手を払いのけたが、本当につらいことをした。しかし軍医が、首を縦に振られた時は、水をお猪口に入れて、飲ませてあげるのだが、一口飲むか飲まないうちに亡くなられてしまった。水を飲ませてもらえなかった被爆者からみれば、我々は鬼に見えたかもしれないが、水を飲ませてあげると、死んでしまうことが分かっているから、水をあげられなかったが、そのことを説明することもできず、手を払いのけることしかできなかった。水を飲ませてあげることができないこともつらかったが、水を少し飲ませてあげるだけで、直ぐに亡くなられるのを見るのはもっとつらかった。

■市内の川の堤防で、亡くなられた人の亡骸を積み上げて火葬をした。食事をとろうとしても匂いがしみついて、全くできなかった。部下の人たちにも「体が大事だから、きちんと食事をとるように」と指示をだし、自分も無理やり口に放り込んだが、全く体が受け付けてくれず、ほとんど吐いてしまった。

■遠い空を眺めるような顔をして「ある一人の被爆者を避難所からその人の家があったであろうと思われる場所まで送って行ったが、その人がどうされただろう、大変気になる。そして、あの場所はどうなったのかな？　一度訪ねてみたい」と話をしていました。その後、私は家を離れたため、それが実現できたどうかは分かりませんが、父の死後、原爆慰霊碑に参拝した時、母親から「京都原爆被災者の会」の人たちと一緒に広島を訪問したと聞きました。少しは希望がかなったのかな、と思います。

―父への想い・思い―

田舎の家に「父の日記」がある。１９３４年（昭和９年）から２００６年までの記録である。ただし「昭和20年」の日記だけない。入院中も病室に「日記」だけは持ち込み書いていた父自慢の記録である。よく近所の人が「昨年の今日の天気は?」とか、「この行事、何してました」と聞きに来られるくらい有名な日記である。軍隊にいる時も「訓練の後、便所の中で書き続けた」と話をしていました。

そして最初に紹介させて頂きました、あの日・次の日のことも書いておりましたが、その後は（昭和20年度は）何も書いておりません。空白のページが存在するだけです。（映画『アオギリにたくして』でも、主人公がその後半年間、何も書かなかった、というシーンをみて、父親と全く同じであったのでビックリしました）そして昭和21年1月1日から、また日記を書き始めており、8月6日には上記のようなことを一行だけ書いて、あとは農作業のことを書いています。

この20年の日記は、広島の「原爆資料館」に寄贈させて頂きました。「昨年一年間、資料館に寄せられた資料展示会」で展示していただき、みなさんに少しでも「見て・読んで」頂いて、よかったかな、と思っております。家には「その年の日記」だけがありませんが、親父も納得してくれていると、思っています。

私の家は、当時としては珍しい「兼業農家」でした。そのため、日曜日になると、手伝いをさせられました。

父が被爆者救護にあたった草津小学校（現在）

その時、水筒にお茶を入れて持って行き、休憩時に飲んでおりました。その時、いつも不思議に感じていたのが、父親は、ほとんどそのお茶を飲みませんでした。体は大きいのに、そんなに喉が渇いていないのかな?と理解をしておりましたが、今思えば「お茶を飲みたくなかったのではなく、飲めなかったのでは」と思います。その水筒は父が軍隊で使用していたもので、救護所でも使用していたものであったのでは、と思っています。

大学生の頃、あるいは社会人になってからも、色々な「被爆者」が体験談をお話しになっている記事や本を読むうちに、「何故、うちの親父は話をしないの?」と不思議というか少し物足りなさを感じるようになりました。帰省時に、読んだ本を父に見せ、話を聞き出そうとするのですが、ほとんど応えてくれませんでした。また、日記をあれほどキチンと書き、他にも「手紙・はがき」は丁寧に出し、返送する親父が、「被爆体験」については、ほとんど何も書いていないことに、少し不満をもっておりました。(被災50年の手記だけです)

最近、発行された『原爆体験と戦後日本』を読んで、少しは親父の気持ちが理解というか、そのような気持ちを持ち続けていたのか、と分かったような気持ちでおりますが…。

父は、自分は直接、原爆の被害にあっていない(この表現が適切かどうか分かりませんが)。しかし、大変な目にあった人たちを何とかしてあげたい・何とかしないといけない、という思いで救助活動等に取り組んだと思います。しかし、何も出来ない無力感。そして、それこそ「地獄」のような惨状を目にしたのではないでしょうか。それだけに「思い出したくない、しかし、誰かに言わなくてはいけない・伝えなくてはいけない」という思いは強く持っていたと思います。書くのがいやで書かなかったのではなく、書けなかった、と理解をしています。

親父が亡くなって7年がたちます。この間、福島原発事故が起こりました。あの事故を見ることなく「亡くなった」のはよかったのかな、と思ったりもしています(被災者の方・親父には申しわけないですが)。あの瓦礫の山・そして放射能の話、どれをとっても「広島原爆」と同じことが起こっています。つらい思い出が甦ることがなかっただけ、息子としては幸い？だったかも知れません。

家では厳しい父親で、よく叱られました。「何でこんなことで怒られるんや」と反発したこともあります。また、「お酒」が大好きで、田舎では「博さん（父の名前）のお札は酒一本、持って行っとけばよい」と言われるくらい有名でした。原爆の話は、そのお酒が少し入った時に、ぽつりぽつりと話してくれるくらいで、戦争体験も含めてほとんど話をしませんでした。

新聞には「被爆の影響と思われる病気はしていない」と書いていますが、この後、色々病気を多発しました。ただ入院中も「しんどい・痛い」ということは、全く言いませんでした。看護婦さんも「石角さんは、一度もしんどい、ということを言われませんね。しんどいはずなんですが」と言われておりましたが、その時、口に出して言った言葉が「あの原爆にあわれた人たちのことを思えば、痛いこと・つらいことは何でもありません」でした。

―最後に―

残念というか、親父には、申しわけなかったことは、「あの広島がどこまで復興したか、見に行きたい」と言っており、原爆被災者の会の方々とは訪問したようですが、私が一緒に行けなかったことです。亡くなって、母親・兄弟・私の子ども、そして孫と四世代で「原爆慰霊碑」にお参りしたことで、少しは許してもらえるかな、と思っております。

２０１５年7月発行『原爆と戦った特攻兵』（角川書店）が「陸軍船舶隊の特攻兵」のことを扱っています。広島での救助活動・原爆の惨状・隊員回想記等が書かれていますが、親父もこのような状況下に置かれ、こんな気持ちで救助活動をしていたのだ、と少し親父の気持ちを理解した気になりました。ただ、親父にこの本を読んだ感想・気持ちを聞きたかった、という思いは残りますが。

28 藤原　昌司（仮名）

黒い雨を浴びて

手記　2016年

私は、広島県の小さな村で七人きょうだいの三男として生まれました。

昭和20年8月6日は早朝から両親と私（5歳）妹（2歳）が田んぼに出かけ、両親が前屈みになって草取りを始めたので、私は妹の面倒を見ながら、道端で遊んでいました。そうしたら上空で突然「ピカッ」と稲妻のように光り、その直後「ドォーン」と耳を裂くような大爆音がしました。音の方向を眺めていましたら、小高い山向こうの広島市街付近からドス黒い煙がモクモクと舞い上がり、上空全体が段々と暗くなりました。

地上も薄暗くなり始め段々と暗闇になった時、大粒の雨が降り全身がびしょ濡れになりました。その雨は墨汁のような黒色でした。両親に連れられ急いで近くの農器具小屋へ逃げ込みました。母親の顔が「ドロンコ」だらけになっていたので事情を聞くと、前屈みで仕事中、大爆音でびっくりして「ドロンコ」に顔を突っ込んだそうです。親子で顔を見合わせ大笑いをしました。

雨宿りをしていたら、近所の人が小屋の前に集まり、興奮して大きな声でガヤガヤと話し始めました。あの大爆音は広島の街近くに大きな爆弾が落ちたのと違うか？　あの爆弾にやられたら人や建物は「メチャクチャ」になり、焼け野原になっていると思う。わしらは、汚い雨に濡れただけで何も被害がなくて良かったのーと言っていました。また、他の人があの爆弾は「ピカドン」やでと得意そうにしゃべっておられたことを記憶しております。多くの人が原爆を「ピカドン」と感じたのでしょう。普段の言葉になりました。雨も止み、周辺も明るくなってきたので、農作業を中止して帰宅しましたら近所の人が集まり「ピカドン」のことで大騒ぎをしていました。

わが家の生活用水は家から約５００メートル離れた青天井の共同水汲み場からバケツで家まで運び、水瓶に保管し、何の不安も感じることなく、ドス黒い雨の混入した水を飲み、そして野菜・穀物等食べ続けたのです。その当時は黒い雨に恐ろしい放射性物質が含まれているとは誰も知らなかったのです。

私は21歳で京都に就職しました。その後、私を頼ってきた妹・弟が京都に住む

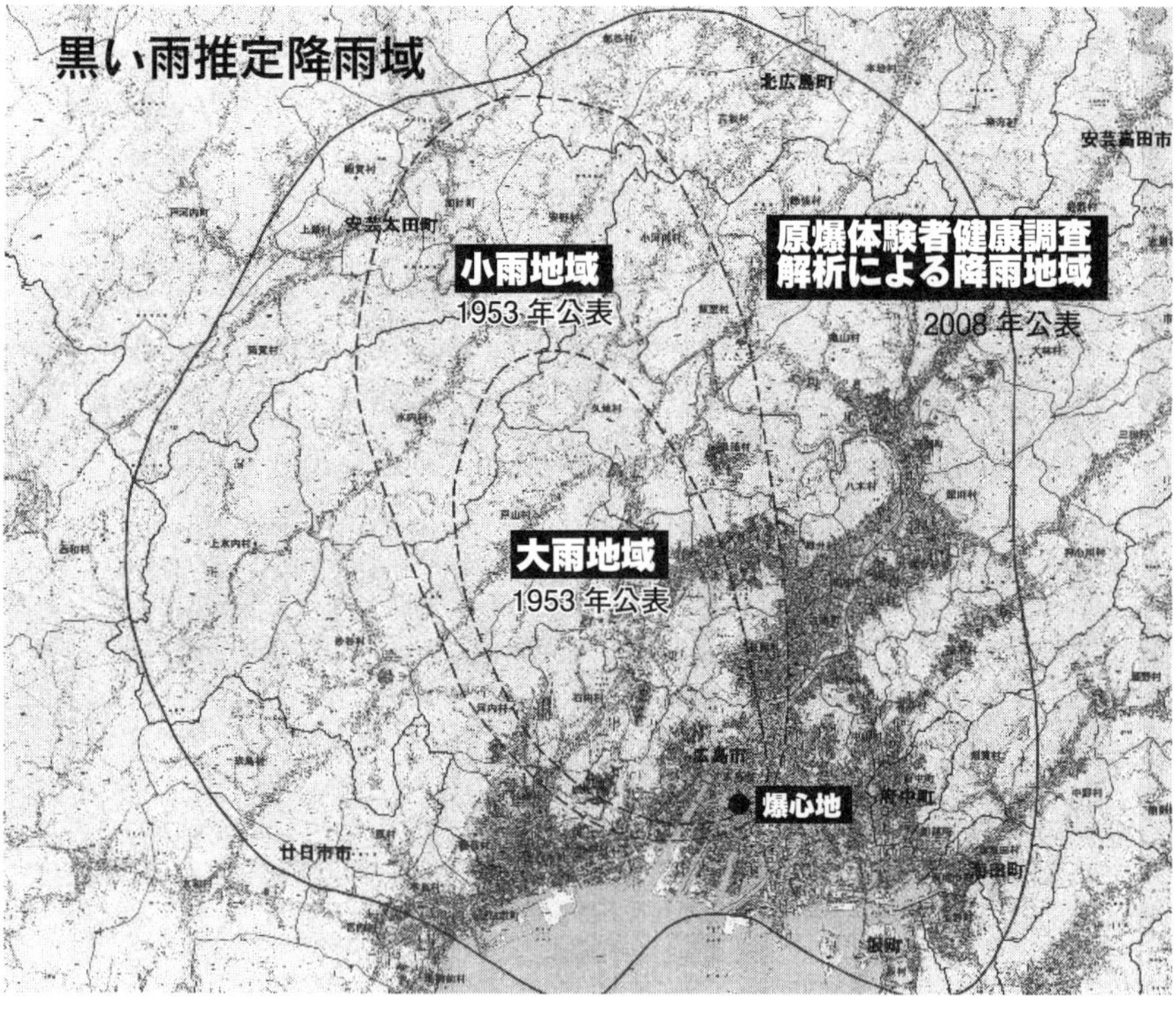

ようになって所帯を持ち、元気で活動をしておりました。ところが平成20年の春、病気知らずの弟が歯痛を訴え、歯科医で治療をしましたが段々と口の開閉が困難になったので大きな病院で受診し、その結果、全身ががん細胞に冒され、手の施しようがないとのことでした。本人の希望で大手術を三度もしましたが甲斐もなく62歳で他界しました。医師の説明によりますと、このような症状は珍しく今回で二度目だそうです。弟は被爆時、母親の胎内にいたので多分胎内被爆症状と思われます。

私は現在、幾つかの病気で通院しておりますが、黒い雨による弟のような被爆症状が出るのではないかと心配しております。また、子どもや孫に被爆障害が出ないことを祈っております。

わが国は広島、長崎の原爆、ビキニの水爆実験、福島原発など世界に例のない被爆体験国なのです。今後、積極的に全世界に核兵器の廃絶を訴え続けなければならないと思います。

29

今津　功

澄み切った７つの川が死者で覆い尽くされた日

お話＝２０１６年１月19日

澄み渡っていた広島の川

私は昭和６年（１９３１年）の12月13日に富山県の高岡市で生まれたんですよ。満州事変発生の年ですね。親父《おやじ》が最初内務省に勤めていて全国を転勤で回ってたんですが、その後民間会社に変わって、私が生まれた時は高岡電灯という、今でいう電力会社にいたんですね。今の電力会社は終戦の頃は配電会社と言ってましたが、さらにその前は電灯会社と言った時代もあったんですよ。そんなことで私の兄弟はみんな生まれた所が違うんですよ。広島生まれ、神戸生まれ、高岡生まれ、というようにね。

私が10歳の時、昭和17年（１９４２年）に家族で広島に引っ越して来たんです。高岡はすごい豪雪地帯で寒い所でしたからね、暖かいところへということだったのか、親父の勤め先が中国配電（今の中国電力）に変わったんですよ。中国配電の場所は今も変わらずにある広島市の市役所

昭和10年、４歳の頃

の近くでしたね。戦前の、原爆にやられる前の広島の街の様子、今も頭の中にはっきりと残ってるんですよ。広島に引っ越して初めて来た日、鷹野橋から自宅のある舟入川口町までタクシーに乗って行ったんですけど、車から見たあの時の街の情景、今でも鮮明に覚えてますよ。今は全然様変わりしましたけどね。

当時の広島は要塞地帯だから海では泳げなかったんですよ。禁止されてたんです。だから川でみんな泳いでました。川のあちこちに飛び込み台作って。あの頃の川はゴミは浮いてても、水はきれいで透き通って見えるんですよ。今はゴミはないけど水は汚れてますよね。それから川が綺麗だから、みんな橋の欄干から釣りしてたんです。

現在の京橋川

サヨリを釣ってましたね。あの光景は忘れられませんね。もうみんなが竿を川の上に出してね。今は川が汚れてしまって、ボラぐらいですかね、いるのは。

私たち家族が住んでたのは舟入川口町ですが、爆心地から直線距離でちょうど2キロくらいの所です。広島の街が原爆で全焼したのは爆心地からだいたい2キロ範囲と言われてますけど、ちょうど私の家が全部焼けて、ところが少し離れた、数十メートル先の家は焼けてないんですよ。

私の家族は両親と、長兄、次兄、姉、私、妹の七人家族やったんです。このうち長兄は特攻隊で、昭和19年10月12日〜16日の台湾沖航空戦に出撃して、13日にアメリカ軍に撃墜されて戦死してました。

原爆が落とされた日、親父はたまたま北陸方面に出張中だったんです。次兄はこの頃学徒動員で三菱造船所に通ってたんですけど、この日は休んで病気の母親の薬を取りに、翠《みどり》町にある県病院に行ってたんですね。爆心地からは3キロほどの距離ですからこちらも助かったんです。姉はもう結婚してて、山口県の大島郡の方へ嫁いでました。3歳下の妹は小学校高学年で田舎に疎開してたんです。私はこの時13歳ですけど、学徒動員で東洋製罐《せいかん》という会社の西天満町にあった工場に行ってたんです。人間魚雷を作る工場ですよ。ですから原爆が落ちた時、家にいたのは母親だけだったんです。この頃母は持病の胆石で苦しんでて、その時は2階で寝てたんですよ。原爆が落ちた時は箪笥《たんす》の横で寝てて、家がつぶれたけど、その箪笥が屋根を突き破るような格好になって、その破れた屋根から外へ脱出することができて、奇跡的に助かってるんですわ。ですけど母は原爆で背骨をやられて痛めてましてね、腰の骨が異常になってたんですよ。後になってですが原爆症認定被爆者にもなってました。

爆発！　死を覚悟、そして気を失って

私が学徒動員で行かされてた東洋製罐の工場はその頃、己斐《こい》の方に防空用の穴を掘ってて、最初私らはそこへ工作機械を運び込む作業やらされてたんですわ。己斐の山に大きな洞窟のようなものを作ってね、そこへ工場を移転すべく準備してて、私らは工作機械を運搬する準備してました。それが終わって8月の初め頃から西天満町の工場に戻って、人間魚雷の溶接部にやすりをかける訓練をしてたんですよ。

8月6日の朝は、工場の2階の休憩室で休んでて、8時になって始業のベルが鳴ったんで工場の建物の外に付けてあった階段を降りようとして、上から2段目位のところに足をかけた時、（原爆に）バンッ！っとやられたんですよ。あの時は、瞬間、工場が爆発したと思ったんです。

よく広島の人はピカドンって言うじゃないですか。ところがね、ピカもドンもないんですわ。もう一瞬、工場が爆発した、（自分は）あっ死んだと思った、そして気を失ったんです。ただ、工場が爆発したと思った瞬間のイメージの中に、なんか鉄粉のようなものがパァーッと降りかかってきた、そんな記憶はあるんですけどね。

いまだにどのくらいの時間、意識を失っていたのか分からんのですよ。原爆の爆風に吹き飛ばされて、工場と前の道路との間に空き地があって、その空き地の中に井戸があって、その井戸の縁に挟まれてたんです。私が気づいた時には足元からもうボッボッと火が出てたんですよ。普通建物が倒れた時には埃が立つじゃないですか。そんな埃はまったくなかったんです。だからどれくらいの時間気を失っていたのかまったく分からんのです。

とにかく気づいた時には、額から唇にかけてスゥーッと一本切り傷があった程度で他の外傷はほとんどありませんでした。ただ歯はやられてました。グラグラになってね。何にぶつかったのか分からないんですけどね。奇跡的に自分は助かったんですけど、その時同級生の一人が全身火傷で工場の方でポカーンとして突っ立ってたのを覚えてますわ。それから山中高等女学校の生徒も同じ工場に学徒動員で来てたんですけど、そこの女学生が一人だけ工場の中にポツーンと立ってたのも覚えてますわ。可哀そうに、額が完全に割れてましてね。あの同級生も、あの女学校の生徒もあのまま助かることはなかったんだと思いますね。

猛火に追われて

とにかく一旦家に帰ろうと思って西天満町にあった工場から東の方、土橋《どばし》方面へ向かったんです。ところが100メートルも行かないうちに火柱がすごいことになってて、道路なんかとても行けたもんじゃない。あの光景は火山の噴火と同じような、火の海なんですよ。しょうがないから火柱とは反対の方向、西へ、己斐《こい》の方へ逃げたんですわ。逃げる途中橋を渡るんですが、橋の下の川はもうその頃から遺体だらけでしたわ。物凄かったですよ。それから逃げる途中でも、家が燃えてバターン、バターンと倒れてくるんですよ。その辺りは朝鮮の人もたくさん住んでる所で、「アイゴー、アイゴー」って泣き声が聞こえてくるんですわ。そんな中を抜けて己斐まで必死に逃げたんですわ。

逃げたのはいいんですが、これもまた運が良かったんですけど、己斐の山に逃げて、疲れたので小屋に入って休んでる時に黒い雨が降ってきたんですよ。そんな長くは降らなかった、記憶としては30分くらいだったと思いますけど。小屋にいたので黒い雨にあたらずに済んだんです。まさに黒い雨でしたよ。逃げているうちに腹が減ってくるじゃないですか。己斐の山には無花果《いちじく》がいっぱいあったんですけど、まだ熟した時期じゃないので食べられなかったんですね。お陰で黒い雨の放射能を浴びた無花果も口にしなくて済んだんですけどね。

しばらくして己斐の山から舟入川口町の方を見ると、目の錯覚で焼けていないように見えたんですよ。それで観音から三菱の工場の方を回って江波の方から帰ろうと思って行ったんですけど、とんでもない。舟入はもう火の玉になっているわけですわ。それでまた山の方へ引き返したんです。福島川とか山手川は今は河川改修されて太田川放水路になってますが、昔はあの川は干潮の時には歩いて渡れたんですよ。

逃げてる途中に、知らないおばさんから「舟入川口町の人の避難先は五日市だよ」と教えられて、五日市に向かったんです。途中、井ノ口・宮島線の電停で警察官の人から救護所で治療して行けと言われて、治療と言っても赤チンだけ塗ってもらって、それからバスに乗って五日市の役場にたどりついたんです。もう夕方でしたわ。罹災証明書を発行してもらって、鈴峰《すずがみね》の電停近くの農家が割り当てられて、そこで3日間お世話になったんです。

生きてる人も死んでる人も電車道に並べられ

3日ほどたってからやっと自宅のある舟入川口町に帰り着いたんです。家はもう完全な丸焼けでした。あの焼け方というのは普通の火災では見られないんですよ。というのは、驚いたのは何一つ残らない、灰も残らないほどの焼け方なんです。見事なもんです。ただ台所にあったお釜だけが助かってましたが、それだけでした。

とにかくあの光景は普通の火災では見られない。普通の火災だったら消防車が来て、消火して沈火させますね。

でも原爆の時は誰も消火活動しないわけですから、ただ燃えるにまかせて。それでかなと思います。とにかくひどかったです。完全にもう何もない。わが家には日本刀も何本かあったんですけど、探してみたけどまったくなかった。それぐらいきれいに燃えてたんですよ。私の家は二軒長屋だったんですけど、隣の人は陸軍の学校の先生されてて、その奥さんが1階にいて焼け死んでました。それを近所の人たちが葬ってたんです。

広島の路面電車の江波線は戦争中にできた新しい路線だったんですね。線路の周りの道路はまだ舗装されてなかった。私が広島に引っ越してきた当時、江波から土橋まで舟入の各町をずっと抜ける道路は〝十二間道路〟といってアカシヤ並木のとても綺麗な舗装された道路だったんですよ。それが電車を走らせるためにアスファルトを削って、そのまま舗装されないままになってたんですね。その舗装されてない道路の上にね、原爆でやられた人たち、まだ生きてる人も死んでる人も、全部並べたんですよ。ずらーっとね。少なくとも舟入川口町から本町あたりまでは続いてたと思いますわ。生きてるかも死んでるかも分からない人たち。しかも原爆落ちてまだ3日しか経ってないのに、人間の水膨れのところにウジ虫がいっぱい湧いてるんですよ。ウジ虫ってすごいなあと思いましたね。

舟入川口町まで帰ってみたけど家族は誰一人いませんでした。近所の人から、姉の嫁ぎ先の山口県に疎開したらしいと聞いて、そこへ向かうことにしたんですよ。あの時は近所の人たちからお金の援助もしてもらったりして助けられましたね。

姉は山口県の周防大島町外入《とのにゅう》という所に嫁いでたんですわ。夫が周東

現在の路面電車江波線と舟入川口町電停

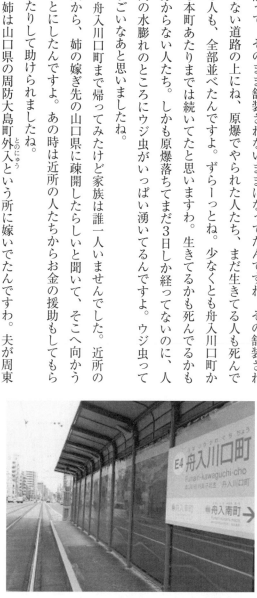

病院の診療所の医師だったんですよ。そこにたどりついてみると、実は両親も、兄貴も、妹もみんな揃ってるんですよ。私だけがもう死んだもんとばかり思われててね、行ってみると、ビックリされたんですよ。私たち家族はこの姉の嫁ぎ先でそれから半年はお世話になりました。

地元の安下庄《あげのしょう》中学に転校することになって半年間は通いました。原爆にあった直後のこの頃、私の体調はひどかったんですよ。歩行するのも困難なぐらい体が参ってましてね。学校まで結構距離もあって、通学は大変だったんです。下痢もきつかったです。この田舎にも被爆した人が結構いて、紫斑の出てる人や、髪の毛の抜ける人たちが、何人も診療所に来てましたわ。

終戦直後の広島

戦争が終わった翌年の昭和21年3月に広島に帰って来たんです。最初は近所の焼け残った家に間借りさせてもらって何ヵ月か過ごさせてもらいました。そんなところから広島での私たちの生活は始まったんです。私はまた広島の中学に転校になって、広島二中（現在の観音小学校の前身）に通いました。

ところが学校に通いながら自分で運動具店の店もやり始めたんですよ。終戦直後、福屋百貨店が建ってた辺りに闇市があって、そこでバラックの店をやってたんです。私の叔父が上海から引き揚げてきて松山市で運動具店やってたんで、そういう関係もありました。当時言われましたよ、「あんた、広島で一番若い商売人や」と。あの頃私がお世話になったスポーツ用品の卸屋さんは今では日本でもトップクラスの運動具店になってますわ。広島運動具用品株式会社って言いましたけど、今は大阪で、ヒロウンと言って大きな会社になってますね。

廃墟になった広島の街も、戦後の広島の復興過程もね、この目でずーっと見てきたんですよ。原爆の後、廃墟の中に建ち残ってたビルもはっきりと覚えてますよ。中国新聞社のビルとか、芸備銀行とか、市役所とか、中国電力とか。市内を見渡しても残ってた建物って10棟もなかったですね。福屋百貨店が進駐軍の宿舎になってた時代もあるんですよ。

占領下、広島にはどこの国の人たちが進駐してたか、意外と知られてないんじゃないですかね。英連邦軍といって、インド兵とか、スコットランド兵とか、オーストラリア、ニュージーランドとかでしたよ。服装もマチマチでね、インド兵はターバン巻いてね。オーストラリアとかニュージーランドとかは英語の発音がものすごく癖があって、アメリカ兵とは全然違いましたね。アメリカ兵もいたんですけどあんまり目立たなかったですね。

そんなこと覚えてる人、もう少なくなってるんでしょうね。

30

中西　博《ひろむ》

生きている人間に虫が湧く

お話＝２０１６年４月16日

陸軍特別幹部候補生に志願

勝つとも負けるとも、いつ終わるのかも分からない混沌とした情勢の中で、周りは戦時色一色、重苦しく、厳しい、不安な気持ちがいっぱいに渦巻いてました。学徒総出陣が始まり、学生は学徒動員に勤労奉仕に駆り出されて行きました。年老いた人々にさえ召集令状が出され、軍隊に動員されて行ったのです。私の家の前でも、京都市内から学童疎開してきた子どもたちが林松寺に起居して、川辺国民学校へ毎日通学する姿が見られました。先生と一緒とは言え、親と離れた暮らしはどんなに不安だったろうかと思います。

先が見えず、希望の持てないこの時代、どうせ軍隊に行くのならと、私には一つの考えがありました。この時折よく陸軍特別幹部候補生の募集がされていたのです。陸軍特別幹部候補生に志願して合格すれば、1年6ヵ月で下級下士官で伍長に任官でき、以後は努力次第で上級になれるのでした。てくてく歩くことや馬の取り扱いが苦手だった私は、船舶兵を希望しました。狭い山村育ちの私には広い海に憧れがあり、その海と関係のあるのが船舶兵だったからです。少しでも早く、楽をして、兵隊よりも下士官にと、自ら志願して入隊しました。天皇陛下のためとか、愛国精神とかはまったく考えませんでした。いずれは兵隊に行くのであれば、早く楽したい、そればかりの一心でした。ただただ単純な意思だったのです。

私が志願して兵隊に行ったのは昭和19年、17歳の時でした。陸軍船舶特別幹部候補生として、まず小豆島に行きます。そこに教育隊がありましたから。そこから学科試験と適性検査を受けて選抜され、広島にあった無線通信の教育隊に行ったのです。

原爆が落とされたあの時、私らは千田町の国民学校にいました。私が18歳の時です。陸軍船舶兵の、あかつき部隊の無線通信教育隊に配属されて、無線通信の教育を受けていました。正確には船舶通信補充大隊のコ部隊と言っていました。その部隊が千田町国民学校の半分を接収して使っていたんです。千田町の国民学校は爆心地から1・8キロぐらいの距離のところです。8月の6日になる夜間に空襲警報がありましたけど解除になって、そのため就寝延長になって、起床時間が遅くなったんです。8時から朝礼が始まって校庭に整列していました。無線教育隊というのは服装がマチマチで、四列縦隊に並んで週番士官から一日の教育課程の話を聞いていたのです。

閃光と熱線と爆風

ちょうどその時、B29が一機飛んできて、何気なくそれを見ていたら、ラジオがジィーッと鳴ったんです。空襲警報が出る時は最初に先にラジオの音が鳴るのです。そのジィーッが鳴ったところで、バァーッと上空が、真昼の明るさの何十倍もの明るさになって一面が光ったのです。目を開けておられなくて、立っていることもできなくて、それに爆風も来たのでしょうね、パッといつも教えられてる通りに目と耳を塞いで、バァーッとその場に伏さったんです。

1~2分は気を失っていたと思いますが、しばらくして目を開けてみたら、今まであったものが全部吹き飛んでしまってて、起き上がってみたら、もう見渡す限りパァーッと海まで見渡せたんです。物凄い粉塵もあがっていました。一体何がどうなっているのかと思いましたけれど、爆弾が一発だけ落とされて終わるとは思えないので、私らのところが直撃を食らったみたいだけど、この後も次々と落とされてくると思いますから、どっか遮蔽物《しゃへい》に入らないとあかんと思って、あちこち見渡しました。横にあった小さい防空壕はもう潰れてるし、どこにも隠れるところがないんです。ひどい者はもうその場で倒れたままになっているし、気を失ったままの者もいました。校庭には毛布などいろいろなものが干してありましたが、それらにはもう一面に火がついていました。

あの時、私らは外にいたので助かったと思いましたけど、屋内にいた者は、校舎が潰れてその下敷きになって「助けてくれー」「助けてくれー」と言ってました。完全に校舎の下敷きになった者はもうどうしようもなかったんですけど、中には足だけ下敷きになって外に逃げられない者もいるんです。みんなで助けよう思っても潰れた建物は動かせません。そのうちに火が回ってくるし、みんな大混乱で、誰かが「将校に言って軍刀持ってきて、足だけ斬っても助けたれー」って言ってました。ところが人の足を斬れるような度胸のある将校はいないんです。将校の方も「足だけ斬っても助からん者は助からん」などと言ってる始末で。私らも初めはなんとかしようと思ってましたけど、周りがどんどん燃えてくるので逃げなくてはならないようになってきて。

熱線を浴びた時、私も体の左側半分が大火傷してました。背中の左半分、顔の左側から左耳にかけて、左の肩から腕、指先まで。足は夏用のズボン下を履いていたので上の方は助かったのですが、膝から下の方は指先までひどい火傷でした。腕なんか肉が垂れ下がるようになっていて。このままじゃあかん、どこかで治療できんかと必死に思っていました。

燃え盛る炎を突き抜けて

とりあえず動ける者は固まって部隊本部のある比治山に行こういうことになったのです。道中はもう道路が燃えるようになってました。その時、私はこれが運命の分かれ目やなあと思ったのは、火が道路を這うように迫ってきたのです。このまま行って果たして助かるもんかなあと思って躊躇《ちゅうちょ》しましたけど、それを無理して煙に巻かれないようにして、思い切って突っ込んで行ったのです。突き抜けてみたら向こう側はなんともなかった。後から来た者はそれができなくて、引き返した者は結局逃げられなかったのです。火に巻かれてね。

千田町小学校から比治山まで行くのに3キロはありますかね。私は裸足でした。途中は「兵隊さん、助けてくれー、助けてくれー」という人でいっぱいでした。

ようやく比治山にたどりついて、比治山には物資を入れておく防空壕があって、とりあえずそこに入りました。そこで、私らの教育隊の人数の掌握がありましたけど、170人ほどいた部隊の半数ぐらいしか集まっていませんでした。あとの半数はどこに行ったのか、どうなったのか一切分からなくなってしまってね。

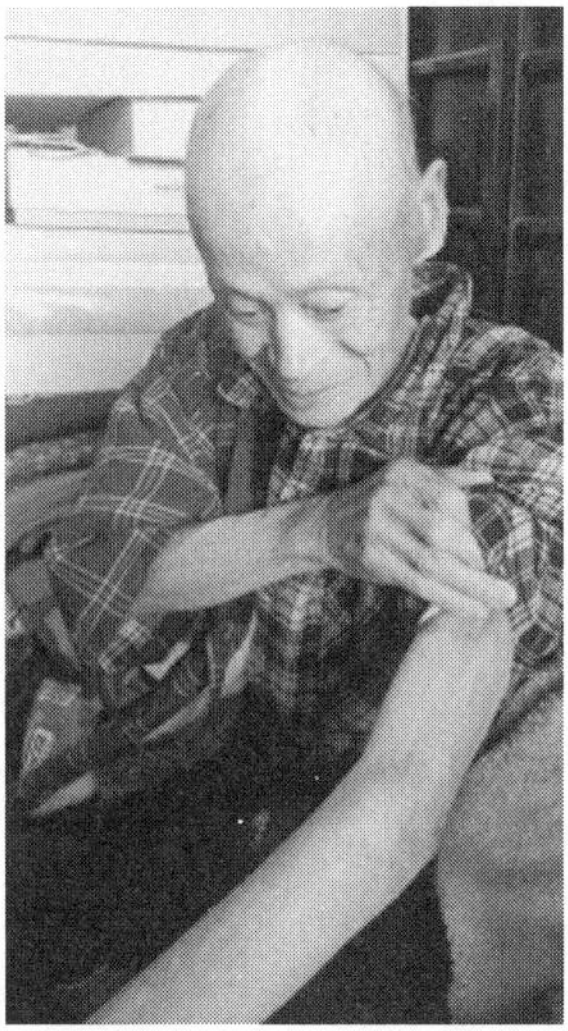
今も左半身全身に火傷跡が残る

比治山にいる時、そこは物資の貯蔵庫だったのですけど、急に空が真っ暗になりました。大粒の夕立みたいなのがパーッと飛んで来ましてね。後から思うと、あれが黒い雨やったんです。

生きてる人間に虫がわく

そこからまた歩ける者は歩けということになって、仁保《にほ》というところにある小学校か中学校かに作られた臨時野戦病院に行かされることになりました。真昼から、乾パン二つもらって、暑い日中の中を歩いていったのです。何であんな物くれたのか分かりませんが、その時に雑のう1個と無線通信を発信するのに使う電鍵《デンキン》という機械を持たされたのです。通信兵には銃もなにも武器はなくて、電鍵が命ですから、それを持たされたのかしれません。ところが歩くたびにその電鍵が体に当たって邪魔になるし、痛くてしようがない。こんな物持ってたら体が参ってしまう、命の方が大事やと思って、軍法会議にかけられるかもしれないとは思いましたが、思い切って捨ててしまいました。戦争が続いてたらえらいことになってたかもしれませんけど、あれは私、一生忘れられないことです。

とにかく暑いし、ほとんど着るものは何も着てないのと同じような状態で、靴もなくて裸足のままで歩き通して、やっと臨時野戦病院に着きました。その晩、また空襲警報があって、みんな屋外退避になって、芋畑にペタンとうつ伏せになってました。喉が渇くのでね、芋の葉ねぶって（舐めて）いました。警報が解除になってももう動けないので、班長に背負ってもらって野戦病院へ連れて帰ってもらったようなことでした。後になって新聞を見たら、「船舶無線通信隊被害甚大」って載ってました。

病院と言っても、一人に畳一枚ほどの広さ、みんな床や廊下に寝かされて、何の治療もしてもらえなくて、食事もろくにないし、水は飲みたいけど飲ませてもらえないしでした。背中いっぱいに火傷をしてるから仰向けに寝られないので、ずーっとうつ伏せになったままでした。上半身の左側の手の先まで火傷してましたけど、腕時計していた所だけが火傷のないまま綺麗に残っていました。足をやられていましたから勝手に階段降りて水を飲みに行くこともできなかったのです。何も治療しないのに、絶対水はやったらあかんと言われてました。看護に来る人らも水はくれない。辛抱しなければしようがなかったんです。辛抱できなくて水を飲んだら死んでしまう。飲んでしまってあくる日、ウーンウーンと唸りながら死んでいった人はたくさんいました。

後になって、初めて水を飲むことができるようになった時、水ちゅうもんはなんとうまいものかとつくづく思いましたね。あれも一生忘れられないことです。ちょうど1週間は飲まず食わず、一滴も水も飲まないままでした。もう自分の身を削って生きていたようなもので、そりゃ、痩せて痩せて、これ以上は痩せられないところまで。体力が落ちてしまいました。それに火傷はちっともよくならない。

生きた人間にウジ虫がわくというのはほんまです。火傷のところに油塗りますから表面は乾くんです。その下にウジ虫がわくんです。そのウジ虫が動くと痛くて痛くて。それから風呂に入られないからシラミも湧くんです。生きた人間に虫がわくんだということをつくづく思い知らされました。

帰郷療養

8月の末に、宇品の陸軍病院に転送されました。そこから今度は帰郷療養せえということになって。帰郷療養とは家に帰って療養しろということです。私もここにいたらちっともよくならない、家に帰りたい帰りたいと思ってましたから、帰郷療養を申し出ていました。9月の初旬に故郷に帰ることになったのです。宇品を出る時、「お前は死んでも帰り着く。絶対に途中で倒れたりはせん。もう帰りたい一心やからな。帰りついてから倒れるかもしれんけどな」と言われました。「帰りたい者は帰れ！」なんです。私よりもっとひどい火傷の人でも、治療の方法がないものですから、帰りたい者は帰すんですよ。厄介払いみたいなもんです。病院は帰してしまえば後の責任はないですからね。

私は一時でも早く帰りたい一心で故郷に向かいました。宇品の陸軍病院を出てから国鉄の広島駅までどうして行き着いたか今でも思い出せないのです。距離にして約4キロはあったと思いますが不思議でなりません。どこかの車に同乗させてもらったのかもしれません。

広島駅から無蓋貨車に乗って吹田の操車場まで帰りました。それから京都駅まで行って、京都から山陰線で園部まで帰りました。園部の駅から迎えに来てくれと連絡して、自転車に乗せられてわが家にたどりついたんです。全身カーキ色の包帯姿でした。私のことはみんなもう死んだと思ってましたから、わが家に着いた時、お祖母《ばあ》ちゃんが泣いて泣いて、大声あげて泣きました。広島から帰る前の頃から毛が抜けてきて、丸坊主になってしまいました。

それ以来頭の毛はあまり生えなくなってしまって。発熱も、下痢もありました。

高屋に診療所がありましてね。台湾から来たお医者さんがいたんです。川辺村診療所と言いまして、川辺村立の診療所でした。その医者が家まで診に来てくれて火傷の治療をしてくれましてね。家に帰ったらやっぱり回復も早くて、比較的火傷も早く治っていったんです。台湾のお医者さんやったから、戦争が終わって、そのうちに台湾に帰らはったんやと思います。あの診療所も今はなくなってますし、あの頃の診療記録は何も残ってないでしょうな。

健康を取り戻した戦後の暮らし

広島での被災証明書とか、教育隊に所属していた証明書とか、復員証明書とか、いろいろ残してあったんやけど、結婚する時、障害になると思って、全部大川（大堰川）に流してしもうたんです。手帳もね、自分は健康やし、こんなもんいらんゆうとったんです。もう生涯もらわんつもりやったんです。ところが助役になった人が同級生で、その人がこんな制度があるさかい「手帳取れ、手帳取れ」言うてくれたんです。自分では何もせんかったけど、その同級生がいろいろとやってくれて手帳を取ることになったんです。証人が二人いりますけど、それは兵隊の時の戦友会があったんで、戦友会が証人になってくれたんです。千田町にあった通信兵の会ということで『千通会』と言うてましたけど。その戦友会も3年前に解散したんです。比治山の陸軍墓地に供養碑を建ててね。

戦後は農業やって米作りながら、設備会社にも勤めてずっとやってきました。私は原爆に遭うて、あれだけの火傷しましたけ

通信兵の碑。比治山の旧陸軍墓地内

ど、戦後は病気らしい病気したことがなかったんです。4～5年前に両目の白内障の手術をしたことぐらいで。風邪引いても寝込んだことがない。自分ではずっと健康やと思ってきましたけど、思いこみが過ぎていたんかもしれませんな。

三つのがんと手術

京都市内で昔から被爆者の診察や治療を熱心にされていたお医者さんに、もう20年も前になりますか、たまたま知り合うことがあって、「うちで被爆者診とるよ」言われて、それが縁でその先生のところに行くようになったんです。特別どこか悪いところがあったわけではないんやけど、首の牽引やら24時間心電図なんかもしてもらったことがありました。その先生も5～6年前に亡くなられて、後を息子さんのお医者さんが継がれて、私もその先生に引き続いて診てもろうてたんです。私の住んどる所の一番近い病院は公立南丹病院なんやけど、そこでもいっぺん診てもらおう思うて行ったこともあります。CTやら血液検査なんかもしてもらって、異常ないいうことで、その時はそれっきりになってました。

ところが7～8年前、それまで55キロあった体重が急に50キロまで減ったんです。これはおかしい思うて、京都市内の先生のところに行ったんですけど、「いやーそんなん大丈夫や、反対に体重減った方が足腰に負担かからんでええんやないか」言われて、その時もそれっきりになったんです。その時の検便検査で血便の鮮血がプラスやったんですけど、「そういうこともある」言われて、もう一度やったら今度はマイナスになっとったりしたんです。

去年のことですけど、体重が47キロまで減ってきて、こりゃあやっぱりおかしい、どこか異常があるんやないか思いましたけど、それでも先生からは「涼しゅうなったらようなるから」と言われてました。ところが秋になっても体重が戻らんなあと思うてましたら、今年の2月4日に突然血便が出たんです。こりゃ大変や思うて京都市内の病院に行ったんです。先生もびっくりして、「こりゃアカン」ということで、南丹病院への紹介状書いてもろうて、翌日の2月5日に行ったんです。その日は6時間の点滴でした。あくる日に大腸の検査してもろうたら直腸がんや言われて。それも2ヵ所ある。1ヵ所の方は放っといてもええけど、もう1ヵ所の方は放っといたら便が詰まってしまう、切って手術せなあかんいうことになったんです。家族や身内のもんに集まってもろうて承諾してもろうたんです。

そうこうしていると今度は血尿が出たんです。今度は泌尿器科で診てもろうたら膀胱がんや言われて、こら取らなあかんと。そやけど年齢的に取るのが難しいので、かき落としみたいな措置をする言われて、即入院になったんです。2月21日の措置で取ってもろうて、1週間入院しました。全治はしない、再発の可能性は50％と言われました。

膀胱がんの方は割と簡単なことやったらしくて、それが回復してから直腸がんの手術することになったんです。手術の前に、他に転移してへんかとMRIやらCTやら全身の検査をいろいろしてもろうたんですけど、そしたら胃もおかしいということになって、胃カメラも飲んだんです。そしたら胃にも転移してて、胃も取らなあかんいうことになって。ほんまは胃も直腸も同時に手術するいうのは難しいんやけど、私の歳考えたら2回に分けてやるより1回で済ませた方が体の負担にならんから、ということで同時手術しようということになったんです。手術は3月16日でしたけど10時間かかりました。体に穴開けてやる腹腔鏡手術でした。

今思うと、それまで医者にいろいろ診てもろうとったんやから分からんかったんかな思います。もう少し対処の仕方があったんと違うかと思うて。そしたら胃がんだけで済んでたんかもしれん。膀胱がんとか直腸がんとか、こんなにいっぺんにたくさんのがんになることはなかったんと違うか思うて。

今は順調に回復して、後は食事療法だけになったから、家で療養せえいうことで退院したんです。1年間は食事に絶対注意するよう言われてます。今の家ではなかなか療養いうても難しいので、近くにある倉庫を活用して修理して、そこで療養できるよう準備してるところなんです。

31

松浦　悦枝

紙一重の差で生かされてきたことに感謝しながら

お話＝２０１６年５月１７日

島で育った子どもの頃

私が生まれたのは九州の、今は北九州市になりますけど戸畑という所でした。昭和2年（1927年）の9月30日が誕生日です。ところが私が生まれて100日ほどで父親が亡くなりましてね。それで母親と私とは一緒に籍を母親の里にとりまして、ずっーと大きくなったんです。

私が小学校1年生の時に、私の祖母が母を神戸市に住んでいる人と再縁させたんですね。母は神戸に行って、それを機会に私は祖母と伯母との二人に育てられるようになったんです。育ったのは瀬戸内海に浮かぶ、尾道からほど近い生口島《いくちじま》という小さな島です。祖父は41~42歳の時にもう亡くなっていました。船持ちの船頭をしていて、たくさんの人も雇っていたらしいんですけど。伯母さんの主人も亡くなっていて、母子家庭ならぬ、祖母・伯母・子の家庭になったんです。親はいませんでしたけど、そんなことはあまり苦にならず、のんびりと大きくなっていったように思います。

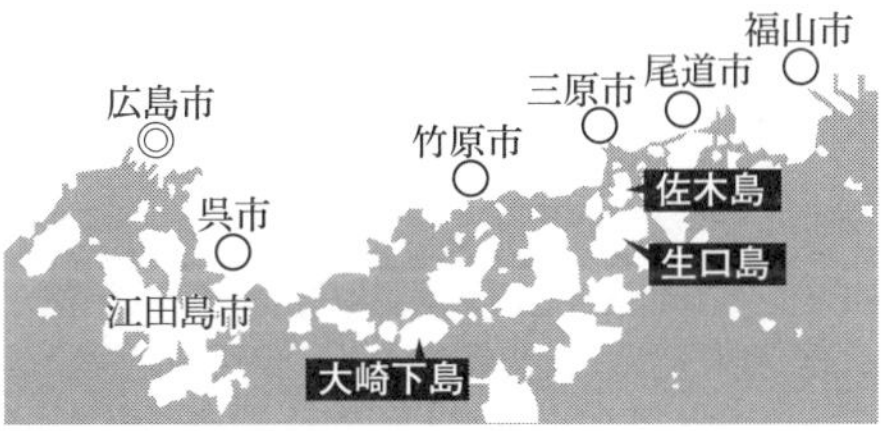

小学校6年生の時は健康優良児だったんですよ。大きな賞状とメダルをもらったの覚えています。もう戦争中でしたからね、子どもを健康に育てるのも目標になっていて、表彰もされたんだと思います。私を育ててくれた伯母の息子（私の従兄）が小学校5年生の時に亡くなっていましてね。そんなこともあったから何事も早目早目に医者にかからせるような家でした。私は一人っ子でもありましたから、大切に大切に育てられたように思います。祖母と伯母の家庭で育ちましたので、食べものにしても何にしてもうるさかったです。

神戸の女学校、そして生口島で先生に

小学校を卒業の頃、女学校に進学しようかということになって、祖母が地元の学校の先生に相談したんです。すると先生から「女学校に行く学資はあるのか?」と言われまして祖母は大変憤慨しました。「それじゃ、どうせ女学校に行っても寄宿舎に入って苦労するのなら、再縁して神戸にいる母親の下から女学校に行くのがいいだろう」ということになりまして、それで急きょ母親のいる神戸に行くことになったのです。小学校6年生の3学期になっての急な転校でした。神戸の公立の女学校（当時5年制でした）の入学試験に何とか通りまして、神戸で女学校時代を送ることになったのです。

神戸で女学生時代を過ごし、女学校の卒業式まであと1週間という時に、3月17日でしたけど、神戸が大空襲を受けました。私の住む家も全部焼けてしまいました。卒業証書も印刷所ごと全部焼けていまして、卒業式もできるかどうか分からない。その時の校長先生の指示で「とにかく帰るところのある人は帰りなさい」ということになったんです。それでまた祖母と伯母のいる生口島に帰ることになりました。卒業証書は後から6月か7月頃になって届けられました。母の方は義父を神戸に残して、義父の本籍のある佐木島《さぎじま》に帰りました。生口島のすぐ隣の島です。生口島に帰ってすぐのことなんですが、たまたま地元の小学校の校長先生とお会いする機会がありまして、「女学

校を卒業しとってんだったら、学校の先生になってもらえんやろうか?」と声をかけていただいたんです。私はまだ卒業証書も手にしていない時だったのですが、学校は先生も召集なんかでとられていて、先生が足りなくてなんとか新しい先生を確保しなければならないところだったんですね。

あの頃は広島県豊田郡の教育事務所が忠海《ただのうみ》にありまして、そこへ連れてってもらって採用試験や面接を受けました。「あんたとこ、土地はなんぼほどある?」などという質問もされましたけど、私、小学校6年生までしかいなかったから知らないんですね。そしたら面接されてたお偉いさんが、「じゃあ5反百姓じゃろう、5反ぐらいじゃと覚えときんさい」と言われて。そんなような面接や試験で、なんとか採用になりました。そして地元の小学校教員になってしまったわけなんです。

小学校の先生になったばかりの当時の思い出の一つですが、あの頃尋常高等小学校の2年生は造船所へ動員で行かされていました。1年生は塩田作りに使われていたんですよ。塩がたくさん要るからといってね。生口島には浜が10いくつもあるのに、それなのに流化式の塩田を作れというのが命令でしてね。1年生たちは毎日毎日塩田を作らされていたんです。そんな時代でした。

86枚の紙と2合のアルコールのために広島へ

私が小学校の先生になったその年に入学してきた子たち、86人ほどでしたけど、その子たちの学籍簿を作る用紙が物不足でないんです。その用紙を誰かが広島まで受け取りに行かなければならないことになったんです。それと、理科の実験用のアルコールも、たったの2合ですけど配給になるのでそれも受け取りに行かなければならない。先輩の先生方は誰も行かれない、行けないので、それで私が一番新米の先生だったんですけど、「私でもよかったら行ってきましょうか?」と言って、私が広島に向かうことになったのです。たった86枚の紙と2合のアルコールのために。

私の従妹が広島の保健婦や助産婦を養成する専門学校に行ってましたので、泊る所があるからというのも私が広島に行こうとした理由の一つです。それに私は尾道から西へはまだ行ったことがない、当然広島にも行ったことがなくて、県庁の所在地すら知りませんでした。一度広島の街を自分の目で確かめておきたいという気持ちもありました。広島に向かったのは8月5日です。生口島から三原までは郵便船がありましてそれに乗って、三原から広島行きの列車に乗りました。ところが乗ったのが呉線周りの列車でして随分時間がかかってしまいました。途中の呉では列車の鎧戸《よろいど》を全部降ろして、暑い最中でも真っ暗にして走っていましたね。やっと広島駅についたのはその日の夕方でした。その夜は従妹のところに泊めてもらって一泊しました。

広島教育会館で迎えた8月6日

次の日の朝、8月6日ですけど、まだ警戒警報が出たままでしたけど、私は広島の街の様子をよく知らないので余裕をもって行こう思い、早めに出かけました。用紙とアルコールを受け取るのは広島教育会館という建物で、雑魚場町《ざこばちょう》という所にありました。教育会館への行き方を教えてもらい、ぎゅうぎゅう詰めの市内電車に乗って行き、雑魚場町の最寄りの電停で降りました。降りてみてびっくりしたのですけど、周りの建物が全部建物疎開されていてなくなっているんですよ。街がない。雑魚場町という町がなくなっていたんです。一帯がずーっと建物疎開されていて、教育会館だけがポツンと残されて建っていたんですね。後年になって聞いた話ですけど、その教育会館さえ壊すかどうかという頃だったんだそうです。もう一日か二日違っていたら倒されていたかもしれないということだったそうです。

かなり朝早い時間に教育会館に着きました。教育会館には宿直のような職員の方が一人だけおられて、用務を告げると、その方が「分かりました。警戒警報の中を来られたのですね。ご苦労様です。警報は解除されましたよ」

と教えていただき、部屋に案内されました。「暑いから窓を開けましょう」と言って窓を開けて下さり、「少々待っていて下さい」と言い残して部屋を出ていかれました。それで私が汗を拭き終えて一息入れた時のことです。窓の外を強烈な白い光がバァーっと光って、サァーっと通り過ぎました。「何だろう?」と思って窓に近づいた瞬間、私は爆風で吹き飛ばされ、壁の下敷きになって、動けなくなってしまったんです。

私は最初、あの光を見た瞬間には、空襲警報が解除になって、広島は軍都ですからね、「実戦的な防空演習始めたんかな」って思ったんですよ。さすが広島だと。

ところがそれから私には重い物がのしかかり、真っ暗で、苦しくて、身動きがまったくできない状態になってしまったんです。息ができなくなってきて、苦しくて我慢ができない程になって、誰にも知られずにこのまま死ぬのかと思ったりし始めていました。私も戦時教育を受けていましたから、やはり変な死に方はしたくないなあ、無様《ぶざま》な最期は嫌だなあ、なんてことも頭をよぎっていました。

そのうちに「うーん、うーん、苦しい」という呻《うめ》き声が聞こえてきたんです。その声を聞いて、私は一人ではないと勇気づけられました。教育会館の職員の方も壁の下敷きになられたようで、その人の声でした。でも、どうにもなりませんから「しょうがないですね、どうにもなりませんね」と口に出したんです。たまたまその声を、教育会館の建物に一歩入った辺りにいた兵隊さんが耳にされましてね、「この建物の中には人が何人いますか?」と叫ばれたんです。そして、その兵隊さんが、「助けてあげますから、頑張ってください!」と言われて、ご自分も怪我してる身でありながら私たちを助けに来て下さったんです。

私のその日の服装は、モンペをしっかりと着ていて、足には白足袋を履いていたんです。初出張だからというので母親が着物をモンペに仕立て替えてくれた旅装でした。倒れた壁の下から私の足首から下だけが出ていまして、足先を動かしますと、「この白いのが足ですね?」と聞かれました。私は「あっちの人(教育会館の職員の方)の方を先に助けてあげて下さい」と言ったんですが、兵隊さんは「僕は中支で戦線を経験しているから、こういう時は近くから近くから助けていくんだ！」と言われて、私の方から助けようとするんです。

私は仰向けに倒れていましたので助け出されるのが大変でした。でも兵隊さんの力で倒れた壁を引き上げて下さって、わずかにできた壁の隙間から這い出ることができました。私が這い出すとすぐに兵隊さんは、「この建物は倒壊する恐れがあるからとにかく一歩でも半歩でも早く遠のけ！」とおっしゃる。でももう一人の方のことを気にしていますと、「いや、もう一人の人も絶対に助けるから」と言われて、それで私は一人で薄暗い中、外からのわずかな光をたよりに外へ出て行きました。

原爆に遭ってから20年くらい後になりますけど、あの日もう一人教育会館におられた職員の方も無事生きておられることが分かったんです。後に広島県の奥の郡部の方の教育長をされていました。私がある小学校に勤めていた頃同僚だった先生が郷里にお帰りになられて、私の体験をお話されて、それで分かったんです。ただ、私が今でも一番気になりますのは、私を助けていただいた一番の恩人の兵隊さんの消息が分からないことなんです。とにかく感謝はしていますけど。

旧広島文理大学の建物（被爆建物）。広島教育会館はこの近くにあった。

惨状の街を彷徨《さまよ》う

教育会館の建物を出て敷地の入り口まで来ましたら、一人の兵隊さんが高い塀に跨《またが》ったままじっとしていらっしゃる。その傍には直立不動の兵隊さんが、こちら側には塀から飛び降りてしゃがんだままの兵隊さんと、三人がいつまで経っても動かないんです。とても怖かったです。周辺の建物疎開した建物の柱だけが集められて教育会館の塀の内側に立てかけてあったんですけど、その下にもうつ伏せになったままの兵隊さんが三〜四人いて、それを見て、この兵隊さんたちはみんな死んでらっしゃるんだなと思いました。

後から気づいたんですけど、左足は痛くはないのに足袋が真っ赤になっていたので小鉤《こはぜ》をはずすとかかとが切れて裂傷していました。右足は踵《きびす》から脹脛《ふくらはぎ》にかけて三つほどの傷がついていました。それが痛くて痛くて、つま先でしか歩けないんですよ。私は足袋を履いてましたから足袋裸足でなんとか歩きましたけど、あの暑い最中ですから、足袋履いてなかったら歩けなかったと思いますね。

周りは、防空壕の中にいる人やら、防空壕の外のあたりで倒れている人やらありまして、みんな兵隊さんだったように見えました。一体何があったのか分からないんですよ。おかしいなあと思いながら、門の所まで来ましたら、右側に真っ黒い煙が天まで届いているんですよ。それが風でファー、ファーと動いていて、おかしいなあ、なんでやろなあと思いました。私はしばらくの間、これは広島の都市ガスのタンクが爆発したんだろうと思っていたんですよ。

教育会館から外に出て、でも、広島駅に帰ろうとしてもどう行けばいいのか分からない、従妹の住まいに行こうと思ってもわけが分からない。しばらくその場にボーっと立っていたんです。立っていて、ハッと気づいたんですけど、建物疎開された範囲で家がなくなっているだけでなく、もっとはるか遠くまで建物がなくなっていたんです。それで初めて、これは大変なことがあったんだと思いました。

神戸の大空襲は夜でしたし、広島のこの日の朝は警戒警報が解除になったばかりでしたから、そういう頭がありましたから、爆弾でこんなことになったという感覚はありませんでした。だけど自分は爆風で飛ばされた。教育会館の建物は残っているし、入口の門の塀はあるのに、外の景色が全然違う。茫然としましたね。私は今一体どこにいるんだろうか?という感じなんですね。

そうして見ていると、たくさんの人たちが集団でよろりよろり、よろりよろりと、とても変な格好で歩いているんです。両手を前に伸ばし、海草のようなボロ布をそこかしこに付けて。それでも最初から中学生だとは思いませんでした。捕虜ではないかと思ったんです。私は神戸の女学校の頃、学徒動員で三菱造船に行ってたんですけど、そこでは捕虜も動員されてたんですね。その捕虜たちが電車を降りて工場までふらーりふらーりと歩いていくのを見ていましたから、それを連想したんですね。

その人たちはみんなふわーふわーとしていて、靴なんか履いていませんでした。帽子は被っているように見えましたけど、つばのない中国帽子のように見えました。後で気付いたのですけど、帽子が焼けて帽子のあったところの頭髪だけが残っていたのでした。夏だからみんな半袖ですが、下に着ているランニングはところどころ残っているだけ、ズボンもパンツもところどころ残っているだけのすさまじい格好でした。それでも中学生だからなのかみんな集団で歩いていて、50人くらいだったと思います。後で知りましたけど、あの人たちは建物疎開の作業に動員されていて原爆に遭った中学生たちだったんですね。

中学生たちが歩いて行った後には誰もいなくなって、しばらくしても道歩いている人がいなくなったんです。私はどっちに行ったらいいんだろうかと迷ってしまいましたが、とにかく大通りまで出まして、中学生たちが歩いて行った方がきっと安全なんだろうと思いまして、同じ方向に向かいました。歩いて行きましたら、きっと（広島）文理大学のグラウンドだろうと思いましたけど、松の木がたくさんありまして、そこへ20人くらいの人たちが集まっていました。人がいるのだからここら辺りは大丈夫なんだろうと思って、松の木にしばらくもたれかかっていたら、疲れていたんでしょうね、そのまま寝てしまいました。

しばらくしたら将校の方から「娘さん、娘さん」って起こされましてね。「みんなは御幸橋まで行かれましたから、あなたも御幸橋まで行きなさい」って言われたんです。それで御幸橋まで行くことにしました。

その頃になるともう本当に歩けないんです。たまたま良かったのは、当時大学のグラウンドは全部芋畑になっていまして、その畝《うね》に片足を乗せて、つま先立ちでなんとか歩いてグラウンドをやっと横切ることができたのです。

そうこうしながら、やっと御幸橋までたどり着くことができました。御幸橋では、怪我した人や、チンク油塗られたりして顔にお面を被っているような格好になった人でいっぱいでした。御幸橋ではトラックの後左側に一人だけ乗れる場所がありまして、それに乗せられて宇品まで運ばれ、宇品にあった病院に連れていかれたのです。宇品に着くまでの周りの家々、建物は、瓦が飛んだり、建具が吹き飛ばされたり、大変な状態でしたね。専売公社あたりまで来るとやっと建物も普通になっていたように思います。

宇品の病院にはたくさんの人が来ていました。私が一番最後ぐらいになって順番を待ちました。どれくらい待たされたのかよく分かりませんが、治療といっても赤チンをつけていただいただけでした。治療が終わった頃、50歳代くらいのおじさんが若い息子を連れていて、「あんたどこへ帰るんか?」と聞かれました。「従妹が大手町にいるはずなので、そこへ行ってみたいと思っています」と言ったら、「家に一台しかないリヤカーだけど、これに乗せてやろう」と言って下さって乗せてもらいました。

現在の広島赤十字・原爆病院メモリアルパーク

宇品では警防団の人たちが非常用の食事だといって乾パンを配られていました。私は広島市民ではないからと言って遠慮していると、「今は誰にでも配っているのだから。市内に入るなら配給もしてなかろう、分けてあげてほしい」と言って10袋もいただいてしまいました。

リヤカーで運んでもらう途中、大きな馬が倒れているのを見たりしました。リヤカーからは日赤の建物の見えるあたりで降ろされ、「この道を行きなさい」と教えられました。日赤では傷痍軍人やそれを助ける看護婦さんたちが外に出ていかれるところでした。メガホンで、「この建物は壁が白いから狙われやすいです。空襲があったら爆撃されるから一歩でも二歩でも遠のいて下さい」と叫ばれていました。いくら野宿でも、兵隊さんや看護婦さんたちと一緒なら大丈夫だろうと思いまして、その夜は日赤近くの屋外の瓦礫の中で過ごしました。野宿とはいってもほとんど寝ることはできませんでした。

大手町から八幡村へ

翌日8月7日の朝は4時頃には目が覚めてしまい、大手町の方向へ向かってボソボソと歩き始めました。その辺りでもまた警防団の人たち四〜五人と出会っています。大手町に行く途中、道端にお婆さんが一人しゃがみこんでいて、そのお婆さんから「水汲んできてくれ」とせがまれたんです。水を汲める場所は30メートルほど離れていて、鉄管から水が溢れ出していました。その水を真っ黒になった缶詰の空き缶に汲んで来てあげました。

大手町に着くと、人がたくさん集まっていて、その中から「悦ねぇ〜ちゃーん、悦ねぇ〜ちゃーん」って、私の名

現在の元安川。右岸一帯が大手町

前を呼ぶ声がするんですよ。それは従妹の声でした。「いやー、二人とも生きとったねー」って、再会できたことを喜びあいました。従妹は、原爆が落ちた時建物の中にいましたので、火傷もしていませんでしたし、着物が燃えたりもしていませんでした。ただ、2階から落ちていたので、怪我はしていました。従妹たちは、川の向こうから火が出たので泳いで川をこちら側に渡って、それで一晩明かした人たちでした。

みんなお腹も空いて、体力も落ちているから何か食べものはないかと探されていましたので、「乾パンならあるよ」と言って私がいただいていた10袋全部を従妹に渡し、それがみんなに分けられていきました。

従妹と出会うことができてほっとして喜び合っていましたら、5〜6歳くらいの男の子が川を流されてくるのです。「可哀想、あんなに幼い子まで被害にあって」と話しますと、従妹は「ああして流れてくるのよ昨日から。大勢の人が川いっぱいに流れてきたよ。私たちも川を泳いでくる時は亡くなっている人をかき分けて泳いだの」と淡々と話すのです。今でも忘れられないことです。

私たちの女学校時代、英語の授業は2年生の2学期まではありましたけど3学期からはなくなったんです。敵国語ということで。3年生になると漢文の授業も敵国後だというのでなくなったんです。そのなくなった時間を使って救急看護法が教えられました。傷の手当はどうするとか、三角巾はどうやって巻くとか、包帯はどうとか。その時に傷のある人には絶対に水を飲ませてはいけない、鬼になったような気持ちで水を飲ませてはいけない、ということが教育されました。そのことがこの時には、自分に役立つことになったと思っています。

そうしているうちに今度は広島県の双三郡《ふたみぐん》という所から救急班の人たちが大きな旗を立ててトラックで駆けつけてきて、救護活動を始めたんですね。みんな手当をしてもらって、私も赤チンつけてもらって。従妹は「すみません、強心剤打って下さい」と言って、注射してもらいました。従妹はそれでもまだしんどい、しんどいと言っていましたね。

その後には今度は似島《にのしま》に行く救護のための大きな船が川を遡って来ました。「これに乗んなさい。連れて行ってあげますから」と言ってね。どこに行くのかもよく分からなかったんですけど、とにかくみんな並んで船に乗る順番を待ったんです。従妹のところの順番までは乗船許可となったのですが、次の私のところでこれ以上はダメということになったんです。それじゃあということで従妹も一緒に船には乗らずに残ることにしました。乗っていたら、似島の隔離病院に行って大変だったのではないかと思います。

夕方になりますと今度はトラックが来て、楽々園（広島市から西方向郊外に設置されていた遊園地）の方に連れて行って下さることになったんですが、楽々園までは行ったんですが、そこの収容所がもう満員でこれ以上収容できないということで、他に回されることになりました。夜になってもう真っ暗でした。どこに行くのか分かりませんでしたけど、ライトを照らしたり消したりしながら進みました。着いたのが佐伯郡の八幡村というところで、そこの国民学校に収容されることになったんです。

八幡村は広島からは相当に距離のあるところでしたけど、それでも爆風で窓ガラスなんかが割れていたり、小学校の1年生が10人ぐらい怪我をしたと言われていました。今でいう体育館と音楽教室を兼ねたような場所にゴザを敷いて下さって、その晩からここで寝ることになりました。

翌日8月8日になって、びっくりしたのは、「お食事は、おもゆとおかゆとご飯ができますが、何になさいますか？」と聞かれて、思いもかけないもてなしを受けたことです。従妹はこの頃はまだ元気でしたから「ご飯が食べたい」と言い、私は2日間何も食べてこなかったのでおもゆをいただきました。お昼を過ぎてからは浴衣まで用意していただきました。村中から集められて持って来られたもののようでした。

従妹の死

8月9日になりますと、病人・怪我人が状態に応じて色々と分けられることになりました。私と従妹もこの日別々の棟になったんです。そしてその晩、従妹は亡くなっているんです。16歳でした。最後の看とりができなかったことを今でもとても残念に思っています。八幡小学校にいる間に、私や従妹の持っていたお金で従妹の火葬もしてもらいました。その頃、私の母と叔父（従妹の父親）は私と従妹を探して広島市内中を歩きまわっていたんです。やっとのことで八幡国民学校の収容先にいることが分かり出会うことができたんです。従妹のお骨が木箱に入り名前など記入されて英霊並みの扱いにされていたので、叔父は娘の死を悲しむと同時に、最後の扱いをとても喜んでくれました。叔父も叔母も亡くなるまで「あんたがいてくれて澄子は幸せだったろう」と私を労わってくれました。

八幡小学校に収容された頃、あまりにも右足が痛いので自分でなんとかしたいと思いました。そこでピンセットを借りて、ピンセット一本で、麻酔もかけずに、自分で切開手術のようなことをしてガラスの破片を取り出したりもしました。

私は八幡村国民学校に収容されている時、自分の着ている着物について憲兵に調べられたことがあるんですよ。どんな衣服が空襲に耐えられるか広域に渡って調査中だということで、私が着ている着物について知りたかったらしいんです。憲兵に最敬礼されて頼まれて、帯の下につけている紐から下着まで徹底して、材質や色などを調べられました。私は黒っぽい着物を着ていましたから、「黒がよかったんでしょうか」などと言われながらね。その憲兵は絹のことも分からない、木綿といっても知らないような人でしたから、私が蚕からとってとか、綿からとってとか、全部説明したんです。

憲兵の調べが終わってから、「兵隊さん、私もこれだけ恥ずかしい思いをして協力したんですけど、一体、広島のアレは何だったんですか?」って聞いたんです。その時でもまだ、自分ではガスタンクの爆発か何かと思っていて、市内の惨状と空襲とが頭の中では結びついていなかったんですね。そしたら、「あれは強力な新型爆弾です」としかおっしゃらなかったんです。「僕たちはそこまでしか知らないんです」と言われてね。丁寧に敬礼されて、「ありがとうございました」と言われて帰られました。

郷里へ、そして3ヵ月間の入院の後に復職

私は右足の状態が悪くて歩けないので8月の終わり頃まで八幡国民学校にいました。母も一緒でした。8月28日になってやっと八幡国民学校を後にすることになりました。八幡国民学校では村民のみなさんに大変な温情と食料等々のお世話をいただきました。あらゆるものが乏しい時にも関わらず、私たちにかけていただいたご親切にはどれだけ感謝してもしきれないほどのものがありました。この時の感謝の思いをいつまでも忘れないようにする、万に一つでもどなたかにお返しできるようにしていく、これも私の人生の中で大切にしてきたことの一つになりました。

大八車に乗せられて己斐《こい》の駅まで運んでもらい、そこから列車で郷里に向かいました。私が島に帰る前、島では私の葬式の相談もされていたのだそうです。私が広島へ出張中の被災でもあったので、学校では校葬にせないけんじゃろかなどとも検討されていたのだそうです。

ただ、島に帰っても即、島にあった県立病院で切開手術をするということになりました。表面の傷口はすっかり治っていたのですが、万が一ということもあるので、県立病院で右足の切開手術をしてもらったんです。切開してみると、中の方は化膿してぐちゃぐちゃになっていたそうです。その時初めてアキレス腱が3分の2切れていたのが分かったんです。3分の1は残っていましたから、これで十中八九は歩けるようになるだろうと言っていただきました。私はその時初めて希望を持つことができました。それまでは学校に帰ってもこんな足では先生できないし、何か他の仕事を探さなければと思っていましたから。9月16日になってからですが、右足の踵《かかと》がやっと床に着いた時の喜びは忘れられません。生きる希望が見えた時でした。

9月に入って8日頃だったと思いますけど、私は急に気分が悪くなりまして、隣の島のかかりつけのお医者さんの

ところに行ったんです。そしてそのまま母が私を因島の病院に入院させてしまいました。結局、9月、10月、11月と3ヵ月も入院することになりました。あの時代の入院といいますと、お布団から鍋釜まで全部持ち込まないと入院できないんですよね。おまけに、あの頃お金はいくらぐらいしか使われないという封鎖の時代でしたからね。母はかなり苦労したんだろうと思います。

入院した病院の先生のご子息が医大に行っておられる人だったんですね。そのご子息が「こういう症例の講義は受けたけれどまだ臨床の経験はない」とおっしゃっていたんです。そのことを聞いた母が「もし講義で聞かれた通りの処置をしていただいて、それで障害が残っても、亡くなっても一切文句は言いませんから」と言って、処置して下さいとお願いしたんです。今から思うと簡単なことなんですけど、静脈から血をとって、それをお尻に注射するんですね。私は恥ずかしくてその処置が嫌で嫌でしょうがなかったんですけど、最後には先生と母とが馬乗りになって私を押さえつけて注射されてしまいました。後で聞いたのですがそれは体蛋白刺激療法とかいう手当方法だったようです。そんなことが1週間ぐらいは続いたでしょうか。

3ヵ月入院している間に、そんなにひどくはなかったのですけど髪の毛が抜ける経験もしました。あの頃原爆の影響で髪の毛が抜けるなどとは思ってもみませんでしたけど。11月の終わりに退院することになり、12月になってやっと学校に復帰、あらためて先生を続けることができるようになったんです。

53年目にして観た原爆資料館

結婚したのは昭和24年です。結婚させられたようなものなんですけどね。主人も学校の先生でして、親戚の校長先生から無理やり押し付けられて。主人は引き揚げ者で苦労していました。私も被爆者ですし、お互い何もない者同士だったんですね。結婚も大変でしたけど、結婚よりも一番心配でしたのは生まれてくる子どものことでしたね。

当時、小頭症の子どもができるとか何とか言われてましたからね。幸いそういうことはありませんでしたし、子どもたちも割合元気に育ってくれましたけど。

私の叔母からは再三にわたってＡＢＣＣ（現在の放射線影響研究所）に行って協力するように言われたこともありました。でも、大勢の人たちをひどい目にあわせて、アメリカの資料にするためのモルモットにされるなんて嫌で嫌でしようがなく、最後は叔母と喧嘩するようにして断りました。その代わりに妊娠した時には広島の市民病院に行ってしっかり診察してもらいました。

被爆者健康手帳の番号は広島県の２０８番なんです。広島県で２０８番目に手帳を取得したということですから結構早かったわけです。叔父が中国新聞社の記者をしていた人で、被爆者の制度ができたことなども早くに教えてくれたおかげでした。

私は終戦の年の秋に3ヵ月入院してから後は特に問題もなく健康に暮らしてくることができました。原爆に遭っているから、ということで余計に体のことには気をつけてきましたね。神経をとがらせて。

広島市平和記念資料館

戦後、広島の平和祈念式典には度々参りましたが、原爆資料館の入口までは足を運びましても階段の三段目くらいでいつも頭痛がしたり気分が悪くなったりして結局入館を諦め、情けなく思ってきました。修学旅行の引率で参りました時も同じような情況で、校長先生のお許しをいただいてみんなが退館してくるのを一人で待っていました。原爆資料館には70歳になるくらいまでは入れなかったんですよ。79歳の時、「今見なかったら、一生見ることはないんだ」と決心しましてね、亡くなった従妹の妹と一緒に資料館に入って、「こんなもんじゃなかったよね」と言いながら見て回りました。

教え子たちに囲まれて

昭和20年（1945年）に女学校を卒業してすぐに小学校の先生になり、以来、ずっと瀬戸内海の島々で、昭和53年（1978年）まで小学校の先生をしてきました。最初に勤めた学校が生口島の中にある瀬戸田小学校で11年。次が同じ生口島の中の茗荷《みょうが》小学校で8年、そして大崎下島の大長《おおちょう》小学校に9年、本土の木谷小学校で2年、最後は瀬戸田西小学校に3年勤めました。京都に住んでいた息子夫婦に子どもができて、私の孫ですけど、その孫の面倒見るために、島の学校の先生辞めて、京都に引っ越してきたんです。息子夫婦が共働きしてたものですから。

去年88歳になりましたけど、ここ何年かで小学校の教え子たちに米寿のお祝いをしてもらったんですよ。教え子たちがね、3組も京都に来てくれてお祝いしてくれたんです。私にはお金はないけど教え子だけが財産です。そんなにいい先生じゃなかったと思うのですけど。子どもたちに怪我をさせない、いい子にして遊ばせる、約束を守る、これだけをモットーにしていました。他の先生のように鍛えたりはしませんでしたね。教え子たちももうみんな70歳代ですけど、その教え子たちがこうしてお祝いしてくれるの、幸せ過ぎだと思います。

紙一重、紙一重で生かされてきた人生

自分の被爆の体験を思い起こしてみると、紙一重、紙一重の差で、いい方へいい方へと行くように、恵まれてきたと思います。私は運が良かったと思います。

被爆者として私が一番言いたいことはですね、広島のあの惨事でしたけど、救援救護の手配は物凄く良かったんですね。私はその良かった所を通ってきたように思います。それと教育です。自分が習ってきたことがあったために、

教え子たちに囲まれて（平成27年＝2015年、前列中央が松浦悦枝さん）

水も飲まなかったし、自分で怪我の処理もできたわけです。経験とか勉強とかはしておかなくてはいけない、つくづくそう思いますね。

私の孫がキリスト教の牧師になってましてね、岩手県の遠野の教会にいました時に、「おばあちゃん、平和の学習しに来てくれへんか?」と言ってくれましてね。遠野に行って私の被爆体験をお話したこともあります。

それから今年中学1年生になるひ孫が去年の夏、「おばあちゃん広島の原爆に遭った時のこと話してくれる?」と言ってきたので話してやりました。そしたらその話を夏休みの課題にして提出したらしいんですね。先生がそれに共鳴して下さったとかで、学習発表会の時に取り上げて下さって、劇にしたと言っていました。

私は若い頃から、どこかに出かけて行って「被爆した、被爆した」とお話するようなことはしてきませんでした。でも実際には被爆しておりましたので、求められればみなさんにお話しするんですよね。そのことがどこかで何かの役に立っていればいい、どこかでどなたかが聞いていて下さればいいじゃない、というぐらいの気持ちでいました。

アメリカのオバマ大統領が広島に来ることになりましたけど、必ず核兵器をなくすことに努力してほしいですね。

32 岩谷真希子

被爆者救護にあたった三姉妹の体験

お話＝2016年3月1日

広島県立吉田女学校

広島に原爆が落とされた昭和20年（1945年）8月の頃、私は広島市から40キロほど離れた広島県高田郡吉田町（現在は安芸高田市）というところにいて、そこの女学校1年生でした。もともとは大阪に住んでいて、市岡にある女学校に通っていたのですが、戦争が激しくなってきて、大阪にいたのでは危ないということで、父だけ残して、母親と私たち三人姉妹が一緒に父の郷里である広島県高田郡吉田町に疎開したのです。

引っ越したのは6月ですから、後から思えばもう終戦直前。わざわざ疎開しなくてもよかったようなものです。父は大阪の郵政局に勤めていたのでそのまま大阪に残っていました。吉田町に移って2ヵ月後に原爆。そのために私たちの人生は全然変わってしまいました。

私たち三姉妹は当時、長女の真知子が16歳で女学校4年生、次女の真利子が14歳で女学校3年生、そして一番下の私が12歳で女学校1年生でした。父親の思い入れで、三人とも名前に〝真〟の字がつけられていて、とても仲の良い姉妹でした。三人揃って同じ広島県立吉田女学校に通っていたのですが、あの頃はもう勉強どころではありませんでしたね。女学校は私たちの住む家のすぐ隣にありました。私たちの住む家は2階建ての一軒家でした。

吉田町は毛利元就の居城の吉田郡山城のあったところで、歴史のある、街全体がとてもいいところでした。

女学校で被爆者の救護活動

８月６日の日は、私たちは校庭に集合していました。そうしたらＢ29だと思われる飛行機が私たちの頭上を飛んで行くんです。「あらっ、今日はちょっと飛んでるコースも様子もおかしいのと違う?」と思い、広島の方向を見たら、モコモコモコモコってキノコ雲が見えたのです。今でもハッキリとあの光景は憶えていますよ。

それから、次の日からどんどんどんどん、怪我をした人たちが吉田まで運ばれて来るようになってきたんです。負傷者が運び込まれたのは私たちの女学校ではなくて、少し離れたところにあった吉田小学校の方でした。

私たち女学校の生徒は1~2年生がみんな動員されて、運び込まれてきた人たちの救護にあたりました。怪我をした人たちは「水ちょうだーい、水ちょうだーい」って叫んでいました。身体中がただれていて、夏の暑い時ですから、ウジ虫がいっぱいわいていました。それを私たちがピンセットで取ってあげるんです。せっかく救出されて運び込まれてきた人たちなんですが、それでもどんどん亡くなっていきました。火葬場なんかとても間に合いませんから、普通に物を焼くところに遺体が運ばれて、焼かれていました。こんな状況が1週間ぐらい続きましたね。あの情景は今でも鮮明に頭に残っていて忘れることはできません。

私たちは広島市内には行かず、ずっーと吉田にいて救護にあたりました。たくさんの負傷者、亡くなった人に

接しました。今でも頭の中にあのウジ虫がのことが浮かんでくるほど強烈な体験でした。あの時一緒に救護に当たった人たちはみんな、後になって「3号被爆者」として被爆者手帳の交付を受けることになりました。「3号被爆者」とは、「身体に原子爆弾の放射能の影響を受けるような事情の下にあった者」と定められています。

同じ女学校でも3年生以上の上級生の人たちはさらに広島市内の救護にも駆り出されて行きました。私の二人の姉もそうです。原爆の落とされた広島には30年間草木は何も生えないと言われたほどの惨状の街です。ですからあの活動は本当に大変だったろうと思います。姉たちの被爆の体験は後で詳しくお話しすることにします。

教職の夢を果たせず

戦争が終わって、一番上の姉が最初に大阪に帰りました。後に大阪で中学の社会科の先生になっています。二番目に大阪に帰ったのが私です。私は戦後6年間は吉田に残って、高校も吉田高校を卒業しました。私たちが高校2年生の時に学校も男女共学になっています。そんな時代でした。私たちは新制吉田高校の3期生にあたります。私は高校を卒業してから大阪に帰り、大阪のある大学に入学しました。大学では家政学部で児童心理を勉強しました。卒業と同時に小学校教師の免許もとったので本当は私も教職に就きたかったのですが、あの時代、学校の先生の欠員がなかなかなくて、希望通りにはいきませんでした。

しかたなくある携帯ラジオのメーカーに会社勤めをしたのですが、その時、私は肺結核になってしまい1年間入院することになりました。24歳の時です。担当医の先生からは「肺の悪い箇所は切った方がいい」と勧められましたが、母が「絶対に身体にメスを入れてはいけない」と言って、他の先生に診てもらうことになり、結局切らずに済むことになりました。もしメスを入れていたらこんなに長生きはしていないでしょうね。入院している間は、一番上の姉にとても世話になりました。学校勤めの帰りに毎日病院に来てくれて看病してくれたりしました。

公文式教室とともに歩んだ私の人生

退院してからは自宅で塾を開き、一対一で教えるやり方で子どもたちに数学と英語を教えていました。子どもたちみんなから喜ばれる、とてもいい塾だったのではないかと思っています。

そんなある日新聞で公文式教室の教師を募集しているのを知り、行ってみようかなと思って応募したのが、私と公文との関係の始まりです。以来39年、人生の大半を公文の教師で頑張ってきました。

公文での私はモーレツ社員でしたね。東京の新宿にも2つ教室があって、関西の西宮にも教室があって、両方やるんですから、いつも新幹線で往復しながら仕事をする有様でした。それはしんどいことでしたけど、楽しくもありました。何より子どもたちのことがとても好きだったので、それが一生懸命やれる一番の理由だったと思います。公文では障害児も担当しました。ダウン症の子とか、自閉症の子とか、小児マヒの子もいました。そういう子たちもちゃんと教えたら力がつくんですよ。どんな子どもでも救われますからね。公文では障害のある子たちだけの教室を作ったりはしないんです。普通の子たちと一緒の教室でやるんですよ。だからいいんですね。

私の夫も他から公文に移ってきた人です。公文式の本を執筆することを仕事にしていました。そういう縁から知りあって結婚したわけです。ただお酒が好きで、体を悪くして、59歳の若さで亡くなってしまいました。

二人の姉を看る

私は公文の教室を69歳までやって辞めました。定年というのはないのですが、自分の病気と体のことも心配になって来ましたから。退職した後は東京に住むつもりで家まで購入していたのですが、西宮にいた一番上の姉の面倒を見なければならなくなり、関西に帰って来ることにしました。

一番上の姉は定年で教師を退職していましたが、リウマチを発症して、車椅子生活を余儀なくされていたのです。病院への送り迎えなど全部私が世話をすることになって、姉孝行をしました。その姉も平成26年（２０１４年）に85歳でこの世を去りました。

下の姉は、丸岡文麿さんという人と結婚して丸岡姓になっていました。この丸岡さんも広島の被爆者なのですが、中学校でとてもひどい被爆体験をされていて、甲状腺や肝臓のがんなどで入退院を繰り返していた人です。夫婦は京都の伏見区に住んでいましたが、夫が働けないので、姉が会社勤めをしたり、集合住宅の管理人をしたりして生活を支えていました。姉妹の中でも一番苦労した人ですね。

私が公文をやっているのを見て姉も公文式の教師をやりました。彼女も子どもが好きで、特に数学が好きでしたからね。でも夫の状態がますます悪くなり、その介護のために私より早く公文を辞めることになりました。夫の丸岡さんも平成11年（１９９９年）に亡くなっています。その後姉の方も体調を悪くしてきて、平成16年（２００４年）頃から、今度はこちらの姉も私が世話しなければならなくなりました。そのために私も京都に来て住むようになったわけです。姉は今は施設に入って暮らしています。

姉たちの本川小学校での救護被爆体験

（この項は次姉の行った原爆症認定訴訟の裁判記録なども参考にしています）

原爆が落とされてから2日後の8月8日、学校（広島県立吉田女学校）から非常招集がかかり、昼前に全員が登校しました。「広島が大変なことになった、救援に行ってほしい」という学校長の命令です。約１００人の生徒が2台の軍隊のトラックに立ったままで乗せられて、40キロ先の広島市に向かったのです。長姉の真知子、次姉の真利子とも一緒でした。姉たちはこの広島行きは本当はとても嫌でした。

広島市に着くまでに2回の空襲警報があり、その都度トラックから降りて避難したりしています。そのため広島に着くまでに3時間近くもかかりました。広島市内に入ると生徒らはそれぞれの目的地の近くで数人ずつトラックから順番に降ろされ、トラックが入れない所からは、目的地まで歩いて行きました。市内の火災はおさまっていましたが、橋は落ち、人、馬、牛の死骸はそのままで、瓦礫の上に積み重なり、暑さのために干からびていました。川の中でも死んでいました。そのような情景の中を目的地の本川小学校まで1時間くらい歩いていきました。本川小学校からは、原爆ドームがすぐ近くに見えました。

本川小学校の校舎は、骨組みだけが残っている状態で、瓦礫を片づけて講堂を臨時救護所にしてあり、蓆《むしろ》の上に負傷者が寝かされていました。姉たちは、早速、負傷者には水を飲ませてはいけないことなど、負傷者の世話をする説明を受け、負傷者の世話の手伝いを始めました。手袋などはなく、作業はすべて素手で行いました。負傷者の傷口のウジ虫や膿を取ったり、ガーゼの交換をしたり、バケツに入ったおかゆを竹のしゃくしですくって口に運んであげたりしました。でも、おかゆを食べる人はほとんどいませんでした。

臨時救護所には、昼夜の別なく、「水をくれー、水をくれー」という声があふれていました。子どもたちは、「お母さん、お母さん、痛い、痛い」「お父さん、お父さん、痛い、痛い」と言っては泣いていました。泣き声が聞こえなくなったと思うと、もう亡くなっていました。死亡者が出ると、校庭に穴を掘って運び入れ、ガソリンをかけて焼いていました。そこら辺りは白骨の山でした。昼も夜もひっきりなしに遺体を焼く火が燃え続け、その煙とにおいは

本川小学校平和記念館（被爆当時の状態をそのまま保存した被爆建物。爆心地から350m）

とても酷《ひど》いものでした。姉たちは、毎日、被爆によって亡くなった人の遺体を焼く灰や煙を吸い込んでいました。

校庭では夜になるとあちこちにリンが燃え広がり、怖くて眠れませんでした。一緒に救護に来ていた友達と毎晩のように「帰りたい、帰りたい」と泣いて過ごしました。姉たちには、夜になっておむすびが支給され、水道から流れている水を飲んで過ごしました。そして負傷した人たちと一緒になって講堂の床にござを敷いて寝ていたのです。

救護作業は終戦の日まで8日間続きました。8月15日に本川小学校の校庭で玉音放送を聞き、ようやく帰宅することを許されました。あの時は友だちとみんなで泣きました。

救護活動をしている間も、体がしんどく、精神的にも強いショックを受けていました。吉田町の自宅に帰宅してからすぐに全身に倦怠感があり、立ち上がると立ちくらみがするようになり、夜も昼も眠れない日々が続きました。8月の終わりくらいから下痢をするようになり、帰宅後1ヵ月の間に歯茎からの出血、髪の毛が抜けるなどの症状が出ました。もともと大病を患ったこともなく、おてんばだった姉妹ですが、吉田町に帰ってからは身体がだるくてしょうがなく、「しんどい、しんどい」と言っては、その都度母親から叱られていました。その後も下痢は続き、よく熱を出してうなされることが多くありました。風邪もひきやすくなっていました。

次姉の真利子は、本川小学校でのあの時の体験を思い出さないように、忘れよう、忘れようとしてきたそうですが、あの情景はどうしても頭にこびりついたままになっていて、今日に至るまで睡眠薬と精神安定剤を服用しなければ眠ることができない状態になってしまいました。

次姉の闘病と原爆症認定訴訟

三姉妹の中でも特に次姉の真利子はいろんな病気に襲われ、それと闘ってきた人でした。壮絶な人生だったと思います。最初は41歳の時に両足の半月板損傷で手術を受け3ヵ月入院しました。リハビリは続けてきましたが徐々に足の変形がきつくなってきて、今では立っていることも苦痛で、歩くのも容易ではありません。44歳の時に突然40度の高熱を出して救急車で搬送されたことがあります。腹膜炎で手術を受けましたが、手遅れだったら亡くなっていたとのことでした。52歳の時の人間ドックで、糖尿、肝炎、肺気腫、高コレステロールが見つかりました。現在も治療継続中です。64歳で白内障手術、65歳で足の軟骨浮腫手術、72歳の時には腸閉塞を起こして18日間入院しました。

平成15年（2003年）5月に左の乳がんが見つかり、6月に切除手術しました。72歳でした。さらにこの年リンパ腺がんも見つかってリンパ節切除の手術と、抗がん剤投与の治療も受けています。その後も声帯にポリープができて切除手術を受け、経過観察を続けている状態です。

次姉は平成15年（2003年）に被爆者援護法に基づく原爆症認定の申請をしました。発症した乳がんは原爆が原因であることを認定してもらうためです。ところが翌年の平成16年（2004年）になって厚生労働省から申請を却下する通知が届きました。広島市内にいて直接被爆したのではなく、2日後に市内に入って救護した人に放射能の影響などはない、というのがその理由だったようです。下痢や発熱、脱毛などあんなに酷い被爆の急性症状を、一緒にいた多くの人が経験しているにも関わらず認められなかったのです。

あの頃、被爆者のみなさんが集団で原爆症認定を求める裁判を起こしていました。姉も原告の一人に加わって裁判に訴えることにし、平成18年（2006年）7月28日に提訴しました。裁判では平成19年（2007年）9月に本人尋問というのがあり、姉も法廷で証言しています。車椅子で証言台に進み、耳が聞こえにくくなっていたので、弁護士さんが傍にいて援助してもらいながらの証言でした。証言の最後に「私たちは好きで広島市の救護に行ったのではありません。命令とは言え、15歳ぐらいの若さで大変な目に遭いました。国はあたたかく私たちの今後の不安を取り除いてほしいです」と訴えました。

左から私、次姉、長姉

原爆症認定集団訴訟は全国で300人を超える人たちが原告になって行われていました。そしてほとんどの裁判が被爆者の訴えを認め、国の認定行政が間違っているという判決が続きました。こうしたことに押されて国は2008年（平成20年）の3月に原爆症認定審査の「新しい認定審査方針」を決めました。まだまだ不十分なものではありましたが、従来よりは認定される範囲が広くされました。そのおかげで姉の場合は、裁判の判決が出る前に認定されることが決められました。

判決を待たずに認定された人も、判決によって認定された人も、同じ被爆者のみなさんの大きな運動があって勝ち取られたものでした。平成20年（2008年）7月18日、判決の日にはみんなで喜びを分かち合っています。

33

伊藤瑠美子

手記

疎開先から見た燃える広島

伊藤瑠美子さんは、京都「被爆2世・3世の会」の会員の堀照美さんのお母さんで広島市在住です。ご自身の被爆体験の手記を寄稿していただきました。

学童集団疎開

1945年4月、私は広島市立舟入国民学校6年に在学しておりました。当時、私の家族は私と母（49歳）、姉（19歳）の三人でした。父は職業軍人でしたが、病死致しました。同年4月15日、学童集団疎開のため3年生以上6年生の生徒60名は、三人の先生に引率され爆心地から15キロ離れた安佐郡上深川村の正現寺に行きました。柳行李に入れられた私物と布団は、すでにお寺に届いていました。

通学はお寺の地元の狩小川国民学校でした。授業はほとんどなく開墾作業の萱刈り等の手伝いをいたしました。お寺での食事は、庫裏に長机を並べ生徒全員で摂りました。食糧不足のため私たちはいつも空腹状態で痩せておりました。登下校の折、道端のすいば、すかんぽなど、草を食べていました。食事は地元の婦人会の方が作ってくださいました。

おやつは、各自が縫った小さな布袋に、妙り大豆10粒を入れていただくのが決まりでした。

夜は本堂に布団を敷き詰めて休みました。疎開児童は、兄弟は別として近隣で親しくしていた友達はほとんどなく、なかなか打ち解けることはできませんでした。布団をかぶり泣いている子どもがたくさんいました。トイレは外庭にあり夜が明けるまで我慢したものです。本堂の周囲に各自の柳行李を置き、そこが居場所で、行李の上で葉書を書いたり本を読んだりいたしました。

入浴は週2回くらい、五右衛門風呂に半数ずつ交代で入りました。洗濯は各自でしました。疎開から暫くしますと、衣服、頭髪にしらみが湧き始め、本堂前の廊下に子どもがずらりと並び、目の細かい櫛で髪をすいて、しらみの卵を取るのが一時期日課になっていました。衣類は煮沸していただきました。

疎開先から見た燃える広島の街

8月6日の朝は快晴でした。私たちはいつもどおり登校し、校庭での朝礼で校長先生のお話を聴いておりました。B29の爆音に生徒はみな空を見上げました。

真上のまぶしい日差しの中に大きな機影がみえました。飛び去った直後、単1電池くらいの大きさに見える金色に光る物を2個残していました。その瞬間ピカッと光り周囲が真っ白になりました。そしてドカンというすさまじい音に、学校が爆撃されたと思いました。私は訓練どおり両手で両目を覆い親指を両耳に入れ校舎の側に伏せました。暫くして先生の誘導で竹藪に避難し、広島市内方向の空に、赤と黒の入り混じった雲が生き物の様にもくもくと大きくなり空に広がる様子が見え、「気持ち悪いね」と口々に言い合いました。

お寺に帰りますと、御院家さんが「ドン」と音が響いた後、窓が1枚外れたと言われました。当夜は、小高い丘の上に建つお寺から、真っ赤に燃える広島市内が見え、私たちは家族の無事を祈りながら泣き続けていました。燃える火は3晩見えました。

胸が張り裂けそうになる家族の消息

8月9日芸備線が開通し、男性の先生が、広島市内に生徒の家族の情報収集に行かれました。翌日生徒を一人ずつ先生の部屋に呼ばれ家族の消息を伝えられました。歯の治療で広島市内に帰っていた男子三人は亡くなっていました。

私の家族は、私の疎開後道路拡張のため自宅が半分壊されることとなり、段原の借家に転居しておりました。私は最後に部屋に呼ばれ、先生から「段原までは行かれなかった。広島は全滅なので家族の事は諦めなさい」と告げられました。

「あなたを置いて死にはしない。必ず迎えに行くから」と、母が何度も言っておりましたことを信じながらも、敵が上陸して来たら1人でも竹槍で殺して、私も死ぬのだと考えておりました。

子どもたち同士、家族の死について互いに触れることはありませんでしたが、胸が張り裂けそうな気持ちは同じだったと思います。

8月13日、先生から婦人会の方のお宅に行くように言われ出掛けました。家に入りますと、薄暗い土間の板の間に黒いもんぺ姿の母がおりました。一瞬幻かと思いました。私は母に抱きつき泣きました。姉は無事とのことでした。母は腕や足に怪我をしていました。「杖をつけば何とか歩けるようになった」と言いましたが、僅かな段差でも足が上がらず這っていました。面会は短時間でした。私は駅まで送って行きました。階段や汽車をよじ登る姿は、今も思い出すたび息苦しい思いが甦ってきます。

先生からの口止めもあり、私の家族が生きていたことは誰にも話しませんでした。母との面会以降、私は一人でいることが多くなりました。

大勢の怪我をした人たち、亡くなった人たち

当時の夏休みは8月10日から20日まででしたが、8月6日以後、登校はいたしませんでした。先生の引率で川に泳ぎにいっているか、自由行動でした。

8月15日、私は一人で学校に行きました。教室には、広島市内から逃げてきた大勢の怪我人が収容されていました。上級生の女子が傷の手当ての手伝いをしていました。上級生の男子は亡くなった人の遺体を戸板に乗せて河原に運び大人の人が火葬していました。（約700人収容、そのうち数十人が死亡）

私は、婦人会の人から「怪我をした人の傷口にわいたウジ虫をこの割り箸で取ってあげて」と言われましたが、教室の中に入ることがどうしてもできませんでした。薬缶に水を汲んで運ぶことが精一杯でした。（疎開児童には、救護手伝いの依頼はなかったと思われます）

婦人会の人に、正午に大事なお話があるから早くお寺に帰るように言われ、走って帰りました。御院家さんから、戦争に負けたと聞き皆茫然としていました。

瓦礫の先に海まで見通せた

翌16日午後、思いがけず姉が迎えに来てくれました。「敵が上陸すると女、子どもは何をされるか分からないので迎えに来た」と言いました。正現寺での家族の迎えは、私が一番早く先生方は大変喜んでくださいましたが、みんなに対して「私だけが」という思いで申し訳ない気持ちでした。

汽車が広島駅に着いたのは夕方近かったと思います。駅はコンクリート部分のみ残り真っ黒くすすけていました。駅前に出ると家もなく霞んだ瓦礫の向こうに瀬戸内海に浮かぶ似島《にのしま》（10キロ先）が間近に見えたので驚きました。道路の中央部分は大体片づけられていましたが、木や電柱は黒く焦げ電線が垂れ下がっていました。蝿が多く異臭が鼻をつきました。比治山の上から煙が上がっているのが見えました。（遺体を火葬する煙だったと思われます）

廿日市の知人宅に着いたのは薄暗い時間でした。久しぶりの白いご飯に感激しました。一泊させていただき翌日、家族が8月14日に疎開し佐伯郡上水内村の伯父の家に着きました。伯父宅には五家族が疎開いたしておりました。

母と姉の被爆

母は、8月6日の原爆投下時、勤務先の日本通運（広島駅前、松原町）の建物2階におりました。建物はつぶれ下敷きとなり暫く失神をしていました。身体の上の材木をのけながら、明かりを求めて窓らしき所から這い出しました。全身打撲と手足に深い傷を負っていました。なんとか這って家にたどり着きました。家はほぼ全壊、至る所にガラス片が突き刺さっていました。母は傷口を水で洗い衣服を裂いて覆い横になっていました。

段原は比治山（海抜約70メートルの小山、爆心地から1・8キロ）の東裏手にありほとんど火災を免れました。

姉は、鉄道局（宇品）に勤務していました。ピカッと光った瞬間机の下に入り無事でした。同僚の人の中には、爆風により壊れた窓ガラスの破片が身体に刺さり、亡くなった方もありました。

誰しもが、自分がいる建物だけが爆撃をされたと思い、外に出てはじめて全市が破壊されていることが分かりました。

姉は、旧宇品線伝いに自宅に戻りました。母が瓦礫の中に横たわっていました。姉は母を背負って、食糧を分けていただいていた井口（自宅から約6キロ）の農家をめざしました。主に国道2号線を辿りました。途中「伊藤さん、おにぎりを食べて」と渡してくれた人の顔は倍に腫れ上がり目は糸のように細くなり、名前を聞くまで誰だか分かりませんでした。

比治山から広島市内を臨む

似島へ怪我人を運ぶというトラックはいっぱいで、乗ることはできませんでした。「私をここに置いて貴女は逃げて」と言う母を、若い男性が暫く背負ってくれました。姉は、母を叱咤激励しながら沢山の人に助けられて農家に着いたのは夜半でした。その時のことを、後で農家の人から「おばけが立っているのかと思い腰が抜けそうになった」と聞きました。

姉は母を、近くの救護所に治療に連れて行ったようですが、薬もなく怪我人は大勢で、ほとんど治療はできなかったようです。農家の方に売り物にならない桃を毎日分けていただいたのが一番の薬になったと、のちに母は言っておりました。

姉は体調が少し良くなった8月10日頃より何回か自宅に戻り、防空壕の中に入れておいたものだけが無事で、その中の重要な物を持ち出したようです。その姉の留守中に、母は私に面会に来たらしく、暫く姉は面会のことは知りませんでした。姉は、私を伯父宅へ連れ戻った頃より、歯茎からの出血、血便が始まり暫く続きましたが、医者である伯父の治療を受け、母、姉ともに徐々に回復に向かいました。

母も姉も病気と闘いながら

私は、1946年（昭和21年）女学校に入学、広島市内の従兄の仮普請の家に同居させてもらい通学いたしました。母は、父の軍人恩給がGHQの指令により1946年廃止となり、無収入となったため1947年、広島市内の寮に住み込みで働き始めました。姉は、伯父の医院の手伝いをしていましたが、1948年鉄道局に復帰いたしました。家族三人が同じ屋根の下で生活を始めたのは基町の市営住宅に入居できた1948年でした。

母は原爆について、「生き地獄だった。黒焦げの遺体は皆両手を上げ、何かを求めるように空《くう》を掴んでいた」とだけ話しました。腎臓を患い、度々貧血で倒れ、体中がんに侵されて1974年逝ってしまいました。

姉は原爆について、記憶が抜け落ちてほとんど思い出せないと言っておりましたが、最近になって、道路にうずくまっていた被爆者が、手を伸ばし「助けて下さい」と言う人々を見捨てて逃げた、話せないと言いました。

姉は1950年結婚、出産いたしましたが、三人の男の子を原因不明の病気で一歳まで育つことなく亡くしています。甲状腺機能低下症や脳梗塞など発症しましたが、現在なんとか日々を送っています。

旧宇品線

34

隅田百合子

（被爆2世）

父の被爆体験、母の戦争体験

お話＝2016年11月7日

私が小さい頃、私の父親のことは家族みんなが伏せていたのかどうか、あまり話を聞くことはありませんでした。それでも私のお祖母《ばあ》ちゃんや叔母さんたちから断片的に聞かされてきたことが頭の中に残っています。それをつなぎ合わせながら、父のこと、そして私を女手一つで育て上げてくれた母のことを語ってみたいと思います。

父の被爆体験

私の父隅田英美は大正13年（1924年）、子《ね》年の生まれです。広島市の西白島《にしはくしま》にあった実家で生れ育っています。父は四人きょうだいでした。父が長男で、次に弟、その下に双子の妹がいました。父は勉強がよくできたようで、広島の旧制修道中学校を卒業して、清水高等商船学校に入学しています。清水高等商船学校は昭和18年（1943年）創立とされていますから、1期か2期の入学だったということになります。生徒会長もしていたそうです。ちなみに父の弟（私の叔父さん）も旧制修道中学校を卒業して江田島にある海軍兵学校に入っていました。

昭和20年（1945年）夏、父は本当は8月10日頃広島に帰郷する予定でした。それが何かの事情で8月5日に実家に帰っているんです。翌8月6日、父は広島の実家で被爆しました。20歳の時です。ただ、白島で被爆した時の様子がどのようであったのかは、一緒にいて被爆したはずのお祖父《じい》ちゃんからもお祖母ちゃんからもしっかりとは聞いていないのです。

父の双子の妹（私の叔母たち）のうちの一人は千鶴子さんといって安田高等女学校の生徒でした。８月６日、千鶴子さんは学徒動員によって市内の建物疎開作業に出かけていました。朝は家族みんな一緒に食事をして、それから出かけて行って、そのまま帰って来なかったんです。父はこの妹を必死になって捜し回りました。広島中を歩き回って、倒れたり、亡くなっている人の顔を一人ひとりめくるようにして捜しました。しかしいくら捜しても、何度も何度も広島の街を捜し回りましたけど、結局見つかりませんでした。千鶴子叔母さんの遺体は今も見つかっていないままです。

父は妹を捜し回りながら広島市内のあまりにも悲惨な状況を見てきました。その様子は、もう一人の妹（私の叔母の隅田多鶴子さん）に語っています。父もその後で、歯茎から血が出たり、髪の毛が抜けたりする症状を経験しています。戦後父は商船学校を卒業し、日本郵船に入社し外国航路の船に乗船することになりました。

現在の安田女子高校に設置された慰霊碑と刻印された三百十余名の死没者名簿（叔母・隅田千鶴子の名前も）

片腕を奪われた母の戦争体験

私の母隅田イトは大正15年（１９２６年）、寅年の生まれです。出身は新潟県なんですが、昭和20年（１９４５年）、

19歳の時に知人を頼って東京に出ていました。東京は何度も大空襲、空襲に襲われていますが、そのうちの何度目かの空襲で母は大きな被害に遭いました。爆弾が落ちてきて、周囲に飛び散るような爆弾だったそうで、それが母の右手に当たって大怪我をしました。当時は医療設備も充分でなかったようで、右手は切断せざるを得なくなりました。19歳の若さで右手、右腕を失ったのです。

父と母の出会い

戦争が終わって、父と母とはどこかで出会う機会があり、右手を失った母と被爆者だった父とが恋愛をし、結婚しました。しかし、家族やみんなに認められての正式な結婚ではなかったようです。妻になる人が片手だということを父は家族に言い出せなくて、東京で二人だけで生活していたようです。

父は外国航路の貨物船に乗っていましたので、航海に出ると母と会えなくなります。このためたくさんの手紙をやりとりして心を通わせていました。その手紙がトランクにいっぱい詰め込まれて保管され、残されていました。私が高校生ぐらいの時のある日、こっそり手紙の一つを抜いて見たことがあるんです。「あなた（母）は強い人だから、僕は子どもが好きだから、結婚したら子どもを作って、学校の近くに文房具店をやったら、毎日子どもたちが来てくれていいんじゃないかな」とか、「君は僕の夢だ」とか、「僕が宝くじを当てたら、あなたはしっかりものだからやっぱりあなたが管理するでしょうね」とか、いろんなことが書かれていました。今にして思うのは、右手を失くした女性でもパートナーに選んだ父は偉い人だったんだなあと。そのことを実家の親た

若い頃の母

ちに言えなかったのはいろんな事情があったんでしょうけど、そういう女の人を選んだ父は立派な人だったんだと。

アトミック・ボーイ

父は、戦後になって初めて日本からアメリカに渡った船に乗っているんです。着いたのはサンフランシスコだと思うのですが、当時はまだ日本とアメリカとの間に国交がない頃なので上陸はできなかったようです。ところが船の航海日誌から「日本から来た船にアトミック・ボーイの乗組員がいる」ということが分かって、「降りてこい」ということになりました。初めてアメリカに来た被爆者だということで、ホテルに監禁され、2~3ヵ月いろんな検査、チェックを受け、調べられました。待遇はすごく良かったようです。父について残されている被爆体験にまつわる数少ない出来事の一つです。

私が生まれた2ヵ月後、異郷の地で父は殉職

昭和27年（1952年）、第一子となる私の兄が生まれました。ところがこの兄は生まれて2~3ヵ月で亡くなりました。父が被爆者であったことの影響かどうかは分かっていません。

翌年の昭和28年（1953年）5月14日、私が生まれました。ですから本当は私は二人目の子なんです。私が生まれると、父は「この航海を最後にする。これが終わったら船を下りて、陸の仕事をする」と言って、そういう覚悟をして最後の航海に出かけて行きました。しかし、私が生まれた2ヵ月後の7月15日、父はイラクのバスラで亡くなりました。28歳の若さでした。

航海日誌によると、この航海は日本が初めて中東にオイルを買いに行く大きなタンカーでした。前例となる航海実績がどこにもないため航海はとても難しく、バスラ港にタンカーをつけるのも大変なことのようでした。7月と

言えば特に暑い頃です。ペルシャ湾を懸命に航海してやっと陸に上がった時、父は熱射病に冒されたような状態になっていて、そのまま倒れて亡くなりました。航海日誌には熱射病のようなことが書かれていますが、周りの多くの人々は原爆放射線の影響ではないかと言っていたそうです。しかし、被爆の影響ではなく、熱射病を原因にしておかないと船員保険から出ないからそうしたんじゃないか、と後々お祖母ちゃんは言っていました。父はイラクのバスラで埋葬され、母の手許に帰ってきたのは父の爪《つめ》と髪の毛だけでした。父はイラクのバスラの外人墓地に今も眠っています。

船員時代の父（下）

母と共に広島に

その頃、乳呑み児の私を抱えた母は東京にいました。父が突然亡くなって、母は私のことを考えて、母の実家の新潟に帰るか、父の実家の広島に行くか、判断を迫られることになりました。それで、私を可愛がってもらえるのは父の実家の方ではないかと思い、広島に行く決意をしました。

父が亡くなったことで、父の実家でも大変なことになっていて、それに加えて実は結婚していたんだ、子どももいたんだ、ということになったんですね。息子が結婚していたことが実家の家族に初めて明らかになったわけです。父の母、私のお祖母ちゃんがとても心の広い人でしたので、私たち母子を快く受け入れてくれました。そしてお祖父ちゃんも了解してくれて、それで私たちは広島に移り住むことになったのです。ですから私は東京生まれですけどわずか2ヵ月で、その後はずっと広島で大きくなっていきました。

母の生き様

広島に帰った当初、母は働かなくてもよかったんです。しかし、お祖父ちゃんが亡くなって、私もだんだんと大きくなってきて、母も働かざるを得なくなってきました。当時、女性が正社員として働く機会はなかなかなくて、学校の先生くらいで、他は何もありませんでした。それで、近所の人の紹介で、生命保険会社のセールスをすることになりました。母が32歳の時です。母はものすごく頑張って、トップの成績を上げるほどになっていきました。いろんな所を回ってセールスするんですけど、だんだんともう行く所がなくなる。ある時吉島刑務所の傍を通っていて、「この壁の中には誰も行っていないだろうなあ」と思って入り込み、刑務所の職員さん全員を一括して契約したこともありました。割と大きな企業の保険も随分と契約したようです。全国でもトップの成績を何年か続けていましたので、すごく努力していたのです。

母は父のことも原爆のことも私にはあまり話しませんでした。父の命日にはお墓に参り、8月6日には黙祷もするんですけど、亡くなった人たちのことをあれこれ言うのではなく、今を生きる人たちのことこそ大切なんだ、という考え方に徹した人でした。母はとても気丈で強い女の人でした。

母は若い頃は義手も作って持っていました。私はそれを見ると気持ち悪かったことを覚えています。しかし結局義手を使うことはほとんどありませんでした。母はいつも着物を着るようにしていました。着物だと右手がないのを少しでも隠すことができたんですね。私が幼稚園の時、運動会で親が子を背負って走る競技があったんですけど、母は着物姿で左手一本で私を背負って走ってくれたんです。そんなこともありました。

字を書くのも左手で、結構上手な字になっていました。左だけで裁縫もしていました。着物を着るのも左手だけで。片手で着物を着るのは本当に大変なはずなんですけど一人でちゃんとやっていました。雑巾絞るのも左で一本で。不自由だという自覚すらなかったのではないでしょうか。子どもの私が何か手助けしなければならないようなことはほんどありませんでした。ただ右手はないのに、その右手が痒い感覚はあったらしいです。

女の人が右手を失くして、その上一人で子どもを育てるのは本当に大変だったろうと思います。戦争のおかげで右手を失い、自分の人生も狂ってしまったわけなんですけど、それを人前で恨めしく言ったりとか、愚痴をこぼすなんてことは全然なくて、それを乗り越えようとすることの方がはるかに大きかったんです。その母も平成22年（2010年）、84歳で波乱の人生の幕を閉じました。

母を描いたドキュメンタリー放送『どっこい生きている』

昭和62年（1987年）、NHKの地元広島放送局制作の30分のドキュメンタリー番組で、母の生きてきた人生が放送されました。『どっこい生きている』というタイトルでした。午後7時30分からのゴールデンタイムの放送で、再放送、再々放送まであって、広島中の人が視られたようです。NHKでは『おしん』という人気ドラマがありましたが、それを上回る視聴率だったようです。全国放送にもなって、母が京都の私のところに孫を見に来るシーンもあったんですね。それで、京都にいる私のところにまで激励の電話がかかってきたりしました。「お母さん、すごいですね」とか「頑張ってねとか」。

あの頃、手を失くしているとか、戦争の被害に遭っているとかいうのは「可哀想だね」「よく頑張っているね」とかいったお涙頂戴みたいなイメージが強い世の中でした。テレビのドキュメンタリーでも、ドラマでもそういうのが一般的だったと思います。ところが母は違いました。母は、右手を切断したことも乗り越えてきた、夫が亡くなって一人で子どもを育てることも乗り切った、今私は60歳になったけど、何かもっとすごいことが起こっても乗り越える自信がある。そんなことを訴えました。人生で、あれも乗り越えた、これも乗り越えた、これからも乗り越える自信がある。そういう新しい考え、女性の主張と姿をディレクターがしっかりと取り上げていただいたおかげでした。

母のドキュメンタリー番組は全国放送にもなりましたので、かつて父と同僚だった日本郵船の人たちも視られたようです。そのことがきっかけとなって、元の同僚のみなさんの手によって、バスラに眠る父の墓が新しい金色の墓標に立て替えられることになりました。母はいつか私を連れてイラクに行き、父の墓にお参りすることを強く願っていましたが、遂に叶えられませんでした。残された私だけでもイラクに行ってみたいと思っているんですけど、まだ実現していません。湾岸戦争やイラク戦争も起こりましたしね。

父母の体験を、私の子ども、孫たちにも伝えていくために

広島で大きくなった私は、白島小学校から袋町小学校に転校し、そこを卒業して、比治山中学・高校・比治山短大と学びました。短大では美術をやっていました。短大で日本画を勉強していたので、京都の伝統工芸の仕事をやりたくて京都に来ることになりました。

私が育った家では毎年、8月6日の朝早く平和公園の慰霊碑にお参りして、それから白島の電停のすぐ傍にある萬行寺《まんぎょうじ》さんに行ってお参りしていました。萬行寺さんは原爆で全部潰れて、その後宮大工だったお祖父ちゃんが棟梁となって再建したものなんです。その時に寺内に墓所をもらって、そこに隅田家の墓が置かれました。父の爪と髪の毛もそこに入れられて、そして母も一緒に眠っています。

私は小さい頃はすごく病気が多い子でした。小さい頃の写真を見るとほとんど寝間着姿のものばかりです。今は元気ですけど。自分が被爆二世であることは私なりに受け止めて生きてきました。広島で育ちましたから、戦争とか原爆とかは、他の地域よりかなり教育はされていたと思います。被爆の体験など身近に聞く機会も多くありました。ましてや、自分の父や母のこともいろいろ聞いていましたし、私の兄も亡くなっていますので。

それを私だけに止めておくことはできない。少なくとも娘や息子には伝えていかないといけないと思い続けてき

ました。私は特に、女の人が「戦争してはいけない」ことをはっきり理解しておかないと、母親が勉強しておかないと、子どもたちに伝わっていかないのではないかと思ってきました。男の子より、女の子が、戦争してはいけないとか、戦争の怖さを、母として知るべきだと思っていたのです。ですから特に娘にはひどく言い、育ててきました。京都から広島に帰った時にはいつも子どもたちを原爆資料館に連れて行って、いろいろな資料を見せて、「戦争してはいけないんだ」「戦争したらこうなるんだ」「戦争はすごく身近なものなんだ」ということを、子どもたちがちっちゃい時から何回も何回も言い聞かせてきました。娘には「あんたに子どもができた時にもこんなふうに教育しなさい」とまで言ってね。その娘は今36歳、息子は24歳、孫（私の娘の子）も中学3年と小学校6年になります。

私が「2世・3世の会」に入ろうと思ったのは、お祖父ちゃんもお祖母ちゃんも、母も、もう誰もいなくなって、やっぱし広島に育った者として、母も戦争の被害者だったし、そういう中で育った自分という者を考えた時に、原爆のことは自分の中のかなり大事な部分としてあったので、子どもたちや孫たちにそういうことを伝えなければならないと思ったからなんです。でも自分一人ではどうにもならないこともあるので、何らかの方法で他の人たちとも一緒にできるように一歩踏み出そうと思っていたんです。そんな時にちょうど奥田美智子さんから声をかけていただいたのです。私自身も被爆二世というものをもっと掘り下げていきたいなと思って。

今、毎年、被爆二世は無料で健康診断を受けられるようになっています。（簡単な検査ですけど）でもこの被爆二世健診の申込書には親の被爆者手帳番号を書くようになっているんですね。私の父は昭和28年に亡くなって被爆者手帳の制度ができたのは昭和32年です。手帳制度ができる前に親が亡くなっているんですから手帳番号なんて存在しないし書けるわけがない。昨年は京都府の担当者の方にこうした事情を言って手帳番号はなくても受診できるようにしてもらいました。今年は別の担当者の方から難しいようなことも言われましたけど、やはり事情を強く言って受診できるようにしてもらいました。私と同じような事情の人は他にもたくさんあるのではないでしょうか。

平成22年母が亡くなった時、喪主をつとめた私がみなさまにお届けしたあいさつを紹介します。私の母への思いの一端を綴ったものです。

母の葬儀でのあいさつ

「どっこい」生きた母の人生に拍手を贈ります

いつも明るく前向きに生きた母は、太陽に向かって懸命に花を咲かせるひまわりのような女性でした。

東京の大空襲で右手を失い、私が生後二ヵ月の時に夫を失いました。母は左手ひとつですべてをこなし、私を育て上げました。ＡＩＧスター生命（旧千代田生命）で80歳過ぎまで働き、そのかたわら囲碁に詩吟に朗読、カラオケ、手話、和太鼓と、多彩な趣味を探求しておりました。

母イトは平成22年3月30日、84年の人生に幕をおろしました。ＮＨＫのドキュメンタリー番組「どっこい生きている」で特集していただいたことがあります。母の「私は右手をなくした時も、夫をなくした時も乗り越えた。次に何か大きなことがあっても乗り越えてみせる自信がある」という言葉は、私の人生において大きな礎となっています。

「お母さんの生き方を見てきた私だから、これからも頑張っていくよ。今まで本当にありがとう。あなたの娘で幸せでした」

母が長い人生の旅路を歩むことができたのは、皆様からのご厚情があってのものです。母に代わり心より感謝申し上げます。本日は誠にありがとうございました。厚くお礼申しあげます。

隅田百合子

35 米倉　慧司《けいじ》

何としても生きぬく…そんな父とともに

お話＝2002年

米倉慧司さんは長く京都原水爆被災者懇談会の世話人を務められてきた被爆者です。2002年（平成14年）、ご自身の被爆体験を聞き取った北村喜代子さんが文章にまとめられました。

空気が全部燃える

その時私は13歳、今の中学2年生です。学生の徴用で、軍事工場で飛行機の部品作りをさせられていました。爆心地から西の方向へ約1・2キロ、中広航空という会社で、旋盤工として爆弾の部品作成に従事していました。

8月6日の朝、仕事始めの朝会をしていました。空襲警報（すぐ避難しなければならない）ではなく、警戒警報（少しゆとりがある）中でした。8時15分、建物のなかでしたが、あたり一帯に電気がスパークしたような光を見たかと思うと、瞬間、空気が全部燃える！と感じました。工場の外壁が燃え上がり、光った方向に工場全体が傾き、次に私の身体は立ったまま後ろ向きに吹き飛ばされたところまでは覚えています。気がつくと、工場の建物の下敷きになっていました。

「助けて、助けて」

何回か叫びますが、周りに人の気配はありません。とても静かでした。どうにか一人で建物の下から抜け出ます。先生の顔を見つけます。友達が二人、壊れた建物の下敷きになっていました。木ぎれを探してきて、テコを応用して、先生と二人でやっとの思いで救い出しますが、二人はもう動く元気がありません。

ピカドンと言われますが、音を聞いたという覚えは私にはありません。

壊れた家の上を歩いて、夢中で福島川の河原まで逃げました。そこには、爆風で着ているものはふきとばされ、ちぎれた皮膚をぼろぎれのようにぶらさげた人がいっぱい。男、女の区別さえつきません。熱さから川に入ろうとし、そのまま亡くなっていきます。だるまのように流されていく人で川がいっぱいになりました。たくさんの死んだ魚もいっしょに流されていきます。気がつくと、頭にこぶし大の傷ができ、何か踏んだのでしょう、土踏まずから甲にかけて裂傷を受けていました。

その日は快晴でしたが、雨が降り始めます。黒い雨でした。私は拾ってきたトタンを被って、黒い雨をしのぎました。

いがるように泣く妹

2キロほど離れた所の家(横川町3丁目)に帰ります。家は粉々に砕け、それをまいたようになっていました。父は無事でした。父は翌日すぐに焼け跡に雨だけでもしのげるように小屋を作ります。母と3歳と7歳の二人の妹はどうなったのか。待ちますが帰ってきません。

すぐ近くの三滝町の竹藪で、全身火傷を負った三人を探しだし、家に連れ帰ったのは4日もしてからでした。

3歳の妹に私が会えた時は、白いシーツのようなものに包まれていました。むごい姿を私たちに見させられないという、父の配慮でした。竹薮では、一本の竹が、爆風を受けた側は黒焦げに、反対側は緑の葉のままでした。

一家は、広島市の郊外の焼けなかった親類の家に行きます。そこには同じような親類が集まってきていました。ここでは厄介はかけられないと思った父は、裏に一家が暮らしていける最低の小屋を作ります。

すぐに母と妹の生きている身体に、ウジ虫がわき始めます。ピンセットなどありません。竹を曲げて次々わき出るウジ虫をとりました。「軍隊の宿舎に薬がある」と聞けば、6キロの道を痛い足をひきずって、歩いて求めに行きますが徒労に終わります。私の頭と足の傷も深刻でした。家族の傷を治す薬はなく、治療の仕方がありません。昔からよいと言われていた、番茶を煎じて、消毒薬の替わりに塗ってやるしかありませんでした。

妹の蒲団がべとべとになっていきます。それほどの膿が小さな身体から出てくるのです。その蒲団を捨てるわけにはいかず、川へ持っていって洗いました。

食べるものといえばコウリャンしかありません。病人には大豆をつぶしてしぼった汁をのませるのがやっとでした。泣く元気もなくなっていた妹の、いがるような（しぼりだすような—広島の方言）声に、あわてて近よって見ると、蜂が肉を噛み、団子のようにしています。巣作りの時期に、蜂は動物の肉をこのように食べるのです。妹は手も足も硬直して動かせず、蜂を追いはらう力さえなくなっていました。

妹のかなえと母は、並んで手をつないで寝ていました。ある日、急に手がはずれます。母が「かなえ、手はなした」と言ったのが妹の最期でした。8月6日から2ヵ月後でした。

私は、7キロほどの道を父が働いていた宇品まで自転車をこいで知らせに行きました。父の顔を見て「かなえが……」と言っただけで、あとは言葉になりません。

二人の子の最期を見とどけるようにして、母は弱っていきます。胃がんでした。母が「広島の街を見ておきたい」と言ったのかどうか、父は大八車を借りてきて母を乗せ、お城や公園を見せて回ります。
「慧ちゃんありがとう、お父さんを大事にしてあげてね」
と言って、母は亡くなりました。被爆から3年後、47歳でした。

8月6日以前の私はどうだったか。敵機が飛来すると、防空壕に避難するよう指導されていたのに、爆弾の落ちる音、高射砲弾の作裂音、弾の飛ぶ音を聞いてみたくもあり、恐ろしいもの見たさで、高いところに登って眺めているという、大人はやらないことをやってみる元気な男の子でした。そんな13歳の少年が、地獄を見たのです。40人ほどの私のクラスのなかで助かったのは私一人でした。頭と足の傷、それも外傷ですみ、命が助かったことは奇跡でした。1200度の熱を、爆心地から1・2キロの所で受けたのに、これだけで終わったのは、光を浴びたのが部屋のなかであったこと、黒い雨をトタンでふせいだことによると思います。

たくさんの「死」を見て

当時、日本中の都会では、爆撃を受けた時、類焼を少しでも防ぐために、道をはさんで両側の家を壊しました。中学生の徴用は、軍事工場で働くだけでなく、そんな仕事までさせられました。道路に沿って家に縄をかけ、縄の先をもって勢いよくひっぱり、一気に家を倒し壊すのです。人力だけで、順番に、家並み全部を。

女学生まで女子艇身隊として、その仕事をさせられました。8月6日の朝、爆心地近くでその仕事を始めようとした時、彼、彼女たちの命は一瞬で奪われました。中学生・女学生が束になって死んでいきました。自分たちを育ててくれた、愛する街を自分たち自らが破壊する。過酷な労働にくわえて、非人間的なことをやらされ、その仕事のために亡くなっていった彼、彼女たち、そのご家族の方の気持ちをおしはかると、ほんとにつらくなります。

女子学生のなかに、私の同い年のいとこがいました。叔父たちは、いとこを何日も探し回りますが、彼女の生きていた証は何も見つからずじまいでした。

1999年、NHKの番組に、彼女の父、私からは叔父が請われて出演しています。90歳近い父親が58年もたった今も変わらない、失った13歳の娘への想いを淡々と話していました。若い将来のある青年たちの命がこのように奪われた事実を語り、原爆の恐ろしさ、平和の大事さをしみじみ訴える番組でした。

動員学徒慰霊塔（広島市平和記念公園）

もう一人、母の妹の夫のこと。彼は終戦後広島に帰ってきて、所用で広島の街を自転車で走ります。先ず髪の毛が、握っただけで束になって抜けはじめ、すぐ床につき、今から言うと、原爆病の症状がでて、1ヵ月後に亡くなります。顔はじめ身体のどこにも傷らしいものはない、表面はきれいな身体のままでした。若い妻と成長ざかりの子を遺しての死でした。

これも日本中で、空襲の時、逃げこむ場として防空壕を作りましたが、何の役にもたちませんでした。爆風でつぶされた防空壕が、死んだ人の置き場になり、山ができます。夏ですからすぐ腐ります。焼いてしまわずにはおられず、近くの人が焼きました。人を人と思う心をなくして、仕事を続けました。

せめて亡骸《なきがら》を見届けたいと探している、身内の人の想いは分かっていたはずですが、待てなかったのです。大事に思う人と最期のお別れをすることなく、たくさんの人が葬られていきました。

生き抜く

父はたいへんな困難に出あい、うちのめされても、かえってそれをバネにしてまた強くなろうとする人でした。生き地獄のなかを生き残った自分たちは、強く生きようとしました。

父は「次はあの人が死ぬ番や」と、言われるのを聞きます。言っているのが被爆者です。私自身、大事にしてくれている叔母が「次は慧司や」といっているのを聞いてしまったことを忘れることはできません。みんなが被傷者なのに。人の死を人間らしい気持ちで見、話す心の余裕を失っていたのも事実です。その時のことを思い出して、父は言っていました。

『死』は次は誰の番、自分かもしれない、家族のために死ぬわけにいかない。自分は死にたくない。いろんな思いが言わせたのだろう。住まいのこともあるが、今日食べるものがないことが『死』につながっていた。それが恐怖だった。そんなことが人をこんなに追いこんだのではないか」

当時小学生は学童疎開をしました。学童疎開していた子たちが、次々帰ってきます。私の家では、父母がかわいい子は手放したくないと、妹を学童疎開させませんでした。自分たちの思いで、娘を死なせてしまった。帰ってきた元気なよその子を見ると、父母は腹が立ったそうです。「他人には言えない親の気持ちだった」「次は……と言う人と自分も同じだった」と言っていました。「次は……」と言われているのを聞いて、父は、何くそ、絶対死ぬもんか、生きて生きて、生きぬくぞと強い決意をしたと言います。もっと言うと、人に弱みを見せたらだめとも思いました。山の高い空気の薄い所へ登って、体を鍛えようとします。

父は深い生活の知恵をもっていました。思いつきのよさには感心してしまいます。木を生きたまま柱にして家を建てました。電気はなく、カーバイドの灯でした。人糞で野菜を作ります。川でアヒルを育てます。こうして3年間暮らしました。どこからそんな「工夫」をあみだすのか、道具を次々作りました。長い板に15センチほどの釘を打ちつけた、魚を獲る道具を作りました。ちょうど引き潮の時をねらって、それを持って、数キロある道を歩いて海へ行きます。タコ・カニ・カレイ・ハゼなどが獲れました。

干してあるのを見つけた人が、「ほしい、ほしい」と言います。あれを「餓鬼」というのでしょうか。父は躊躇《ちゅうちょ》なくあげました。もらった人は、小さな魚で人間らしさをとりもどしたのでしょうか。父はそんなふうにあれこれ言う人ではありませんでした。

あとから考えると、直後は、放射能に汚染されたものを食べていたわけです。

私はいつも父といっしょに働きました。こうして、私たち父と子はけんめいに生きのびました。

父は「生きぬく」ことを、生きていく信条にしていました。晩年の父は登山の会を主催し、生き甲斐の一つにしていました。父は「慧、なごう生きんで（長生きしなさい）」といって93歳まで頑張り、生きぬきました。母・二人の妹・たくさんの友達を失い、たくさんの「死」を見てきた私も、父の信条をそのまま受け継ぎました。

「戦争・被爆」は国が起こしたことですから、「国家補償は当然」と今なら考えます。亡くなった人を荼毘に付すことも行政がやることです。当時そんなことをだれも思いもつきませんでした。自分の力で、自分の命をもちこたえました。

昔は逓信省、今はＮＴＴと変わりますが、私はそこで技師として働きました。健康で働け、経済的に安定した生活を送ることができました。

恋愛結婚をします。終戦後10数年経っていましたが、被傷者への理解がなく、偏見さえありました。妻は反対を恐れ、年とった両親の心配を思って、被傷者であることを隠しとおしました。

元気そのものの三人の男の子に恵まれます。年月を経てから、つい妻が兄弟にもらした時、「知っていた、健康なよい子に恵まれ、ほんとによかった」と言ってもらえました。「私はずっと応援していた」と言ってくださった人もありました。三人の子は個性的に育ち、はらはらすることも数々ありました。病気もせずそれぞれ成人しました。私は、息子たちが生き甲斐のある職業につけるよう梯子をかけ、世間並みのしあわせな道を自力で登れるよう心がけました。元気な孫もでき、その一人はこの4月からは小学校へ入学します。

息子たちの家族と一緒に、年1回旅行するのが何よりの楽しみです。そして、家族みんなの健康を喜びあっています。

私の好きな言葉は「日日是好日」。意味は、これまで体験した苦労を生かし、人間として生まれてきた生涯を一日一日工夫しながら、最高に楽しく、悔いのないよう余生を大切にしたいということです。

横で、奥さんのマサエさんは次のように話されました。

「私は京都で生まれ育ち、京都しか知らずに過ごしていたかもしれません。けれど、慧司さんと結婚して、広島・原爆について知り、真剣に向き合った。私も精いっぱい生きてきた。お舅さんからもたくさんのことを教えてもらった。

慧司さんに私のできることは、『身体によいことは何でもする』こと。特に家族の『食』にいつも心がけた。慧司さんの2回の大手術ものりこえた。息子たちとも、小さいときから『広島・原爆』について折々語り合った。広島にも家族旅行した。息子たちは『お父さんは他の人が知らない、世界でも数少ない経験をし、そして現に生きている人の一人や』と言ってくれている」と。

■後記■

北村喜代子

米倉慧司さんは「私たちのような被爆者は、体験を後世に語り伝えていかなければならないと思っています。退職したことだし、原爆体験の語り部として若い人や子どもたちに語りにいこうと思うのですが、涙もろくて話せなくなるので……」とおっしゃいます。

私（北村）に語ってくださっていて、苦しいところで泣かれます。もう苦しい思いをさせるのをやめてもらおうか、とも思いながら話させてしまいました。

マサエさんはのぞきこんで、「お父さんは年取って、よけい涙もろうならはった。その話になるといつも泣かはるんや」と、ハンカチをそっとだしてあげておられました。慧司さんが話してくださったこと、横からマサエさんも話してくださったことをもとに、北村が書きました。

ナガサキ編

1 中野士乃武

燃え尽くす長崎の地獄絵の中を縦断して帰りついた私の被爆体験

2013年2月26日

消えてしまった景色

原爆投下の昭和20年（1945年）、私は19歳でした。国鉄門司鉄道局の長崎駅構内で、電力関係の事務所の経理事務をしていました。

警察署長だった父は昭和19年（1944年）に亡くなっており、四人兄弟の長兄も佐世保にいて昭和14年（1939年）支那事変で戦死していました。残された家族は母と二人の姉と自分と妹の五人で、そのうち、当時、出来大工町《できだいくまち》にあった実家には母と次姉と妹と自分の四人が住んでいました。

8月9日の朝、私は長崎駅の一つ北にある浦上駅に、当時15、16歳だった若い職員二人を連れて在庫調べに行きました。仕事が終わって帰ろうとしましたが、次の汽車まで時間があるので、三人で歩いて帰ることにしました。

浦上駅と長崎駅の中間にある銭座町《ぜんざちょう》付近まで帰ってきた時、空襲警報が鳴り、近くの防空壕に避難しました。爆心地からは1・8キロのところです。警報はすぐに解除されましたが、上を向くとまだB29が飛んでいるので、すぐにもう一度防空壕に戻りました。防空壕は山の裾に横穴を掘ったようなもので、中では20人くらいが体育座りのような格好で避難していました。

5分もしなかったと思うのですが、もの凄い閃光を目に感じました。次に強烈な爆風によって身体が防空壕の中の壁のあっちこっちにたたきつけられました。その後2、3分は放心状態になっていたのだろうと思います。記憶がありません。

やがて焦げくさい臭いが立ち込み始めたので出口の方に行くと、焼けただれた服装でお化けのような格好をした人たちがたくさん防空壕めがけて入って来ました。その時は意識しなかったのですが、焦げ穴だらけの薄着、下着一枚のような女の人もいました。「何があったのか」と三人で、入って来る人とぶつかりあいながら外に出てみると、防空壕に入る前にあったはずの景色が何もないのです。家も建物もすべてがなくなり、ぺしゃんこになってくすぶっていました。

こんな時には、人は自然に山の方に向かって避難しようとするものなのか、私たちは長崎の街の東方後ろにある金比羅山《こんぴらさん》めがけて登って行きました。道は家屋でふさがり、木材が燃えて熱かったのを覚えています。私たちの後について四、五人の人も一緒に来ました。

水を求め、助けを求める人々

山への入り口の所で女の人が、「この子がおかしい。何とかして下さい、助けて下さい」と叫んでいました。

山の中腹まで来た時、建物の下敷きになっていた男の人がものすごい力で私の足首をつかまえて引っ張り、「水を下さい」と訴えてきました。私は気が転倒しそうなほど恐怖感を覚えましたが、「すぐ持って来るから、待って下さい」とその場をごまかすウソをつき、その男の人の指を一本ずつ一本ずつひきはがしました。

もう少し行くと四、五人の兵隊さんが倒れていて、「兄さん、水をくれんか」「木陰あたりに引っ張ってくれ」と助けを求めてきました。山の小高いところに高射砲陣地があり、そこに配属されていた兵隊さんたちだったと思います。ここでもとりあえずいい加減なことを言って、私たちはその場を去りました。

小高い山の頂上で三つぐらいの子どもが横たわったお母さんにしがみついて「おかあちゃん、おかあちゃん」とワーワー泣いていました。頂上付近で一休みしていると、下から下からどんどん人が登ってきました。その後、「泣いていた子どもを誰かがかかえて連れて行った」というのを聞いてほっとしました。60歳くらいの女の人が「私はキリスト教徒なのにキリスト教信者はみんな死んだ」と言っていました。

山のさらに奥の方に逃げて行くうちに夜中になりました。また爆弾が落ちるかもしれないと思い、近くにあった古畳をかぶってその夜は野宿をしました。夜間、山の東南の方角を見ると家が見えました。あっちには爆弾は落ちてないんだと思ったのを覚えています。

翌朝、山を大きく迂回して長崎市北方の長与村《ながよむら》に降りて行きました。当時、長与村には国鉄長崎管理部の事務所が疎開していました。そこで「長崎の旧市内は残っているらしい」という情報を得ることができました。実家のある出来大工町は旧市内です。諫早《いさはや》から通勤していた若い職員とはここで別れ、私は一人で線路づたいに南へ歩き、家に向かって帰ることにしました。

長与村から旧市内までは、ちょうど爆心地の松山町を中心にして半径3キロの距離の北の端から南の端まで（合計6キロ）となりま

上＝８月９日、爆心地方向から長崎駅方向へ避難する人々。長崎で唯一の被爆当日の写真。左＝８月10日午前10時頃、救護を求める市民（いずれも山端庸介氏撮影）

す。街は南北に流れる浦上川を中心に細長い谷のようになっていて、川の西側には三菱造船や三菱製鋼、三菱兵器などの軍需工場が連なっていました。国鉄と市内路面電車が南北に並行して走っているところでした。

死者、死者、死者……

原爆投下の翌日、言語に絶する惨状の爆心地と長崎市街の中心を縦断するようにして、歩いて帰りました。

この途中、私が見たのはまさしく原爆の地獄絵そのものでした。

路面電車は熱線で焼け焦げており、倒れて横倒しになった電車もありました。牛や馬がたくさん死んでいました。当時、牛はお百姓さんが長崎市内の肥《こえ》を運ぶのに使っていたものです。馬は、日通が兵器工場など軍需産業の運搬用に使っていました。

線路沿いの道も、浦上川も死者でいっぱいでした。線路の土手で死んでいる人、浦上川にうつぶせになって死んでいる人が溢れていました。長崎駅はもはや駅舎はなく、ホームの屋根だけが残っている状態でした。旧市内も飛び火で火災が起こっていましたが、消防団の消火活動で食い止められていました。

夕方、やっと家にたどりつきました。母たちは、「生きとったか」と喜んでくれました。

原爆投下直後は駅の仕事がなかったので、その後すぐに島原に嫁いでいた姉のところに1ヵ月ほど身を寄せることにしました。身体はだるかったのですが、下痢や発熱のような症状はありませんでした。百姓仕事を手伝いながら、ゆっくり静養したのがよかったような気がしています。同僚たちは、原爆投下後3日目から死体の片付けや死体を焼く仕事に命令でかり出されていました。ほとんどの同僚が30歳までに亡くなったと記憶しています。また、金毘羅山へと一緒に避難した二人の若い職員も、二人とも30歳までに亡くなったと聞いています。

2年前の平成23年（2011年）に亡くなった妻とは職場結婚でしたが、妻も長崎駅構内で事務をしていて被爆しています。金毘羅山の東方の西山貯水池の方まで避難していました。

被爆二世、三世のこと

戦後、私は国鉄の長崎管理部というところで仕事をしていましたが、昭和30年（1955年）、線路や駅舎をつくる建設部門に異動となり、明石・吹田間の線路複線化の仕事の関係で大阪事務所に転勤し、その時から京都の宿舎に住むことになりました。その後、新幹線が開通し、関西地区の保守担当に転職。労務、総務の責任者として組合交渉の窓口の仕事をすることにもなり、56歳で定年退職しました。国鉄がJRに分割民営化される前の時代のことです。その後、民間企業で69歳まで働きました。

京都原水爆被災者懇談会と関わり始めたのは66歳の時です。「被爆の影響は孫にも出るぞ！」といった二世・三世に関わる風評を長崎で聞いたり、神奈川県の進んだ二世施策を知って、当時の懇談会の総会で代表の永原誠氏に「懇談会は被爆二世のことを考えていないのか」とくってかかりました。その時、故岩崎謙護さんから「文句ばかり言ってないで自分でも世話人になれ」と言われたのがきっかけで、以来今日まで世話人をさせてもらっています。

50歳で胃がんが見つかり、その後胆囊炎《たんのう》で手術もしました。1年に1回は精密検査するなど健康管理には努めてきました。現在は糖尿病などをかかえていて治療継続中です。三人の子どもや、孫、ひ孫に私と妻の被爆の影響がありはしないかと考えると、とても心配です。

2 川越　潔子

家族8人全員のいのちとからだを傷つけた原子爆弾

お話＝2013年3月25日

原爆投下の瞬間

私は昭和12年（1937年）生まれで、原爆投下の時は9歳、国民学校3年生でした。長崎市内南東部の上西山町に自宅があり、歩いてすぐの下西山町に学校がありました。爆心地からは2・7キロぐらいの距離になります。西山地域は爆心地とを結ぶ直線上に小高い丘があり、その分だけ直爆被害は少なかったのだと思います。しかし後になって、西山は長崎市内でも放射線による汚染が特別強かった地域の一つであることが明らかにされました。

8月9日原爆投下の瞬間は、登校していて2階の教室にいました。夏休みの期間中でしたが「勉強できる時に」と授業があり、でも疎開した子もいるなどして、生徒の3分の1ほどが出席していたと思います。飛行機の爆音が聞こえて、みんな防空頭巾の紐をひっぱろうとしていた瞬間、いきなり閃光とともに、〝ジャーン〟という異様な音がし、窓のガラスが一瞬にして粉々に砕け、そのガラス片をまるで豪雨に叩きつけられるように全身に浴びました。

当時は、いつ何どき何があるか分からないような時代でしたから、みんないつでも逃げられるように、幼いながらも心の準備や身構えはしていたように思います。夏の盛りでも衣服は長袖を着ていました。先生からはすぐに自宅へ帰るよう指示されましたが、足がすくんでなかなか思うようには動けませんでした。ワーワーと泣き出す子も何人もいました。壊れかけた階段をなんとか降りることができ、どうやって外へ出たのか覚えていませんが、自宅にたどりつきました。こんな時にはしっかりしなければといつも母に言われていたことを思い出しながら帰ったことを不思議と覚えています。

自宅は焼失は免れましたが天井などは完全に落ちていました。この後暫くは壊れたような家で雨露をしのぐことになりました。西山地域には「黒い雨」が降ったと言われていますが、私は直接には体験していません。後日話として聞いていました。

私の家族は、祖母、女学校教員の父、母、中学2年の兄、2歳上の姉、小学校1年生の妹、生後間もない妹の八人家族でした。八人全員が被爆しました。

父は勤めていた長崎県立高等女学校で、祖母と母と妹二人は自宅にいて、兄は勤労奉仕で動員されていた兵器工場で、姉は学校の指示で松ヤニ採りのために友だち数人と出かけていた木場という山の林の中でそれぞれ被爆しました。生後間もない妹は原爆投下の瞬間、母が風呂桶をかぶせて守ったそうです。

兄も、姉妹もみんな放射線被曝による急性症状を発症しました。私は原爆投下の2~3日後から脱毛が始まり、口や歯茎から出血、赤い斑点状のものも出ました。髪の毛はバサッと抜けてひどいものでした。赤い斑点を発症すると確実に死ぬと言われていましたが、私の場合は幸いにも体が強かったのか、生き延びることができました。母は、「しっかりするのよ!」と、とにかく気をしっかり持つように励まし続けてくれました。

兄のこと　捜索指示を受けて爆心地に

急性症状が一番ひどかったのは兄で、内臓破壊からの下血までしました。

中学生だった兄は兵器工場に勤労奉仕で動員されていて、爆心地から遠く離れたところにあった作業場のトンネルの中にいました。原爆投下後すぐに、同じ学校の友達を捜索するよう指示されて爆心地近くまで入っていきました。みんなが手分けして同じ行動をしたのです。

人を捜すと言っても死体を確認したり、大火傷や怪我をした人たちとたくさん触れまわる中でのことでした。8月9日当日から10日、11日と続きました。原爆の直爆による怪我はありませんでしたが、友達探しによって大量の放射線を浴び、そのことが命を縮めることになりました。

今思うと兄は8月9日が生涯で一番元気な時だったと思います。その後はものが食べられない状態も続くようになり、体調を悪くしていきました。体調悪化は緩慢でゆっくりとしたペースで進みましたが、その変化は家族の誰の目にも分かるような状態でした。

結婚もし、子どもにも恵まれましたが、結局40代の終わりに急性骨髄性白血病で亡くなりました。私の記憶でも一度も元気な顔を見せたことがありません。兄は五人の兄弟姉妹の中で一番つらい人生を送りました。今でも兄のことを思い出すと胸が締めつけられるようになります。

祖母のこと　学校で荼毘に付す

祖母は原爆投下の翌日倒れて、生死が分からない状態が4日続き、そのまま亡くなりました。今から思えば被爆によるショック死だったと思います。倒れた時、あちこちに医者を探しまわりましたが、大混乱の中、すぐには見つけることはできませんでした。亡くなって2日後ぐらいにやっと死亡診断書だけは書いてもらい、遺体は学校で焼却することになりました。たくさんの人が亡くなっており、五つの家族が協力して火葬することになり、その時、祖母も焼かれました。家族が家族を自らの手で荼毘《だび》に付すことはとてもつらく重い作業でした。人間の体はそう簡単に焼けるものではないこと、それを見ている私たちには大変つらいものであることをこの時、痛切に体験しました。

子どもでしたが、それでも「人間の尊厳は一体どこにあるのだろうか？　どうしてこんなふうにして人の尊厳が失われるのか？」と、無念な思いを胸に深く刻み込むことになりました。

父のこと　教え子の救援に没頭

父は、原爆投下の瞬間は勤め先の県立長崎高等女学校にいました。家族の無事を確かめた後は家には帰らず、兵器工場に勤労奉仕で動員されていた生徒たちの救援、救護、連れ戻しに没頭することになりました。

多くの生徒が亡くなっていましたが、まだなんとか助かりそうな生徒はすべて学校の校舎内に収容しようと泊まり込みで奔走しました。やっとわが家に帰ってきたのは相当の日数がたってからのように思います。同僚の先生方で亡くなられた方も少なくありません。父はあの時よく死なずに済んだなと思いました。そしてまた父は、生徒の救援と同時に校長先生と二人でご真影を安全なところに移すことになりました。教頭でもない父が校長とこんな時に！写真ならどこにでも隠せるのに！　と、私は強い怒りを抱きました。

このことは後年私の自伝的小説に書き記しました（『文化評論』に掲載された小説で入選作品となりました）。小説といってもほとんど実録です。原爆被爆のことについて何か形あるものを残さなければと思い執筆したものです。

母の覚悟

父が女学校で奔走している時、父は母に「自分を頼るな、すべて家族は君の裁量で守れ！」と言い渡していたようです。母は、爆弾投下で「これで日本は戦争に負けた」と直感し、敵軍がすぐに乗り込んできて女、子どもに危険が及ぶかもしれないと思いました。

母は、「何かあったら自分の決断で対処するから心配しないように！」と、私たちに語っていました。ある種の覚悟のようなものを感じました。当時の母親はみんなそうであったのではないかと思います。あの頃の母から受けた緊張感は今でも私自身を支えているような気がします。

姉も病気との闘いの人生でした。60歳の初めで亡くなっています。大病を患ったわけではありませんが、本当に一生懸命生きようとしたのに、健康を保てなかった、という思いがします。妹二人は今も健在ですが、家族の女性は全員子宮、卵巣の手術を受けています。

飢えと渇きの襲来

原爆投下から間もなく終戦。それから間もない頃のこと、一番苦しかったことの思い出、最も強く脳裏に焼きついていることは〝飢えと渇き〟です。この〝飢えと渇き〟が一緒になって襲ってきました。食べるものがない、飲める水もない、危機的な状況の経験でした。原子爆弾による破壊で井戸水に地域の汚物が入り込んだりして、飲める水がなくなりました。食料は戦争中は統制配給制度でしたが、最後の頃は「10日間配給がない」ことも珍しくない状態でした。それでも10日待てばなんとか手に入る期待がありましたが、原爆投下後はその期待さえ失われてしまいました。

空腹と共にくる渇きは我慢できません。たまりかねて妹と近くの池の水を飲んで渇きを癒したこともあります。あの時の味、感触は今でも忘れられません。池の水なんか飲んでよく無事だったなあと今にして思います。道に落

小さな虫
川越潔子

川越さんの小説が掲載された『文化評論』1974年11月臨時増刊号

ちている石ころさえ食べ物に見えたこともあります。地域の人たちもみんな同じ状況だったと思います。原爆の直接の被害ではなく、飢えか病を重くし命を落とした人も多くあったと聞きました。原爆投下後の日本、特に広島、長崎は、政治から「うっちゃらかされ」て、国民の生活は放置された状態でした。今の福島と一緒ではないですか。

病気との闘い

戦後はずっと長崎で育ち、長崎で高校教員にもなりました。20歳代最後に結婚、30歳代になって夫が生活している京都に引っ越し、以来京都に住み続けてきました。

病気とは縁の切れない人生でした。20歳代後半に白血球減少症を発症し、最悪の時は白血球数が1000以下になったこともあります。今は克服しました。20年前から膠原病、リウマチ、シェーグレン氏病、4年前から甲状腺腫、昨年から甲状腺機能低下。膠原病は血栓のできやすい病気で、その影響で昨年は脳梗塞も発症しました。

どうしてこんなに病気になるのかと思いますが、病気から逃げるわけにはいきません。かかった病気とは正面から向き合っていこうと思って生きてきました。これからもみなさまと一緒に頑張っていこうとしている毎日です。

ABCC（原爆障害調査委員会）のこと

戦後、昭和23年（1948年）、長崎にもABCC（原爆障害調査委員会）が開設されました。私は姉妹の中でも特に急性症状がひどかったので健康への不安が強くあり、「無料で治療するから心配な人は来なさい」というABCCの誘いに乗って行きました。たくさんの人が並んで順番を待っていました。四～五人前の人に様子を聞く

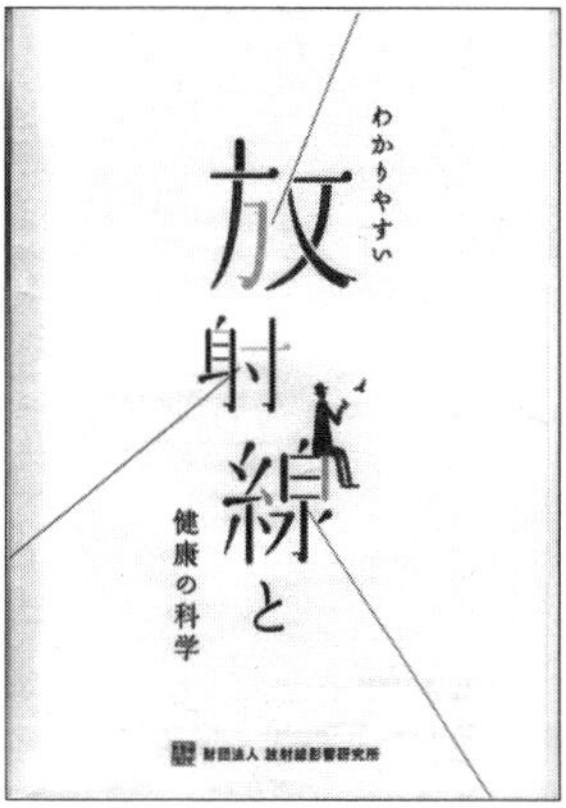

放影研から送られてきた冊子とアンケート（2010年）

と、全身裸にされて写真を撮られたりするらしいとか、検査の実情を聞かされてとても驚き、何もせずに飛んで帰りました。ＡＢＣＣは検査、記録をする機関であって、一切治療などしないところであることを身をもって知りました。

はるか後年、京都に移り住んでも、ＡＢＣＣの後身である放射線影響研究所から調査アンケートと協力依頼が寄せられました。アンケートを読み進んでいくと、発症している疾病は原爆被爆とは関係なく、アメリカ政府などに都合のよい結論に導こうとしているとしか思えない内容でした。

私にできることをやり尽くす

時々身内の方が亡くなられた人の話を聞いていると、その方の様子から明らかに被爆されていると思われるのに、話している人たちには本人を含めてまったくその認識のないことがあります。被爆者と認識もされずに世を去った人は実は多数にのぼるのではないかと思います。原子爆弾による犠牲とは認識されず、その数にさえ入れられていない人たちです。原子爆弾のもたらした真実の姿を覆い隠してきた歴史による結果です。

祖母を学校の運動場で焼いた時に胸に刻み込んだ無念の思い、飢えと渇きに苦しんだ時の悲しさ、悔しさ、あの時の怒りが私の原点です。あの怒りをこれからも絶やすことなく燃やし続けていきたいと思います。

人生も後そう長くはないでしょうが、私が伝え続けるべきこと、語らなければならないことは少なくなく、最後までやり尽くしていきたいと考えています。

今、憲法改定案が公然と持ち出され、９条がないがしろにされようとしたり、国防軍の創設なども声高に叫ばれたりしています。なのに、世の中どうしてこんなにのどかなのかな?と疑問に思っています。こうした状況を変えるために少しでも力になれることを望んでいます。

3 森　美子

看護婦として召集された大村海軍病院で被爆者救護に従事して被爆

お話＝2013年3月27日

大村海軍病院への赴任

私は京都市内壬生寺付近で生まれ京都で育ちました。大津市にあった日赤救護看護婦養成所で2年間勉強し、昭和20年（1945年）3月に卒業しました。20歳でした。現在88歳です。

卒業して1週間ほどした頃、赤紙＝召集令状が来て、長崎県にあった大村海軍病院に応召することになりました。私にとって養成所を卒業して初めての医療現場が、遠い長崎県にある海軍病院になったわけです。

赤紙とは、兵隊に徴兵されるあれと同じ召集令状です。日赤はそれに応じることが義務づけられており、そのことはあらかじめ知っていましたので、驚くことはありませんでした。看護婦20人、婦長1人、書記局1人の合計22人で一つの班を編成し派遣されます。

あの時、大村病院には大津から二つの班が派遣されました。その他の地域にも多数派遣されたと思います。

大村海軍病院は長崎県大村市にあり、長崎市から東北方向、大村湾を挟んで直線にして19キロほどの距離のところです。現在は長崎国立病院になっています。海軍病院時代の記念に門柱一本が残されています。私の印象では海軍軍人の肺結核患者が多かったように思います。海軍の潜水のことなどが関係していると聞いたような気がします。

海軍病院では、本来の看護業務だけでなく、非番の日の「甲板掃除」と言われた廊下の徹底した清掃や、田んぼの草取り、防空壕を掘った後の残土運搬作業などの勤労奉仕作業もありました。一日も休ませてもらえず、特にもっこ担ぎはとてもつらい作業でした。とにかく食べるものがない頃です。病院の中でも、病舎と病舎の間に畑を作り、ナスなどを作っていました。

長崎原爆投下と大勢の被爆者の救護

8月9日の朝、私は宿直明けで遅い食事の後、食器を洗っている時でした。ピカッと閃光を感じました。その時は患者さんが鏡で陽の光りを反射させるいたずらでもしているのかと思いました。その後すだれが弓なりのようになる強い風を感じ、ドカンという音が響きました。空襲警報が鳴り、急いで避難の準備にとりかかり、患者を防空壕に運びました。廊下を走りながら、長崎方向の上空にキノコ雲を見たのを覚えています。

長崎にどてらい爆弾が落とされた、ということは間もなく伝わってきました。大村海軍病院は軍人のための病

大村海軍病院（『大村海軍病院写真集』より）

院だったのですが、院長の決断で一般の被災者も収容することになりました。

その日、暗くなる時間から、病院に負傷者がどんどん搬送されてくるようになりました。負傷者はトラックに積まれて次々と運び込まれてきました。搬送されてきた負傷者は、とりあえず病院1階の廊下、貴賓室、応接室などあらゆるところに寝かせられました。

負傷者は火傷の人が多数でした。中には皮膚が全部焼けてバーベキューのようになった人も、黒こげになっていた人もありました。みんな「お水、お水、お水」と言って水を求めました。私たちはピストンのように駆け回って水を持ち運び、患者さんを抱きかかえるようにしてちょっとだけ横に向かせて口元に水を持っていって飲ませました。何人もの人に飲ませました。

灯火管制の暗い中でのことですから、患者がどんな様子かよく分からないまま、徹夜で必死の看護をしました。夜が明ける頃には、患者の皮膚が焼けただれ、ズルっとむけていることが分かりました。一晩で数え切れないほどの人を処置しました。1階の部屋に収容し、水

大村海軍病院・検査室（『大村海軍病院写真集』より）

防空壕造成作業（『大村海軍病院写真集』より）

を飲ませても、翌朝には亡くなっている人も大勢でした。亡くなった人は病院の裏山に穴を掘って埋められました。「何も悪いことしていないのに、何で死なんならんのやろ」と言いながら亡くなった人のことを、一緒に救護にあたっていた衛生兵から聞いたことを覚えています。

血便を発症する患者も多数いました。最初は赤痢かと思っていましたが、後になって被爆による急性症状だったことを知りました。消毒液で洗いながらではありましたがすべて素手で便を処理し、治療にあたりました。

火傷の患者が多いのに、それに対するまともな薬もありませんでした。クレゾール液を薄めてガーゼに浸し、リバノールガーゼ代わりに皮膚に張り、それを取りかえるだけでした。医師の指示がある場合には痛み止め注射、化膿止め注射をする程度でした。患者さんの患部にはウジがわいて、それを摘み取るのも大変で、大量のウジとの戦いでした。このような看護活動を9月の中頃まで約1ヵ月間、来る日も来る日も続けました。

後の原爆症認定裁判において、証人の医師から当時の大村病院や、森さんら病院で働いていた人々の状況について以下のように証言されている。

大村病院には原爆投下の約9時間後から続々と被爆者が担ぎ込まれ、当日だけでも758人が運ばれてきた。重傷者が多く、その日に100人以上が亡くなっている。(最終的な収容人数は1700人にもなる。)

こうした多数の被爆者の身体や衣服などからの残留放射線により、大村病院の救護施設そのものが汚染された状態だったと考えられる。今日なら病室も完璧にしなければならないし、防護服、マスク等、被曝を防ぐ万全の措置をするのが当然だが、当時は救護する人を守るそうした手立てはまるでなされていなかった。森さん等はそんな状況下、被爆者からの残留放射線を直接浴び、また施設内の放射性物質を吸い込んで被曝した。

急性症状

私は、髪の毛がバサッと抜けるようなことはありませんでしたが、8月10日頃から時々下痢をしました。発熱もあったかと思いますが、当時は看護婦というものはみんなある程度は下痢、発熱はあり得るものと思い込み、あの時は特に気にはしないようにしていました。

終戦

終戦となり、進駐軍の乗り込みが伝わり、いざという時は死ぬための覚悟が求められ、そのための薬を持たされたことも記憶しています。青酸カリのようなものだったと思います。

大村海軍病院に遠方から派遣されていた滋賀県、岐阜県の班は比較的早目に出身地に帰される措置がとられ、9月中旬京都に帰ることになりました。3月に大村に向かった時の列車は窓が目隠しされていて外は何も見えなかったのですが、京都に帰る時の列車はもう開放されていました。広島を通過する時、街の惨状、草一本ない焼け野原を列車の車窓から目の当たりにしました。その時まで広島の原爆のことすら詳しくは知らされていませんでした。

終戦直後、大村海軍病院での忘れられないことが二つあります。

一つは進駐してきたアメリカ兵が病院の患者の資料（収容していた被爆者の関係資料だと思います）をすべて持ち帰ったことです。

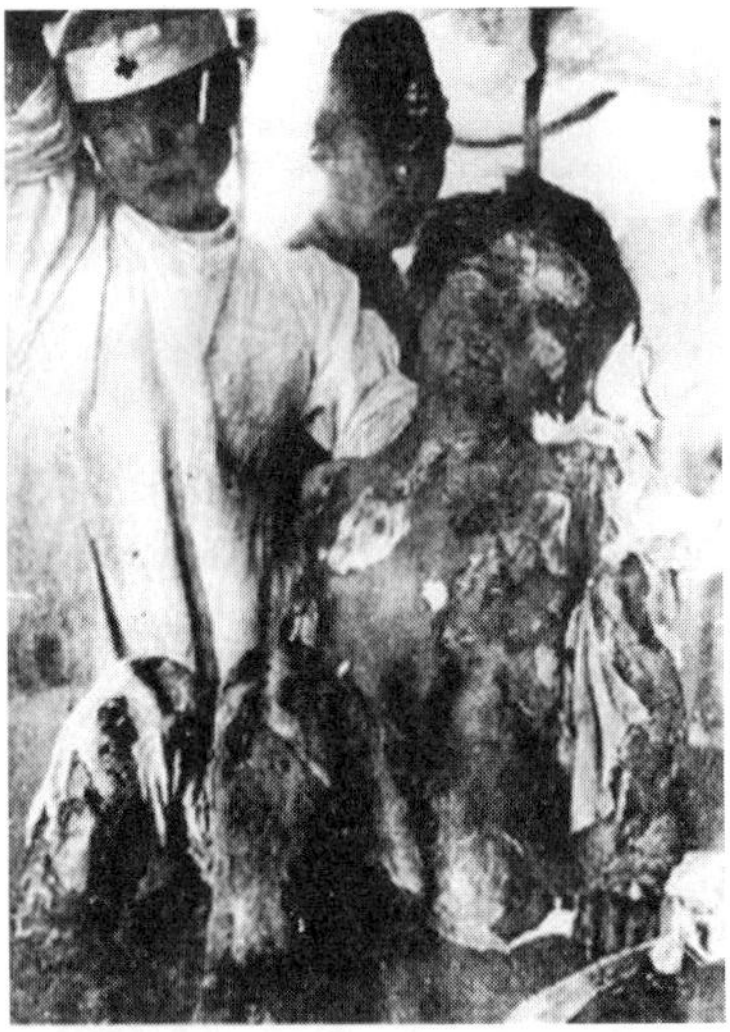

被爆した少女（8月10日～11日ごろ
大村海軍病院、撮影者不詳）

もう一つは、日本人医師とアメリカ軍の医師とが一緒になって亡くなった被爆者の解剖手術をしていたことです。決して治療ではありませんでした。解剖にあたっていた長崎出身の看護婦さんから聞かされました。彼女もその後甲状腺肥大を患い亡くなりました。

資料の没収も、解剖手術も原爆を投下した側のアメリカの研究のためのものです。すべてを持ち去られた日本は、被爆者を助けるための研究も、治療もできなくなり、被爆者対策、救護が立ち遅れる大きな原因になったのだと思います。

戦後

京都に帰ってから、紹介する人があって11月頃から大丸の診療所に勤めることになりました。以来定年まで勤め上げました。生きることで一生懸命でした。

戦後、大村海軍病院に配属されていた看護婦と衛生兵によって「大村会」という戦友会のような組織が作られました。３５０人ほどの会員で長く交流と親睦を続けてきました。75歳くらいまでは毎年会の催しに参加していました。現在は会員の高齢化のため会はなくなっています。

この大村会での話から、私たちも被爆者健康手帳を取得できることを知り、申請、取得しました。被爆者援護法で「多数の死体処理・被爆者の救護等に従事し、身体に放射能の影響を受けた被爆者」と定められている第３号被爆者（救護被爆者）です。大村会ができた後の2～3年後から大村会の友人が次々とがんで亡くなりました。私が特に親しくしていた人も五人は亡くなっています。とても寂しく思っています。

私は昭和23年（１９４８年）頃から毎年のようにかなりの高熱（38度近く）を出すようになりました。あの頃は「風邪だろう」で済まされていましたが、本当の原因は分からないままでした。その後も次々と病気をするようになりました。湿性肋膜、腎臓炎、肝炎、自然気胸、低色素貧血、タンパク尿と。長期間仕事を休まざるを得ない時期もありました。

肝機能障害と原爆症認定集団訴訟

昭和60年（1985年）頃、脂っこい物がまったく食べられなくなる自覚症状が出て、尿検査の反応もあって肝機能障害の診断が下されました。これは被爆が原因となっている可能性があると思い、京都原水爆被災者懇談会の田渕さんとも相談して、平成14年（2002年）原爆症の認定申請をしました。結果は却下処分でした。

平成15年（2003年）から原爆症認定申請却下処分を受けていた被爆者のみなさんの原爆症認定集団訴訟が取り組まれており、私もこれに加わり提訴することにしました。

裁判をするかどうかは随分悩みましたが、私自身だけでなく、被爆患者の看護に当たり被曝した仲間のためにもと決心しました。生まれて初めて裁判の傍聴にも出かけました。裁判は一審、二審とも敗訴し、原爆症と認定されることにはなりませんでした。

2009年の「8・6合意」で確認された基金によって、敗訴の場合でも救済措置はとられることになりました。敗訴にはなりましたが、判決は「（私が）内部被曝、外部被曝していても決して不自然、不合理なことではない」「下痢は急性症状と説明することも不可能ではない」と述べて、私の放射線被曝の事実を認めました。それまで3号（救護）被爆者は頭から原爆症認定は認められず、切り捨てられていたのですが、初めて3号被爆者にも認定の道が切り開かれたと評価されました。

原爆症認定集団訴訟での原告は全国で306人にもなりました。このうち第3号（救護）被爆者は唯一私だけでした。私の訴えが認められていれば、原爆症認定のその後の事情も随分変わっていたのではないかと思います。

二審敗訴の後の集団訴訟支援集会で「（裁判に）敗者復活があればいいなあと思ったりして。これからもよろしくお願いします」とあいさつし、みなさんから大きな励ましをもらったことを今でもよく覚えています。

救護によって被曝した人は広島でも長崎でも、本当はもっともっと多いのではないかと思います。救護活動によって本当は被曝しているにも関わらず、自分を被爆者と思っていない人も全国にはたくさんいるのではないでしょうか。

家族の健康と被爆「二世・三世の会」

私は二人の子ども（一男一女）に恵まれましたが、子どもたちが病気になることもあります。そういう時はとても気がかりで京都原水爆被災者懇談会の田渕さんに相談しました。その時、京都にも「被爆2世・3世の会」ができ、二世の健康問題にも取り組もうとしていることを知りました。本当は二世にも健康手帳が発行されることを望んでいるのですが、なかなか難しいようです。政府の姿勢も固いようですね。

子や孫たち、さらにはひ孫たちの健康についても、私の被爆が関係しないかと思うこともあります。

私自身は最近4ヵ月ほど入院しました。今はなんとか週2回の訪問看護を受けながらやっています。

4

白石 辰馬

海軍衛生兵として39日間
長崎の被爆者を救護

お話＝2013年6月4日

針尾海兵団医務所で見た8月9日

私は、昭和3年（1928年）2月5日、大分県玖珠《くす》郡北山田村（現玖珠町）で生まれ育ちました。今年満85歳です。

昭和20年2月1日、17歳の時、父親の勧めもあって、長崎県佐世保市の針尾海兵団に衛生兵として志願し、入隊しました。新兵教育を終了した後、4月1日に広島県の賀茂海軍衛生学校に入学しました。通常は2年間で卒業するところ、敵軍が上陸するということで勉強どころではなくなり、「先輩軍医に習って実践で覚えよ」と7月10日に卒業。卒業と同時に佐世保市の針尾海兵団医務科に配属され、勤務に就きました。

針尾海兵団には7000人の兵隊が所属していました。医務科は、海兵団のための病院でしたが、上海や南方など戦地から帰ってきた傷病兵が、佐世保や大村の海軍病院でいっぱいになると、針尾海兵団医務科にも送られてきました。大村湾に臨む山を削ったところに、木造2階建ての医務科の兵舎が何十棟と並んで建ってい

ました。

昭和20年8月9日、11時過ぎ、私は兵舎の2階で、患者日誌を隊長に提出していたところ、ピカッ！と一瞬鋭く光ったのを見ました。その部屋にいた隊員のみんなも思わず光った窓の方角に顔を向けていました。ちょうど大村湾の向こうの山が低くなっている辺りが長崎市です。長崎市の上をちょうど夕日が落ちていくというか、実際はそれよりもっとギラギラ光る火の玉の夕日が落ちていく感じで、目で確認できる程度の早さでゆっくり落ちていきました。それが山陰に隠れて、辺りが急に元に戻り、どれくらい経ったか、一瞬落ちた火の玉の4倍か5倍ほどの炎がパッ！と燃え、広がるのが見えました。

その後、元の静寂に戻り、かなりの時間が過ぎた頃、爆風が来襲し、木造の部屋中がガタガタと揺れました。後で地図を見ると針尾海兵団から爆心地までの距離は直線で約40キロありました。

衛生兵として入った長崎の惨状

8月13日、私は衛生兵として出勤命令により、国鉄で佐世保針尾駅から長崎駅に向かいました。汽車は長崎に向かう人でものすごく混雑していました。通常なら2時間かからないところが、線路をつたってやって来るグラマンやロッキードなど艦載機の襲撃にあい、何回も汽車が停まり、外に出るなどして、4時間くらいかかりました。

夜7時過ぎに長崎駅に到着し、歩いて仮の救護所になっていた新興善《しんこうぜん》国民学校に入りました。爆心地から南南東に約3キロのところです。

人手が足りず、到着と同時に、救護所で亡くなった被爆者の遺体を運動場に運び出す作業をしました。患者の包帯を替えたり、「のどが乾く」「水がほしい」と口々に訴える被爆者に水を配ってまわったり、着いた日から一睡もせず、その後ほとんど寝ずの状態が1週間近く続きました。

次の日の朝からは、毎朝7時か8時にトラックに乗って、浦上をはじめ長崎市内や郊外の救護所を移動しながら、ずっと被爆者の治療にまわりました。トラックには衛生兵三人と運転手が乗りました。衛生兵の一人は、熊本の農家出身の同年兵でした。

火災でほとんどの家屋が焼け落ちていましたが、私が入市した13日ごろにはまだくすぶりがあがっている所もありました。道端に馬の死体が半分以上焼けてくすぶっているのも見ました。

放射能のことは何も知らなかったので、あちこちに散らばっている、灰が茶褐色に焼け、頭蓋骨と大腿骨が残っている死体を、手袋も使わず素手で一ヵ所に拾い集める作業もしました。佐世保を出る時、上官から新型爆弾が落ちたという説明はありましたが、原爆のことは何も聞いていませんでした。

長崎の街は道幅がせまく、トラックが入れない所もありました。患者が大勢おられた集落があったのですが、道幅がせまく、軽傷の人にはお地蔵様の所まで出て来てもらって治療し、重傷の人は家まで歩いて行ったりしました。

床にゴザを敷いて、壁はムシロで囲い、焼けたトタンを屋根にした小屋の中には、重傷者や熱傷、火傷、外傷者がいっぱいいて、中には重傷者が重なるようにしてうめいている小屋もありました。患者は爆風で着衣が吹き飛んだのか、ボロボロの下着で、満足に衣服をまとっている人はいませんでした。収容できない被爆者もあちこちにいました。20日過ぎ、重傷者をある程度、海軍病院に入院させるまでの1週間が大変な状況でした。

とにかくすごい暑さでした。死体の臭い、ケロイドで真っ黒になった背中にハエがたかり、化膿する異様な臭い……、薬といってもリバノールという黄色い傷薬と赤チン、ヨーチンぐらいしかなく、来る日も来る日も、衛生学校では習っていない実践の連続でした。

新興善国民学校救護所（長崎原爆資料館提供）

新興善国民学校救護所の入口

　夜7時頃に帰って来てからは、亡くなった人の遺体を運動場に運び出したり、重傷者に水をあげたり、ガーゼの取り替えなどをしました。多くの人が、毎日、どんどん亡くなっていきました。生き地獄でした。後で聞いた話ですが、遺体は松からとった油で火葬されたそうですが、化膿して腐っていて、なかなか火がつかなかったそうです。

　8月末頃の救護所の患者の中には、背中がケロイド状に黒く焼け、化膿して点々と穴があき、それにハエがたかり、その穴からウジ虫が出たり入ったりしている人がいて、それでも生きておられ、非常に残酷なことだと思いました。

　この暮らしが、9月21日まで39日間、休日なしで続きました。寝泊まりは、新興善国民学校の先生の宿直室で、食事は缶詰なんかを食べていたように思います。夜になると鉄筋校舎の一番上のバルコニーに上がって、真正面に見える長崎港を見ながら、故郷のことをいつも思い出していました。17歳、今の高校生の年頃です、ただただ家に帰りたかったです。

帰郷してから眩暈、嘔吐、大量の鼻血

8月15日の終戦で、針尾海兵団の7000人いた兵隊は、後始末のために40～50人を残して16日、17日にはみんな引き上げたそうですが、衛生兵、看護婦、医官だけは残って、寝る時間もなく治療を続けていました。新興善国民学校にはいろんな所から衛生兵、看護婦、軍医が入って来ていて、混乱のなか、誰が指揮官か分からなくなっていました。

私は、賀茂海軍衛生学校の7期生でしたから、一番若かったと思います。佐世保の同年兵370人、そのうち120～130人が戦死しています。戦艦や巡洋艦に乗り、輸送途中で戦死している者もおり、終戦が1週間早かったら助かった者もいたと思います。

9月21日、針尾海兵団に帰りました。私のリュックの中はこじあけられ何もなくなっていました。厚生省の兵役履歴書には9月22日除隊と記されています。翌22日、大分の実家に帰郷しました。

帰郷後、2週間くらい経ったころ、急に鼻血が出て止まらず、母が近所の秋好医院に電話で往診を依頼してくれました。診察の結果は原因不明で、とりあえず鼻血止めの薬をもらい服用していましたが、その後も1ヵ月に何回も鼻から出血がありました。きつい眩暈《めまい》、嘔吐もありました。

症状は、現在も続いており、眩暈は今の方が激しく、2週間に1回、医師の診察治療を受けています。鼻血は、年に1～2回、予期せぬ時に出て、出る時はハンパじゃない量の出血があります。片方の鼻の穴に栓をするともう一方から、両方の鼻の穴をふさぐと口からビューと大量の血が出て、医者がビックリするくらいです。自分でも死ぬんではないかと何回も思ったことがあります。

私は、海兵団に入る前、鼻血や眩暈など経験したことがなく、海兵団は「甲種合格」でした。剣道をしており、

野球は国体に出たことがあるなど、スポーツは何でもやっていました。だから、原爆投下後の長崎市に入市したのが鼻血や眩暈の原因としか考えられません。

被爆者手帳の申請

私が被爆者手帳の申請をしたのは、50歳を過ぎて京都に来てからです。私には大分に娘が二人います。ずっと被爆者手帳の申請をしなかったのは、二人の子どもの結婚に弊害が及ぶのではないかという不安と、将来家族や親族一同にまで迷惑がかかるのではないかという思いがあったからです。

しかし、京都四条病院で医療事務の仕事をしていた時も突然、大量の鼻血が出て、病院に大変迷惑をかけました。その時、副院長に事情を説明したら、被爆者手帳を申請すべきだと言われました。そして新聞記事で弁護士相談を見つけ、相談に行ったところ、被爆者懇談会を紹介してくれたのです。

随分時間が経っているのでもうだめかと思っていたのですが、事務局の田渕さんに本当によくしてもらい、何回も府庁に足を運んでもらい、手帳を取得することができました。

実は、戦後、私が大分に帰った時、亡くなった父母から、「長崎で被爆におうたことは、死ぬまで口が裂けても言うな」と厳しく言われました。当時、大分の田舎では原爆症は伝染病のように思われていて、「村八分になる」「近所の人にも絶対言うな」と釘を刺されていました。

私には、姉と弟二人、妹が二人いましたが、きょうだいのうち33歳で亡くなった姉と教員をしていた弟だけがそのことを知っていて、妹二人ともう一人の弟は今でも私が被爆者であることを知りません。その弟は、私が鼻血を出すと「兄貴は鼻血なんか出んかったのに、なんで出るんねえ」と言っていました。

つい最近のことですが、懇談会で被爆二世・三世健診のことを聞いて、娘たちに教えてやりたいと思い、自分

が被爆者であることを話しました。娘たちはビックリしていましたが、二世健診のことは、どうもめんどうくさいようなことを言っていました（笑）。

また、昨年11月には、理事をしている京都大分県人会でも、詩吟を披露した後、マイクをもって自分が長崎で入市被爆をしていることなどを話しました。

自分がいつまで生きられるか分かりませんが、私が原爆投下後の長崎に入ったのは、軍の命令で、お国のために行ったという思いがあります。今まで被爆体験を書いたり、話したりしたことはなく、これが初めてです。

いつ鼻血が出るか、眩暈が起きるか、分からないのがほんとうに困るのですが、何十年たっても九州弁がぬけないのと一緒で（笑）、死ぬまで付き合うしかないと思っています。

5 小笠原長四郎

〃核爆弾〃被爆体験記

お話＝２０１３年８月６日

２０１３年８月６日「第25回乙訓非核・平和の鐘をつくつどい」（於：光明寺）でのお話と原稿を組み合わせて京都「被爆2世・3世の会」が成文化しました。

工業専門学校から三菱電機長崎製作所への学徒動員

私もそう先は長くはなさそうな齢になり、年金でありがたい毎日を送らせて頂いている身としては、何となく申し訳ないような気分のところに、旧知の米重さんから被爆体験の話をしてみないかと依頼がありました。世の中に少しでも役に立つならと、お受けしたような次第です。

私が被爆したのは長崎市片渕町４丁目にあった長崎高等商業学校（現在の長崎大学経済学部）においてでした。学徒動員で学生のいなくなった校舎２階の、北側に面した廊下を隔てた教室内でした。自宅はその少し南、片渕町２丁目にありました。

対米英戦争開戦から4年経っていて、戦況は次第に厳しさを増し、健康な若者はすべて戦力として動員され、学生も学業は中断、文系は直接兵力として軍隊へ、理系は軍需工場で働いていた頃です。

熊本工業専門学校に在籍していた私は、電気工学科2年に進学すると間もなく、三菱電機長崎製作所に動員され、設計課に配属されました。三菱電機の設計課は上記の長崎高商の校舎に疎開しており、私は自宅から通勤することになりました。同窓の約20名は旧市内の大きな料亭を接収した寮からの通勤でした。

旧・長崎高等商業学校研究館（現・長崎大学瓊林会館）

その頃の戦況は益々悪化し、ある日の昼間、空襲警報が出されてしばらくするとゆったりとした爆音が聞こえてきました。申し訳程度の小さな手作りの防空壕のある庭へ出て空を見上げてみたら、頭の真上をB29が北東から西南へ、三菱造船所の方向へゆったりと飛行していました。

次の瞬間飛行機の胴体が左右に開き、10個程度の爆弾がバラバラとばら撒かれ、落下していくのが見えました。数秒後、爆裂音が遠くに聞こえましたが、爆弾は造船所の心臓部ともいうべき機械工場に命中したとのことでした。その時の爆撃によって長崎造船所は機能停止するほどの被害だったようです。

工場は飽の浦の、当時の総合事務所の南に海岸沿いに隣接し、工場の西、山側は道路を隔てて民家の密集する場所であったのですが、爆弾は民家には一つも落下せず、すべて工場へ命中しており、後日、米軍の技術の優秀さに感嘆したものでした。現在の総合事務所は岩瀬道町（＝私の生誕地）の丘の上に建っています。

長崎高等商業学校は、当時文明開化の余韻が残る国内有数の都市であった長崎に、東京、神戸に次いで明治38年に開校された名門高商の一つでした。校舎は木造二階建て、中庭を囲む正方形、中庭側に教室、外側を囲むように幅2メートル程の廊下が通じる重厚な建造物でした。ガラス窓は上下移動式で、頑丈な窓枠内に仕込まれたオモリと上部の滑車を介してロープでつながり、任意の高さで停止できる構造でした。

三菱電機は少し前に名古屋製作所が爆撃されて機能停止し、その分を長崎製作所で作るために、設計図を長崎流に書き換えねばならず、私たちの動員での仕事は、コピー機のない時代、製図板の前で鉛筆で書き換える作業でした。職場には中学時代の同窓で野球部をやっていた高島君のお兄さんや（私は陸上部だった）、小学校時代に住んでいた立山町内の近所の同年輩の若者もいて、気苦労のない毎日でした。高商の学生のいない教室は間仕切りを撤去して、３教室ほどが一部屋になっていました。爆弾や焼夷弾の被害をできるだけ少なくするよう、指揮命令系統が組織されていて、敵機の様子を監視する役目の人もいたようでした。

強烈な光、遅れて建物を揺らす爆風

８月９日は実は私の21歳の誕生日でした。当日は、雲は多いが晴天で、11時頃から警戒警報が出され、やがて空襲警報に替わり、何となくせわしない雰囲気の中にありました。監視役からの「敵機が見える」の声に、次々と廊下の窓から空を見上げました。二人が並べる程の窓から私も空を見ると、かなり厚い雲の切れ目の青空に、白いものが浮かんでゆっくりと流れていました。

「私にも見せて」と、製図板の３個ほど左で製図している同年輩の女性が窓際に来ました。私がその女性に場所を譲って、振り向き、廊下から室内に入った途端、周囲は強烈な光に照らされました。光は一色ではなく赤や青や黄色の３色に変化したように記憶しています。真っ昼間に照明弾、それもわざわざ変色する照明弾とは変なことをするもんだと考えていたら、次に強烈な爆裂音で建物が激しく振動する程の轟音が襲ってきました。

さぞかし大きな爆弾に違いないと感じましたが、爆風がないのも変だと考えていたら、さらに次の瞬間、強烈な爆風が背後から襲ってきました。高島さんの「伏せー」の声に、慌てて床に伏せ、いつも指示されている通りに両手で両目両耳を覆いました。風はとてつもなく強烈で、木造の建物がぎしぎしと軋《きし》む音と共に、揺れが次第に大きくなるのが分かりました。倒壊したらどうしよう、これで終わりかと観念しかけているうちに揺れも収まり、一時の静寂の中、「退避！」の声でわれに返りました。

立ち上がって周りを見ると、棚は倒れ書類は散乱、急いで廊下へ出てみたら、窓枠はすべて壁から外れて教室側の壁に当たって傾いていました。飛散したガラスを避けながら、傾斜した窓枠の下を通り抜け、階段を下りて横穴式の防空壕へと駆けつけました。集まった全員、何が起こったのかも分からず、不安顔で会話もありませんでした。

北側の金毘羅《こんぴら》山の方向からは間断なく落下物が舞い降りてきて、その都度「退避ー」の声で壕に逃げ込みました。やがて落下物の様子から、それは危険物ではないことが分かり、しばらく横穴の外で時を過ごしました。校舎の爆心側の屋外弓道場で空を監視していた人たちは、爆風で山の木が大きくこちら側になびいて揺れて来るのを見た次の瞬間、気がついたら弓道場の建屋の中に吹き飛ばされていたとのことでした。

夕刻前になって帰宅する途中、小学校入学前くらいの男児の、裸の腹が黒焦げになっているのを眼にしましたが、核爆弾などの知識はまったくないので、変だなと思った程度で帰宅しました。

絶え間なくひらひらと舞い落ちていた落下物は、爆心地方面の激しい熱風に煽られて猛烈な上昇気流に持ち上げられたものだったと後日気づきました。

被爆の数ヵ月前、同盟国ドイツが強烈な新型爆弾を開発したとのニュースを耳にしたことがあります。これで苦しい戦況も好転し有利になるかもなどと、些か安堵したことがありましたが、被爆当日の帰路、もしやこれでやられたのか?との思いが脳裏をかすめたのを記憶しています。

わが家の被害

家には母と弟がいましたが共に怪我はなく、散乱した家具を前に呆然自失の状態でした。わが家では誕生日にはいつもみつ豆がご馳走されていましたが、この日以来縁のないものになってしまいました。

屋根は当時としては珍しいセメント瓦で、上下が噛み合わさってずれ落ちない構造になっていました。屋根の棟筋は爆心方向と直角で、爆心側の傾斜は強風に耐えて正常でしたが、風下側は爆風が下から巻き上げ、瓦はすべて棟側へ上がって重なっている状態でした。

広島では黒い雨が降ったそうですが、長崎の私の家の方では幸いにも雨がなく晴天が続いたので雨の被害は被りませんでした。数日後屋根に上がって一枚一枚修復する作業を一人でやり遂げました。

運命だと片付けられないつらい体験

後日、当時のことを思い出してみると、お腹を黒焦げにしたあの子はどうなっただろうか、恐らくそう長くは生きられなかったに違いないと思います。それにしても、校舎の窓から私に替わって窓を見上げたあの女性は?と考えると、何ともやりきれない思いでいっぱいになります。

画家の平山郁夫氏が広島で被爆されたのは、屋外で落下傘を見て、友人にあれを教えてあげようと思い、屋内に入った瞬間だったと述べられています。私の場合、同年輩の彼女の「見せて」がなければ、珍しいもの見たさで私の方が真正面から爆発の瞬間を見、完璧に被爆していたに違いありません。当時、どさくさの中で彼女のことを思いやる余裕もありませんでしたが、後年そのことを思いついて以来、私の身代わりとなって被爆した彼女に対して何とも申し訳ないとの思いが強くなり、そのことが脳裏をかすめない日はないようになりました。私の方は今日まで五体満足、何ともなく生きてこれたのですから。運命として片付けることのできないつらい経験でした。

被爆数日後、職場にはなすべき仕事はなく、爆心地の後片づけに行くことになりました。三菱電機は浦上方面にも作業所がありました。片渕から長崎駅の方へ差し掛かると、被害の大きさは急に激しくなり、その凄さ、無残さを眼のあたりにしました。アメリカに対する敵愾心を痛烈に感じたことを覚えています。

〝核〟の凄まじさ

最後に核の凄まじさについて一言言わせて下さい。

私は原子爆弾と言うのは嫌いで〝核爆弾〟と言っています。同じように原子力発電と言うのも嫌いで〝核発電〟と言っています。核と原子とは違うのですから。

かつて在職中に必要に迫られて学んだ化学の大学受験参考書に拠れば、原子の中心にあって、中間子の作用で強力に結合されている核は、核だけを集めて1立方センチにすると、その質量は6千万トンになるとのことです。水と比較すると、水は1立方メートルで1トン（浴槽の2倍ほどだそうですが）、100メートル四方に並べると1万トン、これを6千万トンにするには6千メートルも積み上げねばならない。それは富士山の上に愛宕山と比叡山を積み重ねたより、もっと高くなります。

アインシュタインによれば質量はエネルギーであるとのことですから、核がいかに大きなエネルギーを持っているかは感覚的にも想像できます。ウランは原子番号が92なので、その中心にそれぞれ92個の陽子と中性子が中間子を介して強力に結合し、大きなエネルギーを貯えています。核爆弾、核発電はその核を破壊して結合エネルギ

第25回乙訓非核・平和の鐘をつくつどい

ーを取り出しますが、破壊した核の後始末の技術は未だ開発されていないのです。

私の未熟な想像に拠れば、大きなエネルギーを取り出した後始末には、それ相応のエネルギーが要るのではあるまいか思います。とすると事実上修復は不可能ということになります。破壊された核は、様々な有害な放射線を出す、地球の有史以来地球上に存在しなかった手に負えない異物なのです。

化石燃料を燃やせば大気を汚染すると言いますが、燃えるとは、主として炭素の結合相手が水素から酸素に変わるだけのことで、炭酸ガスはできるが炭素や酸素、水素原子はそのまま存在します。45億年の歴史を持つ地球はそれらを復旧する能力は持っていますが、突然人間が作った破壊物である核を復旧する能力は当分獲得できそうにないと思うのです。ちなみに、温室内に炭酸ガスを放出して作物の生育を助長する農業は既に行われていると聞きます。地球の大部分を覆う海洋も炭酸ガスの吸収体です。

それに反して、このような核の異物を作るのは、まさに「究極の自然破壊」とも言うべき、大自然に対する罪悪だと考えるわけです。破壊された核が出す強烈な放射線の被害に遭うのは、人間だけではありません。遺伝子で生命を繋ぐ地球上の生物全てが被害者であることを認識しなければなりません。

核破壊は他の生命体を殺さないと生きていけない罪深い人間の、罪の上塗りをする行為です。人間は自然に対し謙虚に慎み深く生きるべきものと心得ます。

6 柴田 幸枝

闘病の日々とノーモア・ヒバクシャ訴訟

お話＝2014年2月8日

長崎市西小島町

私が生まれた所は長崎市の西小島町というところで、長崎市の中心地から少し南方向、爆心地からは4キロメートルほどのところなんです。もう少し行くとオランダ坂や大浦天主堂なんかがあるようなところです。私は昭和15年（1940年）3月10日の生まれですから、原爆が落とされた時は5歳でしたね。

あの時は家の近所の外で遊んでいたんです。誰かが空を見上げて「B29や！」と言ったんで、怖くなって隣の石橋さんという家の中に飛び込んだんですわ。ピカッと光ったのと聞いたこともない異様な音を覚えています。家の中に上がり込んだら箪笥《たんす》が倒れかけてきて、わが家にいた父親がすぐ迎えに来てくれて、私を助けて抱えてくれました。そして外へ出た瞬間に爆風で父親と一緒に吹き飛ばされてしまったんです。10メートルほども飛ばされたんじゃないかと思いますね。後になってですが、「あの時は大橋さん（私の旧姓）親子が飛んできた！」と近所の人たちからよく聞かされたもんです。その時は一瞬気を失ったんですが、意識が戻ると右脇腹に何かが突き刺さって怪我をしていましてね、その時たまたま近所に住む三菱造船で看護助手をしていた人が通りがかって、赤チンで治療してくれたんです。母親はその日は婦人会の勤労奉仕で防空壕掘りに動員されていたらしくて、家にはいなかったんですよ。

もちろん被爆はしていますよ。

父親はその頃三菱兵器の大橋工場に勤めていたんですが、たまたまその日は家事のため仕事を休むことにしたんです。近所に山下さんという親一人子一人の家があって、娘さんが父親と同じ三菱兵器大橋工場に勤めていたんです。その娘さんが朝出勤の時父親を誘いに来たんですが、父親は「今日は休む」と言って娘さん一人を送り出していたんですね。父はその日休んだおかげで死なずに済んだんですけど、娘さん一人を出勤させたことにすごく責任を感じたらしくて、次の日から娘さんを探しに爆心地の方に行くことになったんですわ。父親と私の母親と山下さんのおばさん（娘さんのお母さん）と、それに私も父の背中に背負われて、毎日毎日探しに行ったんですよ。5日間くらい行ったんではないかと思いますけどね。結局娘さんは生きては見つからず、亡くなって帰って来ることになったんですよ。

封印していた恐怖の記憶

父親や山下さんの娘さんの勤め先の三菱兵器大橋工場は爆心地から北へ1キロメートル先の方なんですが、そこまでは行けず、爆心地手前の岩川町あたりまでしか行けなかったらしいことが、後の被爆者手帳申請書類などには書かれてあるようです。爆心地から800メートルぐらいの距離ですね。5歳の子どもにはとても怖いことばかりだったと思いますわ。だからあの時のことはほとんど忘れている、というか記憶から消しているような感じです。

一つだけ鮮明に記憶している情景がありましてね。爆心地の方向に向かって歩いている途中で、足もとで、「おじさん、おじさん」と父を呼ぶ声がするんです。見ると真っ黒に焦げて性別も分からない人が「水を下さい！」と言ってるんです。水筒は持ってたんですが容器がないので、近くの焼け跡から茶碗のかけらを拾ってきて、父が水をあげたんです。そしたらその人は「おじさん、あ……」と言って、「りがとう」まで言えないまま息を引き取ったんです。私は恐ろしいもんだから、父親に必死にしがみついて泣きじゃくっていた、そんな記憶だけがあるんですよ。

原爆症認定の裁判をするようになって、弁護士の先生から「当時の長崎の写真を見ますか?」と言われることがあるんですが、それだけは今でも見れないんです。東北の大震災のこともね、テレビで津波の瓦礫が映ったりすると、長崎の原爆のことを思い出して、すぐにチャンネルを変えたり、テレビの前から逃げてしまうんですよ。

他のことは何にも覚えていなくて、私の中では記憶を封印してしまっているみたいなんですね。記憶が飛んでいるみたいな。親も私には原爆の話は一切しませんでした。ただただ大変やったというだけでね。

同じように記憶が飛んだ経験をされた京都原水爆被災者懇談会の花垣ルミさんから、「飲み物の記憶は?」「食べものの記憶は?」と記憶をたどっていくと思い出すこともあるよ、と言われてやってみたんです。すると、飲み物と言えば「家の横に井戸があって、それを飲んでいたなあ」とか、何を食べてたかなーと考えると、「隣の畑から芋のつるみたいなものを盗ってきて食べてたなー、赤い実のようなものを食べたのも微かに記憶があるなぁー」、などと少しずつは思い出していますけどね。

放射能のせいの急性症状のことも裁判で聞かれるようになって思い出したことが多いんです。親と爆心地のまわりを歩き回った後で、下痢、吐き気があって、高熱も出て、脱毛もしたんです。鼻血もありましたわ。

被爆後から続く疲れやすい体

原爆に遭うまでは男の子のように元気な子やったんですけどね、原爆に遭ってからは疲れやすくて体の弱い子になってしまったんです。小学校の頃も、中学校の頃も疲れやすい体の状態がずーっと続いたんです。ですから学校もよう休みましてね、母親からは「あんたはなまけもんや!」と、よう言われたもんです。

高校生の頃はまだ比較的元気な方でしたけど、社会に出て、就職してからはまた疲れやすい体になって。仕事に行こう思うんですけど起きれないんですよね。病院には行かんと、薬局で栄養ドリンクばっかり買うて飲んでましたわ。病院はお金かかるからいかんかったんですわ。原爆手帳使うのもどうしても嫌だったんですわ。今もおんなじ状態で、朝なかなか起きれないんです。無理して朝早く起きたら、必ず2~3日は寝込んでしまうんですよ。

そんな体の状態ですから、どうしても仕事を休むことが多くて、職場も同じところを長くは続けられませんでした。ですから、本当にいろんな仕事を、いろんなところで転々としたんですよ。

そんな中で主人と知り合って、交際を続けて、昭和47年（1972年）に結婚したんです。私が37歳の時でした。主人ももともと体の弱い人でね、私の体の様子なんか見てて、「この人も自分と一緒で体が弱いんやなあ」「お互い体が弱い者同士なら助け合っていけるんかなあ」と思って、結婚する気になったんですって。

結婚した後になって私が原爆に遭ってること話したんですよ。そしたら主人は、「ああ、大変やったんやねえ」と、ただそれだけでした。

闘病の日々

若い頃はしんどい、しんどいという感じだけやったけど、だんだんだんだん病気の診断がされるようになってきたんですよ。結婚した頃からもう体はあちこち良くない状態でした。

最初に医者にかかったのは昭和50年（1975年）頃、体がとてもだるくなって、すごく寒気を感じて、汗をかくようになったんです。ひどい目眩《めまい》がしてストーブに倒れ込むようなこともあって、首がおかしくなって、ムチウチのような痛みが走って、愛生会山科病院にかかったんです。愛生会山科病院では同じ長崎出身の患者さんにも巡り合ってね、同じ長崎だから話してたら分かるんです。その人から被爆者の健康管理手当のことなんかを初めて教えてもらったんです。そこでもらった診断が運動機能障害だったんです。

平成7年（1995年）、55歳の時、何となくろれつがまわりにくくなって、初めは歯を抜いているから空気が漏れているのかと思ってたけど、そのうちに片方の足がとても痛だるくなってきて、血圧も上がってきたんで、主人に勧められて病院へ行ったんです。検査をしたら脳梗塞だと診断されて、それからずーっと定期検査を続けるようになったんです。

平成12年（2000年）、60歳の時には、買い物に行こうとしていた時に突然目眩がひどくなって、まわりがぐらぐら揺れ出してね、時間外だったけどタクシーで京都府立病院へ駆け込んだんです。

それから平成15年（2003年）には甲状腺機能低下症、平成21年（2009年）には両目白内障だと診断されてきてるんです。白内障の片方の目はものすごく進行してて、医師からは「もう見えないでしょう」と言われてるんだけど、手術は原爆症認定裁判が落ち着いてからと思って辛抱してるんですわ。

今かかっているお医者は歯科は別にしても八つにもなってるんですよ。内科の消化器、循環器、脳外科（脳梗塞）、眼科、整形外科が骨粗鬆症と足、甲状腺の耳鼻科、泌尿器科とね。その上がんの疑いがあるというんで5月には採血検査も予定してるんです。もうほんまに頭の先から足の先までですわ。今は全部京都府立医科大学付属病院ですけど、これだけの科に通院するだけですごい時間がかかって、体力も消耗して大変なんです。

原爆症認定申請とノーモア・ヒバクシャ訴訟の提訴

平成21年（2009年）1月に甲状腺機能低下症と白内障の原爆症認定を申請したんです。あの頃は京友会（京都府原爆被災者の会）との関係があって、京友会で、「甲状腺機能低下症と白内障だったら認定申請できますよ」と言われてね。

ところが2年近くも経って平成22年（2010年）の10月に却下処分されたんです。悔しかったですね。原爆に遭う前にはあんなに元気な子どもだった私が、今こんなに悪くなってしまっているのにと思ってね。却下処分に対して異議申し立てをしようと思ったんですが、その時主人が事故で倒れたりして異議申立期間（3ヵ月）には間にあわなかったんです。それなら期限が6ヵ月後の裁判ならできないのかと思って京友会に相談したんですが、京友会は「裁判までは面倒見れない」と言うんですよ。私の体がこんなに悪くなったのは原爆のせいに違いないんですよ。なのに国は私の甲状腺機能低下症や白内障は原爆の放射線とは関係ないと言うんですよ。諦めずに、なんとか弁護士さんに相談しようと思って、相談できるところをいろいろ探したんですよ。

そして京都の弁護士会館に行っていろんな法律相談のコーナーみたいなところで、原爆症裁判に詳しい弁護士ということで久米先生、諸富先生、寺本先生を紹介してもらったんです。裁判に訴えられる期限の6ヵ月までもうギリギリのところだったんです。久米弁護士らにお世話になるようになって京都原水爆被災者懇談会のみなさんともお付き合いできるようになったわけです。

裁判は、自分の証言じゃない時でも、他の原告の方の時でも、できるだけ主人と一緒に傍聴に出かけるようしてるんです。裁判所が大阪なんで出かけるのも大変ですけどね。

父のこと、母のこと

私の子どもの頃は家は貧乏でね。高校の頃には教科書も満足に買ってもらえなかったんですよ。それでも母親は愚痴一つ言わず、つらくても、悲しくても何も言わない人でした。

「落ちぶれて袖に涙のかかる時　人の心の奥ぞ知らるる」。誰が詠んだ歌なのか知らないんですけど、母親がいつも台所で口ずさんでたんです。いつも口にしてたので私も自然と子ども心に覚えてしまって、今でも忘れないんですわ。貧乏しててもケセラセラの母でしたね。

ノーモア・ヒバクシャ訴訟での報告集会にて。夫妻で（2013年12月11日）

私の被爆者健康手帳は、私が知らない間に母親が取ってくれていたんです。昭和32年（1957年）の取得で、私が17歳の時に取られているんです。昭和32年というと、被爆者医療法ができて手帳の制度ができてすぐの頃になりますね。母親は手帳は取るつもりはなかったらしいんですが、周りの人たちから「取っておいた方がいいよ」と盛んに言われて取ったらしいです。私が自分の手帳のあることを知ったのは20代の頃で、母親から初めて「手帳がいるならあるよ」と言われました。手帳はその後、母から京都へ送ってくれたんです。

父親は昭和58年（1983年）、72歳で亡くなったんです。詳しい原因は分からないんですが、脳軟化症を患っていて、肝臓も悪くしていたみたいです。母親は平成2年（1990年）、83歳で亡くなりました。肺がんだったんですが、最後は大腸がんも併発してたんです。

私の原爆症認定申請が却下された時、私はもう諦めようかと思ったんですよ。ところが主人が、このままでは私の父親も母親も原爆が原因で亡くなったのかどうか分からないままになる、と言ったので、私の申請が認められれば、父も母も原爆が原因だったんだということを証明できると思い、裁判することにしたんです。

私の場合は4キロメートルでの被爆とその後の入市ですけどね。以前テレビで見たけど、長崎で8キロメートルくらいの距離で被爆した人でも苦しんでいる人がいると言ってましたね。爆心地からの距離だけで認めたり、認めなかったりするのは、おかしいでしょう。私たちみたいな被爆者を二度と作らないでほしいと、いつも思ってるんですよ。

7 真村 信明（仮名）

被爆のことを語れるようになった今

お話＝2014年2月14日

小さい頃の記憶

僕の生年月日は昭和19年（1944年）6月2日やから、長崎に原爆が落とされた時は1歳と2ヵ月なんですわ。だから僕自身があの時のことを覚えてるはずないから、ほとんど母方のお祖母ちゃんからちょこちょこ聞かされたことが、おおまかに頭の中に残っているだけなんですね。

僕の家は大浦天主堂の近くでね、今の路面電車の終点の石橋という駅のちょっと上の方だったんですよ。原爆が落ちた時、親父《おやじ》は仕事かなんかで家にはおらんかったらしい。兵隊に行っとったんかもしれんのですが。だから家にはお袋と僕だけで、近くに母方のお祖父さんとお祖母さんが住んどったんですよ。

原爆の落ちた日はお祖父さんが浦上の方へ仕事に行っとって、そのお祖父さんを探しにお袋が僕をおぶって浦上の方まで行ったらしいんです。

お袋は原爆の後、長いこと入退院を繰り返しててね。だからお袋と一緒に暮らしたという実感も少ないんです。お祖母ちゃんの家に結構いたようなことを憶えとるね。お祖父さんいう人は鍛冶屋の仕事をしとったらしいんです。僕に三輪車を作ってくれたりしとった。その三輪車に乗って一人で坂道で遊んどって、転んで川の中に飛び込んでしまったことがある。そんな記憶はあるんですよ。

お袋の死

お袋は僕が小学校に入ってすぐの頃亡くなったんですわ。葬式は家でやったんやけど、僕は子どもやからとか、遠いからとかいろいろ理由をつけられて、霊柩車と一緒に火葬場には連れて行ってもらえんかったんですわ。町内会の人らも一緒に行けんで、わずかの人だけで出て行ったんですよ。

後になって聞かされた話なんやけど、あの時、葬式が終わってからお袋はほんまはＡＢＣＣに連れて行かれて、解剖されたらしいんやね。僕のお袋が被爆者やとどこで調べたんか知らんけどね。広島と長崎にＡＢＣＣいう病院ができたでしょう。あの病院はもともとはアメリカの病院やったからね。日本人は助手的に手伝わされとっただけの病院やったらしい。日本は戦争に負けてあの頃は独立国じゃないから、だからＡＢＣＣというと物凄い権力をもっとったらしいですよ。被爆者やったら強制的にでも解剖されたらしいですからね。

お袋が亡くなる前に親父とは離婚しとったらしいんやけど、お袋が亡くなった後は僕は親父に引き取られましてね。小学校は地元の南大浦小学校に通って、中学校は「梅中、梅中」言うとった学校、梅香崎中学やったかもしれんけど、そこに通ったんです。親父とはあわんでね、中学出たら早よ家を出たくて出たくてしょうがなかったんですわ。そいで中学卒業してすぐに家飛び出したんです。

僕の原点

僕が物心ついた頃からお祖母ちゃんのところに遊びに行ったりした時、きつく言われとったんは「被爆してること隠せ、しゃべるな！」いうことだったんですわ。どうしてか言うとあの頃は差別があったんやね。被爆してたら就職できん、仕事はもらえん、それから結婚したら、子どもを産んだら、その子にうつる言われてね。伝染病みたいに言われとったらしいですから、あの頃は。それが僕の人生の原点みたいなもんになったんですわ。「被爆者いうこと隠せ！」、これが子どもの頃から僕の頭の中にこびりついとってね。

それでも被爆者手帳は受け取ったみたいで、まだ子どもの頃やったんですが、一度だけ手帳を見せられたことがあるんです。だけど見たのは1回だけで、更新の手続きもせなんだ。被爆者いうことがバレたら就職できんという思いが強《つよ》うあったからね。

大阪での就職と突然の病気

大阪に来たんが18歳か19歳の時ですわ。そろそろ落ち着きたくなったんやね。流れ着いたのが大阪やったみたいな感じで。たまたま知り合った友達が大阪の工場で働いとって、その友達の紹介でその工場に採用されたんです。はじめは臨時工で入って、3ヵ月ほど過ぎてから工員（社員としての採用）にしてもろうたんです。会社の寮にも入れてもろうた。やっとあちこちウロウロせんと、初めて落ち着いた仕事、生活ができたなあという感じでしたね。会社は鉄工所みたいなところで、金型《かながた》つくる工場やったんですわ。めちゃめちゃ粉塵が舞っとるような工場やった。

その工場で働いて1年ちょっと経った頃、ある日突然原因不明のね、四股麻痺《しこまひ》になったんですよ。普通に働いとったのに、なんでか分からんまま急にふにゃふにゃとなって倒れてしまってね。全身が痺れてしまってどうにもならんようになって。頭ははっきりしとるのにね。

会社の人が慌てて近くの町医者に連れてってくれて、それから尼崎にある病院に連れていかれて、なんだかさっぱり分からんまま即入院になったんですよ。僕ははじめ粉塵のせいか思うとったけど、ずーっと原因は分からん言われとったんです。

新聞記者と被爆者手帳

入院している間に新聞社の記者やいう人が訪ねてきてね。大部屋じゃまずいいうことで個室みたいな所に連れていかれて、ちょっと話させてくれいうことになって。医師立ち会いのもとで、記者から「真村さん、あんた被爆しとるんやね」と突然言われたんです。僕はずーっと被爆者やいうのを隠しとったのに、どこで嗅ぎつけたんか知らんが、なんでそんなこと言うんかと思ってね。そん時はよう返事せんやったけど、その記者は何回も訪ねて来てね。3回目やったかな、とうとう被爆者や言うたんですよ。実はこうこうなんやと、僕もお祖母ちゃんから聞いただけなんやけど、と。

実は入院して3ヵ月ほど経った頃、会社の方は首になっとったんですよ。原因不明のまま倒れて、病院の方もいつ治るか分からんと会社に告げてたもんやから、首になってもしょうがなかったんですわ。会社もよう3ヵ月も辛抱してくれたと思うんですわ。その前にも仕事してる時、目眩《めまい》があったり、体がだるうなったり、微熱が出て休むことも多かったからね。会社からは「あいつ、おかしいな、体弱いやつやなあ」と思われてもいたみたいやから、3ヵ月しか辛抱してもらえんかったんやろな。

会社首になって、貯金も持ってへんかったし、病院代払えんようになっててね。頼れる親も親戚もなかったし、自分一人身だったし。もう病院追い出されるなあ思ってたんですわ。

そん時に、被爆者じゃいうて被爆者健康手帳取ったら病院代払わんでもいいから、と新聞記者から説明されて。「別に隠さんでも恥にはならんから」とも言われてね。子どもの頃に取った手帳は更新せんと破棄してたんやけど、そんなこと関係ないから今からもう一度手続きしなさい言われてね。そいでしぶしぶ手帳取得の手続きしたんですよ。僕にとったら2回目の手帳取得やったけど。あの記者が来てくれたんが案外助け船になったんかもしれんのですよ。おかげで治療代心配せんでよくなったからね。

手帳申請の手続きする時、証人が三人いる言われてね。そんなもんずーっと隠してきたんだからいるわけない。それで、手帳と言っても医療費はただになるけど、手当は出ん、そんな種類のもんもらったんですわ。

骨髄検査

尼崎の病院にはかれこれ半年ぐらい入院しとったんやけど、入院中に無茶苦茶ひどい目におうたことがあるんですよ。ある日、絶対安静状態にさせられて、何しろ動くなということで、トイレにも行かされん状態にさせられて、翌日、ストレッチャーに乗せられて手術室に連れていかれたんですよ。手術室で真っ裸にさせられて、前かがみにさせられて、みんなに押さえつけられて、ホースがついた畳針ぐらいの注射針みたいなものを、それを7本も背中の脊髄に、背骨と背骨の間のところに打ち込まれたんですよ。麻酔もかけずにやから、とんでもない痛さや。何か液を調べるためやったらしいけど。あんまり痛くて気を失って、気づいたのは3日後やった。

後で医者に「あれは何やったんや?」て聞いたら、「検査や」言われてね。これも後になって知ったことやけど、あの時は京大病院やら他から六~七人も医者が来てたらしいんですわ。

そのうちに体の痺れも自然となくなってきて、自分で立ち歩きもできるようになったんで、またあんなことされたらどうもならん思うて、こりゃ早よ逃げよ思うて退院したんですよ。

京都での生活と極度の低血圧発症

尼崎の病院を退院してからはまた2~3年アルバイトや日雇い人夫の仕事をしてウロウロしてました。その頃もまだ戸籍を書いた履歴書なんか出すのが怖くてね、それからも被爆者やいうことはずっと隠してました。落ち着いた仕事を見つけるのを避けてたみたいな感じですね。被爆者手帳もまた更新せんと放って破棄したんですよ。

そのうちに、もういっぺん落ち着いた仕事しようかと思うようになって、23歳か24歳の頃、車の免許証は持ってたから京都にあった運送会社に就職したんですよ。たまたま知り合ったその運送会社の社長の薦めでね。その時は社長には言いましたよ、「被爆してるけどいいんですか」とね。

はじめは小型のトラックから始めて、仕事は主に牛乳の運搬でしたわ。そのうちに大型の免許もとって、高速道路で長距離トラックも運転するようになってね。運送会社では10数年間は仕事してたかなあ。

50歳になる前頃かなあ、東京からの帰りの長距離トラックを運転してて、高速道路走ってる最中に、急に目の前が暗《くろ》うなってきてね。こりゃやばいぞ思って直ぐに会社に連絡して。なんとか配送先まではフラフラになりながらたどりついたんやけど、すぐ近くにあった献血センターみたいな所に連れていかれて診てもらったら、血圧が物凄く低くなっとったんですわ。それから病院に連れて行ってもらった。

あの頃は血圧を上げる薬というのはなかったらしいんやね。だけどこのまま血圧戻らんかったら死んでしまう言われて、医者から副作用があるかもしれんがこの注射してもいいかと聞かれて、僕には親兄弟がいないんで、社長が代わりに「注射して下さい、お願いします」言うてくれたんですよ。血圧がもう上が80以下、下が40くらいになっとったらしい。あの注射のおかげで僕は助かってね。社長の英断やった思うとるんです。そんなことがあった後でまた運送会社で働けるようにはなったけど、もう長距離トラックは降ろされて、市内配送にまわされたんですわ。

足の裏の病気から車椅子生活に

その後しばらくして今度は両足の裏に膿が出るような病気になってね。もう痛くて痛くて、足の裏を床につけることもできんから、立つこともできず、仕事に行けんようなことになったんですよ。足の裏に水ぶくれのようなものができて、膿がたまって、それがつぶれたらビチャビチャになって、乾燥したらまた次の水ぶくれができて、という具合にね。

血圧が物凄く下がった時のあの注射の副作用で足の裏から膿が出るようになったんとちがうかと自分では思うとったけど、何の病気か分からんかった。大きな病院にも、いろんな病院にも診てもらったんですよ。4〜5ヵ月間社長は黙って面倒見てくれましたね。病院代もかかったんやけど、それは社長がもってくれたんです。社長も「副作用が出るかもしれん」と言われとったんで、自分にも責任があると思ってたらしくてね。

でもいつまで経っても足の裏から膿が出る病気はよくならん。そのうちにとうとう運送会社も辞めなあかんようになって、お金も入らんようになったんですわ。会社もそれまでよう面倒見てくれたと思うてますよ。それで仕方なく3回目の被爆者手帳をとることにしたんですわ。

退職になってその後で吉祥院病院紹介されて、1年近くは入院してました。収入がなくなってたんでその時から福祉のお世話になるようになったんですわ。その時も運送会社の社長が福祉の手続きなんかいろいろやってくれたんですよ。吉祥院病院を退院してから今の吉祥院の住まいに住むようになったんですわ。もう20年以上になるね。足の裏がつけられんからずーっと車椅子の生活なんやね。

どこの大学病院やったかしらんけど、吉祥院病院から足の検査に行かされたこともあるんですよ。一般の診療時間が終わってから、学生集めて、教授が僕の足の裏を指し棒で指して説明するだけやったんですけど。終わった後その教授が僕に「生涯つき合わなあかんやろな」て言いましたよ。

足の裏は薬も塗られんからね。治療らしい治療もないんですよ。一度軟膏みたいなもん塗ってみたことあるんやけど、そしたら滅茶苦茶熱もってきて、どうしようもなくなって、夜中にアイスノンどっさり買ってきて、一晩中冷やして寝てたこともあるんですよ。

どれだけ足を防水して直接かからんようにしててもその上から水がかかったりお湯につけたりしたら、それだけでぐわーっと腫れてきて熱持ってくるんやね。湯気の立ってる中にいてもダメ。だからお風呂に入れんのですわ。シャワーもダメ。だから体は拭くだけなんですわ。今のケアマネジャーさんがいろいろ調べてくれて、頼んでくれて、僕にも後押ししてくれて、週2回、デイサービスに行って浴室を使えるようになってるんです。午前中のまだお湯のない時間にね。そこで体拭いたり、頭を洗ったりしてるんですよ。

足の他には内臓、腸が悪いんですわ。前は腸の痙攣《けいれん》、腸ねん転みたいなこともあった。今はそんなことは少なくなってきたけど、そんでも夜中痛みがあって目が覚めることもあるんですよ。

やっと被爆を語れるようになって

なんべんもいうけど、小さい頃お祖母ちゃんから「被爆のこと隠せ!、誰にも言うな!」と言われてたことが、長い間僕の中でずーっと続いとったんですわ。

結婚も自分で渋ったぐらいやもん。女性とつきあうことはあったけど、自分の子どもが生まれること思うと、恋愛はしててもどうしても踏み切れんかったんですわ。手を握るのが精一杯やったね。被爆のことが〝うつる〟という観念しかなかったですからね。

被爆しとるいうことで自分で引いて生きとったような感じですわ。吉祥院病院に入院してからやね、被爆者いうて引かんようになったんわ。こんなふうに自分から被爆のことも話せるようになったんわ。

長崎の原爆資料館なんかには1回も行ったことないんですわ。その代わり、大阪に来てからは、何か気持ちが苦しゅうなったら広島の原爆資料館に行ってたんです。もう5~6回は行ってるんとちがうかな。原爆のひどさはこんなもんなんやいうのは、僕の頭の中には広島の資料館で見たもんが入りこんでるんかもしれんです。

ＡＢＣＣ

ＡＢＣＣとは、原爆傷害調査委員会（Atomic Bomb Casualty Commission）のことで、原子爆弾による傷害の実態を詳細に調査記録するために、広島市と長崎市に原子爆弾投下の直後にアメリカが設置した機関。

米国科学アカデミー（ＮＡＳ）が１９４６年に原爆被爆者の調査研究機関として設立。当初、運営資金はアメリカ原子力委員会（ＡＥＣ）が提供したが、その後、アメリカ公衆衛生局、アメリカ国立癌研究所、アメリカ国立心肺血液研究所からも資金提供があった。１９４８年には、日本の厚生省国立予防衛生研究所が正式に調査プログラムに参加。

長崎県教育会館に移設した頃の長崎ＡＢＣＣ

施設は当初、広島市は広島赤十字病院の一部に、長崎市は長崎医科大学付属第一医院（新興善小学校）内に設けられた。その後広島ＡＢＣＣは比治山山頂に、長崎ＡＢＣＣは長崎県教育会館に施設を移した。

ＡＢＣＣは調査が目的の機関であるため、被爆者の治療には一切あたることはなかった。ここでの調査研究結果が、放射線影響の尺度基本データとして利用されることとなった。

１９７５年、ＡＢＣＣと厚生省国立予防衛生研究所（予研）を再編し、日米共同出資運営方式の財団法人放射線影響研究所（ＲＥＲＦ）に改組された。

8 藤田 晴子

「ふりそでの少女」とともに

お話＝2014年7月9日

家族の転勤

私は1932年（昭和7）生まれで82歳です。原爆が落ちた時は13歳でした。もともと東京の人間ですが、父が銀行員でしたので転勤があって、たまたま長崎に3年いた時の2年目に被爆しました。翌年はもう次の転勤地に引っ越しをしました。長崎の原爆当時は、祖母、父、母、姉妹三人の六人家族でした。

私たちの時代は、国民学校（小学校）6年生から男子は中学校へ、女子は女学校へ受験して入学する制度でした。13歳は今の中学1年生です。私は長崎県立長崎高等女学校の1年生でした。

1945年3月頃は、もう日本の国は何もかもなくなって、入学試験用の紙もなかったのでしょう、私たちはペーパーテストではなく口頭試問でした。一人ひとりが五、六人の先生の前で一教科一問一答で答えなければなりませんでした。憶えているのは、算数のテストで、「日本軍がアッツ島に何個師団（数字は憶えていません）上陸しました。一個師団は何人（これも数字は憶えていません）です。全部で何人上陸しましたか?」。歴史は、「今までの国難を知っているだけ言いなさい」というのでした。

それから、私たちの時は入学式のあと撮る集合写真もありませんでした。フィルムもなかったのでしょう。入学してから原爆まで勉強らしい勉強はありませんでした。教練のような訓練や、校庭を耕して畑にしたり、防空壕を掘ったりの作業の日々でした。

私の姉は、家族と離れ、東京の女学校の寄宿舎に入っていましたが、戦局がひっ迫し、動員学徒として行っていた工場も3月10日の東京大空襲で焼けてしまいましたし、寄宿舎も閉鎖になり、長崎の家族のところへ帰ってきました。そして、私と同じ女学校に転校してきました。転校したといっても、前年発令された「学徒勤労動員令」によって、やはり翌日から工場へ毎日通勤して兵器の部品を作らされていました。その工場は、三菱兵器茂里町工場で爆心地から1・2キロの所にありました。そこで姉は被爆しました。

原爆投下

私の家は爆心地から3・4キロの所にありました。中川町という所です。家には祖母と母、私、妹の四人でした。この年は私たちの学校は夏休みがありませんでした。3、4年生が工場に行っているので、1、2年生も登校していたのだと思います。

あの日も学校に行きました。7時45分警戒警報発令で家に帰る途中（7時50分）で空襲警報になりましたが、8時半には解除になり警戒警報の状態になりました。空襲警報解除後の警戒警報の時は、みんなホッとします。その状態の時、広島も長崎も原爆が落とされました。

私は家に帰ってもすることがないので、ブラウスでも作ろうと思いミシンの前に座っていた時、突然「グワーッ」とものすごい音がしたのです。60数年経ってからのことですが、あの音は、原爆を投下したB29が、早くその場から離れるために急上昇した時の音だったろうと思い到りました。いつものB29の音と違うので、低空飛行して機銃掃射されるかもしれない、窓際は危ないと思い、立ち上がった瞬間「ビカッー」と、それはそれは凄い光が空から光ったのです。そして、あたり一面オレンジ色になりました。それから、大急ぎで階下に降り、いつも入る防空壕のある部屋に行きました。防空壕は家には三つありました。庭に一つ、裏庭に横穴の壕、茶の間の下の地下壕で、いつもはその地下壕に入るのですが、空襲警報が解除になっていたのでもう閉めてあり入れませんでしたので、とっさに四人みなで畳に伏せました。途端に「ドカーン」と、ものすごい爆発音と爆風で、「死んだ」と思いました。

爆心地から3・4キロですのにガラスや建具はめちゃめちゃに割れて吹っ飛び、応接間の窓は窓枠ごと吹き飛ばされ、家の中は、がれきと吹きとんで粉々になったガラスで足の踏み場もありませんでした。私たちがいた茶の間は神棚から物が落ちてきたぐらいで、不思議と誰も怪我をしませんでした。急いで裏庭の横穴の防空壕に入ろうとガラスの上を踏んでゆきましたが、みんな怪我もしませんでした。

防空壕に入ると祖母と妹は泣き出すし、母は茫然としているので、私がしっかりしなくてはと、勇気を奮って、玄関に回ってみんなの履物を取りに行き、爆風で倒されガラスも割れている戸を押し上げて、取り揃え持って行きました。祖母の上着も瓦礫の家の中から取ってきました。

あのもの凄い爆発音と爆風の後は、物音ひとつしない不気味な静寂が続いていました。女四人だけでは心細くなったので、町内の防空壕に行こうということになって、4、5分歩いたところにある町内の防空壕へ行きました。その壕の前には、ガラスで怪我した人や、落下物で怪我した人、家が倒れて大怪我をした人など大勢いらして、壕のなかは、立錐の余地もないほど満員でした。しばらく満員電車のような壕の中にいましたが、ここにいても仕方がないと、また四人でぞろぞろと家に帰り、横穴の防空壕に落ち着きました。でも、何が起こったのか？どこに爆弾が落ちたのか、何も分かりませんでした。

姉のこと

父の銀行は、西浜町で市電の思案橋に分かれて行くT字路になっている角にありました。爆心地から3・1キロぐらいのところです。鉄筋の建物だったので、ガラスで怪我した行員さんは何人かいらしたようですが、父は怪我もなく、夕方二人の方をお連れして帰ってきました。この方たちは爆心地に家があるので帰れなかったので、うちにお連れしたようです。

結局この方々のご家族は全滅だったようです。父が帰って来て、爆心地が浦上方面だと分かったのです。浦上というと姉が行っている三菱兵器茂里町工場が近くになります。

それを聞いた母は気が狂ったように「私が美智子を迎えに行く！」と言い出したのです。でも、もう火事がすごかったのです。長崎原爆は、地上9600メートルの所から落下させ地上500メートルの所で炸裂して、その時の地表の温度が3000度とも4000度とも言われていますので、自然発火するのです。

夕方の時間帯は、もう爆心地一帯は火の海でした。それを聞いて母も諦めました。夜、山の向こうから真っ赤な雲が一晩中流れて行きました。その光景は今でも忘れられません。姉はもうだめだと思い、横穴の防空壕で母と妹の三人でお通夜をしました。父とお客様二人と祖母は、瓦礫とガラスをどうにか片づけて寝たようです。

翌朝、姉は幽霊のようになってお友達と二人で帰ってきました。夕方までぐっすり寝て、その後昨日からのことを詳しく話してくれました。姉は原爆が落ちた途端気を失っていました。瓦礫の間から這い出るまでどのくらい時がたったか分かりませんが、上にかぶっていたトタンをどうにかはねのけることができ、立ちあがって見たらさっきまであった工場もへし曲がった鉄骨だけで何もなくなっていて、道も何も分からない状態だったそうです。転校してすぐから工場だったので、家から工場までの道以外の地図が分からず、どうしようかと思っていた時、後ろから一緒に帰りましょうと声をかけてくださった同級生がいらして、その方と山越えをして帰ってきたとのこと。

途中目の前に真っ黒な男の人が倒れそうになっていたので、二人で防空壕までお連れしたり、胸をえぐられたお母さんが、二人の男の子を「この子たちだけは助けてください」と託されたので、二人で一人ずつおぶって山を登り、上に救護の人がいたのでその子たちを預けたそうです。

自分たちもふらふらになりながら、そこに座りこんだら立てなくなり、あたりを見回したら、そこは墓場だったそうで、墓石に刻まれている死者の没年月日を見ながら、今日が私の命日か?と思ったそうです。とにかく思考力も失せ、耳も音があったのだろうけど聞こえず、目も見えていたのだろうけど何も見ていない、頭のなかが真っ白だったようです。

姉は、帰ってきて、被爆の体験は詳しく一度だけ話したきりで、その後40年ぐらいは何も話しませんでした。今は伝えていかなければと、頼まれれば証言しています。

被爆後、家族全員が急性症状の下痢に襲われました。もちろん姉が一番ひどく、その上白血球が1300ぐらいに下がり、もうだめだと医者から言われるくらいの数値になってしまいました。その頃、新興善国民学校が救護所になっていました。

もう命の火も消えかかっている姉ですが、当時は医者の往診もなく、自動車もなく、タクシーもないし、リヤカーもなく、歩くしか救護所に連れて行くすべがなかったのです。私が毎日付き添って通いました。2キロぐらいの道のりですから、姉はどんなにしんどかったかと今にして思います。

救護所ではたくさんの被災した方々を見ました。新興善国民学校も爆

三菱兵器茂里町工場の残骸（長崎原爆資料館）

心地から3キロぐらいのところで窓も建具も吹っ飛び、中は全部が見渡せるほどでした。教室の板張りの上に布団を敷いたり、毛布だけ敷いて寝かされている人もいました。大火傷をした人、大怪我をした人、意識のない人、気がおかしくなった人など、うめき声や泣き声、奇声を発する音など、阿鼻叫喚《あびきょうかん》の状態でした。廊下の突き当たりに医者がいて診療して下さるのです。姉は、毎日、両腕に注射を打って糖衣錠の栄養剤を4、5錠いただいてくるだけでした。姉の同級生で背中いっぱいにガラス片が刺さった方があって、それを取るのに、丸椅子に座らされて、麻酔もかけず、メスでちょっと切って抜いて縫って、また切って抜いて縫って、と背中いっぱいの治療を歯を食いしばって我慢していらっしゃる姿が忘れられません。

またある日、姉の順番待ちの時間、校内をぶらぶら歩いて一階の廊下の突き当たりの右の教室を見ました。遺体が教室の半分ぐらいの高さまで積み上げてあるのを見て、驚いて急いでそこを立ち去りました。まだ息があると思って爆心地から連れてこられて、すぐ亡くなるという状態が日常的にあったのです。そして身元が分からない遺体はまた爆心地に送られて、山と積まれて、荼毘《だび》に付されるということで、人間の尊厳など戦争になると無視されてしまうのです。人間が人間らしく生きることも死ぬことも許されないのが戦争なのです。姉はその後何度も大病をしましたが、生かされて、今東京におります。

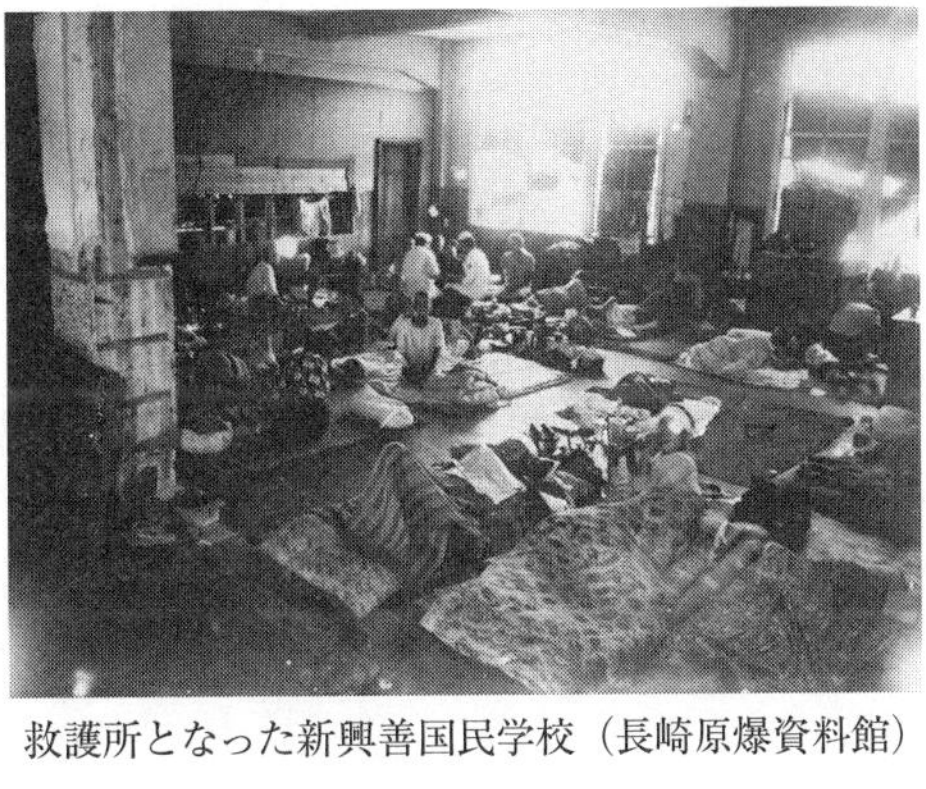

救護所となった新興善国民学校（長崎原爆資料館）

学校の再開と大島史子《ちかこ》さんのこと

爆心3キロぐらいのところの西山にあった私たちの学校もガラスは割れ、鉄の窓枠も曲がり、教室の中もめちゃくちゃでした。10月から学校が始まったのですが、まず片付けをして、慰霊祭が行われました。3、4年生の学徒動員で亡くなった方は長崎市の記録では191人となっていますが、その他1、2年生で家に帰って亡くなった方を合わせると260余人だったと思います。講堂の前にみんなの写真が飾られましたが、私たちの学年は集合写真がないので、誰も飾られなかったと思います。

私たちが入学した時、入学式を終えて教室に入った時の隣の席は、大島史子《ちかこ》さんでした。その頃長崎には県立女学校が一つしかなく、市内全域と周りの郡部の国民学校から受験して生徒たちは進学してきていました。大島さんは、城山国民学校からで、爆心地から500メートルの所にあった学校の出身でした。

入学以来隣同士ですごく仲良くしていました。けれども原爆後、史子さんの消息は何も分かりませんでした。入院しているのかもしれないし、親戚の所に行っているのかも知れない、と淡い期待を持っていたのですが、また、一方では、爆心地500メートルではだめかもしれない、との思いも持っていました。けれども、翌年はもう父の転任で長崎を離れましたので、史子さんの消息を知る手だてはなかったのです。

被爆40年目の年、私は、夫の仕事の都合で小田原にいました。神奈川県の原爆被災者の会で被爆40年の行事の一つとして、希望者を募って長崎の平和式典に行くことになり、私も10数人の方々と共に行くことにしました。被爆後初めて長崎を訪れることになったので、この機会を逃したらもう史子さんのことは分からないだろうと思い、手紙を書きました。しかし、どこに出したらいいか分からず、学校の校長先生あてに出しました。でも、ご存じであるわけはないのです、40年もたっているのですから。

手紙は校長先生が私と同期の同窓会の役員に渡してくださいました。その役員をしていらした方が私を憶えていてくださり、一生懸命消息を探してくださいましたが、結局分かりませんでした。もう、私の心の中も区切りをつけようと思いました。

ところが、被爆43年の夏、長崎から一本の電話が入りました。「大島史子さんの消息が分かったわよ」というものでした。松添博さんという方が描かれた、『悲しき別れ―茶毘』という一枚の被爆絵から分かったのでした。私はすぐ長崎に飛びました。そして松添さんにお会いし、最期を看取ってくださった方にもお会いしてお話を聞きました。

松添博氏・画『悲しき別れ―茶毘』（長崎原爆資館所蔵）

原爆が投下されて亡くなった多くの方々は、身元も分からず、山のように積まれて茶毘に付されるのが多かった時、きれいなふりそでを着せてもらい、薄化粧をしてもらい、茶毘に付されている光景をたまたま通りがかった当時の松添少年が見かけ、彼は何年たってもその光景を忘れることができなくて、29年後に一枚の絵にしたのです。

けれどもその茶毘に付されていた二人がどこの誰かわからず、定年前に仕事を辞めて、二人の身元を探し続けられました。そして、43年目にやっと身元を探し当てられたのです。今、この絵は原爆資料館に展示してあります。一人は福留美奈子ちゃん（当時9歳）、もう一人は大島史子ちゃん（当時12歳）ということが分かって、テレビでそれが放映され、それを見た友人が小田原まで電話をくださったのでした。

史子ちゃんのお父さんは三菱製鋼所の優秀な技師さんだったそうですが、工場の事故で亡くなり、原爆投下の時はお祖母様とお母様の三人暮らしでした。家の下敷きになってお祖母様はまもなく亡くなり、お母様も顔に大火傷をされて、16日には史子さんに心を残しながら亡くなり、史子さんも17日、後を追うように亡くなったとのことでした。お父さんの実家が富山なので、お母さんは、実家を頼って史子さんだけでも生き延びるよう願ったのですが、それも果たせないまま逝ってしまわれました。

史子さんの消息が43年目に分かって、その翌年史子さんの叔母様と従妹さんとで富山で初めての法要が営まれました。その時、私も富山まで行かせてもらいました。さらにその翌年、一人で富山まで墓参に行きました。被爆60年の年には、「史子さんの死を無駄にしないように平和のために頑張ります」と京都の友人とお墓参りをしてきました。

福留美奈子さんのこと

絵に描かれたもう一人の少女の福留美奈子さんのご両親は、美奈子ちゃんを日本で教育したいと思われ、原爆投下の時は長崎のご親戚に預けられていたのです。戦争が終わってご両親は中国から引き揚げて来られていたのですが、美奈子ちゃんの最後は分からないままでした。引き揚げ後は京都府の綾部に住んでおられました。毎年、綾部中学の生徒たちが広島へ修学旅行に行く時、折鶴を託して平和を祈っておられました。

松添さんは、美奈子ちゃんのお母様が綾部にいらっしゃることを知って、さっそく『悲しき別れ―荼毘』の絵をもって綾部へ向かわれ、お母様と対面されました。お母様は涙を流しながら喜ばれ、美奈子ちゃんが絵に残されたことに感謝されました。

被爆50年の年、お母様は、「美奈子の供養のためにお地蔵さんを建てたい」との希望を綾部の中学生に話されました。中学生たちは早速協力を申し出て、街頭に立って募金を集めたり、お店に募金箱を置かせてもらったり、ずいぶん頑張りました。

その様子をテレビが放映し、その時の中学生のコメント「この碑を作るのが終わりではなく、この碑の前で平和を考えたり、平和を発信することができるような碑にしたい」とのことに全国から共感の募金が集まりました。1996年3月31日、新しく建てられた長崎の原爆資料館の屋上庭園に『未来を生きる子ら』と名付けられた碑が建立されました。

松添さんは子どもたちに平和を訴えていくために、『悲しき別れ―荼毘』で描かれた二人の少女のことを『ふりその少女』という絵本にして出版され、世に問われました。ほんとうに良いことだったと思います。

被爆証言を語り始めて

1989年から、頼まれればよほどのことがない限り上記のようなことを語ってきました。戦争には聖戦など決してない、戦争は人の殺し合いで、命を粗末にする最たるものであること、戦争で平和は来ないことを徹底的に語ってきました。

ブロンズ像『未来を生きる子ら』
（長崎市原爆資料館）

高校生や小学生、生協のグループなどお呼びがかかればどこでも、生き残った被爆者として、下手な話でも、伝えていかなければとの思いで出かけています。

秘密保護法が通り、集団的自衛権が閣議決定された今、恐ろしい方向に日本は歩みを進めています。でもまだ、戦争反対と言えます。反対が言える間に声を出して反対を言い続けたいと思います。小学校の子どもたちもよく聞いてくれて、感想文に「戦争が起こるようなことがあったら、僕たちが反対します」と書いてくれた子どももあります。

私は、原爆の翌年1946年、1年生の3学期は微熱が続いて、ずーっと学校を休みました。あの頃は、わけのわからない微熱が続くと肺門浸潤などと結核系の病名が付けられました。原爆が起因しているかも知れませんし、そうでないとも言えません。

また、頭痛薬も50年以上毎日飲まなくてはいられませんし、時々すごい眩暈《めまい》が起こります。なにが原因か全く分からないのですが、すぐ被爆のせいでは?と思うのも被爆者だからだと思います。

孫たち孫の子どもたちに平和な社会を受け渡すために

政府に都合が悪いことは秘密保護法で隠蔽し、「積極的平和主義」の名のもとに集団的自衛権を行使できるようにし、解釈改憲で強引に「戦争できる国」を作ろうとしている今の政治の体制に強い怒りを覚えます。先の戦争の誤った行為の反省と懺悔でできた平和憲法をないがしろにして、「戦後レジーム」からの脱却を叫んだ首相は戦前回帰を望んでいるのでしょう。それは、憲法の根幹をなす「主権在民」「基本的人権」「平和主義」をすべてひっくり返すことで、私たち平和を愛し、人の命を大切にしようとする国民の意に反することです。

私は、日本は自衛隊をも持たず、丸腰でいる方が良いと思います。「備えあれば憂いなし」と言った首相がありましたが、備えあるから、(攻められやすい)憂いが増すと思います。この69年間攻めることも、攻められることも、他国の人を殺すことも、自国の人が軍隊で殺されることもなかった年月は、偏《ひとえ》に憲法九条と非核三原則が歯止めになっていたからだと思います。

憲法九条を守り、平和を構築するために力を出してゆき、孫たち、これから生きて行くすべての人々に核兵器も核の平和利用とされる原発も、戦争もない、平和で住み良い国を残してゆきたいとしみじみ思います。

9 寺山　忠好

こぎゃんことがあってよかとか

寺山忠好さんは2007年（平成19年）5月26日亡くなられました。原爆症認定集団訴訟の原告として闘われている最中のことで、享年77歳でした。寺山さんが裁判のために準備され、また使用された証言資料などに基づいて、寺山さんの被爆体験と戦後の苦闘人生を紹介します。妻の寺山妙子さんには、忠好さんと一緒に歩まれた日々を話していただきました。

長崎方向に見た光線

私、寺山忠好は1930年（昭和5年）5月10日生まれで、被爆当時は15歳。長崎から17キロ離れた大村第21海軍航空廠にいて、当日は廠内の杭出津寮で製図の実習をしていました。

実習の最中に、突然、長崎市内の方向に光線を見ました。それはいなづまを集めたような、ピカピカと目をつらぬくような光線で、一秒か二秒か、ちょっとの間のものでした。雲が黄色く見えました。

しばらくして、ゴォー、ガラガラと物凄い爆風があり、ガチャーンガチャーン、グラグラという凄まじい音に襲われて、私たちは机の下にもぐりこみました。1、2分の後に「総員退避！」の指令があり、防空壕に走り込みました。

やがて長崎方向に赤くどす黒く天に向かう雲を見ました。その雲はどんどん変化しながら昇っていき、横にももくもくと広がっていきました。原子雲というのか、爆発雲というのか、その中で赤黒い炎が飛び出すように、モクモク、ムクムクと燃えていました。黒煙は大村一帯も覆い尽くすように湾の方へ流れて行きました。黒いススのようなものも降ってきました。夕方7時頃にはすべての視界が煙のようなもので覆われて薄暗くなりました。長崎方向は空を真っ赤にして、えんえんと燃えていました。次の日10日になっても燃え続けていました。

10日の昼頃になって、どこからともなく「長崎にアメリカが新型爆弾を落とした」との話が耳に入りました。でも、損害は軽微だというものでした。

焦熱の中を自宅に向かう

命令によって長崎市内に自宅のあるものは帰宅することになりました。とにかく自宅に帰って家族の安否を確かめなければならない。私はその一心で、8月11日、長崎市内の山里町にある自宅に向かうことにしました。山里町の私の自宅は、後年分かったことですが、爆心地からの距離が100メートル以内という近さです。

国鉄で朝早く5時頃には道の尾駅に着きました。しかし、線路が破壊されていてそれ以上は進めません。しかたなくそこからは歩いて山里町の自宅に向かうことにしました。道の尾駅のプラットホームは人でいっぱいで、ほとんどの人が動いていませんでした。みんな寝ているのか、死んでいるのか分からない。近づいてみると乳飲み子がうじうじしていました。焦げくさく、全体が、なんとも言いようのない異様な臭気が漂っていました。私は、「早う、家に帰らんば。家はどがんなっとるやろ」「みんなどこへ逃げたのかな」と必死の思いでした。

道の尾駅には各地から軍需工場に徴用されていたらしい男女、若者もたくさんいました。その人たちも、とても普通の姿ではなく、みんな服はボロボロ、肌が見えて、髪の毛はちぢれ、やっとここまでたどりつくことができたといったふうでした。生きているのか、死んでいるのか、動かない人、人、人がいっぱいで、あちこちで苦痛にうめく声がしていました。「助けてくれ、助けてくれ」「水を、水を」「水を飲ませてくれんね」「水が欲しか」……かぼそくうめき声がしていました。

やっと六地蔵まで歩いて来ました。道端にはたくさんの人が倒れていて、着ているものはチリチリ、手から皮がたれさがり、体からも皮がたれさがっていました。赤いような、ずず黒い皮膚、熟したトマトをふみつぶしたような顔。「水ばほしか、水ばほしか」とたくさんの人から声をかけられ、私は持っていた水筒の水を分けました。それでも2、3人の人にしか与えられません。たくさんの人が倒れている中を、「かんにん、かんにん、かんにん」と心の中で叫びながら自宅へ急ぎました。途中、三菱兵器大橋工場を通りました。正門の前には何十人か倒れていましたが、生きているのか、死んでいるのか、救援を待っているのかも分かりませんでした。

明け方6時頃だったと思いますが、爆心地から400~500メートルの所の、電車の終点大橋駅と松山停留所の間、岡町あたりに着きました。大橋行きの電車はほとんど破壊されており、電車の中には夥《おびただ》しい死体の山が折り重なっていました。あまりの恐ろしさに体が震えました。身の毛もよだつとはこうしたことを言うのでしょうか。人が通っている本通りに出ましたが、木炭バスが吹き飛ばされ、バスの中は半焼けの人間がいっぱいでした。全員即死だったと思います。

瓦礫の中に半焦げの母、弟、二人の妹が

私はわが家に向かってひたすら走りました。「おかあちゃん、おかあちゃん」と叫びながら家に向かって走りました。到着したわが家は燃え尽きていて、まだ瓦礫の中から煙が上がっていました。瓦礫の中に、半焦げになった

母、弟の満吉、妹のレイ子とミサ子を見つけました。弟や妹たちは母にすがりつくような格好のままでした。わが家の上にいたおばさんの亡骸も一緒でした。亡くなっていた五人の体は全部は焼けてなかったのですが、手や足、細かいところは骨になっていました。周りには生きている人の姿は一人もありません。私は頭の中が真っ白になり、思考が止まり、防空壕の上にへたり込んでしまいました。

義兄も姉もその子も

自宅前の防空壕を覗くと、全身焼けただれた義兄が寝ていました。義兄は「忠好ね。水ばくれんね。おれが皆を早う助けんば、と思って、川づたいに来たばってん、まだこの辺は燃えとったと。みんな、どがんなっとるね。みんな死んどるばい。水が飲みたか。水はなかね」と言いました。私は水道の蛇口からわずかに出ている水を飲ませました。自分も飲みました。義兄の手の先からは皮が垂れ下がっていました。辺りを探して焼けたハサミを拾ってきて、義兄の手の皮を切り取りました。そして、腕をぼろ布で包んでやりました。

義兄は妻の千津子（私の姉）と息子の直志（私の甥）の安否を気遣いました。「朝、仕事に行く時、〝はよう帰って来んね〟と手を振っとったばい。捜してくれんね」と私に求めました。私は、周辺や大浦天主堂の側の川にも入って姉とその子を探しましたが、すぐには見つかりませんでした。橋のたもとには五、六人の死体がありました。子どもたちを水遊びに連れて来ていたのでしょうか。空襲警報の時には橋の下で遊んでいたのでしょうか。幼子の髪の毛だけが水面に揺らいでいました。

大浦天主堂の側の川の中に、従弟のヨシロウ（小学校5年生）が亡くなっているのを見つけました。引き寄せて岸に上げました。それからもう一度瓦礫を掘ってみると、そこに乳飲み子を添い寝するような格好で亡くなっている姉を発見しました。爆心地から100メートルも離れていないところでした。

その後、私は、焼けただれて、ぐちゅぐちゅ、よれよれの義兄を何としても病院に連れて行こうと思いました。川の縁でやっと見つけた戸板に義兄を乗せて、どこをどううろついたのか、救護所らしい所に運び、赤チンらしい液体をハケで体中に塗ってもらいました。周りの人が見かねて、血で汚れた担架を貸してくれました。それからは、その担架に義兄を乗せて、周りの人の助けをもらいながら、何度も何度も休み休みしながら、やっと岡町から浦上駅まで歩いて運んで行きました。

そこから汽車に乗って、諫早駅を経て湯江駅まで行きました。湯江駅からすぐに病院に担ぎ込まれ、義兄の母も連絡を受けて病院へ駆けつけてきました。ここまで来て、義兄を義兄の母に引き渡すことができて、私は、体の力が抜け、頭も空っぽになり、記憶も空白になってしまいました。やっと母親に会えた義兄でしたが彼も間もなく亡くなりました。

15歳の私が一人で母たち六人を荼毘《だび》に

山里町の自宅跡に戻った私は、もう何をする気力もありませんでした。防空壕の上にポカンと座っているだけでした。「死体を焼かんば」と誰かに耳元で囁かれて、母の死体と、そのそばに他のみんなも集めて焼くことにしました。木片をほうぼうから拾い集めてきて、母と姉とその子と、弟と二人の妹の六人を焼きました。拾ったバケツに六人の焼いた骨を入れようとしましたが、一つのバケツには入りきらず、他のへこんだバケツもたたいて広げて二つのバケツに入れ、いっぱいになりました。お骨は焼ける前の家の仏壇があった場所に置きました。

その後、佐世保の造船所に出張していた父が帰ってきました。父は二つのバケツを抱きかかえるようにして、「むごかね、むごかね」「むごすぎる」と言いながら狂ったように叫びました。

「こぎゃんことがあってよかとか！」

被爆した後、私は自宅近くの防空壕で生活し、付近の畑の芋、とうもろこし、カボチャなどを食べて飢えをしのいでいました。しかし、全身倦怠が続き、10日～14日くらいの間に、下痢（血便）、歯茎からの出血、鼻血が出るなどの症状に見舞われました。それからの後もずーっと体調不良が続きました。

闘病の日々

戦争の終わった後10月頃、父の実家のあった長崎県西彼杵《そのぎ》郡村松村（現在の琴海町村松郷）に移住しました。そして１９４８年（昭和23年）になって、叔母の勧めもあって歯科技工士になることを希望し、佐世保市内の歯科医院で住み込みで働くようになりました。さらに、１９４９年（昭和24年）10月には京都に出てきて、歯科医院で住み込み、定時制高校を出て、歯科技工士となり、懸命に働いてきました。

その間も体調はずーっと悪く、たくさんの病院、診療所で診療を受け続けましたが完治はしませんでした。発熱が続いたり、体調不良も続いていたのですが、「原因が分からない」と、どの医者からも言われていました。

１９６９年（昭和44年）39歳の時には、39度の熱が月に3回も出て、扁桃腺、甲状腺の精密検査を受けて、京都済生会病院で手術をしました。その時、「血が止まりにくい、白血球の数が少ない」と医師に言われました。手術はしても、その後も体調不良は続きました。

１９７８年（昭和53年）3月、多忙を極めた京都での仕事と活動の疲れを少し癒そうと思い、家族全員で妻の実家のあった愛媛県松山市に移り住むことにしました。当初は、しばらくの間の休息のようなつもりでしたが、松山での暮らしはその後長く続きました。この松山での暮らしの途中から重い心臓の病気に見舞われることになりました。１９９３年（平成5年）63歳の時、最初の急性心筋梗塞が発症し、愛媛生協病院で治療を受けました。

１９９９年（平成11年）69歳の時には、1月28日に心臓機能障害のためペースメーカー手術を、3月13日には心臓カテーテル手術2本を受けました。その直後の3月30日にペースメーカーが全部飛び出してしまい、驚いた医師が「こんなことがあるのか？　原爆のせいか？」と言われるような事態が起きました。続く4月5日にはペースメーカー植込部感染のため入れ替え手術を行い、6月10日～12日には狭心症で入院。その後も入退院を繰り返し、12月3日～31日には、手術時間6時間以上に及ぶバイパス4本の大手術を受けることになりました。翌年も1月4日～31日に入院しています。

さらに2001年（平成13年）になってからは脳梗塞も発症し、3月31日～4月23日右手足のしびれで治療、10月2日～25日は今度は左手足のしびれのため入院しました。この年には腰痛もあって8月2日～8日の間入院しています。

2002年（平成14年）10月、松山から再び京都に移り住むことになりました。私の病気もそのまま京都に持ち帰り、京都で引き継いで治療を続けることになりました。

原爆の絵

1993年（平成5年）の最初に急性心筋梗塞で倒れて入院した時から、病院では原爆の夢ばかり見るようになりました。上空がピカッと光った時からの情景が繰り返し現れて来て、毎晩苦しみました。瞼の中に浮かび、また消える。遠く近くただよう一時も忘れない母の姿、義兄も姉も、妹も弟も今にも何かを語るように、じっとじっと私を見ていました。この幻が私を苦しめ苛《さいな》みました。母、兄弟姉妹たちの目が落ち、くぼんでいく。顔がくちゃくちゃとなっていく。この後には、白い骨だけの顔が目も、耳も、鼻もない、ただ歯だけ残った顔が浮かぶ。

重なり合った白い骨が、焼けただれた肉体が目の前にちらつく。カサッカサッと音がする。母、兄弟姉妹の重なり合った骨を、焼けて黒ずんだバケツに入れる音、手づかみで入れる音。ああーこの幻が、私の魂をゆすぶり苦しめるのです。

私は、自分がこの苦しみから解放され楽になる方法はこの情景を絵に描く以外にないのではないかと思うようになりました。絵に描いてみれば少しは自分の気持ちが落ち着くのではないかと。また、自分だけが苦しい思いを抱えて死ぬわけにはいかない。あの情景をできるだけ忠実に描いて後世の人たちに伝えていかなければならないとも。8月11日、大村の航空廠から家にたどり着くまで見たことを一つひとつ描き残そう、と思い立ちました。

退院してから、脳裏に焼き付いた被爆の体験を水彩絵具とクレヨンで描き始めました。強烈な何かが頭の中に焼きついていて、それを絵に表現したいのですが、描き始めてみるとなんと難しいことかと痛感しました。百分の一でも表現できたらいいのに……と思いながら描きました。一つの絵を仕上げるのに10枚近く描き直し描き直しして描いていきました。それでも記憶に残る見たままの色は出せません。2年をかけてやっと48枚のB４判画用紙の原爆の絵を完成させることができました。一つ一つの絵には説明文もつけました。

私の絵は、１９９５年（平成7年）、京都原水協などの開催した「京都府民平和フェスティバル」において展示していただき大きな反響を呼びました。絵の題は『こぎゃんことがあってよかとか』とつけられました。この時は、京都にいた頃から交流のあった京都原水爆被災者懇談会の田渕啓子さんに大変ご尽力いただき、お世話になりました。

絵に託した原爆症認定訴訟での意見陳述

京都に帰ってきた翌年、２００３年（平成15年）から心筋梗塞はさらに悪化していきました。そこでその年の４月に原爆症認定申請をしました。しかし、12月になって却下通知が来たため、それで原爆症認定集団訴訟に加わって裁判に訴えることにしました。

２００４年（平成16年）９月３日に提訴、原爆症認定近畿訴訟第二陣の原告でした。その第１回口頭弁論が11月

7日に行われたのですが、私は病気が重くなっていて自らは出廷できませんでした。そこで、私の描いた絵の41枚をパワーポイントにして法廷内の大型スクリーンに映し出し、絵に付けられた説明文を弁護士の尾藤廣喜先生が代読するという異例の方法で、意見陳述させていただくことになりました。

私たち被爆者があの一発の原爆によってどのような悲惨な被害を受けたのか、また。それがいかに広がりをもつものかについて、さらに、これが私たちの現在の身体状況にどうつながっているかについて、どうしても訴えたかったのです。それを絵に託すことにしました。

陳述は25分ほどのようでしたが、裁判官も、原告も、原告・被告双方の代理人も、傍聴者も、みんなスクリーン

『【原爆絵本】こぎゃんことがあってよかとか』より

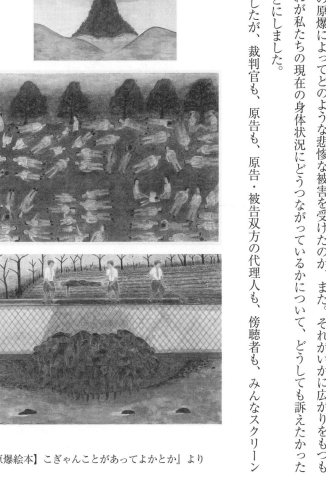

に釘付けとなり、あまりにもの衝撃で法廷内は静まり返ったと聞きました。

私はこの日、裁判官に対して以下のような文章での訴えをして、意見陳述の締めくくりとしました。

原爆投下から59年。苦しみながら生きてきた59年。仕事もまともにできなかったこの体、この人生を国にきちんと認めてもらいたいのです。

今なお地球上には核兵器が存在しています。また、「イラクではたくさんの家族が殺されている、それはまさに59年前の長崎を思い出させる。あんなむごか戦争をしたのは誰か」「今も核兵器を持つアメリカについていく小泉首相は許せない。戦争の生き証人として訴えたい」と思い、核兵器の即時廃絶のために、この裁判をたたかいたいと決意しています。

第1回口頭弁論のあった翌年、2005年（平成17年）、田渕さんの熱心な勧めで41枚の絵を絵本にして出版することになりました。『【原爆絵本】こぎゃんことがあってよかとか』です。

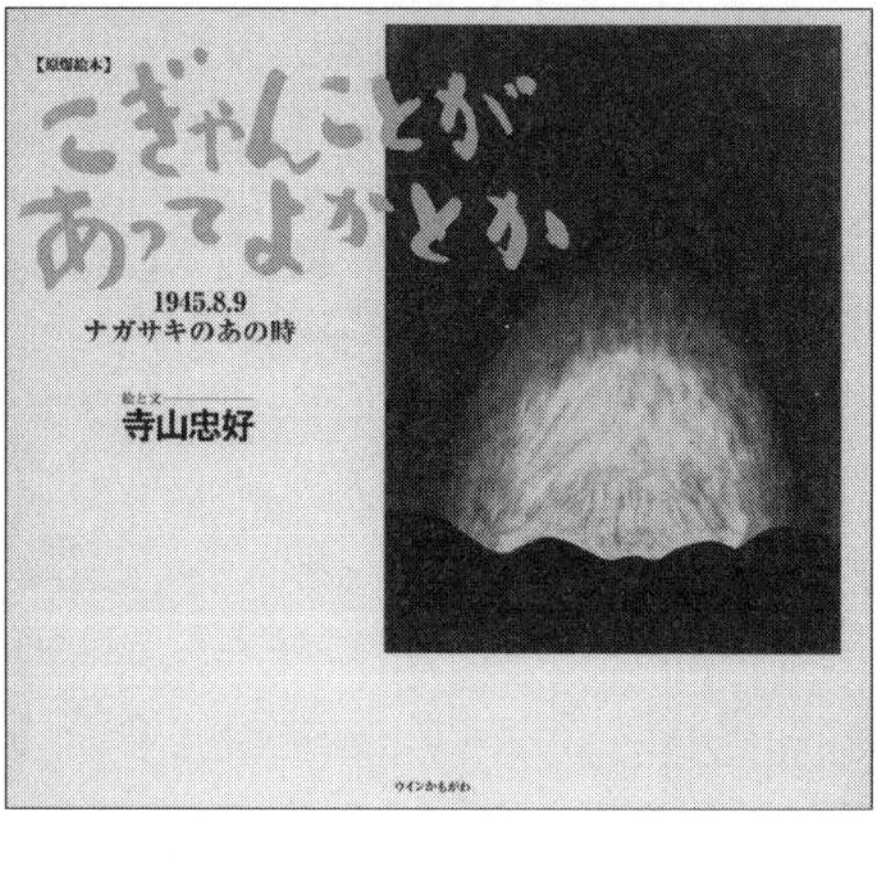

夫忠好と歩んだ日

寺山妙子

お話＝2015年3月12日

松山で生まれ夫と出会うまで

私は1933年（昭和8年）5月3日、松山市生まれで、夫より3歳年下でした。終戦の年が12歳、今は82歳になります。

私の兄弟姉妹は七人なんですが、私が一番上で、長女で、一番下とその上の二人は出征していた父が復員してきてから生まれた子たちです。私の家は農家でしたが三世代が一緒に暮らす11人ぐらいの大家族でした。農家ですから食べるにはまあまあ食べられましたけど、生活は大変で、苦労もしました。父が出征した後は、祖父が中心になって農業をしていました。松山も空襲の焼夷弾で焼けました。昭和20年（1945年）7月のことです。私の住んでいた地域は松山市の中心地からは少し離れていましたけれどそれでも空襲被害はありました。私は妹をおぶって川に入り、焼夷弾から逃れるように避難しました。通っていた小学校は松山の中心地だったのでまったく焼けてしまいました。

広島に原爆が落とされた日、松山から見た広島方向の空が尋常ではない雲に覆われました。母と二人で、曇る空を見て、もの凄い爆弾が落ちたようだと言いながら眺めていた記憶があります。

終戦の年、私は小学校6年生でした。当時は高等小学校という制度があって、その高等小学校2年生になった時に新制中学ができました。あの頃は学校制度もコロコロ変わっていた過渡期で、みんな落ち着いて勉強できる状況ではなかったように思います。

ずっと松山で大きくなったんですが、19歳の時に親戚を頼って東京に出て行きました。東京には3年ほどいましたが、京都にいた叔父さんが「東京のような所に若い娘が一人でいたら危ない」といって誘ってくれて、それで22歳の時に京都に来て住むようになりました。

京都に来てから叔父さんの紹介で大平歯科という医院にお世話になり、そこのお手伝いとして住み込みで働くようになりました。住み込みですから最初は女中みたいなものでした。6年前から京都に来ていた夫もそこで歯科技工士の見習いをしていたのです。そうした縁で私たちは知りあうことになり、間もなく一緒に住むことになりました。昭和30年（1955年）12月のことで、夫が25歳、私が22歳でした。経済的に余裕がなかったので結婚式もあげることはできませんでした。

それから夫は開業（自営業）もし、歯科技工士のお弟子さんが四～五人はいるようになりました。夫が歯科技工士の仕事をして、私ができあがったものを歯医者さんに配達し、そして注文も受けてくるというようにして、仕事を担いました。そのために私が車の免許を取りました。子どもがまだ小さい頃は子どもを車の中に乗せておいて走り回っていましたね。お化粧などもしたことないほどで、夫の仕事を支えるのと、生活を成り立たせていくのとで精一杯でした。

夫の被爆体験と私たち家族

夫・寺山忠好の被爆体験は裁判の証言などで語られている通りなんですが、被爆した後は、家族も失い、15歳の少年が闇市をウロウロしたりしていて、生活は相当荒れていたようです。親戚の叔母さんから「忠好はこのままではアカンから、手が器用やから、何か手に職をつけたらどうかな」と言ってくれて、それから歯医者さんの歯科技工士になったらどうかということになって、それがきっかけで佐世保の歯医者に行ったんです。昔は歯科技工士に資格はいらなかったんですね。

夫は本当は高校にも進学したかった、医者にもなりたかったんですよ。でもお金がなかった。歯医者になりたいといって神戸にいた叔母さんのところへも相談に行って援助のお願いもしたらしいんですが、断られて、それで医者になることは諦めたんです。歯科技工士でも田舎では駄目だと思って、それでつてを頼って19歳の時に京都に来たわけです。京都に来て、歯医者に勤めている時に、中学卒業の証明書を自分でもらって、それから京都府立鴨沂高校の夜間定時制にも入学したんです。

私は原爆のことについては何も知らずに育ちました。結婚する時も、夫は被爆してることなど一言も話してくれていませんでした。ある日、夫がお酒飲んで酔っ払っている時に、急に「お母さーん」って叫んだんですよ。本人は全然覚えていないんですが、私がそのことを聞きただしていくと、それからやっと被爆のことを少しずつ話すようになっていったんです。夫の家族が六人も原爆で亡くなったことなどをぽつぽつと聞かされていくようになり、私も少しずつ関心を持ち始めていきました。１９６４年（昭和39年）に京都で原水爆禁止世界大会がありましたが、その前頃から被爆の様子は詳しく話してくれるようになりました。

1977 年（昭和 52 年）比叡山にて

私たちは三人の子どもに恵まれました。一番上が女の子で１９５７年（昭和32年）生まれ、次も女の子で１９５９年（昭和34年）生まれ、一番下が男で１９６５年（昭和40年）生まれです。

でも子どもが生まれる時、もう陣痛が来ているという時なのに、夫はお医者さんに向かって「変な子やったら殺して下さい！」って言ったんです。私の目の前でね。あの時は悲しかったですね。

それから子どもたちが大きくなってから、鼻血が出たり、何かあったりした時は、すぐに「原爆のせいじゃないか？　自分の被爆のせいじゃないか？」っていつも心配していました。

子どもたちや孫たちにも原爆の話はよくしていましたよ。孫の一人が中学生の時、お祖父ちゃんの被爆体験から平和が絶対大切だというような作文を書いてくれたんです。夫はそれを宝物のようにしてとても大切にしていました。家族にはとても優しい人でしたよ。

結婚した最初の頃から夫はよく疲れる、熱が出ると言っていました。毎月のように一度は大変な高熱を出していました。まだ原爆の影響とかなんとか何にも分からない頃で、とにかく扁桃腺が腫れて、熱がとても高い。これは扁桃腺炎だろうということで京都済生会病院で手術をしました。手術してもその後も高熱は続きました。熱を出すとね、布団の下の畳までがかびていくほどだったんです。

京都原水爆被災者懇談会立ち上げの頃

夫は仕事だけでなく、「とにかく世の中変えなアカン」と言って何に対しても本当に力いっぱい、一生懸命の人でした。民主商工会、原水協、共産党、町内会の役員も、学校関係までいろいろやっていました。自宅が上賀茂にあった頃は、選挙があると私たちの家が選挙事務所にもなっていたほどなんですよ。

そんなに一生懸命やったら、地域の代表として無所属で市会議員に立候補したらどうや、と言われたこともあったみたいです。夫は共産党公認でなきゃ駄目やと言って笑って断っていましたけどね。

広島や長崎で行われる原水禁世界大会にも毎年のように行っていました。仕事が自営業だったので、自分で仕事の融通がつけられるということもあったんですね。京都で世界大会があった頃から特に熱心になっていましたね。

京都原水爆被災者懇談会は昭和40年（1965年）に立ち上げなんですが、夫は立ち上げの時の中心メンバーの一人でした。被爆者のみなさんを一軒一軒訪問して、「懇談会に入って下さい」って、一生懸命訴えていました。被爆者の方の家を訪ねると、玄関先で追い払われるようなこともあったし、家の中でいろいろと話を聞いてくれる人もあったし、本当にいろいろあったようで、苦労しました。立命館大学の教授だった永原誠先生も懇談会のメンバーで、永原先生などと一緒に活動できることをとても喜んでいました。

できた当時の懇談会はいろいろな企画や行事もあって、みんな子ども連れ、家族ぐるみで集まって参加していました。あの頃は被爆者と言ってもみんな若いから、子どもも小さかったんですね。そのために、「たけのこ会」とかいう会の人に子どもの面倒見てもらいながらやっていたことを思い出します。

松山へ、原爆の絵、そしたまた京都へ

昭和53年（1978年）、家族みんなで私の故郷だった松山に移り住むことになりました。夫が48歳で、私が45歳の時です。京都での生活があまりにも忙し過ぎたんですね。本当に忙しすぎて、そういうことが重なってとうとうしんどいと思ったんですね。よほど疲れていたんでしょう。「松山に行って、3年はのんびりして、休むぞ！」って宣言みたいなことを言って松山に行ったんです。

松山に住むようになってから、夫は何度も入院するようになりました。そんな時、「俺はこのままでは死ねへん」「やっぱり原爆のことは訴えなアカン」と言って、そこで思いついて絵を描き始めたんです。退院してから自宅でボツボツと描き始めました。そうは言っても絵はまったくの素人、小学校の4年生頃から絵なんて一度も描いたことないんです。自分に納得がいくまで、何度も何度も描き直して、一枚一枚にとても時間をかけて描いていました。

松山には3年なんて言ってましたけど、結局22年もいることになりました。子どもたちがやがて成長し、独立して、一番上の子と末っ子が京都に住むことになったので、それでは私たちもということで平成14年（2002年）、再び京都に住むことになったのです。

夫の遺志を引き継いで原爆症認定訴訟を勝訴

京都に帰ってからも病気の方は重くなるばかりで、心筋梗塞だけでなく、他にもいろいろ病気が出て来て、入退院を繰り返しました。2004年（平成16年）からは原爆症認定訴訟の原告にもなりましたけど、本人は出廷することもできず、裁判の進行が気掛かりな毎日でした。

夫は２００７年（平成19年）５月26日、堀川病院で亡くなりました。京都に帰って来てから5年目、裁判に訴えてから3年目の初夏でした。

夫は体の大きい人でしたから、私はいつも夫の後ろからついて歩いていたような感じだったんですね。その夫が亡くなった時、突然、私の目の前に何もなくなってしまったような感じになって、これから一人でどうしようかと思ってしまいました。戸惑いながらも周りのみなさんに励まされて、夫の亡くなった後は私が裁判を引き継ぐことにしました。

夫の家族たちは、原爆が投下され、人間として死ぬことも、人間らしく生きることもできずに亡くなりました。夫はその家族と、多くの被爆者になり代わって、声が出せるまではと裁判に起ちあがっていました。でも判決を聞くことなく亡くなりました。どんなに悔しかったことかと思いました。その遺志を引き継いで私が裁判を引き継がないでは夫の無念は晴れないと思ったのです。

私が原告となって裁判の証言台にも立ち、夫の被爆の体験と闘病の様子、訴えたかったことを精一杯に証言しました。私ももう70歳を超えていましたからね、裁判所ではいつもドキドキドキドキしていましたけど。

判決は２００８年（平成20年）７月18日に言い渡され、勝訴することができました。夫の亡くなった翌年でした。

夫が亡くなって、裁判にも勝って、子どもたちに松山と長崎へ連れて行ってもらいました。夫のお墓は京都ですけど、夫の家族、８月９日に一緒に命を奪われた人たちが眠っている長崎のお墓参りに行こう、ということでね。墓標には命日がみんな同じ昭和20年８月９日と記された六人の名前が並んで刻まれていました。その足で長崎の原爆資料館なども見て回りました。

10 原野 宣弘《のぶひろ》

原爆の惨禍、生きてきた証、そして平和の願いを絵に託す

お話＝２０１６年１月27日

母に負われて死の街を彷徨《さまよ》う

私は１９４４年（昭和19年）９月12日の生まれで、原爆が落とされた時は生後10ヵ月でした。ですから私には原爆の記憶など何もありません。すべて、後年になって母親や姉たちから聞かされた話です。

私たち家族は戦争当時、長崎市水ノ浦町にある自宅に住んでいました。爆心地からは2・5キロの距離です。家族は、父方の祖母と、両親、二人の姉と二人の兄、そして末っ子の私の八人でした。

私の父は当時三菱造船所飽浦《あくのうら》工場に勤務していて、原爆が投下された8月9日も飽浦工場に出勤していました。しかし、原爆が落とされた当日も、翌日になっても父は自宅に帰って来ませんでした。家族はみんな父のことを心配しました。家の隣に父と同じ工場に勤める同僚の人が住んでいて、その人は10日になって帰ってきました。母はその人から父の状況について聞かされました。父は8月9日朝、空襲警報が解除になってから、飽浦工場から機械を疎開させるため、機械を大八車に乗せて、同僚十数人と共に西浦上の兵器工場に向けて飽浦工場を出て行ったとのことでした。

この話を聞いた母は、その翌日から隣家の父の同僚の人や、三菱造船所の社員の人数人と共に父の捜索に出かけて行きました。母は生後10ヵ月だった私を毎日背負って出かけました。乳呑み児の私を一日中家に置いておくことはできなかったからです。私は、直射日光を避けるため日本手ぬぐいを頭にかぶせられた程度で、ほぼ裸のままの状態で母に背負われていたそうです。

私を背負った母は、飽浦工場から西浦上の兵器工場までの間を何日も捜し歩きました。毎日夜明けから夜暗くなるまで、黒焦げになった遺体や、重なりあっている遺体、顔も判別できなくなっているような遺体を一つひとつ確認しながら父を捜し歩きました。1週間ほど捜し続けた頃、浦上川の大橋付近（長崎市松山町・爆心地から約300メートル）で、疎開のために運搬していた機械を発見しました。その機械の周辺で、散乱する骨の中に父の弁当箱と腕時計を見つけました。そこが父の亡くなった場所でした。

原爆によって夫を奪われた母はそれから、病気の祖母と育ち盛りの五人の子たちとの生活を支え、私を含む五人の子どもを独りで育てなければならなくなりました。県庁の職員として働きながら、凄絶で悲惨な生活を歯を食いしばってやっていきました。私たちは母の懸命に生きる姿を見ながら大きくなっていきました。

私は長崎の高校を卒業した後、18歳で大阪に出て来て商事会社に勤めることになりました。仕事の関係で全国の地方を回ったりもしました。やがて転職もし、最終的に現在の京都府宇治市に居を構えて暮らすようになりました。

襲いかかる病気との闘いの人生

私の姉の話によると、被爆も間もない頃、私は髪が抜けたり、その後で生えてきた髪が縮れたりしていたそうです。母も脱毛や下痢に襲われており、ずっと自宅にいた姉にも脱毛や下痢があったそうです。

1957年（昭和32年）、私が12歳の時に原爆医療法ができて、被爆者健康手帳が発行されることになりました。母は私の分も含めて手帳の交付申請をしましたが、その時の書類に私のことを、「育ち盛りなのに、食欲がなく、疲れやすい子ども」だと書いていました。

私は30歳代後半の頃から体がだるいことに気づくようになりました。宇治にある病院で高血圧と診断され、その頃から投薬を受けるようになりました。

1985年（昭和60年）の年末、41歳の時、脳出血（右被殻出血）と診断され2ヵ月間入院治療を行いました。

1989年（平成元年）1月（44歳の時）には、仕事中に倒れて病院に緊急搬送されました。この時は2週間ほど意識が戻りませんでした。この時も脳出血（右被殻出血）と診断され約半年間入院しました。退院はしましたが、重度の言語障害と右側体幹機能障害が残ってしまいました。退院後、京都府立心身障害者福祉センター附属リハビリテーション病院に再度入院し、1年間懸命のリハビリを続けました。それからも1998年（平成10年）頃まで週3回通院してリハビリを続けました。しかし今も、言語障害と右側体幹機能障害が残っています。

その後も、1997年（平成9年）、53歳の時には脳梗塞を、さらに同じ年に心筋梗塞を発症しました。翌年心臓カテーテル検査を行い、2ヵ所の心臓バイパス手術を受けました。2002年（平成14年）には心不全で2ヵ月間、また膿胸で1ヵ月入院しています。2003年（平成15年）、59歳の時には肺水腫になり、肺の後ろにボール程度の大きさの膿瘤ができていることが分かり、その除去手術のために3ヵ月入院しました。2008年（平成20年）、64歳の時には心臓バイパスがつまっていることが分かり、ステント手術を受けました。

2011年（平成23年）には甲状腺に異常が見られると診断されました。同じ年、誤嚥性肺炎のために入院しましたが、脳梗塞の後遺症で食べものが気管に入ってしまって誤嚥が治らないため、胃瘻《いろう》の処置をとることになりました。今も胃瘻を続けている状態です。誤嚥性肺炎の病魔との戦いは言葉にもできない悲惨なものでした。この頃から介護保険制度のお世話になりましたが、私の要介護度3だけでなく、私の妻も要介護度1の認定を受けていました。要介護3の私が胃瘻しながら要介護1の妻を看るという惨憺たる生活だったのです。その苦しさは体験した本人にしか理解できないことだと思います。
今年に入って1月、6年目にしてやっとペースト食を食べられる状態になりました。今本当に生き返ったような心境なのです。生まれ変わったようになれた今日、こういうことも語れるようになった幸せにつくづく感謝したいと思っています。

私の病気は原爆が原因だ！　原爆症認定を求めて

私は爆心地から2・5キロの自宅で直接被爆をしています。翌々日からはほぼ1週間、父を捜すため毎日、母親に背負われて爆心地付近をさまよいました。かなりの量の残留放射線を浴びたのは間違いありません。また、塵や埃を吸い込んだりして、大量の放射性物質を体内に取り込み、内部被曝をしたはずです。まだ1歳にも満たない、放射線の影響を一番受けやすい年齢でした。脱毛などの急性症状が出ているのもその証です。ですから私を襲った数々の病気も原爆が原因であると思ってきました。そう思わざるを得なかったのです。

2008年（平成20年）3月に、原爆症認定の新しい審査方針が決められ、「放射線起因性のある心筋梗塞」も積極的に認定されることになりました。そのことをきっかけに、その年64歳の時、心筋梗塞と労作性狭心症について、被爆者援護法に基づく原爆症認定を申請しました。しかし、厚生労働省は2年間も待たせた挙句、私の申請を却下処分にしました。〝お前の病気は原爆とは関係ない〟とされたのです。私はとても落胆しました。そして強い憤りを感じました。

納得できない私は異議申し立てをしましたが、厚生労働省はその取り扱いを放置したままにして、なかなか結論を出してきませんでした。この頃、私の病状がまた悪化して、再び入院を余儀なくされるようになっていました。しびれを切らした私は、やむなく2011年（平成23年）の11月14日、裁判に訴えて原爆症認定を求めることにしたのです。ノーモア・ヒバクシャ近畿訴訟といって、近畿全体で20人を超える被爆者が一緒になって集団的に闘っている裁判です。裁判の原告となって訴えはしましたが、自分で思うようにはできない体で、いつも厳しい体調であるため、私自身が法廷に出向いて意見を述べたり、他の人の裁判を傍聴したりすることはできませんでした。「何故裁判に訴えたのか」を述べる最初の意見陳述の日は２０１２年（平成24年）2月22日でしたが、この時も私は法廷に出ることができず、代わって担当弁護士の稲垣眞咲さんに陳述してもらいました。お医者さんの証人尋問の時も私は出廷することができませんでした。

2015年1月30日、判決前の入廷行進

　このような状態なので、原告である私本人への尋問は、宇治市にある簡易裁判所で出張尋問という形で行われることになりました。２０１４年（平成26年）1月21日、厳しい体調をおして簡易裁判所まで出かけ、私の担当弁護士、国側の代理人、裁判官から、それぞれの質問に答えました。言語障害の残っている私は、短い言葉でしか返答できません。思っていることを口ではなかなかうまく言い表すことができないのです。そこで、この日の尋問のために、私の思いのたけを綴った文章を用意し、尋問の最後に稲垣弁護士から読みあげてもらいました。

　判決は翌年の２０１５年（平成28年）1月30日でした。冷たい雨が降りしきる日でしたが、この時だけは無理をおして大阪地方裁判所に出廷し、原告席で判決を聞きました。この日は七人の原告に対する判決でしたが、四人が勝訴、私を含む三人は訴えが退けられました。まさかの敗訴です。10年前から続いているたくさんの原爆症認定裁判で、ずっと積み重ねられてきた判決の実績や裁判の流れに背いた、まったく不当な判決でした。敗訴になった三人はすぐに控訴して、今は大阪高裁で控訴審を闘い続けています。（2016年1月末日現在）

原爆症として認められないことは、「お前の病気は原爆とは関係ない」と言われることであって、それが何よりも一番悔しいことです。原爆のためにこれほど苦しい生涯を歩まなければならなかったのに、「関係ない」と言われることは、私の人生そのものを否定されるのと同じことですから。

絵に託す生きてきた証と平和の願い

私は45歳の時に発症した脳出血のために重い言語障害、機能障害が残り、毎日つらいリハビリをしなければならなくなりました。50歳を過ぎた頃、そのリハビリを兼ねて絵を画くことを思い立ちました。私は小学生の頃は絵を画くのが好きで、自分でも上手だったと思っています。子どもの頃何度か賞をもらったこともあります。

画きたいと思った絵は、長崎への思いと、平和への願いのこもった絵です。私がこのまま何もせずに死んでしまったら、自分が原爆によって体験してきたこと、それと苦闘しながら生きてきたことが何も残らなくなってしまう。何か残さなければならないと思ったのです。

被爆者として生きてきた証を残したい、父や母や兄弟姉妹たちの体験したあの惨禍を二度と繰り返さないよう、人類が核を保有する時代を終わらせなければならない、という思いを込めて画こうと思いました。絵を画くことは、これほどの原爆の惨禍に遭い、そのため辛酸をなめるように人生を歩んできた者が、後世に画き遺して行かなければならない使命だと思ってやってきました。

絵を画き始めて20年余りになります。最初は脳梗塞、脳出血をやった後のリハビリのつもりで始めたものです。

画き始めて後、サントーレ会、昭和美術会に入会して画いていた時期もありました。それらの会を退会した後で日展に応募したこともあります。京展では入選しました。

私には絵を画くことについて特別の経歴があるわけではありません。只々、絵に対する人並ならぬ意気込みでやってきました。絵は私に天から与えられた宝物だと思っています。絵によって生まれ変わるんだと信じてやってきました。今も胃瘻していて何も食べられなくて、絵を画くのも大変です。私の経歴で人よりも少し優ると思っていることは、これだけの病気をしながらも絵を画いていることです。

今年（2016年）長崎で個展を開くことにしました。7月19日（火）から24日（日）までの6日間、会場は長崎県美術館県民ギャラリーです。これまで画いてきた私の絵を50点展示します。長崎県への会場申込書には開催目的を次のように書きました。「私の絵を長崎の全ての人に理解して欲しい。これは亡き父親と母親へのはなむけの意志である。たくさんの人に観て欲しいと願っています」。

宇治簡易裁判所での本人尋問の際に提出した文書

2014年（平成26年）1月21日

裁判所に申し上げたいこと

私は国の方針が終始一貫していないことに怒りを覚えます。

それは、原爆当時、「怪我」をされた人が、身体的に弱っている時は、一定期間養生は必要であっても、ある程度すると元気になりますが、その当時の「傷口」があれば、本当に原爆を受けた者とし、認定が受けられる。そういう人たちを何人か見て知っています。

国は、私みたいな内部的なものを患っている人たちのことをないがしろにしてきています。そういう方針に本当に腹の底から「むかっ腹」がたちます。そういうことを考えると、なんとも不条理であると感じます。なんでこんな病気をせねばならないのか、そのたびに死に直面、覚悟せねばならないのか、誠に理不尽であるとしか言いようがありません。

私は、この件について、何か社会的に訴えるものはないかと思い、昔（小学生のころ）絵をやっていたので、この20余年間、絵を画くことに目覚めました。

平成24年2月22日の弁護士の意見陳述のときに提出した絵は、母親と一緒の気持ちになり、母親の当時の凄絶、悲惨な状況の中、乳呑み児の私と兄弟四人（ハト）を現したものです。

故人となった母親が、育ち盛りの五人の子どもと病気の祖母の六人を、県庁の職員として働き、どうした思いで育てたか、分かりますか。誰からも、物、金銭的な助けを借りなくて、兄弟手と手をとり、背中を丸くしていかに貧しくても正しい途を歩んできたものです。そういった貧しい生活をしながら、母親の後ろ姿を見てきました。そういった母親の人間としての無念さとか、耐え難きを耐えた心情とか、怒りというものはこういうものであったのだと思い、そういった叫びを墓場の草陰から感じながら、一緒に、私の、国の理不尽な行為に対する心の叫びとあわせ、重ねて画いたものです。

私は、父の昔の部下の人たちから「お父さんの生まれ変わりの人間であるから、お父さんみたいな人間にならないといけないよ」とよく言われました。40歳まで精一杯働いて、「さぁ、これからだ」という時に脳出血を患いました。この30年間の間にいろんな病気をやり、毎日の訓練、リハビリの病院通いは、時には自暴自棄となり、自分の体ではないような気持ちになります。

よく知人に言われます。「元気であったらどういうふうな生活をしているだろうね」と。慰めと、励ましを聞きます。そして、時々、自分にむち打ってキャンバスに向かっている姿があります。自分に叱咤激励せねば、最近は画けません。そうしながら、毎日胃瘻の準備を自分で全てしながら、生きて参りました。これは大変でした。

今まで、私を取り巻くいろんな人たちに感謝感激、特にリハビリ、ヘルパーさんには、私が落ち込んだ折に心を支えていただいて、何とも言いようのない心の温かさを感じて感激しています。こういった社会的福祉の組織を作られた国の方針には頭が下がる、今日《こんにち》です。

私の叫びと一緒に、母親の墓場の草陰からの叫びを重ねて、心静かにお聞き下されば幸いかと思います。

【悲傷の月】

２００７年（平成19年）５月

原爆平和祈念像を画くにあたり今年は絵にちょっと変わったものを画きました。長崎の平和祈念像です。いみじくも画いている途中で伊藤市長が倒れました。市長の原爆に対する情熱はほとばしるほどに燃え上がる熱いものでした。この世の原爆廃絶に対する伊藤市長の痛恨の祈念像として画きました。私の平和祈念像とのかかわりは、父が原爆で亡くなりました。投下後すぐに母の背におわれて（1歳未満で）父の骨の収集に行ったとか。身の毛のよだつ凄絶悲惨　かえり見るさえ堪えがたい真情

【ハトはどこへいく】

２０１１年（平成23年）10月

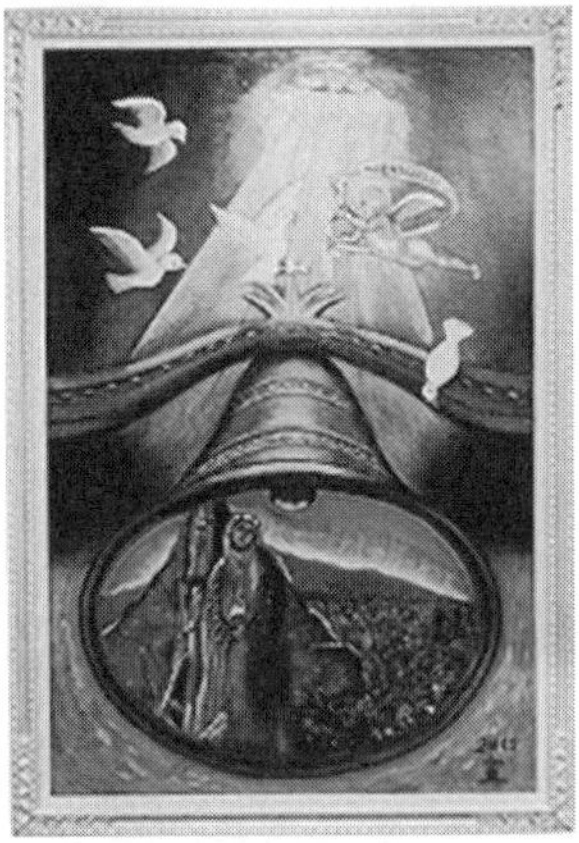

この絵は、私たち家族の、凄絶悲惨の中で、どうあらねばならないのかと訴えているつもりです。4羽の鳩は私の兄弟姉妹４人、エンゼルは私です。鳩の真ん中にいるのは長男、左上は長女で、左下は次女です。鏡のアームにいる鳩は次男ということで、そしてエンゼルが私です。

鏡の中のマリア様は母親で、泣くにも泣けず、言葉にもできず、凄絶さを前にして途方に暮れている姿です。足下には父の亡骸を前にして、ただ、佇む姿。誰が想像しただろうか。そういった母親の心情を察してか、兄弟姉妹とエンゼルが、どうぞ神光を母親に与えて下さい。「おかあちゃん」兄弟姉妹そろっているし、早くこちらへ帰ってきて、お互いの道を歩もうと、魂の叫びのようなものが聞こえてきそうだ。そういった意味のある、鳩とエンゼルと光と母親の演出です。鏡の周りとか、絵の下の部分の赤色は、人間としてあるまじき行為に対する私の怒りの爆発です。

兄弟姉妹、母の心情、神光、エンゼルの意味は、どうしても「力」を入れて言わなければならない生命線なのです。

【旅の揚げ句に】

2015年（平成27年）3月

私は現在胃瘻しながらの生活で、毎日が病と戦いながらの連続です。そうしながら画いた絵であるし、出来栄えは別としても非常に感慨深い、思い出の深い絵であると思っています。

現在手足が少し不自由してますが、キャンバスに向かう時は心を統一して真剣に向かうようにして画いています。バランスを崩して絵を台無しにしたりしないように。

今回は原爆の絵を描こうと思ったのですが、難しいのが分かり、12、13年前にベネチュアに行った折にとっておいた写真を元に画いた絵です。

この絵の中に大きな女神を画いたのには理由があります。そのわけは、私自身訪問介護の方、訪問聴覚言語士の方、第一日赤の電気治療の先生方、村山医院、武田病院、小倉のデイサービスの方、広野の福祉公社の皆様方と、ありとあらゆる人たちによって死を見つめてきた男を支えられています。自分一人で生きているのではない、皆様によって支えられて、生かされている、と自分を見つめてきた男として、自分が歩んできた人生に感謝を表さないといけないと思い、画きました。

この絵を見ると、周りを人で囲んでいる。この舞台を借りて気持ちを表さないといけないと思いました。

「旅の揚げ句に」という題ですが、真実はみなさんにお礼を言いたくて画いた絵です。そこは女神がもって生まれた存在感が全てであると思います。

どう思われますか。旅の終わりにこういうことあっていいじゃないか、と思いまして画いた絵です。

額縁は高価なものにしましたのは、自分の努力に対するご褒美としました。

11 木之下登

犠牲になった級友たちに代わって語り続ける

お話＝2005年7月6日

木之下登さんは平成28年（2016年）3月5日に亡くなりました。享年86歳でした。京都「被爆2世・3世の会」が木之下さんの被爆体験を詳しくお聞きしたいとお願いにあがる直前のことでした。木之下さんは過去いくつかの機会にご自身の体験を文章で著されています。その一つをここにあらためて掲載させていただきます。

学徒勤労動員

私は昭和17年（1942年）4月に、旧制の長崎県立瓊浦《けいほ》中学校へ入学しました。1学年は50人編成の七組で350人でした。これらの中には特別学級として、大陸、主として上海方面で活躍していた日本人父兄の子弟50人が一組含まれていました。勉学した期間は通算して2年ほどだったと思いますが、本当に勉強できたのは最初の1年間だけでした。

勤労動員は昭和18年（1943年）から文部省の指令によって始まりました。1年間のうち1週間は勤労奉仕に従事しなければならないということで、農村に駆り出されたのでした。浦上天主堂の北西にある本原町や山里方面の段々畑、農家の甘藷の採り入れや、高射砲陣地の構築に2～3日従事しました。そして本格的に国家総動員態勢で学業を放棄して工場に駆り出されたのは昭和19年（1944年）6月からでした。私はB29の投下目標になった三菱長崎兵器製作所に配属されました。ここでは魚雷が作られており、私たちはその外板固定用のビス作りに従事しました。全学としてはこの工場の他に、三菱製鋼所及び香焼の川南造船所に動員されていました。

蒼白い閃光《せんこう》と天地の裂ける轟音

そしてあの運命の日「8月9日」は、たまたま前日に班の組み替えが行われたため、昼夜二交代制の夜勤に変わり、爆心地から約3・5キロ離れた自宅で待機しており、一命を取り留めることになったのです。もちろん空襲警報が発令されると居住地区の警護や防護団に編入され、工場には行かなくてよいことになっていました。

その日はこよなく晴れた、本当に暑い一日でしたが、確か午前8時頃だったでしょうか、敵機飛来の警戒警報が発令されていました。母は福田村という田舎に食料を求めて出かけており、姉は三菱長崎造船所の病院へ勤務、妹は市立高女へ登校していましたので、私一人が家で留守番をしていました。当時のわが家は、兄三人が兵役に服し、家庭にいたのは四人でした。

午前11時頃だったと思いますが、空襲警報を告げるサイレンと飛行機の爆音が耳に入り、上衣を着けようと立ち上がって間もなくでした……。「ピカッ」と青白い光が走り抜け、「ドーン」と天地が裂けるような音がしました。しまったと思い、身を伏せようとした時には吹き抜けた爆風で玄関の土間に吹き倒され、暫く意識を失っていました。

10分～20分くらいしてからかと思いますが、表をバタバタ走り去る人の足音で自分が建具の下敷きになっているのに気がつきました。半壊の家から外へ飛び出すと、あたりは一面物凄い砂塵が立ち込め、10～20メートルくらい前がやっと見えるほどでした。出征した兄の形見の軍刀を右手につかむや近くの神社の防空壕へ素足のまま走り込みました。午後4時頃でしょうか、母がよれよれになったモンペ姿で防空壕に入ってきました。

夕暮れになった頃、妹が学校で負傷をし、憲兵隊の処で保護されているという知らせが届けられました。幸い病院に勤務していた姉が救急薬品を持って伯父と共に約6キロ離れた学校へ救出に向かい、翌朝遅く妹は帰ってきました。爆風で破壊された2階の校舎から飛び降りた際、顎の下側と右脚を硝子の破片で負傷したのでした。しかも、爆風で体内に入った硝子の破片は容易に摘出できず、傷痕はケロイド症状に似て、相当期間がたってもなかなか癒えませんでした。

母校の生徒400有余人が犠牲者となる

原爆が落とされた日の夜は、浦上の方はもちろん、対岸の丘陵地にあった県庁の庁舎や民家の建物は火の海に包まれ、火炎は天まで焦がすほど赤々と燃え盛りました。

私の自宅は稲佐岳の陰で幸い半壊でしたが、やっと雨露が凌げる状態でした。母校は爆心地から南西に約800メートル離れた竹の久保町の丘の上に建っていましたが、校舎は爆風で跡形もなくペチャンコに崩れ落ちてしまいました。その日学校にいた教職員や学校防衛隊の生徒ら61人のうち生き残った者はわずか数人でした。全校では400有余人が原爆の犠牲者となりました。

また生き残った者も、青春時代を原爆の後遺症に怯え、元気な若者が次々と脱毛し、口から出血しながら死んでゆく毎日は、本当に何とも言えない、むなしい日の連続でした。ある者は焼けただれた皮膚にのたうちまわり、水を求めながら死んでいきました。長崎医大の講義室では、教授は演壇にもたれるようにして、また学生は椅子に座ったままで死んでいました。まさに生き地獄そのものの惨状でした。市内のどこかの空き地で荼毘《だび》の煙が絶える日はなく、言葉にならない空しい日の明け暮れでした。

学校が鳴滝町の長崎中学の仮校舎で再開されたのは、原爆投下後約2ヵ月余り過ぎた10月の半ばでした。廃墟と化した母校から机と椅子を各人が運び、それで授業を受けたのでしたが、精神的肉体的に受けた傷は何人をも癒すことはできませんでした。灰色の雨にさいなまれ、あの忌まわしい日から60年が過ぎた今日でも、一体誰が、深い心の傷と一生背負わされた死への不安を取り除けるでしょうか。

犠牲者たちに代わって語り続ける

今私はあの忌まわしい時から60年、生ぬるい平和な日々にひたって、ともすれば過去にも鈍くなっている身に嫌悪を覚えます。被爆者も高齢化し、語り伝える人も年々少なくなっています。１９５４年の第五福竜丸事件に端を発した反核軍縮の平和運動は今や世界の核兵器廃絶運動の大きな流れになっています。

しかし、国内でも遂に東海村の原子力発電事故で尊い犠牲者が出ました。二度と事故を起こさないためにも抜本的な安全対策と防災対策が講じられねばなりません。

一方、世界では軍事はバランス維持のために核大国をはじめとするその危険な技術を持とうとする国が未臨界実験を強行しています。核廃絶を実現させるためには世界中の人がもっと関心を持ち、政治を動かしていくことが不可欠です。

私も生き残った被爆者の一人として、尊い犠牲者たちに代わって、二度と悲劇を繰り返さないために、命ある限りあの実相を伝え、核廃絶を訴えてまいります。あの地獄絵図をひしひしと訴え、戦争は、核は、人間をただの「影」に焼き付けるのみだということを語り継いでいきます。

木之下さんのこと

京都「被爆2世・3世の会」 吉田妙子　記＝2016年3月31日

遺稿となった木之下さんの文章を読ませていただき、びっくりしました。あの木之下さんがこんな体験と、こんな思いをもって生きておられたなんて。これは2005年に書かれたものですが、2011年の福島原発事故のあと、どんな思いでおられたか、お聞きできなかったことが悔やまれます。

木之下さんは、私の最初の職場の上司でした。とても厳しい方で、新採2年目の私は、正直、ちょっと苦手な上司でした。何かの折に私が広島生まれであることをお話しすると、「自分は長崎で被爆し、京都府の被爆者手帳の第1号を持っている」とおっしゃったのを覚えていますが、職場も変わり、それ以上のことをお話しすることはありませんでした。

退職されてからでしょうか、京都原水爆被災者懇談会で初めてお目にかかった時、木之下さんの方から声をかけて下さいました。それから年に1回、懇談会でお会いするようになり、そのたびになつかしそうに職場の話をされましたが、最近はお姿を見かけなくなっていました。

私は、「2世・3世の会」の被爆体験を聞く活動に参加していて、元上司であるなら一度木之下さんの被爆体験も聞いてもらえないかと言われていたのですが、忙しさにかまけて、後回しにしていました。

3月上旬、やっと時間ができ、ご自宅にお電話したら、奥様が出られ、「木之下は、5日前に亡くなりました」と。すぐにお参りさせていただいてこの話をすると、「お願いされても『あの文章でもうよかろう』と言ったと思いますよ」と優しくおっしゃいました。それでも悔やまれてなりません。木之下さんの思い、特に被爆の実相を伝えたいという思いを、反省をこめて、しっかり受けとめたいと思います。

12 谷口 チリ

手記
長崎で被爆して、今思うこと

谷口チリさんは京都「被爆2世・3世の会」の会員の谷口公洋さんのお母さん、鹿児島市在住です。

一、家族のこと

私は1927年(昭和2年)年9月20日に、現在の鹿児島県曽於市大隅町中之内で生まれました。

家族は、両親と子ども10人(男三人・女七人で、四女が2歳で死亡)で、私は五女でした。私が小学校3年の時に、陸軍曹長だった長兄が海南島で戦死(1940年2月4日)しました。24歳でした。

二、日々の生活と小学校時代

家は農家で、競走馬(軍馬1~2頭)や役肉牛(2頭ほど)などを飼い、お茶の製造や養蚕もして忙しい毎日でした。そのため兄が入隊してからは、奉公の使用人を雇ったり、週に3日は近所の人を雇っていました。両親が外の仕事で忙しく、学校を卒業した姉たちは食事や洗濯を、私たちは登校前に部屋や庭の掃除をしていました。それでも夜は必ず家族みんなで食事をしました。

入学した折田尋常高等小学校（6年＋2年で、約200人ほどが在籍）は複式学級で1学年40人弱でした。私は子どもの頃から体が大きく活発な健康優良児で、軍事教練では号令係をしたり休みの日は農作業を手伝う日々でした。私が学校を卒業する時に国民学校に名前が変わりました。父親は、男の子どもが少ないので、私の卒業後はお国のために看護婦にしたかったようです。しかし軍隊経験をした叔父に、従軍看護婦の仕事の過酷さを教えられて断念したと聞いています。

三、女学校時代

高等小学校を卒業後、鹿児島市の和洋裁縫女学校（本科・家庭科・商業科・専攻科）の家庭科に進学しました。先生に勧められ都会の暮らしに憧れてのことでしたが、田舎とは違って勉強（普通教科と裁縫実技が中心）は大変でした。200人ほどの寮生活で、地方出身の経済的に余裕のある生徒が多かったように思います。

1年次には遠足で桜島登山（現在は禁止）もありました。今は噴火活動が活発で考えられないけれど、よく頂上まで登れたものだと思います。この頃は、時々米軍の偵察機が飛んで来るもののまだ空襲もなく楽しい日々でした。しかし2年次になると、クラスごとに出征兵士の家の田畑の草取り奉仕作業をしたり消火作業の練習があったりで、授業どころではなくなっていました。今考えると実家での農業経験やこの時の勉強が、戦後の苦しい経済状況の中での自給自足や和服の仕立ての内職に役立ち、何とか家族で暮らしていけたと思っています。

四、女子挺身隊員として長崎へ

1944年（昭和19年）春の卒業前に、突然最初の女子挺身隊（太平洋戦争下の勤労動員組織。満25歳未満の女子を居住地・職域で組織）として三菱長崎造船所に行くことが決まりました。県下の女学校の生徒が５００人ほど県庁に集められて結団式があり、卒業式後2～3日して両親に会うこともできず出発することになりました。私の学校からは総勢40名が動員され、はちまきを締め腕章を巻いて照国神社に詣った後、提灯行列をしながら鹿児島駅まで歩きました。

駅では多くの人が臨時列車を見送ってくれました。私には生まれて初めての汽車の旅で、城山のトンネルを過ぎると、いつ帰れるのか不安になり寂しくて涙が出て止まりませんでした。鹿児島本線を北上しつつ途中で新たに乗車したり、久留米や鳥栖で下車して職場に向かう生徒たちもいました。私たちは終点の長崎まで行きました。

最初の宿泊所は向陽寮という長崎駅に近い元料亭で、庭園付きの立派な建物でした。宿泊所は百畳敷きの大広間を三つに仕切って鹿児島の女学校3校（県立一高女と志布志高女で先生方も合わせて約90名ほど）が分散して使いました。最初の頃の食事はご馳走でとても美味しかったのを思い出します。日曜日には仲間と近くの諏訪神社に遊びに行きました。

五、三菱造船所幸町第二工場（爆心地から約1・5キロ）に配属されて

その後、学校ごとに勤務先が別れました。普通科の人たちは造船所に近いところで事務中心の仕事に、私たち実業系の生徒たちは造船所の電気関係や兵器関係の実務の仕事を割り当てられたように思います。私の勤務先は市内の幸町の工場で12名が配属されました。そこでは毎日、小さなヤスリとハンマーを手に機械の組み立て作業をしました。仕事はそれほどきついものではなく8時から5時までの勤務でした。

空襲が怖くてあまり街には出かけませんでしたが、3回ほど輸送船の進水式を見たりして、見るもの聞くもの珍しかったです。でも仕事で工場に行く途中では、川への身投げや鉄道自殺など悲惨な光景も見たりしました。

多くの人が生活に苦しんでいたのだと思います。勤務地の近くには捕虜収容所があり、毎日50人ほどのアメリカ兵が点呼や労役する姿を見ました。

半年ほどすると郷里に帰る仲間もたくさんいました。それぞれの実家の家族の方々が随分心配したようで、危険な勤務と考えていたのだと思います。1ヵ年が過ぎて勤務期間が延長され1週間の休暇がもらえて、列車で鹿児島駅まで行き、みんなと再会を約束して実家に帰りました。私の両親は心配して「もう長崎には行くな」と説得されましたが、仕事も荷物もあったので自分の意思で再度長崎へ向かうことにしました。この時、鹿児島に留まる選択をした人も何人かいました。

仕事が再開されると、12名の仲間と一緒に工場に近い駒場寮に引っ越しました。この寮には男子工員や女工さんなどたくさんの人がいました。後で分かりましたが、ここはほぼ爆心地にあたり避難場所は隣の県営グラウンドが指定されていました。この頃から連日米軍の飛行機が飛んで来るようになりました。爆弾投下のための偵察だったかもしれません。会社も初めの頃はたくさんいた若い男の工員さんが減り、必勝報国隊の男子生徒が多くなっていました。

六、8月9日の原爆投下日の朝

原爆が投下された8月9日は、いつも通り7時に寮を出て電車に乗って工場に向かいました。この日は私は弁当の当番で、友人と10時半に仕事を切り上げて休憩室にいました。11時前に手を洗って外に出ようとした時に、飛行機の音と同時にピカッとまぶしい光が目に入り、顔全体に刺すような痛みがはしりました。爆発音と共に屋根が落ちてきて下敷きになり、最初は何が起こったのかわけが分かりませんでした。私の上にかぶさった友人はすぐ出られたらしいのですが、私はもがけばもがくほど瓦礫《がれき》に締め付けられて抜け出すのに時間がかかりました。それでもなんとか外に出ると、まわりは埃や煙で何も見えませんでした。今考えると、休憩室が狭く両サイドがセメントの壁だったことが幸いしたのでしょう。それに部屋から2~3分でも早く出ていたら命はなくなっていました。そう考えるとつくづく運が良かったと思っています。

七、瓦礫の工場からみんなの元（向陽寮）へ

しばらくして、多くの人が右往左往している中で、友人が門の方へ走って行くのが見えたので、私も駆け出して追いつきました。靴が片方脱げていましたがその時は夢中でした。会社の外に出ると何もなく、死体が散乱して建物は崩れ、電車はガラスが割れて電線が垂れ下がっていました。安全な所へ逃げようと思っても道路は瓦礫の山でふさがれて行き場がなく、どうすることもできません。日頃から周りの大人に「爆弾が落ちたら火や煙に巻かれないように高いところに逃げろ」と言われていたのを思い出して、近くの小高い丘（当時は段々畑）を目指して二人で登ることにしました。

登る途中には大木が倒れ、黒焦げの死体や大怪我をして血を流し助けを求めている人がいました。しかし自分のことで精一杯で助けることもできません。倒木と思って踏み出すと人間の死体だったりでしたが、夢中で登り続けました。街を見下ろすと、ほぼ爆心地だった私たちの寮は火の海でした。寮には友人や先生方や夜勤明けの人たちがたくさんいたはずです。あのまま残っていたら私たちも死んでいたでしょう。

もう帰るところもなくなって、長崎駅方面を見たら被害が少ないように思えました。最初の宿泊地は無事かも知れないと考え、二人で向かいました。途中で自分たちの位置が分かってきて、何とか向陽寮にたどり着きました。建物は少し傾いていましたが残っており、そこで先生方や友人が私たちをたいそう喜んで迎えてくれました。生き残った友達も血だらけになって帰ってきて、みんなで無事を喜び合いました。でもその日に鹿児島に帰るはずだ

った友人は、原爆の熱線で口に大火傷を負っており郷里に着いたらすぐに亡くなりました。

八、被爆後の寮での5日間の生活

その夜は宿泊所の全員で（先生三人と生徒が50人ほどでした）、茂木《もぎ》（4キロほど離れた所です）の近くまで行き道路で野宿をしました。市内の方を見渡すと、火災で空は真っ赤に染まり何かが破裂する音が響いて一晩中眠ることができませんでした。次の夜からは元の宿泊所に帰って庭で野宿をして過ごしました。服は着の身着のままで、頭はガラスやゴミが付着して3日間は櫛を通すこともできませんでした。近くでは毎晩瓦礫で櫓を組んで火葬が行われていました。

着替えも何もないので、3日目に10人ほどで幸町工場へ荷物を探しに出かけました。途中では、傷ついて電車の近くに横たわっている人、「水を下さい」と言いながら筵《むしろ》に座っている人、息も絶え絶えで「助けて下さい」と祈る人、ぼろぼろの衣服を身につけて全身火傷で皮膚が垂れ下がりとぼとぼ歩いている人がいたりで、恐ろしい光景でした。道には焼け焦げた材木や死体が散らばり、荷車を引いていた馬の屍体もありました。しかし私たちは何もできないまま、ただただ通り過ぎるだけでした。結局工場にも何もなく手ぶらで帰りました。

食事は、飽久浦（本部がありました）の事務所から逃げてきた人

三菱造船幸町工場の被災写真（長崎原爆資料館）

達が缶詰工場から調達したものを食べました。この時は各地で盗みも色々あったらしいと聞きましたがみんな生きるために必死でした。

九、長崎駅から故郷を目指して

5日目に長崎市長が私たちに罹災証明を発行してくれました。それには親元の住所と名前と爆撃されたことが記され、無料で汽車に乗れるようになっていました。八人ほどで鹿児島に帰ることが決まり、私は根占町と志布志町出身の友人と常に三人で行動しました。この時は奄美大島など離島から来ていた人たちはそのまま留まり、1ヵ月ほどしてから帰ったようです。

その日の夕方には、長崎市の救護班からもらったおにぎり2個と乾パン少々と炒り大豆を湯飲み一杯分を持って列車に乗り込みました。長崎駅を過ぎると線路に沿って流れる浦上川には、水を求めて行き倒れたらしい多くの人が重なり合って裸のまま死んでいました。私たちの寮も近くにあったので、恐ろしくてそれ以上は窓の外は見ないようにしました。

帰りの途中の大きな駅はみんな焼かれ線路も分断されていて夜通し歩いたりで、今でもどうして帰ったか思い出せません。鹿児島本線は不通で吉都線を通ることになり、熊本県の人吉から県境を越えて吉松に向かいました。途中の矢岳トンネルの入り口では空襲警報があり、長い間線路の溝に隠れて過ごしました。

三菱造船幸町工場の被災写真（長崎原爆資料館）

十、郷里の駅に着いて

都城に着いた時は夕方で、駅は一面焼け野原でした。志布志の友人はその日の最終便で帰りましたが、私と根占の友人は二人で壊れた駅舎の空き地で野宿しました。この時たまたま友人の知り合いの兵隊さんと出会い、飯ごうでご飯を炊いて食べさせてもらいました。

翌日の8月15日の朝一番の汽車で志布志線に乗り込み、当時の曽於郡大隅町の岩川駅で友人と別れ下車しました。駅から実家までの12キロは歩きました。途中で友達の家に立ち寄り、新型爆弾の被害を心配されていたご両親に友人の無事を知らせました。たいそう喜ばれて、お礼にと昼食をご馳走になりました。その時の、白米・団子・みそ汁・漬け物の美味しかったことは今でも忘れることができません。

十一、実家にたどりついて

我が家に着くと、みんなは私が死んだものと思っていたようで大変喜んでくれました。その時、家は五人家族になっていて、一番上の姉は嫁ぎ、下の姉は小学校の教諭に、妹は女学校の農業改良普及員として勤務していました。弟は高校生で下の二人はまだ小学生でした。

その日（15日）、帰宅して1時間後に玉音放送がありました。ラジオを聞いていた両親が日本が負けたと教えてくれました。その夜から電灯のカバーがはずされ、家中が明るくなりました。夕食は久しぶりの実家でつくった白米とみそ汁で、やっと帰り着いたと実感しました。でもすぐに、米軍が志布志湾に上陸して食糧が奪われたり女性と子どもは乱暴されるというデマが流れてきました。私たちはその時は山に逃げる準備をして、父は米を何回かに分けて山奥に隠しに行きました。

その後の落ち着いた生活の中でやっと「こんな戦争は二度とあってはならない、家は焼け食べるものも着るものもなく人々は傷つくばかりだ」と思いました。

十二、あの時を思い返して

私が被爆の時に友人と2人で奇跡的に生き残れたのは、狭い丈夫な部屋にいて屋根の下敷きになったおかげだったと思っています。その時の友人も自宅に帰ってから髪が抜け落ち色々な病気にかかり、今は寝たり起きたりの生活をしています。そのほかの友達もみんな亡くなり、電話や出会って話のできる人がいなくなって寂しくなりました。

私は戦後すぐに父親が亡くなり、被爆もしているし妹や弟の進学のためにも結婚はせずに農業を手伝おうと決めていました。しかしその後色々なことがあり、現在は一人暮らしですが、子どもや孫やひ孫にも恵まれ静かな生活を送っています。これからも、みんなが平和で安心できる世の中であってほしいと願っています。

家族とともに喜寿のお祝い（平成16年5月3日）

13
眞柳タケ子

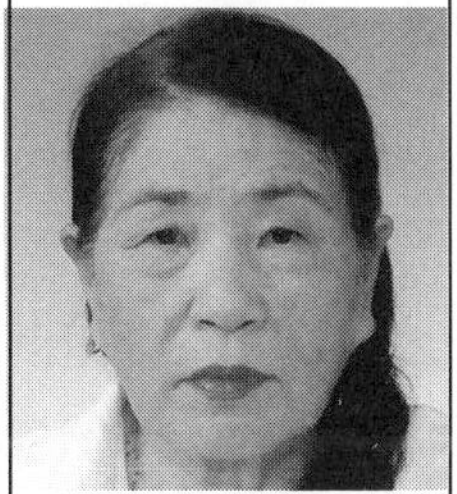

洋輔の声におされて語り部となる

お話＝２０１６年12月10日

京都府原爆被災者の会城陽支部の眞柳タケ子です。

今年の夏も暑かったですね。１９４５年８月９日も暑い夏だったと聞いています。この年の８月６日午前８時15分に広島、８月９日午前11時２分に長崎に原子爆弾がアメリカのＢ29から落とされました。そして広島で14万人、長崎で７万人の人が亡くなりました。原爆が落とされた時、私は１歳半でしたので記憶はまったくありません。私の母がまだ元気な頃話してくれた原爆の体験をこれからお話しいたします。

母の被爆体験

私の母は長崎市竹ノ久保町にある渕中学で保健婦の仕事をしていました。爆心地から１・４キロぐらいになります。私を身籠って安全に出産できるようにとの思いで私が生まれる５ヵ月前に惜しまれて退職していました。

私は昭和19年（１９４４年）２月４日に生まれています。母が退職した後の後任の保健婦さんは原爆で即死されているのです。ですから母は、私を身籠って出産したおかげで母も私も生き延びることができた、これも何かの導きやと思うと、いつも話していました。

その母は75歳の頃から入退院を繰り返すようになり、6年前90歳で亡くなりました。肺がんでした。母の話によると、原爆が落とされた頃は、長崎市稲佐町3丁目にあった木造一軒家の借家に、母と私と母の弟になる叔父との三人で暮らしていました。爆心地から1・8キロの距離です。

父はその頃戦争で東南アジア方面に軍属で出かけていて留守でした。叔父は旧制中学の1年生でしたが、学徒動員のため学校の勉強なんか全然しなくて三菱兵器工場で兵器を作る仕事を手伝っていたらしいです。8月9日の朝は、たまたま稲佐警察署の手伝いに行っていたのだそうです。

9日の朝、大伯父（母の伯父にあたる人）がわが家を訪ねて来ていて、これから三人で買い出しに行こうかという時でした。私に赤い靴を履かせようとしている時に、ピカッ、ドドーンと落ちてきたのです。母が私に靴を履かせようとしていて、片方だけ履かせて、ドドーンと来たのであわてて私をお腹に抱えるようにして土間に伏せたのだそうです。おかげで私は全然傷も何も負うことはなく、助かりました。

ドドーンと来た拍子に家の柱や窓ガラスが壊れて家はペチャンコになりました。母は必死で柱から抜け出して家から飛び出したそうです。母は背中の真ん中あたりに柱が落ちてきて怪我をし、7センチぐらいのケロイドが残っていました。その日たまたま外で布団を干していましたが、その布団は真っ黒焦げになったそうです。母はいつも言っていました。

「私たちがあの時外に出ていたらあんな布団のごと真っ黒焦げになっとるばい。私やあんたはほんの何秒かの違いで助かったと。これはいつもご先祖様に手を合わせとったからばい。だからね、常にご先祖様に手を合わせんとだめばい」とね。私はまた始まったと思っていつも笑って聞いていましたけど、この年になると「そうかもしれんね」と思うようになっています。

隣の人も家の下敷きになっていて「助けてー、助けてー」と言っていたのだそうです。母はなんとか助けてあげようと思いましたけど、柱の下敷きになっていて女の力ではどうしても助けることができません。母は私をおんぶして火の海の中を、倒れる人をよけながら稲佐警察署まで走っていきました。「隣の人がこんなことになっているから助けてくれ」と言って。「奥さんこんな危ない時になんで来たんや」と反対に怒られたそうです。「後から助けに行くから」と言われて、とりあえず来た道をまた引き返しました。隣の人は結局近所の男の人たちみんなに助けられて助かったのだそうです。

その後、母がこれから防空壕に入ろうと思った時、背後に若い男の人がいて、その男の人は飛行機の機銃で撃たれて亡くなったのだそうです。防空壕に入ろうとはしましたけど、もう暑くて、体が焼けて暑いのと、夏の暑さの両方とで我慢して外に出たまま、防空壕の近くで私をおんぶしていると、黒い雨が降ってきたのだそうです。その雨がとても気持ち良かったのだと、母はそのことをしきりに強調していました。夏の暑さと体中熱く感じていた時でしたので、黒い雨は暑さを和らげる、とても気持ち良く感じられたのだと思います。黒い雨を体中いっぱいに浴びて濡れるにまかせたのだそうです。（この雨の話は詳しくは聞いていなくて、母の死後、棺に母の看護婦免許証を入れようとした時、私の最初のレポートの裏に母がメモ書きしていたものです）

夜に入ってやっと防空壕に入りました。深夜12時頃炊き出しがあっておにぎり1個とタクアン2切れが配られたそうです。その日は昼も夜も何も食べていなかったので、このおにぎりがとてもおいしかったと言っていました。今、東日本大震災や熊本の大きな地震の様子を見てて、みんなあんなふうにして炊き出しに並んでいたのかなあと思いますね。今から思えば、怖いのはみんな焼け野原で炊き出ししてたことですよ。そこには黒い雨も降ったと思うのですよね。それをみんなおいしいおいしいと言って食べたのですから。今から考えたら本当に怖い話だと思います。

母は、被爆した当日の頃は、落ちてきた爆弾は焼夷弾のえらい大きなやつが落ちたんやな、と思っていたそうです。それでも怖かった。今までの爆弾とは違うな、とは感じていたようです。原子爆弾だと知ったのは何年も後になってのことだと言っていました。

母の里、西彼杵郡《にしそのぎぐん》大島町へ避難

防空壕に入って、疲れているのでウトウトはしそうになっても怖くて眠れなかったそうです。次の日（8月10日）の朝4時頃、母の兄になる伯父さんが、この人は広島県庁に勤めていた人ですけど、広島に原爆が落とされる前に長崎県庁に出張で来ていた人で、あちこちの防空壕を探し回って、やっと母と私を助けに来てくれたのだそうです。

家が潰れてもうどうしようもないので、母と母の兄弟になる伯父さんが私を連れて、四人で母の実家に行くことになりました。母の実家は西彼杵郡《にしそのぎぐん》大島町という所でした。今は西海市になっています。実家に向かうには長崎市内の爆心地を通らないと行けません。稲佐橋を渡って、爆心地に近づくに連れ、人が折り重なって亡くなっていました。人間だけでなく動物も、馬、犬、猫などが死んでいたそうです。川や水場、防火用水の傍では亡くなった人が群るようになっていました。まだ生きている人も「水、水」と言って手を上げて歩いていました。服はボロボロで穴があき、体が見えていました。もう地獄そのものでした。

人は水を飲んだらすぐに死ぬから絶対水をあげてはいけない、と言われていたのですが。水分をあげるのならガーゼか脱脂綿に水を浸して湿らせるだけにしなさいって、母は保健婦でしたのでそういうことをよく言っていました。

爆心地に近づくに連れて死体が山のようになっている中を通り抜けて、亡くなった人を跨いだり、時には踏んだりもしながら、国鉄の線路に沿って道ノ尾駅まで歩いたそうです。7キロくらいの距離は歩いたのではないでしょうか。

道ノ尾駅までの途中、長崎医大生がふらつきながら歩いていたので、「一緒に歩こう」と声をかけたら、「もう歩けん、先に行って下さい」と言われました。それで叔父さん（母の弟）が袋から乾パンを出して手渡し、別れて先を急ぎました。母はその話をする時はつらいのか、「あの医大生は元気になってお医者さんになっとらすかね」と話していました。看護婦だった母は人を助けられなかったことを後悔しているようでした。道ノ尾駅からは汽車が走っていたので、そこからは汽車に乗って、諫早、大村、佐世保へと行きました。今だったら2時間30分程度で行ける所ですが、朝汽車に乗って佐世保に着いたのは夜の8時頃だったそうです。列車は途中で何度も止まって、何度も降ろされたりしたそうです。母や私たちが降ろされる代わりに、兵隊さんや役所の人たちが乗り込むのですね。長崎の救援のため、応援の人をどんどん送らなければならなかったからだそうです。

佐世保に着いて親戚があったものですからそこで一泊しています。親戚の家でお風呂に入ったら、髪の毛から木くずやガラスやらがパラパラと落ちてきたそうです。母はそれまで背中が切れているのを知らなくて、痛みがあるのでおかしいなと思って服を脱いでみると血がにじんでいました。そこで初めて背中の怪我を知ったのだそうです。

あくる日の朝、佐世保から、今は西海橋がかかっていますけどあの辺りを大田和まで歩いて、そこからは漁師さんから船を借りて乗せてもらい、やっと大島町の母の里に帰り着いたのだそうです。今そこには橋（大島大橋）がかかり便利になっています。

何度も爆心地を通り抜けて

母は里に帰ってから後も何度も長崎市内に行っています。私をおぶって、母の妹（私の叔母）を連れてね。父が南方に行っていていつ帰ってくるか分からないので、帰ってきたとき「みんな死んでしまった」と思われないように何度も長崎に行ったそうです。佐世保と長崎の間を往復して、その都度爆心地を何度も通ったわけです。何度目かに行った時、父の行きつけの散髪屋さんと出遭って、事情を話して、父が帰ってきたら消息を伝えてもらうようお願いして、それからやっと少しは落ち着いたようです。

被爆して1週間から6ヵ月ぐらいの間は下痢、発熱、血便、血尿、脱毛などが続き、母は髪の毛が生えてくるのだろうかと心配したそうですが、1年後には生えてきたようでした。体は手当をして良くなりました。「物のない時代と夏のことなので、傷が化膿して治療するのも苦労したよ」と語っていました。

父は戦争が終わって1年半後に戦地から帰ってきました。戦地では偉い兵隊さんの車の運転をする軍属だったそうです。当時運転免許証を持っている人は少なかったのでしょう。父はお酒が好きな人でしたから、あの当時メチルアルコールを飲んでいたようで、眼を患っていました。若い頃はそれほど飲んではいなかったけど、年と共に量が増えて、眼は開いているけど見えにくい、極端に視力が落ちていました。それでも車の運転はしていましたけど。父は夜中によくうなされていました。戦地の夢をみていたのでしょう。けれども戦争の話は家族にもまったく話さないで亡くなりました。

病弱だった子どもの頃の私

ここからは私の話になります。私は小学生の頃は体が弱くて、風邪をひいたりするとすぐに熱を出して引きつけも起こして、毎月、月のうち1日~2日は学校を休んでいました。自慢じゃありませんけど、皆勤賞なんかもらったことがありません。友だちが皆勤賞もらうのを羨ましく見ていました。高学年になると立ったままで朝礼などしますけど、それが苦痛でした。長時間立っておられないのですよ。倒れてしまうのです。倒れない時は座り込んでしまいました。そんな状態ですから、私、どうしてこんなに体弱いんだろうといつも思っていました。偏食がきつかったのでそれでかなと思ったりもして。

まさか自分が被爆者だとは知りませんでした。中学生になってからある日、母が一緒に保健所に行こうと言って、初めて私の被爆者手帳を見せてくれたのです。その時初めて自分が被爆者だということを知りました。学校の先生には「保健所に健康診断に行くからと言えば分かってくれているから」ということで、先生には話してあったようです。

原爆が落とされて焼け出されて、何もなくなって、外に出してあったものも全部持っていかれて、残ったものは仏様だけでした。ですから家は貧乏でした。貧乏でしたけど母は子どもの教育には熱心で参観日や家庭訪問にも一生懸命で、その時に学校の先生に私の被爆のことも話していたのだと思います。

それでも被爆者だから体が弱いのだと思ったことはなかったのです。ただ、私の体は学校のみんなと同じではなく、異常やなとは思い続けていました。

父の仕事の関係で平戸の南部の方に引っ越ししました。そこでは家から学校までの距離が4キロほどもあって毎日歩いて通いました。それが良かったのではないかと思います。田舎の人たちにも親切にしてもらってコミュニケーションもよくて。空気が良かったのでしょうね。人づきあいもよくて、引っ越した先が私にあっていたのだと思います。それから健康になっていきました。ただ今から思っても異常だったのは、生理が普通ではありませんでした。ものすごくきつかったのです。期間も長く、前後は腰痛がひどかったのです。私が被爆者であることをもっと早く知っていれば、後になって子どもを失くさなくてもよかったのではないかなと思っています。その時には何も気づきませんでしたけど。

長男洋輔《ようすけ》のこと

その後お見合いをして主人と結婚して、主人の仕事の関係で京都の舞鶴で暮らすことになりました。結婚してすぐに妊娠して、男の子が生まれました。昭和41年（1966年）6月24日でした。生まれた子は体重3640グラムで普通だったのですが、生まれてすぐにオギャーと一度だけ泣いて、その後は泣かなかったのです。泣こうとしたらガァーッと、頭から顔から体中が真っ黒になって、チアノーゼなんです。心臓が悪かったのです。舞鶴病院で出産したのですけど、即、保育器に入れられて。私はまさか自分の子がそんなことになっているとは知らないものですから、「あれっ？　1回だけ泣いて、その後泣かないな」と不思議に思っていました。まさか自分の子が心臓病だなんて思いもしなかったのです。

名前は洋輔《ようすけ》とつけました。退院する1週間前に主人が見舞いに来てくれたのですけど、子どもが保育器の中に入っているものですから、「あれ、生まれた子はみんなこの中に入るのかな」と思ったらしいです。お医者さんから実はお宅のお子さんは心臓が悪い（先天性心臓病）と聞いて初めてびっくりしたのです。心臓は四つの部屋があるのに、洋輔には二つしかなく、要するに奇形でした。きれいな血も汚い血も混じってしまう大変な病気でした。私はそれまで自分が被爆者だということを気にしていなかったのですが、この時ばかりは被爆者であることを思い知らされました。私が退院する時も洋輔は病院に預けたままになりました。半月ぐらいは元気でいれるのですが、保育器から出て風邪をひいたりするとまたチアノーゼが出て保育器に入って、そんなことの繰り返しで何度も危篤状態に陥り大変でした。

洋輔は生まれて5ヵ月目になる11月21日に亡くなりました。それは主人の誕生日でした。主人はお通夜の時、男泣きに泣きました。せっかく男の子が生まれたのに、まさか俺の誕生日に亡くなるなんて、と言って。それを聞いていた私も涙を堪えることができなくて、ああすまないことをしたと思いました。その時、私は本気で死にたいと思いました。何度も何度も汽車の踏切の線路の前に立ちました。こんな悲しい思いをしたくないと思いましてね。そのことは一度も主人には話してきませんでした。私が語り部をするようになって初めて主人もそのことを知ったのです。

毎日毎日涙が出て、どうしてこんな悔しい思いをしなければならないのかと思い続けていました。やっぱりこれは原爆の被害なのだと思わざるを得なくなりました。私の親戚にも主人の親戚にも心臓病の人はいませんでしたから。そう思った途端、私は思い返したのです。洋輔の顔を思い出しましてね。ああ、これは、洋輔が「お母ちゃん、訴えてくれ！」と言っているのだと思いました。それで、私はいつかこれは絶対にみんなの前で訴えなければならないと思うようになったのです。

そういうふうに私の考えは変わりました。洋輔の亡くなった直後は死にたいと思って本当に線路の傍に何度も立ちました。そう思いながら涙をふきながら家に帰ったりしていました。そんな状態でしたけど、その思いが変わりました。ああ、これは、洋輔が「戦争に遭うとこんな目に遭うのや、ということを誰かに訴えないとあかん」と言っているのだと思うようになったわけです。

二人目の出産の時は本当に迷いましたが、主人や近所の先輩、友人などに励まされて女の子を出産し、その後三人目の女の子にも恵まれました。次女には男の子が誕生していますが、その誕生日が3月5日で私の父の命日にあたります。父や洋輔が孫を見守ってくれているような不思議な縁を感じています。そういうこともありましたので私はこれまでに三度、四国八十八ヵ所霊場を完全なお遍路さんの形で巡礼してきました。

語り部となる

今は私も幸せな日々を送ることができるようになりましたけど、しかし長男洋輔を失ったことで、「これは私に与えられた課題だ」と思うことに変わりはありませんでした。「私のような悲しみを繰り返してはいけない、こんな悲しみをみんなにさせてはいけない」と思い続け、たまたまイラク戦争が始まった時に、これはいい機会だと思って語り部になることを決めました。

私は原爆の落とされた時が1歳と半年ですから戦争や原爆の記憶は何もありません。ですから母に聞いて、それをテープに録音して、テープから文字に書き起こして、それで語り部を始めていったのです。語り部を始めた最初の頃、私が母の話を書き止めた文書はわずか2枚程度でした。それを見た母が、母の看護婦の免許証の裏側にいろいろと被爆の体験を追加して書き加えていました。母の葬式の時になってその免許証を発見し、いまも宝物のようにして大切にしています。原爆の恐ろしさだけでなく、「原爆は被爆当事者だけで終わらない」ということも知ってほしいと思って語っています。二世、三世まで肉体的、精神的にも影響を及ぼすのですから。

戦争を止めさせることを願って訴え続ける

今もいろいろと核実験とか戦争とか民族紛争とか絶えないのでもうこれはアカンなと思っています。戦争というのは心の持ち方で変えられるじゃないですか。戦争止めようと思えば止めることができると思うのですよ。相手のあることですから話し合いで何とか解決してほしいと思っています。どんなことがあろうとも戦争だけは絶対にやってはいけないと思います。戦争は人災です。天災は止められないけれど人災は絶対に止められると思います。止めてほしいと願っています。特に学生さんたち若い人たちには強くお願いしたいです。私たちのような被爆者がこうして訴えていますけれど、他にも悲惨な被爆体験をされた方はあると思うのですよね。いろいろな事情から話すことができない人もいるでしょうけど、できるだけ被爆の体験、戦争の体験を話してほしいと思っています。

今度オバマ大統領が広島に来られて、謝罪はなかったけれど被爆者の人とハグをされました。あれだけでも良かったのではないかと私は思っています。これまでの歴代大統領は一度も来られなかったけれど、広島に来て、被爆者とハグをされただけでも一歩前進だと思っています。全世界の大統領やらそういう人たちに広島、長崎に来てほしいし、ゆくゆくは本当に謝罪してほしいと思っています。その道のりは遠いかもしれないけれど、私たちが亡くなった後でもいいから謝罪してほしいと思っています。

『ようすけ君の夢』のこと

絵本になっています『ようすけ君の夢』のことを説明させて下さい。私が佛教大学に語り部で行った時のこと、2回目の語り部で、レポート用紙でたったの2枚の原稿でしたが、学生さんが感動して下さり、「何か残したい」と言って下さったのです。私は、大きい紙芝居を作っていただきたいと思ってお願いしたのですが、立派な絵本を作って下さいました。

私の洋輔は5ヵ月で亡くなりましたが、絵本では小学生として出てきます。そのようすけ君の絵が亡くなった洋輔の顔に似ているのでびっくりしました。特に目がそっくりなのです。絵を書いてくれた方は写真も何も見ていないんです。「顔がなかなか描けずに大変だったけど、書きだしたらすーっと描けたよ」と話しておられました。

この絵本には親子三代が関わっているのです。語りは、私の母の上村吉と私眞柳タケ子、英訳が私の次女の眞柳美紀です。母は「私が亡くなっても、この絵本はずっと残っていく」と言って喜んでいました。機会がありましたらぜひ一度ご覧いただきたいと思います。

『ようすけ君の夢』
語り　上村吉・眞柳タケ子
文　佛教大学黒岩ゼミ
絵　田中愛・堀越裕希美
発行　クリエイツかもがわ（2006年）

14

山下　義晴

兄たちと従兄弟たちとの原爆被爆

お話＝２０１７年10月９日

8月9日の朝

私の家は長崎市の稲田町にありました。長崎の街の南の方、爆心地から4キロほどの距離のあたりです。原爆が落とされたのは私が仁田小学校（当時は国民学校）3年生で8歳の時でした。私の家族は父と母と5人きょうだいで、私が一番下でした。一番上の姉はこの頃もう嫁いでいて、長男は長崎の三菱造船からこの頃広島の三菱造船工場に派遣されていました。二番目の姉もたしか結婚を間近にして家を出ていたと思います。ですからこの頃の我が家は両親と二番目の兄と三男の私の四人だけになっていたことになります。

8月9日の朝は、兄や従兄弟や近所の子どもたちと一緒に、家の近くの広場で遊んでいました。空襲警報が鳴ったのですぐ近くにあった町内の防空壕に入り、それから解除になったので防空壕から出てきたところでした。入口の辺りで空を見上げたら、飛行機の爆音が鳴っていて、Ｂ29が2機キラキラキラキラ光って飛んでいました。私の兄や私と同じ年頃の子どもたち三、四人で一緒に「Ｂ29やんか！」と言ったその時、突然ピカーッと光って、後は気を失ってしまいました。

気がついた時には防空壕の一番奥の所にいました。爆風で吹き飛ばされたんだと思います。その時はもう防空壕の中も外も夜のように真っ暗になっていました。後から思うと、あの時、私たちはキノコ雲の下にいたんだなあと思います。私は少し軽い火傷をした程度で、幸いにも怪我らしい怪我もせずにすみました。

長崎は急坂の街ですから、家の建つ地面が段々に積み上がっていて、そこに家が建ち、家の後ろはすぐ石垣が迫る構造になっていました。私の家も、中にあったもの、家具や家財などが全部裏の石垣の方に打ちつけられるように吹き飛ばされていました。この時、私の父は家の中にいて、火傷をしたみたいで皮膚が黒くなっていたのを覚えています。でもケロイドが残るほどの火傷ではなかったようです。母はどうしていたのか、今はどうしても思い出せません。

原爆が落とされた日とその翌日は、街の中心部に行っていた人たちが、みんな大火傷をしてゾロゾロゾロゾロ焼け爛《ただ》れて帰って来られました。正視できないほどひどい格好でした。そういう人たちがいっぱいになっていました。みんなひどい火傷や怪我をしているのですが、病院もなければ何もなかったのです。

原爆投下の日の夜は、長崎の街の半分は大火事となって燃え続けていました。

叔母を探して爆心地へ

私の伯父さん(父の兄)である山下萬造さんが爆心地の近く、大学病院のすぐ北西あたりの坂本町に住んでいて、土方の親方のような仕事をしていました。当時は爆心地付近全体を「浦上」と呼んでいましたので、私たちも伯父さんのことを「浦上の伯父さん」と呼んでいました。

私の父の妹(私の叔母さん)の小林キクさん一家は私の家の向かい側の長屋に住んでいました。叔母さんの夫がその頃出征中で、二人の男の子(私の従兄弟になる小林平次郎さんと勇さん)との三人暮らしでした。原爆投下の日、叔母さんは浦上の伯父さんのところに働きに行っていて、そのまま帰って来ませんでした。家には二人の兄弟だけが取り残されてしまいました。

そこで、原爆が落とされてから2日後の8月11日か3日後の12日、私の父が、私の兄（山下次郎）と私と、従兄弟の小林平次郎さんと勇さんとを連れて、五人で浦上の伯父さんの家の近くまで叔母さんを探しに行くことになりました。勇さんはまだ5歳という年齢でした。

街はすっかり焼けていて、焼け跡を踏み越えながら歩いて行きました。浦上の伯父さんの家に行くには、稲田町の家から大波止まで行き、それから線路沿いに医大病院の辺りまで歩くことになります。長崎駅を越えた辺りから、周囲にはあちこち、くすぶるような煙がまだ立ち昇っていたのを覚えています。そこかしこに人の死体や、焼けたしゃれこうべ、牛の骨などがありました。

伯父さんの家の辺りまで行きましたが、あたりは一面の焼け野原で、何もかも焼けていて、どこが伯父さんの家だったのか正確には分かりませんでした。どこの家も基礎だけが残っているような有様でした。しばらくあたりを歩きまわって小林の叔

長崎医科大学付属病院の煙突（林重男氏撮影・寄贈、長崎原爆資料館）

山王神社の片足鳥居（石田寿氏撮影・石田植氏寄贈、長崎原爆資料館）

母さんがどこかにいないか探しましたが、何も見つけることができず、その日は帰ってきました。その後も何日か探しに行きましたが、結局叔母さんを見つけることはできませんでした。

この時に見た爆心地付近の破壊されたすさまじい光景は今でも忘れることができません。大学病院の建物の煙突が壊れたままになっていたり、片足だけ残ってそれでも建っていた鳥居などは特に強く記憶に残っています。

従兄弟たちの被爆

ずーっと後年、平成22年（２０１０年）に従兄弟の小林勇さんが原爆症認定の申請をしました。勇さん本人はその時もう亡くなっていて、遺族の奥さんが代わりに申請したものです。担当のお医者さんは病気の原因は原爆だろうと診断してくれたのですが、厚生労働省が認めてくれません。そこで裁判をして争うことになり、勇さんと一緒に浦上まで歩いた私が証言台に立つことになりました。裁判は結局勝訴となり、原爆症は認められることになりました。浦上まで一緒に歩いた人たちももう生き残っていたのは私一人だけでしたから、私は貴重な証言者でした。

裁判の尋問では国側の代理人からしつこくいろいろなことを聞かれました。特に、勇さんや私たちが8月11日頃から浦上まで行ったという事実を認めたくなかったようです。子どもの足で稲田町から浦上まで歩いて行けるはずがないとか、5歳の勇さんが歩けるはずがない、などと言われました。しかし昔はみんな歩いて移動したのです。歩くのが当たり前の時代でした。昔の長崎の人は急な坂を昇り降りして育ったのですから。そんなことを法廷で国側の代理人と言い争ったりもしました。

原爆が落ちて3日目の8月13日頃、浦上の伯父さんの三男である山下三郎さん（この人も私の従兄弟）が突然稲田町の私の家を訪ねてきました。訪ねてきたというより、たどり着いたという感じでした。伯父さん一家は全員亡くなっていて、この三郎さんだけがたまたま防空壕にいて助かったのだそうです。しかしこの三郎さんも私の家に来てから吐血、下血を繰り返し、1週間ほどしてから息を引き取りました。廃材などをかき集めて、広馬場町で三郎さんは荼毘《だび》に付されました。

広島の三菱造船工場に行っていた一番上の兄の松良も8月13日に長崎の我が家に帰ってきて家族と再会しました。広島の三菱造船工場は広島市の江波というところにあり、爆心地から4・5キロぐらいの距離でした。兄が帰ってきた翌日の8月14日も、その兄も一緒になってまた浦上に叔母さんを探しに行っています。ですから長兄の松良は広島で直接被爆し、帰ってきた長崎でも入市被爆して、二重の被爆をしていたのではないかと思います。

死に物狂いで頑張ってきた人生

私は中学は地元の大浦中学を卒業しました。あの頃の私の家はとても貧乏していました。父は傷痍軍人で身体が弱くなっており、母が沖仲仕などをして暮らしを支えていました。高校にも行けないほどで、とにかく食べていかなければならない。そのため、私は友だちを頼って大阪に出ていくことにしました。昭和29年（1954年）、私が17歳の時です。

大阪ではミシンの販売の仕事をしました。ところが給料がとても安くて、1ヵ月働いても4000円。食事代とか必要な生活費を差し引くと手許にほとんど残りませんでした。苦労している母親に送金もしたかったのですが、とても無理でした。それで私と縁のある人で京都で鳶職《とびしょく》をしている人がいて、鳶職は収入がいいというので、その人を頼って京都に行くことにしました。しかし、私はもともと体も小さいのでなかなか鳶職の仕事はできませんでした。当時鳶職といえば、50キロのセメント袋2つを平気でかついで歩かなければならないような仕事でした。私は人並みにできないので、他の部署で、例えば朝早くから飯場で飯炊きの応援をするとか、夜も風呂焚きで、職人全員が風呂からあがるまで働く、そういうところで毎日頑張り続けました。そういう頑張りが認められて、職人たちから「お前が親方になる時には応援に行ったるぞ」と言われるまでになっていきました。

昭和34年（1959年）、22歳の時に旗揚げして親方になりました。旗揚げとは、会社を立ち上げることです。鳶職としての会社登録もしました。某大手工務店の下請けの下請けの仕事を一生懸命やっていましたので、そちらからの仕事も回してもらうようになりました。会社の名前は初めは「山下組」でしたが、後に「山下建設」に改めて今に至っています。会社の立ち上げと同時に結婚もして所帯を持ちました。

それからも苦労の連続でしたが、死に物狂いで仕事を頑張ってきました。いくらかずつでも母親への送金を続けてきました。一男二女の三人の子どもにも恵まれました。私が高等学校にも行けなかったので、子どもたちには三人とも大学まで卒業させようと思い、その通りにすることができました。

私は原爆に遭ってからは、子どもの頃からいつも身体がしんどいと思うようになりました。疲れやすく、それからちょっとした怪我でもなかなか血が止まりにくい体質にもなっていました。

被爆者健康手帳を手にしたのは、昭和59年（1984年）、47歳の時でした。それまで手帳についてはあまり関心もなく、詳しいことも知らないままになっていました。たまたま通っていた近くの病院の看護婦さんから進められて手帳をとることにしました。私の友だちのお母さんが長崎にいて、私の被爆の証人になってくれたりしました。

剣道一家

私の長男が生まれてすぐの頃、生きるか死ぬかと言われたほどで、とても弱い身体でした。特に扁桃腺が弱かったのですが、剣道すれば声を出すので鍛えられると聞いて、小学生の頃から剣道をさせるようにしました。その時私も、弱かった身体を少しでも丈夫にしようと思い、剣道を始めることにしたのです。37歳という歳になってからでした。この時、長女もつき合いで一緒に剣道を始め、その後次女も続いて私の家族は剣道一家になっていきました。

子どもたちはメキメキと腕前を上げていき、特に長女はインターハイ、国体、全日本選手権にも出場するほどになりました。今、長女が剣道七段、息子が五段、次女が三段になっています。私も七段になっています。原爆の影響で弱くなった身体をちょっとでも鍛えて、健康のためと思って始めた剣道ですが、少しは効果があったのではないかと思っています。私も60歳以上の人が対象となるネンリンピックに京都市代表として二回ほど出場させてもらったことがあります。

一緒に被爆した私のすぐ上の兄の次郎は肺がんでなくなりました。私も昨年（２０１６年）の11月、肝臓がんがみつかり手術をしました。この３年間、病気に襲われ続けてきました。もともと血小板が足らないと言われていて、血が止まりにくい症状がありますから、それもいろいろ影響しているようです。今年６月には脱腸の出術をしました。8月には胃の中で静脈瘤が破裂して出血したのでその手術をし、同じ8月には脳梗塞の診断も受けて治療をしてきました。

約35年前の正月藤森神社境内にて（左から長男・祐幸、私・義晴、長女・房枝、次女・幸子）

昭和12年生まれの私は今年ちょうど80歳になります。いろいろと無理はしてきましたが、健康に気をつけて、まだまだ頑張って生きていきたいと思っています。

15

奥田 継義

被爆した日、被爆者だと自覚した日、そして認められた日

お話＝２０１８年７月13日

長崎県長与村

私は１９４５年（昭和20年）２月20日の生まれです。長崎に原爆が投下された時は生後まだ5ヵ月、当然何の記憶もありません。ですから私や私の家族が体験したことの話は、私が大きくなるにつれて家族や周りの人たちから聞かされてきたことばかりです。また、父や母や、姉や兄たちも原爆のことについては多くは語ってきませんでした。家族だけでなく、学校でも地域でも話す人はほとんどいなかったように思います。ですから、私が語り継ぐことのできる体験もかなり限られたものになってしまいます。

私が生まれて育ったのは長崎県西彼杵《そのぎ》郡長与村（現在は長与町）の本川内郷《ほんがわちごう》という所です。爆心地からの距離は７・５キロになり

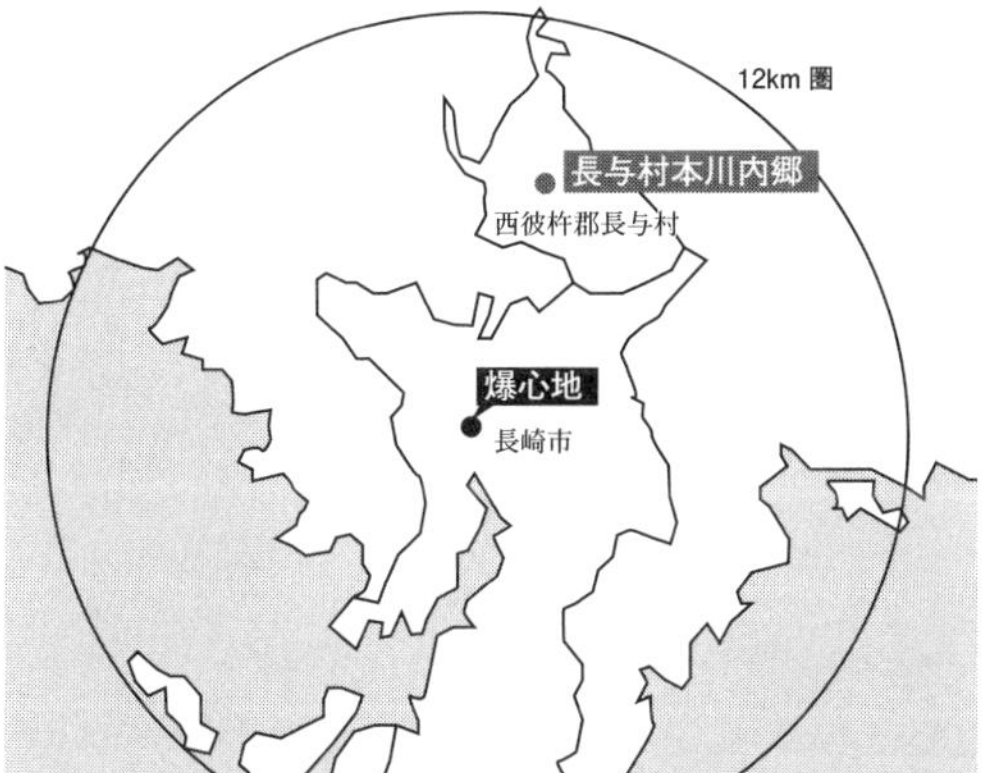

ます。家族は父（当時36歳）、母（30歳）、長姉（9歳）、長兄（7歳）、次兄（4歳）、次姉（2歳）、そして末っ子の私という七人家族でした。ちなみに戦後、私の下にさらに弟と妹が生まれています。弟と妹は被爆二世ということになります。家はささやかな規模の農家でしたが、父は長崎市内の三菱造船幸町工場に勤めに出ていました。

父の被爆

１９４５年（昭和20年）８月９日、父は三菱造船幸町工場で仕事をしていて被爆しました。父の記憶では、警戒警報が鳴って、「警戒警報やからまだ逃げんでもいいやろ」と思ってそのまま工場に止まっていたのが幸いし、一命を取り留めたとのことでした。あれが空襲警報やったら、急いで飛び出して、屋外にいてたぶん直爆を受けて、どうなっていたか分からん、というところでした。工場のすぐ近くの崖のところに防空壕があって、いざという時にはみんなそこまで走って逃げ込むことになっていました。

父は、一命は取り留めましたが、全身にガラスの破片が突き刺さり、全身傷だらけとなっていました。大怪我を負ったままの体でしたが、なんとか国鉄の道の尾駅方向まで一人で歩いて行き、道の尾駅から少し浦上駅方向にまで来ていた救援列車にたどり着きました。そしてかろうじてその列車に乗り込むことができたのです。原爆が投下されたその日のうちから、道の尾駅付近までは国鉄の救援列車が動かされていたようです。救援列車の第一陣は諫早の陸軍病院に向かいました。そして諫早の陸軍病院はすぐ満杯になったので救援列車の第二陣からは大村の海軍病院に向かいました。父が乗ることができたのは救援列車の第二陣でした。列車に乗り込んだ父の姿を、偶然にも母の母（私の祖母）が目にしていて、そのお陰で私たち家族には父の行き先もすぐに分かっていました。

母は大村海軍病院にまで父の見舞いに駆け付け、看病しました。父は大怪我をしていた上に、全身が脱毛し、全身が化膿する状態にもなっていました。医者からは母に向かって、父には見えないようにして、「この人はもうダメですよ」という仕草で合図が送られていました。

そういう状態であったにもかかわらず、しかし父は奇跡的に回復し、その年の秋には退院、我が家に帰って来ることができました。

ずっと後年になってからのことですが、父の耳からガラスの破片が出てきたことがあります。それから亡くなる5年ほど前にも、肩からガラスの破片を摘出してもらったことがあります。2センチほどの三角形のガラス片でした。

父は2008年（平成20年）に亡くなっています。99歳でしたから長寿でしたが、しかしその人生は病気ばかりの生涯でした。私の父についての思い出も、長崎の原爆病院への入退院を繰り返していたことばかりのような気がします。

母と家族の被爆

原爆が投下された日、母は動員されて地域の人たちと一緒に、近くの山に松根油《しょうこんゆ》を採りに行っていました。山の斜面の何も遮蔽物のないような所で、ピカっときて、瞬間頬っぺたが熱くなったことを憶えていると言っていました。「狙われたー、さあ逃げろ！」ということで、一目散に家まで逃げ帰りました。障害となるようなものは何もない所で転んだりもしていますので、爆風に煽られたりもしたのだと思います。頬っぺたが熱くなったことと関係があるかどうか分かりませんが、母は後年死ぬ直前に頬っぺたの皮膚がんを発症しています。

同じ時、長兄は近くの川で魚を獲って遊んでいました。次兄や二人の姉はみんな一緒に家にいて、5ヵ月の私は長姉に背負われていました。原爆が落とされた時、2歳だった次姉がびっくりして泣き出したので、それを長姉が「大丈夫や、あれはカミナリや」といって慰めたという話が私たちきょうだいの間では記憶されています。父は長崎市内の幸町工場で被爆しましたけど、他の家族六人はみんな揃って長与村にいて、閃光を見、爆風を受け、放射線を浴びていました。

自分も被爆者なのかと自覚した日

私は地元長与村の小学校、中学校を卒業し、高校は長崎県立工業高校定時制で学びました。この高校は浦上の大橋町にあって、三菱兵器大橋工場の跡地に作られたのではないかと思います。学校に通っていた頃のことですが、同級生たちの間で原爆のことについてしゃべることは、小学校でも中学校でも高校でも一切ありませんでした。特に工業高校生になってからは同窓生の中に被爆している人、家族に被爆者のいる人は何人もいたはずなのですが、誰も話さない、先生もしゃべりませんでした。今から思えば不思議なほど原爆について、話が遠ざけられていたように思います。

中学生だった頃、同じ学年の何人かの生徒が午後から、定期健康診断だとか何とか言って授業を抜け出ていくことがありました。ずーっと後日になって、彼らはＡＢＣＣの健診に連れて行かれていたのだということを知りました。当時の私はそんな事情のあることなどまったく知りませんでした。

私の家のすぐ近所に、私の長兄と同級生で私より7歳年上の人が住んでいました。この人は原爆が落とされた時には、庭の柿の木に登ってセミを捕ろうとしていた人です。その人が、１９５８年（昭和33年）、突然亡くなりました。私が中学2年生の時です。「なんで死んだん？」と尋ねると、「原爆と関係あるんや」と聞かされました。たぶん白血病か何かだったのだと思います。13歳だった私はこの時、「あっ、俺も被爆者なんかな！」と思い、初めて「自分も原爆と関係しているんだな」と自覚することになりました。

高校を卒業した後、１９６４年（昭和39年）、19歳で国鉄の大阪鉄道管理局に採用され、以降は関西で国鉄マンとして働くことになりました。１９７３年（昭和48年）に結婚しています。

私の母が亡くなったのは5年前の２０１３年（平成25年）で、ちょうど父が亡くなったのと同じ99歳、母も長寿でした。戦後に生まれた弟が２００６年（平成18年）に亡くなり、長兄が今年亡くなりました。胃がんでした。それ以外の兄弟姉妹はみんな今も健在で、中にはまだ現職で仕事を続けている人もいます。

ただ、私の従兄弟の中には、被爆二世になる人ですが、手の指が少指で生まれた人がいます。その人の親は爆心地から4・0キロか5・0キロで被爆しています。ところがこの親は「被爆者」ではなく、被爆者と区別するための「被爆体験者」という扱いになっているのです。複雑で、問題を多く残したままになっているのが長崎の被爆者援護制度の実態です。

私が「被爆者」になった日

１９５７年（昭和32年）、日本の国に初めての被爆者援護制度、原爆医療法ができました。この時、長崎の原爆被爆地域というのは長崎市内と周辺の一部の地域と定められました。その結果、同じ長与村でも長崎市に近い高田郷と吉無田郷だけは被爆地域とされたのですが、私たちの住む本川内郷を含むそれ以外の地域は被爆地域とされなかったのです。多くの人が閃光を浴び、爆風も受け、そしてすでに放射線の影響とみられる障害や犠牲も発生していたはずなのですが、私たちは被爆者とは見なされなかったのです。

それから17年経った１９７４年（昭和49年）、単純に被爆地域が広げられたわけではないのですが、「健康診断特例区域」という特別な制度が作られました。「健康診断特例区域」というのは、被爆地域の周辺地域にいた者にも健康診断だけは無料で受けられるようにしようという制度です。この時、私の生まれ育った本川内郷も含めて長与村全体がその対象地域に加えられました。その頃私はもう京都に住んでいて、結婚した翌年でした。

母から「そのような制度ができたから、お前も京都で手続きをするように」と言われて、私は京都市南区の保健所に「健康診断受給者証」というものの申請に行きました。ところが保健所の担当者はまったくチンプンカンプンで何も知らない有様でした。「私は長崎県の長与の出身の者だから、長与の役場に問い合わせて確認しておくように」と言ってその日は帰りました。しばらくして再訪すると「健康診断受給者証」はちゃんと用意されていました。この時、私だけでなく、母も、兄も姉も全員が同じように「健康診断受給者証」を受け取りました。

それからさらに18年経って、1992年（平成4年）、たまたま私が郷里に帰っていた時、その頃腰痛があまりにひどかったので民医連の大浦診療所で診てもらったことがあります。その時、お医者さんに「この腰痛は原爆と関係あるのでしょうか?」と尋ねると、そのお医者さんはその場ですぐに診察室から京都府庁に電話してくれたのです。「今、これこれこういう人が来て診察しているが、この人はこういうことに該当するから……」と。それからそのお医者さん自ら必要な手続きもしてくれました。それが被爆者健康手帳の交付でした。

18年前に「健康診断受給者証」の交付を受けていたのは上記の通りですが、その時、この「健康診断受給者証」を持っている人で定められた障害があると診断された場合には、第三号被爆者として「被爆者健康手帳」への切り替えができることになっていたのです。第三号被爆者とは被爆者援護法で「原子爆弾が投下された際又はその後において、身体に原子爆弾の放射能の影響を受けるような事情の下にあった者」と定められた被爆者のことです。大浦診療所での診断により私の病気は定められた障害に該当すると認定され、私の持っていた「健康診断受給者証」は「被爆者健康手帳」に切り替えられることになったわけです。1992年（平成4年）になって初めて私も国の認める（制度上の）被爆者となることができました。実際に被爆したあの日から47年、私が47歳の時のことでした。

国鉄労働者として

国鉄には１９６４年（昭和39年）に就職して、２００５年（平成17年）にＪＲ西日本を60歳で定年退職するまで41年間勤めました。最初の仕事は蒸気機関車の清掃で、吹田の操車場で10ヵ月働きました。次が向日市の操車場でここではディーゼルカーの整備をしていました。それから電車の乗務員（運転手）となり、定年までずーっとそれを続けました。

当時は就職するとすぐにみんな労働組合にも入っており、私も早速国労（国鉄労働組合）の一員になりました。昔は労働組合でストライキもよくやりました。そのために処分をくらったこともしばしばです。国鉄の職員は公務員に準じた者という扱いで、公労法違反に問われた減給処分でした。

１９８７年（昭和42年）、国鉄が今のＪＲに変わる、分割民営化された時は大反対運動をとりくみました。その結果、私たちは見せしめの処分を受け、滋賀県の草津にあるＪＲのパン屋さん勤めをさせられたこともあります。パン屋さん勤めは3年間続きましたが、その後また電車の乗務員に復帰しました。

清水寺で「ヒバクシャ国際署名」行動

私の身体のこと

私は幼い頃から、奇形とか障害とまではいかなくても、特異ともいえる身体をもってきました。具体的には眼球が他人より小さい、肛門が小さい、心臓の僧帽弁逸脱症、胆のうに別室がある、です。心臓の僧帽弁逸脱症とは、血液を送り出した後の弁が閉まり切らず血液が逆流する可能性のある疾患です。まだエコー検査のない時代、鉄道病院での毎回の職場健診で原因不明の異常心音が指摘されていました。このまま国鉄の運転士を勤めても大丈夫なのかどうかも検討されていました。エコーが導入されてから初めて僧帽弁逸脱症だと診断されることになりました。

私のこうした身体の状態は、元々生まれつきのものだったのか、生後5ヵ月で被爆したことが影響しているのかは不明です。原爆との関係は今は不明ですが、事実は事実として書き残しておくことが、被爆者としては後世の人びとのためにも大切なことではないかと思っています。

これからも体の続く限り核廃絶めざして

JRを退職してからのある時、私が住んでいる京都市南区吉祥院の、吉祥院健康友の会で何らかのインタビューを受けたことがあります。その時私が被爆者であることをちょっとだけお話ししました。それを読んで私のことを知った中野士乃武さん（京都原水爆被災者懇談会の前の世話人代表）から声をかけていただいて、京都原水爆被災者懇談会の活動に参加するようになり、懇談会の役員も務めさせていただくようになったのです。

毎週金曜日夕方のキンカン行動に参加

国労のとりくみの一つとして平和運動には若い頃から多少はかかわっていましたが、本格的に取り組むようになったのはこの京都原水爆被災者懇談会に参加するようになってからです。3・1ビキニデーにも数回参加してきました。広島や長崎での原水爆禁止世界大会にも京都の代表として参加してきました。国民平和大行進では、京都の被爆者を代表して何度もあいさつをさせていただいてきました。平和行進では京都府内の通し行進者として歩き通したこともあります。

２０１１年（平成23年）の東日本大震災、福島第一原発事故発生を契機にして、原子力発電所を日本からこの世からなくしていく取り組みがとても重要な課題になりました。核兵器も原発も同じ核エネルギーがもたらす災いであり、根は同じです。あの日以来、原発廃止を求める運動にもできるだけ参加するようにしてきました。毎週金曜日の夕方、関西電力京都支店前で行われている〝原発廃止を訴えるスタンディング・アピール〟（通称キンカン行動）にはこの6年間、ほとんど欠かさず参加してきました。私の片言の英語で通り掛かりの外国人と原発についてコミュニケーションするのもなかなか楽しいもの。これからも体の続く限り、平和のため、この世からの核廃絶のために頑張っていきたいと思っています。

あとがき

京都「被爆2世・3世の会」が積み重ねている被爆体験の継承を本にして出版して欲しいという要望は2017年頃からいろいろ寄せられていました。それに応えようと準備はしてきましたが、これだけに専念することはできない事情などから、当初の予定より相当遅れての発刊となりました。偶然にも2020年、被爆から75年という節目の年と重なりました。あらためて人々が被爆者救済運動と核廃絶運動の歴史と未来に目を向けようとする今、ささやかではあってもこれからの運動に役立つものであって欲しいと願っています。

本書出版にあたっては、被爆体験を証言された方、体験を書き遺された方お一人おひとりに承諾していただくようお願いをしてきました。いずれの方からもご快諾いただき、発行を待ち望んでいるお気持ちも寄せていただきました。被爆体験をお聞きして以降他界された方が9人、それ以前に亡くなられていてご遺稿を証言集に加えさせていただいた方が2人あります。この方たちはご遺族にご承諾をお願いし、同様に快諾をいただいてきました。

しかし、既に他界されていて、ご遺族の消息がどうしても分からず、やむなく出版に加えることのできなかった方がありました。戦争当時中国から日本に移り住み、長崎で被爆し、戦後の苦難の道を歩んでこられた人でした。是非とも多くのみなさんに語り継ぎたいこの人の体験でしたが、残念ながら叶いませんでした。もっと早く出版に取り組んでいれば、もう一年早ければ、語り継ぐことができたのにと痛苦の思いを深くしています。

引き続きこれから下巻の発行にとりくむことになります。証言いただいた被爆者の方からは、「いつ頃出るのですか?」と尋ねられます。それは出版される時期と自らに残された時間とを推し量っておられるかのような質問です。上巻では亡くなられたが11人あり、直接本書をお届けすることができませんでした。下巻はそのような方を一人でも少なくするよう準備を急ぎたいと思います。

核戦争が人々にもたらす暴虐さ残忍さを体験によって具体的に直接語れる人は、これから急速に少なくなっていく時代を迎えました。継承をどうするか、様々な人々が様々に努力を払われていますが、私たちのとりくみもその一端に加えていただけたらと思います。京都「被爆2世・3世の会」は、会員の親や祖父母、京都府下在住の被爆者の方を基本にしつつ、一人でも多くの被爆者の体験を記録し、遺し、社会に広め、これからも後世に語り継いでいきます。

お気付きのこと、ご感想、ご意見を是非お寄せいただきますようお願いいたします。

編者　京都「被爆２世・３世の会」

京都原水爆被災者懇談会の支援のもとで2012年に発足。①被爆者の被爆体験を語り継ぎ、社会への発信と後世への継承を通じて核兵器の廃絶・世界平和実現に貢献する、②祖父母・親（被爆者）からの遺伝的影響の実態と真実を追及し、被爆２世・３世の健康問題の解決と、あらゆる核被害者の救済に役立てる、という二つの目的を柱に活動している。

連絡先
〒604-8854
京都市中京区壬生仙念町30-2
ラボール京都５階　　京都原水協気付
http://aogiri2-3.jp

語り継ぐ ヒロシマ・ナガサキの心

2020年7月15日　　初版　第1刷発行

編　者　©京都「被爆２世・３世の会」
発行者　竹村　正治
発行所　株式会社ウインかもがわ
〒602-8119　京都市上京区出水通堀川西入亀屋町321
☎075（432）3455　FAX075（432）2869
発売元　株式会社かもがわ出版
〒602-8119　京都市上京区出水通堀川西入亀屋町321
☎075（432）2868　FAX075（432）2869
振替 010010-5-12436

印　刷　シナノ書籍印刷株式会社

ISBN978-4-909880-16-1　C0031
2020　Printed in Japan